KB064983

군대와 성폭력

한반도의 20세기

군대와 성폭력 ─한반도의 20세기─

초판 1쇄 발행 2012년 6월 30일

편저자 송연옥 · 김영
옮긴이 박해순
펴낸이 윤관백
펴낸곳 선인

편 집 이경남 · 김민희 · 소성순
표 지 김현진 · 안수진
영 업 이주하

등록 제5-77호(1998.11.4)
주소 서울시 마포구 마포동 324-1 곳마루빌딩 1층
전화 02)718-6252 / 6257
팩스 02)718-6253
E─mail sunin72@chol.com
Homepage suninpub.co.kr

정가 · 35,000원
ISBN 978-89-5933-554-1 93900

· 저자와 협의에 의해 인지를 생략합니다.
· 잘못된 책은 바꿔 드립니다.

군대와 성폭력

한반도의 20세기

송연옥 · 김영 편저

박해순 옮김

선인

식민지기 조선의 유곽도

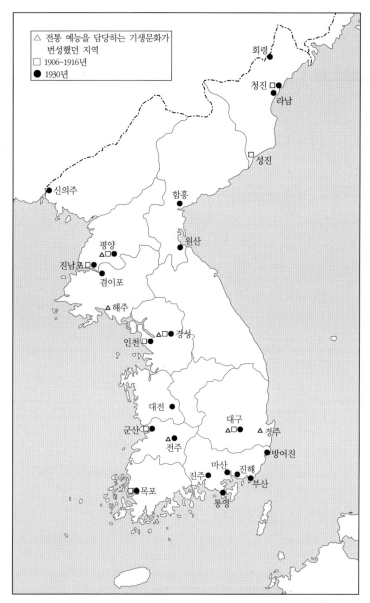

주 : ●는 『전국유곽안내』(1930년)에 따름. 이 책에는 부산 2곳, 마산 4곳,
    서울 2곳, 회령 2곳 기타 지역에는 각각 1곳의 유곽이 기록되어 있다.
    1910~1945년은 경성, 그 이전은 한성, 1945년 이후는 서울.

1944년 조선군 배치도

보병제75연대보충대
회령육군병원

회령
라진

라진요새사령부
라진중포병연대
독립고사포21대대
라진육군병원

라남

유수제19사단
보병제73연대보충대
보병제76연대보충대
산포병제25연대보충대
공병제19연대보충대
전차제19연대보충대
수색제19연대보충대
야전중포병
　제15연대보충대(갑)
라남육군병원

유수제30사단
보병제41연대보충대
보병제77연대보충대
공병제30연대보충대
전차제30연대보충대
수색제30연대보충대
야포병제30연대보충대
제41경비사령부
평양제1육군병원
평양육군병원

유수제19사단

유수제30사단

함흥
보병제74연대보충대
함흥육군병원

평양

원산 : 영흥요새사령부
라남육군병원

경성(용산)

조선군사령부직할
　조선군사령부
　고사포제152연대
　조선군교육대
　조선군임시군법회의
　혼성제101연대
　독립고사포제41대대
　독립공병제23대대
　제45항공지구사령부
　제49항공지구사령부

유수제20사단

유수제29사단
　보병제78연대보충대
　보병제79연대보충대
　공병제20연대보충대
　전차제20연대보충대
　수색제20연대보충대
　야포병제26연대보충대
　제42경비사령부
　경성육군병원

보병제80연대보충대
대구육군병원

대구

진해요항부(해군)

진해

부산 : 부산요새사령부
　부산요새중포병연대
　고사포제151연대
　제41경비대대
　부산육군병원

여수

여수요새사령부
여수요새중포병연대
여수요새고사포대
여수육군병원

주 : 굵은 점선은 각 사단 관할구역의 경계선

주한미군기지

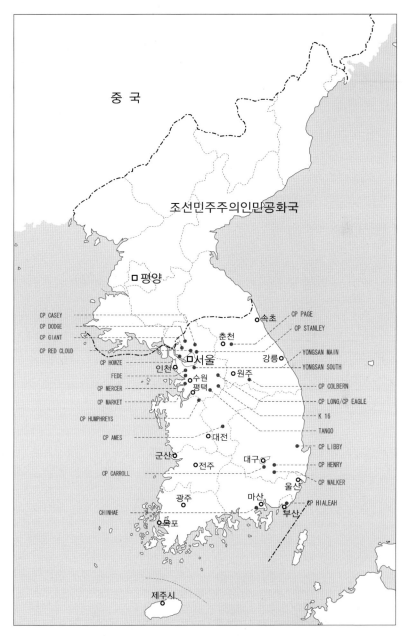

중국

조선민주주의인민공화국

□ 평양

CP CASEY
CP DODGE
CP GIANT
CP RED CLOUD

속초   CP PAGE
            CP STANLEY
춘천
            YONGSAN MAIN
강릉○   YONGSAN SOUTH

CP HOWZE
FEDE   인천○ □서울
CP MERCER   수원○
CP MARKET   평택

CP HUMPHREYS

CP AMES

군산○

CP CARROLL

CHINHAE

목포○

원주○   CP COLBERN
            CP LONG/CP EAGLE
            K 16
            TANGO
대전○   CP LIBBY
            대구○ CP HENRY
전주○   CP WALKER
            울산○
            CP HIALEAH
광주○ 마산○
            부산○

제주시○

주 : Gloval Security[http://globesecurity.org/]에 게재된 지도를 기본으로 일부 수정.

1990년대에 한국에서 제기된 위안부 문제는 일본·아시아로 퍼져나가 전쟁과 성폭력의 근절을 이루려는 세계의 인권운동으로 연결되었다. 그러한 과정에서 역사의 어둠 속에 갇혀 있던 위안부 생존자들의 목소리에 귀를 기울이게 된 연구자·시민운동가·법조인들에 의해 역사적 진실규명이 이루어져 성과를 거두어왔다.

피해여성에 대한 명칭이 종군위안부에서 성노예로 바뀌게 된 것도 피해자 증언 수집과 자료 발굴 등 역사적 사실해명과 시점의 전환으로 실현한 페미니즘의 진전에 의한 것이다.

이 문제에 있어 가해국인 일본은 피해자에게 사죄하는 고노 담화(河野談話)(1993년)와 무라야마 담화(村山談話)(1995년)를 발표하기에 이른다. 하지만 실상 국가 책임을 명확하게 하는 사죄는 없었으며 당사자 개개인에 대한 국가적인 보상은 아직까지 이루어지지 않고 있다.

젠더 정의를 실현하고 여성에게 가해진 인도의 죄를 묻기 위해서도 2000년 12월에 민중법정 「일본군 성노예제를 재판하는 여성국제전범법정」이 개최되어 2010년에는 법정 10주년을 기념한 국제 심포지움이 열렸다. 기념 심포지움에서는 위안부 문제를 성폭력·민족차별·식민지주의의 복합적인 시점에서 파악하고 전쟁과 성폭력이 없는 사회의 실현을 기념(祈念)했다.

2005년에는 도쿄에서 문을 연 '여자들의 전쟁과 평화자료관'(wam)에 이어 한국에서도 서대문독립공원 부지 내에 '戰爭과 여성의 인권박물관' 건립을 추진했으나 독립운동 관련단체의 반대로 무산되었다. 그 후 모든 어려움을 극복하고 드디어 서울시 마포구 성산동에서 부지를 획득하게 되었다.

2011년 8월에는 독도(日本에서는 다케시마라고 호칭)영도권을 주장하는 일본의 우파 국회위원들이 한국 입국을 시도했다가 거부되었다. 직후 일본에서는 한국 드라마를 방송하지 말 것을 주장하는, 소위 '혐한(嫌韓)' 데모가 전개되기도 하였다.

교과서에서 위안부에 관한 기술이 사라지고 위안부 문제는 남경대학살과 같은 금기사항이 될 만큼 일본 사회는 우경화되어 있으나 그렇다고 해서 한국에서의 위안부 문제를 보는 눈길에 문제가 없는 것은 아니다. '전쟁과 여성의 인권박물관' 건립이 보여주는 어려움이 그걸 말해주고 있다.

진정한 민주적인 사회는 모든 차별을 극복할 때 실현되는 것이다. 그런 의미에서 민주주의의 실현은 항상 진행형에 있으며 위안부 문제의 해결은 그 중요한 잣대가 될 것이다.

이 책이 한국어로 번역되어 많은 독자를 만나 조금이나마 민주적인 사회 실현에 이바지할 수 있다면 더 바랄 것 없는 기쁨이겠다.

이 연구 프로젝트는 2002년에 도요타재단에서 연구비를 지원받아 시작했으나 한국어 번역판을 내기 위해 일본의 관동학원대학에서 위안부 문제를 알리는 시민강좌를 열어서 자금을 모았다. 한국어 번역판을 발행하는 과정에서는 신주백 선생이 수고해 주셨다.

한국도 일본 못지않게 출판계가 불황에 시달리고 있다고 들었다. 그런 상황에도 까다롭고 어려운 주제의 책을 내주신 도서출판 선인의 윤관백 사장님을 비롯하여 편집 담당 분들, 그리고 어머님의 병간호 때문에 바쁜 가운데 번역을 맡아주신 박해순 님에게도 거듭 감사의 말씀을 드린다.

2012년 4월 19일
송연옥

▮ 차 례 ▮

제2부 식민지 조선의 군사점령과 성 관리

제3부 해방 후 한국의 군사주의와 성 관리

들어가며   311

1. 국가폭력과 한국군의 군위안소   314

2. 한국전쟁 당시 한국군 위안대의 실체를 밝힌다   316

    1) 설치 목적   317

    2) 설치 운영시기   318

    3) 위안대 설치 장소   318

    4) 위안대 규모   319

    5) 특수위안대 실적 통계표   319

    6) 위생검사   321

3. 풀어야 할 문제   321

마치며   329

제8장 한국에서의 성매매 정책의 개관 ·············· 야마시타 영애(山下英愛)

들어가며   331

1. 1950년대의 성매매정책   334

    1) 전쟁에 의한 매춘 여성의 증가   334

    2) 격리와 통제   336

    3) 성병대책   340

2. 윤락행위 등 방지법의 제정과 특정 구역(1960년대)   342

    1) 「윤락행위 등 방지법」의 제정 경위   342

    2) 「윤락행위 등 방지법」의 특징   345

    3) 특정 구역의 설치와 선도 대책   347

    4) 경기도의 특정 구역   353

3. 군사정권하의 성매매 정책(1970, 80년대)   356

    1) 기지촌 정화운동   356

    2) 기생관광 정책   361

    3) 사회정화운동과 성산업의 다양화   365

자 료 편

▌범 례 ▌

1. 인명·지명 등 고유명사에 관해서는 확인할 수 있는 것은 한자로 넣고, 원칙적으로 각 장에 처음 나올 때는 명칭을 넣었다. 대한민국 및 북한 등 각기 읽는 방법이 다른 경우는 현지의 표현법에 따랐다.

2. 인용문에 관해서는 읽기를 고려하여 옛 한자 등은 상용한자로, 옛 가나 읽기는 현대어로 고쳤다. 또한 필요에 따라 인용자 주를 [ ] 안에 넣었다.

3. 본서에 실린 사진 중에 촬영자가 기재되지 않은 경우는 각 장의 집필자가 촬영한 것이다.

4. 본문 중의 도표에 관해서는 지도 및 사진은 '그림', 표는 '표'로 각각 분류하고, 각 장마다 일괄번호를 붙였다(예 : 제3장의 네 번째 그림은 '그림 3-4'가 된다).

5. '경성', '한성' 등 당시 사용되고 있던 지명에 관해서는 문맥상 필요한 경우에는 그대로 사용했다.

총론

총 론

송연옥(宋連玉)

  아시아태평양전쟁 때 일본군 '위안부'에 관해 2007년 7월 미국 하원이 일본정부에 공식사죄를 요구하는 결의안을 채택한 것에 이어, 2007년 11월에는 네덜란드 하원, 캐나다 하원, EU연합의회 등이 일본정부에 공식사죄 등을 요구하는 결의안을 채택했다. 나아가 2008년 3월에는 필리핀 하원, 10월에는 UN·자유권규약위원회, 한국 국회에서 일본정부에 공식사죄와 보상을 요구하는 결의가 잇따라 나왔다. 이러한 세계적인 움직임을 이어받아 2008년 3월부터 2009년 10월 5일 현재까지 다카라즈카시(寶塚市), 기요세시(淸瀨市), 삿포로시(札幌市), 후쿠오카시(福岡市), 미노오시(箕面市), 미타카시(三鷹市), 고가네이시(小金井市), 교다나베시(京田辺市), 이코마시(生駒市), 센난시(泉南市), 고쿠분지시(國分寺市)가 일본정부에 공식사죄와 역사교육에 사실을 전할 것을 요구하는 의견서를 채택했다.
  '위안부' 문제가 1990년에 세계적으로 주목받게 된 이래, 세계의 광범위한 지역에서 다양한 사람들이 이 문제의 해결을 위해 노력을 기울여왔으나 아직까지 근본적인 해결을 보지 못하고 역사인식의 틈도 메우지 못하고 있다. 식민지주의와 젠더, 섹슈얼리티가 뒤얽혀 역사 패러다임의 전환을 요구하는 문제인 만큼, 야쿠가이(藥害) 에이즈나 라이(Reye) 예방법에서 볼 수 있는 것처럼 정치적인 해결이 쉽지 않더라도, '위안부' 문제는 결코 해결하지 못할 일이 아니다. 예지(叡智)를 발휘하여 정치적으로 해결의 길을 제시하는 것은 다음 세대의 교육에서도, 보편적인 성폭력의 문제를 해결하는 데도 그 의의가 적지 않다.

'위안부'를 전시 성폭력 피해자로 보는 관점은 동시에 학교현장의 성교육관과도 뿌리 깊게 연결되어 있다.[1] 즉 다음 세대를 짊어질 어린이들이 어떠한 인간관계를 구축하고 어떠한 성 의식을 배양하는가는 '위안부' 문제를 어떻게 인식해야 하는가와 직결되는 것이며 더불어 인권의식의 근간과 관련된 문제이다.

본서의 집필자는 이러한 문제의 관심에서부터 일본군 '위안부' 문제에서 집약적으로 나타나는 전쟁과 군대와 성폭력, 전시 성폭력과 평상시 성차별과의 상관관계를 명확히 하고, 연구 프로젝트 '20세기 한반도에서의 군대와 성폭력'에 대처하고 역사적인 접근을 시도했다. 본서는 도요타재단의 2002년도 조성 대상으로 선정된 연구 프로젝트의 성과를 정리한 것이다.

연구 총론을 서술하기 전에, 왜 1990년대 들어 '위안부' 문제를 묻게 되었는가, '위안부' 문제가 세계의 인권·인도와 관련된 사상과 실천에 어떠한 영향을 미치고, 성폭력을 받아들이는 시점을 깊이 있게 만들었는지를 구체적으로 추적해 보고자 한다. 게다가 어떠한 과제가 남겨지고 그 과제에 본 프로젝트가 어떤 식으로 대응해 갈 것인가는 후반부에서 서술하고자 한다.

---

[1] 도의회 의원이 권력의 힘을 빌려 양호학교에서 성교육을 실천하고 있는 교원을 비난하며 엄중하게 주의를 주는 식으로 교육 현장에 개입한 적이 있다. 이에 대해 도쿄지방재판소는 교육에 대한 '부당한 지배', 재량권 남용으로 간주하여 2009년 3월 손해배상 명령을 내렸다.

1. '위안부'의 커밍아웃과 '고노 담화'

1991년 한국의 김학순 씨가 처음 일본군 '위안부'로서의 가혹한 체험을 세상에 밝힌 이후, 바야흐로 20년이 넘는 세월이 흘렀다. 그녀의 몸과 정신의 모든 것을 담은 커밍아웃은 세계 역사의 패러다임을 바꿀 수 있는 커다란 충격을 던지며 전쟁의 기억에 대한 본연의 자세를 뿌리 깊게 되물었다. 김학순에 이어 아시아 각지에서 커밍아웃한 '위안부'를 포함한 성폭력 피해여성의 엄중한 고발에 대해, 일본의 역사연구자 · 시민단체 · 법조인은 진지하게 응답하려 노력해왔다. 그 결과 많은 증언이 수집되고 새로운 자료가 발굴되었다.

일본정부는 일의 심각성이 아시아제국과의 외교문제로 발전할 것을 우려하여 관계기관의 자료조사를 명했다. 그 조사결과는 1992년, 93년 2회에 걸쳐 공표되었고, 군 · 정부가 관여한 점, 강제성이 있었음을 인정, '위안부 관계 조사결과 발표에 관한 고노 요헤이(河野洋平) 내각관방장관 담화'(이른바 '고노 담화')를 일본정부가 공식 견해로 발표했다. 정부기관의 자료조사는 '여성을 위한 아시아 평화국민기금'(이하, 국민기금) 편, 『정부조사 '종군위안부' 관계자료집성』 전5권으로 1997년에 출판되었고 현재는 웹 사이트에 공표되어 있다.

'위안부' 당사자들은 비참한 역사를 반복하지 않기 위해 다음 세대의 젊은이들에게 자신들의 체험을 전할 것을 요구했다. 그것이 자신의 존엄회복의 구체적이고 현실적인 방법이라고 생각한 것이다. '고노 담화'는 이 요구에 부응하여 '역사연구, 역사교육을 통해 이러한 문제를 오래도록 기억하고 똑같은 잘못을 다시는 반복하지 않겠다'는 굳은 결의를 표명하였다. 1994년도판 고교 일본사 교과서 10사의 20종 가운데 9사의 19종이 일본군 '위안부'에 관해 기술하였고, 1997년도판 중학교 역사교과서(7사 7종)는 모두 '위안부'를 언급하였다.

2. '고노 담화'를 부정하는 역풍

'고노 담화'는 군의 책임을 명확히 하지 않았다고 할 수 있으며, 정부 차원에서 '위안부' 문제 해결을 위한 계기가 될 것으로 기대했지만, 2년 후 인 1995년 '일본정부와 국민의 협력 아래' '사죄와 반성을 표시하는 사업' 으로 국민기금이 발족했다. 그러나 '위무금(償い金)'이 모두 국민의 기금 으로 조달되었으므로 그것은 국가보상의 회피책이며 가해의 주체와 책임 이 애매모호하다는 이유에서 한국과 대만의 많은 피해자들이 수취를 거 부하였다.[2] 또 '위안부' 피해자들이 일본정부에 요구한 보상의 내용에는 당연히 보상도 포함되지만, 그것 이상으로 책임자 처벌, 정의 실현에 의 한 존엄성 회복을 요구했던 점을 간과해서는 안 된다. 정의가 뒷받침되지 않은 보상은 '위안부'에 대한 모욕으로 간주하는 당사자도 있었다.

한편 '국민기금' 사업이 추진되고 있을 무렵 일본에서는 '새로운 역사교 과서를 만드는 모임'이 결성되고, 이후 '위안부'를 중·고등학생에게 전하 는 역사교육은 후퇴의 길을 걸었다. '고노 담화'로부터 15년이 지난 지금 중학교 역사교과서의 본문에서 '위안부' 기술은 전면적으로 사라지고 있 다. 정치에 농락당한 인생을 헤치며 살아온 대부분의 '위안부'들이 역사교 육의 후퇴를 바라보면서 '국민기금'을 진정한 보상이라 평가하지 않았던 것은 지극히 당연한 일이라 할 수 있다. 이로써 김학순의 충격적인 커밍 아웃이 있었던 해에 태어난 젊은이들은 김학순의 절실한 바람에도 불구 하고 학교현장에서 '위안부'에 관해 알 기회조차 박탈당해 버린 것이다.

국민기금은 2007년 3월에 해산했으나 아직 수령자의 국가별 내역을 공 표하지 않았고, 나라에 따라 지급 내용이 다르거나 전혀 지급되지 않기도 했다. 향후 남겨진 과제를 어떤 식으로 해결해갈 것인지도 명확하게 되어

2) 니시노 루미코, 「'위안부' 피해자의 '존엄 회복'이란?」, 나카노 도시오·김부자 편저, 이애 숙·오미정 역, 『역사와 책임』, 선인, 2008 참조.

있지 않다.

국민기금을 해산한 그해 7월에 미하원이 일본군 '위안부' 결의안(121호)을 가결, "젊은 여성들을 '위안부'라고 불리는 성노예로 삼은 것을 사실로서 명확한 태도로 공식 인정하고, 사죄하고, 역사적인 책임을 지라"고 일본정부에 요구했다. 그 직전에 아베 신조(安倍晋三) 수상은 기자단에게 일본군 '위안부'에 관해 '당초, 논의되어 있던 강제성을 뒷받침할 증거는 없었다'고 발언하여 결의의 내용을 부정하는 속내를 드러냈다. 하지만 결국 미국 방문 중에 하원의장에게 사죄하고, 미국의 미디어를 통해 미국 국민에게 사죄하는 비뚤어진 행보를 세계에 드러내 보였다.

이처럼 일본에서는 '고노 담화'마저 부정하는 역풍이 일고 있으며, '위안부' 문제에 대한 미디어의 무시와는 대조적으로 네트워크상에서는 '위안부'를 폄하하는 폭언이 난무하고 있다. 그러나 일본 국내의 움직임과 상반되는 조류가 해외에서 일어나고 있다. 앞서 서술했듯이 2007년 7월 미하원 결의안에 이어 네덜란드 하원, 캐나다 하원, EU연합회의 등이 일본정부에 공식사죄 등을 요구하는 결의안을 채택, 나아가 필리핀 하원, UN · 자유권 규약위원회, 한국 국회에서도 잇따라 결의안이 나왔다. 이러한 해외에서의 '위안부' 결의에 힘입어 2008년 11월에 제9회 일본군 '위안부' 문제 아시아 연대회의가 도쿄에서 개최되었다.

3. 냉전 구조의 붕괴와 인권 · 인도에 대한 새로운 시점

김학순이 커밍아웃하게 된 직접적인 계기는 '위안부'는 민간업자가 데리고 다닌 것이므로 정부에서 조사할 수 없다는 노동성 직원의 발언 때문이었는데, 그 분노를 현재화(顯在化)시킨 밑바탕에는 한국사회의 민주화에 따른 인권의식의 고양과 여성운동의 진전이 있다. 한국사회의 민주화

는 이승만 정권에서 비롯된 독재정치 혹은 그 후 군사 독재정권과의 투쟁
에서 승리함으로써 실현되었는데, 이 투쟁은 식민지기부터 민족독립을 내
세웠던 인권운동으로까지 거슬러 올라갈 수 있는 1세기에 걸친 민주화운
동의 성과이기도 하다. 따라서 민주화에 의해 한국사회에서 민주적인 여
러 권리가 보장되는 동시에 봉인되어 있던 과거 역사의 재평가가 진행되
었다. 한국사회의 모순이 가장 응집되어 있는 맨 밑바닥에서 조용히 살고
있던 김학순은 이 시대의 변화를 민감하게 감지했던 것이다.

이처럼 시간축으로 보았을 때 한국사회의 민주화는 20세기 한반도 혹
은 한국 인권운동의 성과라고 할 수 있는데, 공간축으로 보면 냉전 종결에
의한 긴장완화가 초래한 세계적인 규모의 사회변화가 있다. 한국은 1990년
구소련, 1992년 중국, 베트남과 국교를 체결, 그에 따라 소련, 중국에 거주
하고 있던 한민족의 존재가 한국사회에 구체적으로 전해졌고, 냉전기와
그 이전 식민지기에 봉인되어 왔던 먼 기억을 불러일으키게 되었다.

남아프리카공화국의 넬슨 만델라 대통령이 1996년에 시작한 '진실화해
위원회'의 정신은 2001년 더반 회의에서 계승되었고, 인권주의 · 배외주의
의 죄를 묻고 식민지주의를 논하기까지 인권사상의 틀 만들기가 확대되
었다.

또한 1993년 빈 세계인권회의와 1995년 제4회 세계여성회의(베이징)에
서는 무력분쟁하의 강간을 전쟁범죄로 간주하는 것이 확인되었고, 국제
형사재판소(ICC)를 위시하여 국제법의 다양한 발전은 전시 성폭력을 인도
에 대한 범죄, 전쟁범죄로 규정했다.[3] 국제법에서의 이 같은 발전은 '위안
부'들의 투쟁의 연장선상에서 전시 성폭력 불처벌의 흐름을 바꾼 것이다.

2000년 도쿄에서 개최된 '일본군 성노예제를 재판하는 여성국제전범법
정'은 존엄의 회복, 정의의 실현을 요구하는 전시 성폭력 피해여성들의 목

---

3) 히가시자와 야스시, 「분쟁하 성적 폭력과 국제법의 도달점」, 나카노 도시오 · 김부자 편
   저, 이애숙 · 오미정 역, 『역사와 책임』 참조.

소리와 전시 성폭력을 국제인도법상의 범죄로 보는 국제법의 진전에 힘입어 실현된 민중법정이다. 결과, 법정은 '국제법을 시민의 손으로 되찾는 귀중한 활동'[4]으로서 아시아 여성의 인권침해를 젠더의 시점에 입각하여 재판하고, '위안부' 제도가 존재한 당시의 국제법에도 일본군 '위안부' 제도가 범죄임을 명확히 한 것이다.

4. '위안부' 연구의 현황과 남겨진 과제

냉전이 붕괴한 후 1991년에 일본군 '위안부' 문제는 '전쟁과 폭력'의 역사를 근본적으로 되묻는 계기가 되었다. 이후 '위안부' 문제는 외교문제로까지 발전한 역사인식 문제의 중핵으로 자리매김한다. 이 문제를 일본과 한국, 중국 내셔널리즘의 대립이라는 구도로 왜소화하려는 정치적 의도에도 압도당하지 않고, 전시 성폭력 피해자, 그녀들을 지지하는 많은 시민단체, 역사연구자, 법조관계자는 오늘도 여전히 지속되고 있는 성폭력의 연쇄를 끊어버리기 위해서라도 문제의 전면적인 해결에 고심하면서 실천·연구에서 많은 성과를 창출해냈다.

주요 성과의 하나로 발굴·수집된 자료를 들 수 있다. 앞서 서술한『정부조사 '종군위안부' 관계자료집성』이외에도 요시미 요시아키(吉見義明) 편『종군위안부자료집』(1992), 본 프로젝트 멤버이기도 한 야마시타 영애(山下英愛)(그 외, 스즈키 유우코(鈴木裕子), 도노무라 마사루(外村大)) 편『일본군 '위안부' 관계자료집성』(2006) 등이 출판되었다. 지금도 자료 발굴은 계속되고 있으며, 본 프로젝트의 멤버 하야시 히로후미(林博史)도 러일전쟁시의 귀중한 자료를 외무성 외교자료실에서 발견했다.[5] 그러

---

4) 니시노 루미코, 「'위안부' 피해자의 '존엄 회복'이란?」 참조.

나 한국 민주화의 경험으로도 판단할 수 있듯이 자료 공개는 일본정부의 공식사죄와 연동하는 것이며, 그 의미에서 자료 비판도 포함하여 충분하다고 할 수 없을 것이다.

수집된 문서자료 이상의 성과로 거론할 수 있는 것은, 피해자 증언집이 한국을 비롯하여 아시아 각지에서 정리된 일이다. 전시 성폭력에 대한 시점이 귀속하는 집단의 명예훼손에서 피해여성의 인권침해로 역전됨에 따라, 피해자의 증언을 문서자료 이상으로 귀중하게 인식하게 되었고 증언의 영상기록도 제작되어 왔다.[6]

피해자 지원이나 실천 활동이 얻은 성과에는 미치지 못한다고 하나, 역사연구에서도 조선, 대만을 비롯하여 '위안부' 제도에 이르기까지 실증적연구와 실태조사가 진행되고 있다.[7] 후지나가 다케시(藤永壯)는 러일전쟁기에 일본 '내지'에서 시작된 성 관리 시스템(공창제)이 제국 일본의 권력이 미치는 대만, 조선, 조차지 등에까지 형성되었고, 제1차 세계대전기를 거쳐 제국 내의 성 지배 네트워크로 확대, '위안부' 동원의 장치로서 기능한 점을 명확히 했다.[8] 그에 대해 하야시 히로후미는 제1차 세계대전 전까지 일본인 여성의 인신매매·성매매의 네트워크는 일본 제국의 범위를 훨씬 초과했지만, 그 후에 일본 제국의 범위로 축소되었다[9]고 중요한지적을 하고 있다.

....

5) 林博史, 「日本軍慰安婦前史」, 笠原十九司·吉田裕 編, 『現代歷史學と南京事件』, 柏書房, 2006 참조.
6) 변영주, 『나눔의 집』(1995) ; 『나눔의 집 2』(1997) ; 『숨결』(1999) ; 안해룡, 『재일조선인 '위안부' 송신도의 투쟁─나의 마음은 지지 않았다』(2007) ; 班忠義, 『ガイサンシーとその姉妹たち』(2007).
7) 『歷史學研究』에서도 2009년 1월호에 '종군위안부' 문제가 역사학에서 중요한 과제를 지니고 있다고 인식, 소특집을 엮었다.
8) 藤永壯, 「植民地公娼制と日本軍 '慰安婦' 制度」, 早川紀代 編, 『戰爭·暴力と女性3 植民地と戰爭責任』, 吉川弘文館, 2005.
9) 林博史, 「日本軍慰安婦前史」.

'가라유키상'부터 '위안부'까지의 연속성을 시사하는 하야시의 지적에 의해, 제국 일본의 성 관리 시스템의 이중 잣대(double standard)가 잘 드러났다. 후발 제국주의국가 일본은 군사가 산업보다 우선했던 사회이며, 군사는 남성이, 주요 산업인 섬유업은 여성이 담당하는 구조를 창출했지만, 섬유업과 같은 비중으로 젊은 여성을 흡수한 것이 성매매업이었다. '창녀'는 오로지 아마쿠사(天草)·시마바라(島原) 같은 지역의 특수성이 만들어낸 현상이라고 한 정치적인 담론도 있지만, 같은 시기 일본 '내지'의 군대 주변에 출현한 유곽에도 많은 여성이 '매춘부'로 일했다. '추(醜)업부'로도 불렸던 '창녀'는 세상 끝까지 진출한 것처럼 말하지만, 일본과 선발 제국주의 영국과의 동맹관계에 따라 진출하고 있다. 영국 제국주의는 자국의 여성을 식민지로 데리고 다니며 성매매시키는 것은 허용하지 않았지만(덧붙여서 프랑스는 식민지를 획득하면 자국의 창부를 데리고 갔다), 남녀 비율이 불균형을 이루었던 영국령 말레이에서는 매춘을 '필요악'으로 인식하여 공창제를 허가하고 일본인 업자에게 분업시켰다. 국제무역의 중계항으로 영국 제국의 해군기지로 번성했던 싱가포르에서도 일본인 성 산업의 발전은 영국의 해협식민지를 지탱해주었다. 이윽고 '창녀'는 영국령 말레이에서의 일본 경제의 진출, 영일동맹의 효력상실(失效, 1923), 영국 예수교의 폐창운동이 고조됨에 따라 영국령 식민지에서 그 모습이 사라져 갔고,[10] 일본제국의 식민지나 점령지로 이동한다.

일본의 매춘업자나 '창녀'는 해외에 자유로이 진출하여 영업하고 있는 것처럼 말해왔지만, 일본과 구미열강과의 정치적 관계와 아무 상관없이 진출해서 자유로이 영업하고 있었던 것은 아니다. 영국의 식민지, 일본이 식민지로 삼은 대만·조선에서의 일본 전관조계(專管租界)와 구미제국과의 공동조계 혹은 일본 '내지'의 유곽에서는 애초부터 성매매의 통제와

---

[10] 清水洋·平川均, 『からゆきさんと經濟進出—世界經濟のなかのシンガポール—日本關係史』, コモンズ, 1998 참조.

다른 이중 삼중 잣대가 적용되고 있었다. 즉 영국의 식민지에서는 민간업자의 재량으로 영업이 이루어지고 있는 것처럼 보이지만, 조선·대만의 유곽에서는 일찍부터 군대를 위한 성매매가 국가의 통치하에 엄중하게 관리되고 있었다. 그리고 그 사이에는 전자와도 후자와도 구별되지 않는 그레이 존(gray zone)에 위치하는 형태가 있었다. 러일전쟁기에 만주에서 러시아 병사를 상대로 매춘을 하고 있던 일본인 여성이 프랑스인과 미국인의 징모인(徵募人)에 의해 요하네스부르그(아프리카)까지 보내졌다는 사실이 밝혀졌다.[11] 제국 간의 서열, 제국과 식민지의 서열에 따라 성매매의 다양한 형태가 서열화되고 여성들의 존재 형태도 차별화되어 국가의 책임 소재를 파악하기 어렵게 된 것이다.

5. 본 프로젝트의 과제

'위안부' 문제를 해결하기 위한 실천은 젠더의 관점을 획득하고 성폭력에 대한 해석을 심화시켜 국제적인 인권사상의 틀을 확대시켰다. 이러한 아시아에서의 움직임은 나치독일 국방군의 성폭력 실태를 명확히 하는 조사·연구에도 커다란 영향을 미쳤다.[12] 아시아와 독일처럼 지금까지 개별적으로 연구되고 단절되어 왔던 이야기를 20세기의 역사로 자리매김해가는 것이 '위안부' 연구에서도 요구되고 있다.

본 연구는 '위안부'를 가장 많이 배출했다고 할 수 있는 한반도에서, 일본에 의한 식민지 지배, 한국전쟁, 냉전하의 남북분단을 체험한 20세기가 군사주의와 성폭력이 깊이 관련된 구조에 있었음을 해명하기 위해 시작

---

11) 永原陽子, 「20世紀起點の南部アフリカと東アジア」, 『歷史評論』 692, 2007 참조.
12) クリスタ・パウル, 『ナチズムと强制賣春—强制收容所別棟の女性たち』, 明石書店, 1996.

되었다. '창녀'와 일본군 '위안부'가 국제 정치지도 위에서 얽혀 있듯이, 지역 등에서 개별적으로 취급되어 왔던 성폭력의 문제를 동시대의 동아시아 상황을 조감하면서, 현재의 기지 문제까지 시야에 담아 그 관련성과 지속성을 추구했다. 즉 군사주의와 성폭력이라는 관점에서 식민지기와 그 후의 한반도 남북분단의 연속성을 다시 파악하고, 민족 · 계급 · 젠더가 복잡하게 뒤얽혀 있는 상관관계를 명확히 하고자 한 것이다.

이 같은 과제에 따라 한반도의 20세기 군사주의와 성폭력의 실태와 그 관련성을 명확히 하는데 가장 부족했던 것이 한반도 북부(북한)인데, 본 연구에서는 이 지역의 실태조사를 행할 수 있었다. 제1부에서는 식민지 도시의 군사거점이 된 지역과 경제 수탈의 거점이 된 지역의 역사와 현상을 대비하면서 20세기의 연속성을 찾으려 했다. 먼저 제1장 김영 · 안자코 유카의 논문은 힘들고 고달픈 절차와 여정을 거쳐 세 차례(2003년 9월, 2005년 9월, 2008년 11월) 실시한 현지조사를 토대로 발굴한 새로운 자료를 첨가하여 분석하고 있다. 러일전쟁기부터 식민지기를 관통하며 동아시아에서 군사적으로 가장 중요한 거점이었던 함경북도의 군사도시, 라남 · 회령 · 방진에서의 '위안소' 자취를 확인한 점에서, 한반도에도 '위안소'가 존재했다는 것을 입증했다. 식민지기에 회령에 거주했던 일본인이 작성한 지도를 현재의 지도와 대조하면서, 오늘의 회령에서 식민지기에 형성된 도시의 기초 구조를 찾아내고 역사적 고찰을 덧붙이고 있다. 제2장 김부자의 논문에서는 일본 '내지'로 가는 쌀을 선적하는 항구로서, 경제수탈의 거점으로 만들어진 군산에 일본인을 상대로 하는 '유곽'을 분석하였다. 논문에서는 유곽이 식민지 조선인 사회에 미친 영향, 해방 후 주한미군을 상대하는 기지촌(기지 '매춘' 지구)으로 변모하는 한 세기의 역사를 다루었다. 현지에서의 필드워크도 추가하여 한 지방도시에서 식민지주의의 지속을 실증했다.

제1부에서 군사적 거점과 경제수탈 거점이라는 대조적인 식민지 도시

에서의 식민지 지배와 성폭력의 관계를 고찰했다면, 제2부에서는 한반도 전체와 관련된 역사적 배경을 탐색하고 있다. 먼저 제4장 신주백의 논문에서는, 그다지 명확하지 않았던 재조선 일본군이 한국주차군, 식민지기 들어서는 조선주차군, 조선군, 제17방면군 및 조선군관구사령부로 바꾸어 간 역사를 1882년 제물포조약으로 서울에 주둔한 시기부터 1945년까지 개관한 것이다. 한반도의 일본군은 일본의 공사관 수비, 전신(電信)을 보호한다는 명목이 이윽고 국제적인 전쟁을 행하는 전투부대, 한반도의 침략부대로 변모하고, 대(對)중국, 대미(對美) 전쟁으로 전선이 확대됨에 따라, 병참과 작전부대로 분리되고 한반도 북부 주둔 조선군은 관동군으로 편입되어 갔다. 신주백의 논문에서는 제1장과 관련하여 라남의 군사상 위치 등도 명확히 소개되어 있다. 또 군대와 성병과의 관련이나 조선인의 징병도 다루고 있다. 제3장 송연옥 논문은 제4장에서 명확히 한 조선 내에서의 군대 확대에 따라 통치기구가 직접 '공창제'를 도입하고, 그 관리의 대상을 조선 거주 일본인뿐만 아니라 조선인에게도 확대해 가는 과정을 실증적으로 검토한 것이다. 그때 '공창제'는 일본 '내지'에서 사용되던 용어인데, 이를 준전시체제, 군사점령하의 조선에서도 사용한 점에서, 얼마나 실태의 차이를 잘못 보아왔는가라는 점에도 서술이 미치고 있다.

제3부에서는 정치 정세가 격동하는 해방 후 조선에서의 '공창제' '위안부 제도'가 어떤 식으로 계승·개편되어 갔는지를 살피고 있다. 먼저 제5장 하야시 히로후미의 논문은 군정기부터 한국전쟁에 걸친 주한미군의 성 관리와 성폭력을 미군의 원자료를 사용하여 분석하고 있다. 남조선(1948년부터 한국)에서 미군은 공창제 폐지를 실시했으나, 한국전쟁에서 성병 발병률이 높아지자 미군의 지도로 '매춘부'의 성병 관리책을 실시했다. 한국전쟁 이후로는 본국에서의 여론을 고려하여 현지 행정기관에 미군 병사를 대상으로 하는 민간 '매춘부' 관리방식을 취했는데, 미군의 존재는 한국의 '매춘' 문화에 결정적인 역할을 했다. 제6장 송연옥의 논문은

식민지기 폐창 논의의 담당자와 운동의 한계를 개관한 후에, 해방 후의
'공창제' 폐지가 어떠한 현실적인 제약을 내포하고, 그것이 1960년대 '매춘
부'에 대한 시선을 규정하고 있었는지를 명확히 했다. 제7장 김귀옥의 논
문에서는 한국전쟁 당시 휴전선에서 교착상태에 빠진 1951년 여름 무렵
부터 1954년 3월경까지, 일본군 '위안부' 제도를 계승한 '위안소'가 일본군
을 경험한 한국군인에 의해 도입되었다는 것을 육군본부 편찬자료와 전
병사의 구술을 통해 밝히고 있다. 이 사실에 대한 언급은 반공군사체제에
있던 한국에서는 금기시되어 왔지만, 한국사회의 민주화 실현을 위해 투
쟁해왔던 필자에 의해 이러한 역사적 사실이 밝혀지게 되었다는 점에서
그 의의가 크다. 필자는 한국의 가부장제 이데올로기 아래에서 일본군 '위
안부'가 공창이 아니었다, 한국군 '위안부'가 공창이다라고 주장하는 모순
을 예리하게 비판한다. 제8장 야마시타 영애의 논문은 1950년대부터 오늘
날까지의 한국의 성매매 정책을 개관한 것이다. 한국전쟁, 장기간에 걸친
군사정권하에서 국가 보안·경제발전이라는 국가 이익에 성매매가 이용
되고 여성을 성적으로 도구시하면서 가부장적인 윤리(moral)로 성매매의
책임을 여성에게 전가시켜왔는데, 1990년대 '위안부' 문제도 포함한 여성
인권운동의 결과 피해자 개념을 도입하고 국가의 책임을 강화한 성매매
관련법이 성립되었다. 한국사회에 뿌리 깊은 성매매 문화를 바꾸기에는
아직 과제가 남아 있지만, 국제적인 인권운동과의 연대 아래 계속해서 인
권환경을 높일 필요가 있다고 주장하고 있다.

　요시미 요시아키는 2009년 1월호 『역사학연구』에 발표한 "'종군위안부'
문제 연구의 도달점과 과제"라는 글에서, '위안부' 제도와 공창제도의 다
른 점과 같은 점에 관해 논하고 있다. 본 프로젝트에서도 바로 이 문제가
명확히 하고자 했던 과제의 하나이기도 하다. 요시미는 '위안부' 제도와
공창제의 다른 점으로서, 위안소는 설영(設營)·운영의 주체가 군(軍)이
고 이용자는 군인·군속으로 한정되어 있으며, 공창제에서 시민법이 적

용된 것과 달리 위안소에서는 군법이 적용된 점을 들고 있다. 또 산시성 (山西省) 우현(盂縣)의 감금·강간 사례와 같이 매매춘의 형태를 취하지 않은 위안소는 공창제라 할 수 없다고 논하고 있다.

그러나 식민지에서의 지배 언어에도 세상물정에도 밝지 않았던 조선 인 여성은 싸구려 물품으로 꾸며진 감언과 사기 같은 근대적 '폭력'으로 연행되었고, 그 대다수가 강간당한 후에 정조를 중요시하는 사회로 복귀 하는 것을 체념하게 하고, 유곽에서 계속되는 성폭력의 피해를 입은 것이 조선에서의 공창제 실태이다.

후지메(藤目) 유키[13]에 따르면, 공창제는 일본 내지에서도 일본의 군 사 확대와 깊이 결부되어 발전, 일관되게 군인 전용, 군인 우선으로 되어 있었다고 한다. 조선에서는 군사점령의 성격이 좀더 명확하다. 청일·러 일전쟁기의 조선은 전시체제하에 있었는데, 송연옥의 논문은 러일전쟁기 의주에서는 병참사령부가 매춘업자의 영업을 허가하거나 단속하고 있었 음을 밝히고 있다. 이 상황에서 시민법이 적용되었을 리도 없고, 초기부 터 위안소적 공창제가 전개된 지역도 있었다. 지역과 시기에 따라 위안소 와 공창제의 경계가 애매모호한 형태를 많이 보이는 것은 김영·안자코 유카의 논문에서도 입증되고 있다. 또 윤명숙[14]은 접객업 경영자와 피고 용 여성이 그대로 군대 위안소로 전업한 경우를 소개하고 있는데, 조선과 전쟁터가 된 중국에서는 위안소와 공창제의 경계가 애매모호한 경우를 많 이 볼 수 있을 것이다. 영국령 해협식민지와 대만이나 조선에서 구별하여 쓰였던 이중 잣대가 같은 지역에서도 시기에 따라 다르게 쓰였던 것이다.

최근 한국의 역사학회에서 식민지라는 용어를 피하고 일제강점하로 표현하는 것도, 소위 구미 식민지와의 차이를 명확히 하려는 의도일 것이

---

13) 藤目ゆき, 『性の歷史學』, 不二出版, 1997.
14) 尹明淑, 『日本の軍隊慰安所制度と朝鮮人軍隊慰安婦』, 明石書店, 2003.

다. '위안부' 제도와 공창제의 차이를 논하는 전제로서, 군사점령하의 식민지 지배의 실태를 파악할 필요가 있을 것이다.

이상에서 볼 수 있듯이, 본서에서 일관하고 있는 관점은 군사점령의 식민지기부터 한국전쟁으로 귀결되는 '전후'의 연속성, 곧 연속되는 식민지주의이다. 김부자의 논문은 군산이라는 지역으로 한정하여 바로 한반도 근현대사의 연속성을 파악하려 한 것이다.

김학순의 커밍아웃을 촉구했던 정신적인 배경도 한국의 민주화운동만을 보는 것이 아니라, 간헐적으로 지속되거나 좌절한 경우는 있었지만 식민지기부터 계속 이어온 인권운동의 성과와 평가라는 것도 그러한 관점 때문이다. 나아가 시민운동의 국제적인 연대에서 획득한 관점, 오늘날의 전쟁터·분쟁 지역의 성폭력과 관련지어 보는 것으로 일본군 '위안부' 제도를 파악하고자 시도한 점도 그러한 의도 때문이다.

'위안부' 문제의 충격은 인도(人道)의 죄를 묻는 사상을 심화시켰다. UN의 '여성에 대한 폭력 철폐선언'(1993년), 쿠마라스아미보고(1996년), 맥두걸보고(1998, 2000년)를 거쳐 '여성국제전범법정'(2000년)을 실현했고, 그 축적이 최근의 미국, 한국, 네덜란드, 캐나다, EU, 필리핀의 일본에 대한 '위안부' 결의를 촉구해왔다. '위안부'의 영어 표기도 'comfort women'에서 'sex slave'로 변화하고 있듯이, 그와 더불어 인식의 진전은 국제적으로 공유되어 왔다. 맥두걸보고에서 이 문제를 과거의 문제로서 보는 것이 아니라, 오늘의 문제로 보아야 한다고 강조한 것은, 본 프로젝트에 의한 20세기 한반도의 역사에서도 증명할 수 있는 것은 아닐까.

일본군 '위안부' 제도가 세상에 밝혀지게 된 것으로, 나치 독일 국방군 성폭력과의 비교연구가 가능해질 것이며, 동아시아 지역은 물론이고 구미제국의 식민지에서의 성폭력 실태 연구가 진행되면, 제국의 시대 성매매의 세계적인 분업체제나 공범관계가 더욱 명확해질 것이다.

제국 일본의 식민지 지배 100주년을 맞이하는 2010년에 한반도의 20세

기 군대와 성폭력을 조사·연구한 본서가, 다시금 연구의 한 걸음을 내딛
게 된다면 본 프로젝트에 참가한 우리들이 바라는 것 이상의 기쁨이 될
것이다.

　후속 연구에 도움이 되도록 이 책 마지막에 자료편으로, 관련 법률조
문, 연표, 지도, 사진 등을 함께 실었다. 널리 활용되기를 바란다.

제1부

제국 일본의 식민지 도시
— 군사도시와 경제도시

제1장 함경북도의 군사도시와 '위안소'·'유곽'

김영(金榮) · 안자코 유카(庵逧由香)

들어가며

1999년 8월과 2002년 4월 두 번에 걸쳐 북한 함경북도에서 일본군 '위안소'가 발견되었다는 발표가 있었다. 러시아와 국경을 접한 경제특구 라선 지구에서 가까운 방진동(芳津洞)[1]이라는 마을과 청진에서 남쪽으로 자동차로 20분 정도 지난 지점인 라남에 각각 '위안소'였던 건물이 남아 있다는 것이었다.[2]

그때까지 한반도 내에는 '위안소' 건물이나 터가 발견된 적이 없었다.[3]

---

[1] 越智唯七 編, 『新旧對照朝鮮全道府郡面里洞名稱一覽』(中央市場, 1917) 및 許光一 編, 『朝鮮·韓國行政區域地名便覽』(中國, 1998)에 이 '방진'이라는 한자가 '方津'으로 되어 있는데, 본장에서는 조선총독부 제작, 『一万分一朝鮮地形図集成』(복각판, 柏書房, 1985)의 표기에 따라 '芳津'이라고 했다.

[2] 함경북도의 '위안소'에 대해서는 다음의 논고가 그 실태를 밝혀주고 있다. '從軍慰安婦·太平洋戰爭被害者對策委員會, 「朝鮮·咸鏡北道淸津の日本軍〈慰安所〉の實態」; 金富子·宋連玉 責任編, 『「慰安婦」·戰時性暴力の實態』 4(日本軍性奴隷制を裁く: 2000年女性國際戰犯法廷の記錄), 綠風出版, 2000 및 伊藤孝司, 『平壤からの告發〈續〉─日本軍 '慰安婦'·强制連行被害者の叫び』 2, 風媒社, 2002.

[3] '위안부' 피해자 한국의 윤두리는 부산의 '영산 제1위안소'로, 북한의 정옥순은 혜산의 '위안소'로 끌려갔다고 증언하는 외에, 6명의 피해자가 각각 한반도 내의 웅기, 은덕군, 청진, 인천, 창원, 목포의 '위안소'로 연행되었다고 증언하고 있지만 그 건물과 터는 발견되지 않았다. 상세한 내용은 한국정신대문제대책협의회·한국정신대연구소 편, 『증언집: 강제로 끌려간 조선인 군 위안부들』, 한울 1(1993), 2(1994), 한국정신대대책협의회

'방진(芳津) 위안소'와 라남의 '풍곡동(豊谷洞) 위안소'의 존재가 사실이라면 한반도 내에서 발견된 최초의 '위안소' 건물로 크게 주목할 가치가 있다. 그래서 우리들은 2003년 9월과 2005년 9월, 그리고 2008년 11월 세 번에 걸쳐 평양에서 함경북도로 날아가 이들 '위안소'의 현지조사를 실시했다. 이 3회의 현지조사 및 자료조사로 소위 '유곽'도 그것에 포함되어 있음을 알 수 있었는데, 그로써 오히려 식민지에서의 '유곽' 자체에 관해 다시금 검토할 필요가 있음을 깨달았다.

주지한 바와 같이 현재 확인되고 있는 '위안소'의 대부분은 1931년 중국 침략전쟁 개시 후 일본군에 의한 점령지와 전쟁터[4]에 만들어진 것을 가리킨다. 식민지 조선은 점령지·전쟁터가 아니었으므로 군(軍)이 직영하는 식의 명확한 형태의 '위안소'는 필요로 하지 않았고, 따라서 조선 내에 있던 성매매 시설은 기본적으로 군대의 주류(駐留) 장소에 있는 것을 포함하여 '유곽'으로 보는 견해였다. 또 그 '유곽'을 군인이 이용하고 '위안소'였다는 증언이 있었다 해도 군이 직접 관여했다는 증거가 없다면 그것을 '위안소'라고 자리매김하기는 어렵다고 보아왔다.

그러나 한반도 내의 '위안소'로 끌려갔다는 '위안부' 피해자의 증언이 다수 있다. 이러한 '위안소'는 민간인이 이용한 '유곽'으로 밝혀진 것도 포함하고 있는데, 피해 상황을 보면 속아서 끌려간 여인들은 도망치지 못하고 엄중한 관리하에서 군인을 비롯한 '유곽' 이용자들로부터 성폭력을 당하였다. 게다가 조선어 사용이 금지되는 등의 민족차별을 포함하여 점령지·

편, 『중국으로 끌려간 조선인 군 위안부들』 2, 한울(1993) 및 '종군위안부'·太平洋戦争 被害者對策委員會 編, 『踏みにぎられた人生の絶叫』, 1995 참조.
[4] 한국병합은 군사력에 의해 강제로 이루어진 것으로 한국과 북한에서는 식민지기를 '강점기'라 하며 한반도 역시 점령지로 간주했는데, 여기서는 한반도와 대만을 제외하고 청일전쟁 개시 후 일본군이 점령한 지역을 점령지라 한다. 또한 아시아·태평양전쟁 말기인 1945년 8월 11일에는 청진에 소련군이 조선에 상륙하여 격렬한 전투가 벌어졌다. 따라서 전투 기간이 대단히 짧은 지역도 한정되어 있었지만, 정확한 의미에서 조선은 '전쟁터가 아니었다'고 할 수 없었다.

전쟁터의 '위안소'와 공통점이 많아 양자를 간단하게 선긋기가 어렵다.

이번 현지조사를 행한 함경북도의 사례도 피해자의 증언과 당시 자료나 역사적 상황에 비추어 검토해 보면, 점령지 · 전쟁터가 아닌 지역에 있는 '유곽'이라도 군대의 연관성이나 책임을 물을 수 없다고 단순히 결론지을 수 없는 실태가 부각되었다.

특히 '방진 위안소'의 경우 민가가 드문 언덕 위에 20명의 여성을 고용한 대규모 매매춘 시설 2채가 우두커니 서 있고, 그곳에서 도보 권내에 있는 군의 배치 상황으로 보더라도 대략 '군 전용'으로 판단할 수밖에 없었다. 한편 라남의 '풍곡동 위안소'는 '미노와노사토(美輪之里)'로 불렸던 유곽거리였던 장소에 있음을 알 수 있었다. 즉 군이 직접 운영을 하거나 혹은 군 전용 · 지정이었다 등, 군의 관여가 명확한 '위안소'와는 달랐다. 그럼에도 불구하고 라남의 '미노와노사토 유곽가' 그리고 나중에 발견된 회령의 '키타신치(北新地) 유곽'의 사례는 '유곽'으로 부르기에 너무나도 '위안소적'인 성격이 농후했다.

이와 같은 식민지에서의 '위안소' '유곽'의 실태를 분석함에 있어서, 우리는 이것들이 만들어진 식민지 도시의 군사적 성격이 강한 것에 주목했다. 라남 · 회령 · 방진이 있는 함경북도는 소련(러시아) · 중국과의 국경지대라는 점에서 식민지하 조선에서 최대의 군사적 요충지의 하나였다. 그러므로 병합 전부터 다른 지역에 비해 훨씬 많은 군대가 배치되어 있었고, 이 점은 함경북도의 각 도시 형성에도 많은 영향을 미쳤다. 그 전형적인 예가 한촌(寒村)이 일본군의 주둔으로 순식간에 군사도시로 형성되어 갔던 라남이다. 이러한 도시에 있는 '유곽'은 설립부터 운영까지 일본군과의 관계가 밀접할 수밖에 없고 좀더 '위안소적'인 성격을 띠게 된다.

본장에서는 조선의 다른 지역이나 도시보다 군사색이 강한 상황에 있던 함경북도에서 발견된 '위안소' '유곽'을 증언과 자료를 토대로 검증하여 식민지의 '유곽'이 지역이나 시기에 따라 '위안소적' 성격을 가질 수 있음을 제시하였다. 나아가 그것은 식민지 상업도시 · 군산의 '유곽'을 검증한 본서 제2장 김부자 논문과의 비교를 통해 식민지에서 매매춘 시설이 얼마나 다양했는가를 부각시켜 줄 것이다.

조선에서의 식민지 지배와 '위안부' 제도가 밀접하게 관계하고 있다는 점에 관해서는 '위안부' 동원과정에서 조선의 식민지적 사회 상황의 분석5)과 '위안부' 제도의 역사적 전제로서의 식민지 공창제6) 등 이미 몇몇 연구에서 지적되고 있다. 본서 제3장 송연옥의 논문에서도 병합 전 대한제국에서 일본군이 매춘업자를 관리하고 있었던 사실을 밝히고 있다. 제1장에서는 이러한 연구 성과에 의거하면서, 먼저 함경북도의 조선에서의 군사적 위치를 일본의 조선 군사침략 과정 속에서 재평가하고 군사도시에서 '위안소' '유곽'이란 어떤 것이었는지를 라남 · 회령 · 방진의 현지조사를 중심으로 분석하고자 한다.

1. 함경북도의 군 배치와 '유곽'

1) 조선의 군사거점으로서의 함경북도

이번에 우리가 조사를 실시한 함경북도7)는 한반도 최북단에 위치하며

---

5) 한국정신대연구소 편, 『한일간의 미청산 과제』, 아시아문화사, 1997 ; 尹明淑, 『日本の軍隊慰安所制度と朝鮮人軍隊慰安婦』, 明石書店, 2003 등.

6) 宋連玉, 「公娼制度から '慰安婦' 制度への歷史的展開」, 『日本軍制奴隷制を裁く―2000年女性國際犯罪法廷の記錄』 3, 綠風出版, 2000 및 藤永壯, 「植民地公娼制と日本軍 '慰安婦' 制度」, 早川紀代 編, 『戰爭 · 暴力と女性3 植民地と戰爭責任』, 吉川弘文館, 2005 등. 또한 공창제도와 '위안부' 제도의 비교에 관한 연구는 본서의 송연옥 '총론'을 참조.

7) 식민지기 때(1945년 8월 이전)의 함경북도의 행정구획과 현재 북한의 행정구획은 다소 차이가 있다. 식민지기에는 함경북도의 西端 경계는 백두산 산꼭대기까지였지만, 현재는 그 구획의 일부가 양강도에 포함되어 있다.

〈그림 1-1〉 함경도 국경의 주요 군 배치

중국과 러시아 쌍방과 국경을 접하고 있는 산악지대이다. 높고 험준한 산이 많고 평야가 부족하며 또 내륙부는 겨울에 영하 20~30도로 떨어지는 극한지대이기도 하다. 백두산을 원류로 하는 두만강의 흐름이 그대로 중국·러시아와의 국경이 되고 있는데 겨울에는 이 두만강이 완전히 얼어버린다.

조선 식민지화 과정에서 최초로 일정 기간에 걸쳐 일본군이 조선에 주둔한 것은 '한일병합'보다 28년 전으로 거슬러 올라가는 1882년이었다. 같은 해 8월 '제물포조약'을 근거로 당시의 수도 한양(현재의 서울)에 수비대 2중대가 주둔하게 된 것이 시초라 할 수 있다.[8] 그 후 일본군이 상주

군으로서 본격적으로 조선에 주둔하게 된 것은 청일전쟁을 거쳐 러일전
쟁이 시작된 직후였다. 1904년 3월 한국주차군이라는 명칭으로 그 배치를
완료시켰다.

한국주차군은 창설 당초 원산보다 이남을 관할구역으로 삼고 있었지
만, 한국 내 러시아군과의 전투가 성진(城津), 경성(鏡城) 등 주로 함경북
도에서 전개되면서, 1905년 10월 전쟁이 종결될 무렵에는 함경도 지방 및
평안북도의 국경지대로까지 수비대가 파견되어 있었다. 러일전쟁 종결 직
후에는 러시아전에 대비하기 위해 군비를 확장[9]했고, 그에 따라 한국주
차군에는 2개 사단(제13사단 및 제15사단)이라는 대군이 배치되게 되었다.

이처럼 한반도에 본격적인 일본군 배치는 러일전쟁이 계기가 되었으
며, 러시아전을 상정하고 있으므로 군비 배치는 자연히 조선북부, 특히
러시아와의 국경이 가까운 함경도 방면에 중점을 두게 되었다. 러일전쟁
종결 직후 1905년 10월 한국주차군에 배치된 2개 사단 가운데 제13사단은
함경도 지방에 배치되었고, 제15사단은 '함경도 방면의 수비지구 이외 한
국 전역'[10]이 담당지구였다(〈그림 1-2〉). 즉 조선 전체에 배치된 2개 사단
가운데 1개 사단 전부가 함경도 지방에만 배치된 것이다.

한국주차군은 그 후 조선 각지에서 일어난 의병투쟁의 '토벌'에 분주했
고(상세한 내용은 본서 제4장 신주백 논문 2절 1항 참조), 1910년에는 일
본의 '한국병합'과 동시에 명칭을 '조선주차군'으로 변경한다. '한국주차군'
'조선주차군' 모두 소속 부대는 조선에 상주하지만, 일본의 각 사단에서
일정 기간 교대로 주차군 사령부에 파견되는 교대 파견제를 취하고 있었

---

8) 「解題」, 金正明 編, 『朝鮮駐箚軍歷史 日韓外交資料集成別冊1』(이하 『朝鮮駐箚軍歷史』),
　 嚴南書店, 1967 및 서민교, 「만주사변기 조선주둔 일본군의 역할과 활동」, 『한국민족운
　 동사연구』 32, 2002, 189쪽.
9) 상세한 것은 藤原彰, 『日本軍事史 上卷 戰前編』, 日本評論社, 1987, 149~150쪽.
10) 『朝鮮駐箚軍歷史』, 29~30쪽.

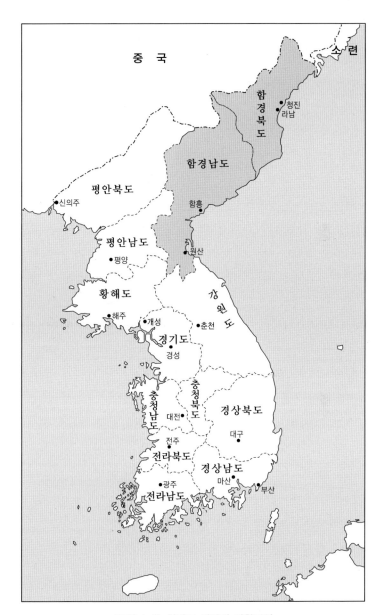

〈그림 1-2〉 한반도 사단별 관할구역
음영색 부분이 제19사단 관할구역(1905년 당시 제13사단도 같음), 기타 제20사단
관할구역(1905년 당시 제15사단도 같음)

다.[11] 이 교대 파견제가 폐지되고 2개 사단이 신설되어 조선에 상치(常置)하기로 결정된 것은 1915년이었다. 조선에 신설된 2개 사단인 제19사단이 다음해 1916년 4월부터 1919년 2월에 걸쳐, 제20사단이 그 후 1919년 4월부터 1921년 4월에 걸쳐 편성·배치를 완료했다. 제19사단의 편성이 대략 완료된 1918년에 주차부대가 일본으로 되돌아가고 그 이후 조선주둔 일본군은 '조선군'으로 불리게 된다.

여기서 이러한 상설 2개 사단의 편성과 배치를 좀더 상세하게 살펴보도록 하자.

제19사단은 함경북도 및 함경남도의 두 개 도(道)를 관할하고 있다. 먼저 사령부는 라남에 배치, 보병연대와 공병연대, 기병연대 등이 회령, 라남, 함흥의 3도시에, 국경수비대가 경흥, 신아산, 경원, 훈계, 온성, 상삼봉, 무산, 삼장, 혜산진으로 국경을 따라 배치되었다(〈그림 1-1〉). 한편 제20사단은 한반도 남단부터 북으로는 중국과의 국경지대까지 광범위한 지역에 부대가 배치되어 있다. 사령부를 수도 경성에 배치, 보병연대, 기병연대 등의 배치는 경성, 평양, 대구, 대전이며, 경상북도에서 평안남도까지 폭넓게 남북으로 분산되어 있다. 또 소속 국경수비대가 평안북도의 신의주, 의주, 청성진, 창성, 초산, 위원, 자성, 후창 등의 국경을 따라 배치되었다.

이처럼 제19사단은 함경도에 집중하여 주력이 배치되어 있으며, 제20사단도 주력의 7할이 한반도 중부·북부지역에 집중되어 있다[12](〈그림 1-2〉). 배치도를 보는 것만으로도 한반도의 군대가 함경도, 특히 함경북도에 얼마나 많이 집중되었는지 알 수 있을 것이다.

이들 2개 사단은 치안과 국경수비뿐만 아니라 1919년 3·1운동시에는

11) 藤原彰, 『日本軍事史 上卷 戰前編』, 150쪽.
12) 서민교, 「만주사변기 조선주둔 일본군의 역할과 활동」, 195~196쪽.

운동에 참가한 일반 주민을 진압했으며, 1920년 이후로는 활발해진 '만주' 지역의 조선독립군 진압에도 가담하는 등 중국으로 출동하는 일도 있었다(상세한 내용은 제4장 신주백 논문 제3절 참조). 또 조선의 국경지대에는 제19사단, 제20사단 각각의 수비대가 배치되어 있었는데, '만주국' 수립에 따른 중국과의 국경지대 치안 안정화와 대소련 전략의 긴요화로 1937년에는 대소련 방어를 위해 모든 국경수비대를 훈춘(琿春)으로 이전하여 훈춘 수비대로 통합·개편했다.[13] 같은 해에 나진에는 나진 요새 사령부가 설치되었고, 1941년에는 주로 대소련 방어·첩보활동을 임무로 하는 나진 근거지대(根據地隊)가 편성되는 등, 소련 국경지대로서 함경북도의 군사적 중요성은 더욱 강화되었다. 이러한 조선북부에 편중된 군 편성은, 아시아·태평양전쟁에서 일본이 패퇴(敗退)를 계속하는 가운데, 조선군 배치의 중점을 제주도를 중심으로 하는 남부로 전환하기 위해 조선군사령부를 폐지하고 제17방면군과 조선군 관구를 신설·병치하는 1944년 11월까지 계속되었다.

2) 대표적인 군사도시 라남과 회령과 '유곽'

이처럼 군사적 성격이 강한 함경북도의 군사적 거점은 함경북도의 2대 도시였던 라남과 회령이다. 제19사단의 예하부대를 살펴보면,[14] 사단의 예하부대는 라남, 회령, 함흥의 3도시에 집중 배치되었다. 전시기로 접어들면 회령에는 이외에 제2비행단 사령부 및 비행 제6연대가 배치되었다(〈표 1-1〉).

---

13) 宮田節子 編, 『朝鮮軍槪要史』, 不二出版, 1989, 21~22쪽.
14) 사단 편성은 1937년 7월의 청일전쟁 전면화 이후 부대가 신설되었다. 특히 1940년대부터 패전 직전 사이에 크게 바뀌지만, 여기서는 일단 1916년부터 1930년대까지의 편성으로 한다.

〈표 1-1〉 함경도 지방의 부대(육군 · 비행단)

	부대명(여단)	부대명(연대)	창대(創隊)시기
제19사단 (사령부 : 라남)	보병 제38여단(라남)	보병 제75연대(회령)	1920.10.15~1944
		보병 제76연대(라남)	1920.10.15~1944.3
	보병 제37여단(함흥)	보병 제73연대(라남)	1916.4.18~
		보병 제74연대(함흥)	
	기병 제27연대(라남)		1916.4.18~1944.11
	산포병 제25연대(라남)		1923~1944.11
	공병 제19연대(회령)		
	치중병(輜重兵) 제19연대(라남)		
제2비행단 (사령부 : 회령)	비행 제6연대(평양)		1937.7.27~
	비행 제9연대(회령)		1937.9.18~

특히 라남의 경우 다른 도시와 크게 다른 점이 라남이라는 도시 자체가 순수하게 군대 주둔을 목적으로 식민지기에 새로 형성되었고, 나중에 도청 소재지가 될 정도의 요지가 되었다는 점이다(상세한 내용은 뒤에서 서술). 그로 인해 라남은 다른 어느 도시보다도 일본인 인구의 비율이 높고, 거리의 중심지에 이르기까지 대부분이 군 시설로 구성되어 있었다. 바로 군사도시였다. 회령의 경우도 러일전쟁 직후부터 수비대가 배치되거나 상설 제19사단의 보병연대 · 공병연대가 배치되는 등 식민지화로 국경의 군사적 요지가 된 도시이다.

이러한 식민지 군사도시의 '유곽'인 만큼 당연히 군인의 이용도 많았고 다른 지역의 '유곽'과는 또 다른 특징을 지녔을 것임을 충분히 생각할 수 있다. 예를 들어 부산이나 원산 등과 달리 라남, 회령에는 일본군의 주둔과 동시에 이른바 '일본요리점'이 개업하고 있다.

일본은 대외적인 배려에서 '유곽', '가시자시키(貸座敷)', '창기' 등의 표현을 피하고 이들을 '제2종 요리점', '예기(芸妓)' 등으로 불렀는데, '요리점'이 나중에 '유곽'으로 이행되고 있는 점에서도 알 수 있듯이 실태는 매매춘 시설이었다. 러일전쟁 전까지는 소위 '추업부(醜業婦)'의 해외도항을 금지하는 방침을 취했던 일본정부였으나 사실상 '요리점' 영업을 묵인해온 것이다. 그러나 러일전쟁 때 그 수요가 증대됨에 따라 공창제도 도입의 방침으로 전환되어갔다.

1930년에 출판된 『전국유곽안내』라는 책자가 있다. 일본, 조선, 대만 각지의 유곽을 소개하고 있는데, 이에 따르면 라남에는 예기(芸妓)를 고용한 '일본요리점'이 두세 곳 있으며 1908년에 이곳이 유곽 허가지가 되었다. 회령은 1906년에 역시 예기를 둔 '일본요리점'이 네 곳 개업했고 '예기는 완전히 창기의 내용을 포함하고 있었으므로' 1916년에 유곽 허가지가 되었다고 서술하고 있다.[15] 러일전쟁은 한반도에 공창제도가 들어오게 된 최초의 계기였다고 지적할 수 있는데,[16] 라남과 회령이 바로 러일전쟁 때 일본군과 더불어 일본의 매매춘 시설을 들여온 전형적인 지역이었다. 한편 북한 정부가 일본군 '위안소'를 발견한 방진은 반농반어(半農半漁)의 작은 마을이었는데, 이 마을과 인접한 유진(楡津)에는 육해군의 군사시설이 배치되어 있었다.

이하에서는 라남, 회령, 방진에서 발견된 '위안소'·'유곽'에 관해, 우선 각 도시의 성장과정과 군사적 성격을 검토하고 현지조사에서 부각된 실태를 추적해 보고자 한다.

2. 라남과 '유곽'

1) 군사도시 라남

라남은 사방이 구릉으로 둘러싸여 있는 비교적 조촐한 마을이다. 무역

---

15) 『全國遊廓案內』, 日本遊覽社, 1930, 478쪽.

16) 藤永壯, 「植民地公娼制と日本軍 '慰安婦' 制度」 및 본서 제3장 「세기 전환기의 군사점령과 '매춘' 관리」.

의 요지인 청진이나 경성(鏡城) 같은 주요 도시에서도 가깝다. 식민지기
의 라남에는 거리 중앙에 원형의 공원이 있고, 그 공원을 중심으로 주요
도로가 방사선상으로 달리고 있었다. 중앙에는 동서로 라남천이 흐르고
강의 남측과 중앙 북측에 주택지가 일부 모여 있다.

지도를 보면 일목요연한데 라남은 상당히 도로가 정비되어 있다. 라남
의 도시구획에 관해서는 '시가지와 정연하게 구획된 군영물, 관아, 관사
및 상가가 즐비하게 그 미관을 드러내고 있어 더없이 이상적인 시가지로
조선은 물론 내지[일본]에도 비유할 곳이 없다'[17]고 격찬했을 정도였다.
그러나 '이상적인 시가지'라 불린 라남의 도시부 약 3분의 2가 군을 위한
시설로 채워져 있고, 그것은 라남이 일본군 주둔을 계기로 새로 형성된
거리임을 여실히 말해주고 있다.

라남이 도시로서 발전한 역사는 바로 일본의 조선 군사침략의 역사와
중첩된다. 라남은 1905년 꽤 이른 시기에 조선주차군의 병영지로 선정되
었다. 1905년은 조선에 통감부가 설치되고 본격적인 식민지 지배가 시작
된 해이다. 그러나 그 무렵 라남은 30호 남짓의 작은 농촌에 불과했다.
그런데 1907년부터 약 100만 평에 가까운 광대한 토지가 강제 매수되고,
다음해부터 주차군의 병영공사가 시작된 이후, '세상의 이목을 끌며 직공
인부 등이 집합과 더불어 잡화점, 음식점 등이 잇따라 증가하여 동년 10
월 무렵에는 조선인 가옥에 거주하고 있던 일본인만 해도 대략 250명에
달할' 정도였다고 한다.[18] 1명도 없었던 일본인이 1년도 채 되지 않아 250
명까지 늘어난 것은, 일본에서 조선으로 건너오는 것조차 어려웠던 당시
에 작은 마을치고는 분명 폭발적인 증가였다.

작은 한촌이었던 라남이 어떻게 사령부를 둘 정도의 군용지로 선정될

17) 「청진과 라남부 경성 및 주을온천」, 『韓國地理風俗誌叢書(295) 회령안내 회령 및 간도
조선야화』, 경인문화사, 1989, 193쪽.
18) 함경북도 경성군 라남읍, 『邑勢一般』, 1938, 2쪽.

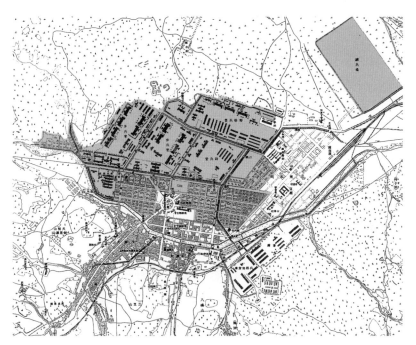

〈그림 1-3〉 라남 시가지도. 색깔 부분이 군 관련시설
(조선총독부, 『1만분의 1 조선지형도 집성』)

수 있었는지 자세한 것은 알 수 없다. 다만 1913년 조선에서 발행된 어느 여행 책자에는 애초 주차군의 상주 예정지로서 수성(輸城)평야가 고려되었으나, 러일전쟁 때 수성평야를 흐르는 부녕천의 범람이 심한 것을 본 육군참모부가 비교적 수해가 적고 사방이 산으로 둘러싸인 라남을 선택했다고 기록되어 있다.[19]

그 후 라남에는 1908년 3월부터 1909년 10월에 걸쳐 보병연대와 기병 연대의 병영건설이 추진되었고, 나아가 1910년 '병합'을 앞에 두고 이미 여단 사령부와 3개 연대의 주력이 배치되어 있었다.[20] 주차군은 애초 군

19) 山田市太郎, 『北朝鮮誌』 下, 博通社, 1913(山田市太郎他 偏, 『韓國併合史研究資料』 28, 龍溪書舍, 2001), 251쪽.

용지 내에 일반 서민을 유치하려 했지만, 건물의 제한이 엄격했으므로 이에 응하는 사람들이 적어 결국은 군용지 외부에 집을 짓게 되었다고 한다.[21] 즉, 라남은 자연스럽게 군용지를 중심으로 도시 배치가 결정되었던 것 같다.

이처럼 '병합' 전부터 군사도시로서 도시 개발이 진행되고 있던 라남인데, 1916년부터 1919년에 걸쳐 먼저 제19사단이 함경도에 배치되었고 라남에 사령부와 보병연대 주력이 배치되자 그 확대에 더욱 박차를 가했다. 1920년 11월에는 함경북도 도청이 경성에서 라남으로 이전되어 라남은 함경북도의 수도가 된다. 그 후 철도(함경북부선)도 개통, 1931년에는 조선의 지방제도 개편과 더불어 라남읍이 되었다.

1913년경 라남의 일본인 인구는 군인을 제외하고 호구 수 537호에 2,014명이었다. 당시 직업 구성을 살펴보면 가장 많은 것이 관공서 관리, 직공 등 대부분 육군 관계를 상대하는 생활잡화 판매상이었다.[22] 무역지가 아니므로 대규모 가게는 없고 당시는 조선인을 대상으로 장사하는 일본인 상인도 거의 없었다고 한다. 1929년경 라남의 민족별 인구를 살펴보면, 일본인 1,554호에 5,818명, 조선인 1,289호에 6,462명, 중국인 71호에 254명으로 총계 2,914호에 12,534명이었다. 같은 함경북도의 도시인 회령의 같은 시기 총인구가 15,568명이었던 것을 생각하면, 라남은 도청소재지로서는 상당히 소규모라고 할 수 있다. 또 인구 중 46%가 일본인으로 되어 있다. 군인의 수는 기밀이므로 여기에 포함되지 않았다고 생각되는데 그것을 고려해도 다른 도시에 비해 일본인의 인구비율이 상당히 높다.

라남에 주둔하고 있던 주요 군 시설을 살펴보자. 라남에는 사단을 총괄하는 제19사단의 사령부 예하의 보병 제38여단 사령부, 보병 제76연대, 기

---

20) 『朝鮮駐箚軍歷史』, 125쪽.
21) 山田市太郎, 『北朝鮮誌』 下, 245쪽.
22) 山田市太郎, 『北朝鮮誌』 下, 249쪽.

제19사단 사령부

병 제27연대, 산포병 제25연대 등이 있었다. 또 보병 제37여단의 사령부는 함흥(함경남도)에 있었는데 그 예하의 보병 제73연대는 라남에 배치되어 있었다. 제19사단의 주요 부대가 거의 라남에 배치되었다고 보아도 좋을 것이다.

라남 시가지의 라남천에서 북측은 거의 군 관계시설이었다. 중앙공원 주변은 군의 관사 구획이 질서정연하게 늘어서 있고, 그 북측에 드넓은 각 연대의 병영이 펼쳐져 있다. 제19사단 사령부는 병영의 더욱 뒤쪽, 중심지에서 동떨어진 라남 시가지 북단에 배치되었다. 그리고 제38여단 사령부는 관사 거리의 동쪽 끝에 배치되어 있었다. 사단 사령부는 현재 남아 있지 않으나 여단 사령부 건물과 일찍이 병영의 한 귀퉁이에 있던 제19사단장의 관저는 아직 건물이 남아 있다.

이처럼 군 시설 중심의 라남에는 라남천 남측이 주요 주택지로 되어 있는데, 그보다 더 남측에 시가지로서는 남쪽에서 벗어난 곳에 해당하는 '미요시쵸(美吉町)'에 당시 '야마(山)'로 불렸던 '유곽지역'이 있었다. 라남 북부에 집중되어 있는 군 시설과는 시가지를 사이에 두고 정반대에 위치하게 된다.

제38여단 사령부 건물의 당시와 현재(2005년 9월)

제19사단장 관저의 당시와 현재(2005년 9월)

기병대라는 설명을 들었지만 지도에서 보면 야전 총포연대로 생각된다(2008년 11월)

'유곽지역'이 설치된 이유에 관해 여행안내서 『북조선지(北朝鮮誌)』 (1913년 출판)는 다음과 같이 서술하고 있다.

> 원래 북부조선의 땅에 유곽으로 지정되어 있는 곳은 [함경]남도 원산, [함경] 북도 라남밖에 없었다. 이 땅에 일찍부터 유곽이 설치된 데는 그곳이 군영지이 며 군인이 많이 배회하므로 만일 풍기문란을 일으키는 일이 생겨서는 좋지 않 다하여 1908년 지금의 삼립공원지 일대를 미노와노사토(三輪の里)라 칭하고 유곽을 건설했다(굵은 글씨 - 인용자).

여기서 유곽이 설치된 이유로 서술하고 있는 '풍기문란을 일으키는' 일 로서 두려워했던 것의 하나가 군인에 의한 강간사건임은 충분히 짐작할 수 있을 것이다. 이것은 일본군이 1937년 12월 '남경대학살'에서 저지른 대강간사건을 계기로 군인에 의한 강간사건 방지를 위해 '위안소'가 필요 하다 하여 본격적인 '위안소' 설치에 착수한 경위를 상기시켜준다.

여기에 나오는 '미노와노사토'는 위에서 기술한 '야마(山)'와는 조금 다 른 곳에 위치하고 있었던 것 같은데, 어찌 되었건 '유곽지역'이 창설 당시 부터 군인을 상대로 예정되어 있었다는 점은 라남 시내 군 시설의 점유율 과 배치 상황을 보아도 분명하다고 할 수 있을 것이다.

2) 라남의 '유곽' 지대, '야마(山)'를 방문하다

라남 현지조사는 2003년과 2005년, 2008년 세 번에 걸쳐 행해졌다. 여기 서는 현지조사에 관해 상세하게 서술하면서 주로 증언을 토대로 실태를 살펴보고자 한다.

라남은 청진에서 13킬로미터 정도 남쪽으로 내려간 지점에 있다. 자동 차가 라남 시내로 들어서자 '해방'(1945년 8월 15일) 전에 세워졌으리라 생

각되는 건물이 예상 외로 많이 남아 있었고, 당시 시가지도를 살펴보면
거리의 구조도 크게 바뀌지 않았다. 몇몇 공공시설도 비교적 쉽게 확인할
수 있다. 한국전쟁으로 미군의 융단폭격을 받아 북한 대부분의 지역이 초
토화되었지만 다행히 함경북도는 피해가 적었던 것이다.

　자동차가 라남의 중심부인 원형 중앙공원 광장에 다다랐다. 당시는 군
관사, 헌병대 본부, 금융조합연합회, 우편국, 조선식산은행이 중앙공원을
에워싸듯이 세워져 있던 장소이다. 이 중심부를 통과하여 다시 몇 분을
달리자 자동차가 좌회전하며 철도의 육교 밑을 빠져나와 50미터쯤 되는
지점에 멈췄다. 그곳은 예전의 '미요시쵸(美吉町)'이며 라남의 유곽가 '야
마(山)'임에 틀림이 없었다.

　'야마(山)'의 "미노와노사토 유곽"의 정식명칭은 한자로 '美輪之里遊廓'
혹은 '三ノ輪の里遊廓'이라 썼는데, 마을에서 떨어진 미카사야마(三笠山)
산기슭에 위치하고 있었으므로 통칭 '야마(山)'로 불렸다. 1981년에 발행
된 『라남헌병대사(羅南憲兵隊史)』에는 '유곽'의 이름이 적힌 〈라남산요

선로에서 촬영한 '야마(山)', '미노와노사토 유곽가' 터의 전경(2008년 11월)

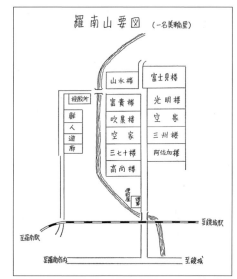

〈그림 1-4〉 라남 헌병대원이 그린
〈라남산요도〉
후지미루(富士見樓)가 길로 돌출되
어 길이 휘어져 있는 것처럼, 56쪽
의 사진에서도 길 끝이 왼쪽으로
굽어 있음을 알 수 있다.

도(羅南山要図)〉라는 지도가 소개되어 있는데,[23]〈〈그림 1-4〉〉 '유곽'의 건
물은 모두 2층 건물로, 우측 가장 안쪽의 후지미루(富士見樓) 건물이 가
장 훌륭했다고 한다.[24] 〈산요도〉를 그린 전(前) 헌병은 또 "젊은 시절 안
다녔던 사람이 없는 '야마(山)'이다"라며 자못 그리운 듯 당시 일을 회고하
고 있다.

우리들은 이 〈라남산요도〉(이하 〈산요도〉)를 손에 들고 '야마(山)' 입구
에서 하차하여 예전의 유곽거리를 걸었다. 쭉 곧은길과 깨끗하게 구분된
양쪽 집들은 〈산요도〉의 유곽 한 채 한 채와 꼭 들어맞는 것 같았다.

제일 안쪽 건물 앞 주변에서 증언자 박창룡(朴昌龍, 1927~2007)이 라남
시의 인민위원회에서 연락을 받고 먼저 와서 기다리고 있었다. 마을 사람
들도 모여 있다. 지팡이를 짚은 박창룡은 다리가 불편하니 앉겠다고 말하

---

23) 羅南憲友會, 『羅南憲兵隊史』, 1981, 357쪽.
24) 헌병대원으로 10년 정도 라남에 있었던 ○○○(1914년 출생)의 증언. 2003년 2월 인터뷰.

며 인민위원회 사람이 준비한 의자에 앉았다.
그를 둘러싸고 우리들도 그 자리에 쭈그려 앉
았다. 게다가 그런 우리들을 에워싸듯 마을
사람들이 둘러서고 그들과 함께 박창룡의 이
야기를 들었다.[25]

그의 집은 '야마(山)' 입구 바로 앞 왼편으
로 들어간 지점에 있었고 당시 그곳은 조선인
마을이었다. 대부분의 조선인은 시내에 살지
않고 주변 산간부에 마을을 이루고 있었다.

박창룡(2003년 9월)

박은 이곳 미요시쵸―현재의 풍곡동에서 태어난 이후 줄곧 같은 곳에서
살아왔는데, 철이 들 무렵부터 '야마(山)'를 보며 자랐으므로 일본 군인이
이곳에 많이 와 있던 것을 잘 기억하고 있다고 했다. 부모에게 '유곽' 쪽에
는 가까이 가지 말라는 말을 들은 적도 있어서 내부 모습까지는 알지 못
했지만, 군인이 줄지어 우르르 모여들어 싸우던 모습은 지금도 눈에 선하
단다.

"군대가 오면 쭉 늘어서서 밤낮 없이 놀곤 했지요. 놀기도 하고 싸움질
도 했어요. 병사들은 일본도를 휘두르며 싸움을 했지요."

군인끼리 싸우는 것은 흔한 일이었다. 어떤 때는 한 여성을 서로 차지
하려고 다투었고 하급병사가 장교를 살해하는 사건도 일어났는데 살해한
병사도 사건 직후에 자살했다고 한다. 박창룡은 "언제나 병사들은 아주
거칠었고 무서웠어요. 불쌍한 건 여자들이었습니다"고 말했다.

"괴로워서 저 선로에 몸을 던져 자살했지요, 여자들이. 나는 아직 어렸
으므로 직접 보지 못했지만 나이 든 형들이 사체를 묻었지요. 서너 명 묻
어주었답니다."

....

25) 박창룡에 대한 인터뷰는 2003년 9월과 2005년 9월에 두 번 행했는데 여기서는 주로 2003
년의 증언에 따른다.

이곳의 조선인 여성들은 대부분 남부지역의 전라도나 경상도 출신이었다고 한다. 그녀들은 고향에서 멀리 떨어져 있어 도망갈 수도 없었을 테고 오죽 괴로웠으면 몸을 던졌겠냐며 박창룡은 애통해했다.

"일본 군인은 난폭한 놈들입니다. 이곳 주변 사람(조선인)들은 이 '야마'가 어떤 곳인지 모두 알고 있었습니다."

박창룡은 이곳을 '야마'라 불렀다. 북한이 발표한 '풍곡동 위안소'가 아니라 일본어로 '야마'라고 했다. 또 육교를 빠져나와 바로 왼쪽에 담배가게가 있던 곳, 진료소가 있던 곳도 말해 주었다. 그 장소는 〈산요도〉에 묘사된 '성병검사소' 위치와 대략 일치했다. 건물은 남아 있지 않았지만 일본 가옥의 특징인 토대가 있었다.

박창룡의 증언을 들은 후 외관은 당시 유곽 그대로라는 단층집의 민가를 방문했다. 이 집의 지붕에는 조선의 전통적인 둥근 통 모양의 기와가 아니라 물결무늬의 편평한 일본기와가 그대로 얹혀 있었다. 안으로 들어서자 맹장지의 홈, 판자를 잇대어 붙인 복도 등이 일본식의 만듦새 그대로였다. 〈산요도〉와 대조해보니 후지미루가 있었던 장소 같은데 건물이 길보다 들어간 위치에 있는 점과 후지미루는 2층 건물이었다는 증언을 감안하면 별동의 건물로 생각된다. 구체적으로 어떤 식으로 사용된 공간이었는지 명확하지 않지만, 일본가옥이 당시의 '유곽'이었음에 틀림이 없다.

또한 〈산요도〉 좌측 바로 앞 두 번째 칸인 '미나토루(三七十樓)'인지 옆의 '빈집'인지 근처에 콘크리트 토대가 남아 있었다.

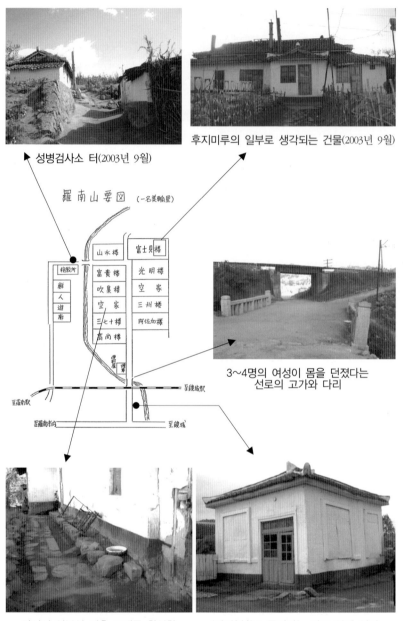

성병검사소 터(2003년 9월)

후지미루의 일부로 생각되는 건물(2003년 9월)

3~4명의 여성이 몸을 던졌다는
선로의 고가와 다리

당시의 일본식 건축 토대를 확인할
수 있다(2003년 9월)

'야마(山)'로 들어가는 바로 앞에 있던
파출소(2005년 9월)

일찍부터 유곽을 허가

앞에서 소개한 『전국유곽안내』에 '야마(山)'는 '라남면 미요시쵸 미노와노사토 유곽'으로 나와 있다. 이에 따르면 '미노와노사토 유곽'은 '1908년에 유곽 허가지가 된 곳으로 그 이전에는 두세 개의 일본요리점이 있었고 그곳에서 예기를 고용한데 기인하는 것'이다.

유곽의 허가지가 된 것은 1908년으로 라남은 조선북부의 다른 마을에 비해 빨리 형성되었고 회령은 1916년, 청진은 1919년이었다.

요시노초(吉野町) 시절의
후지미루(富士見樓) 광고
(『북조선지(하)』, 1913년 12월)

앞에서 다루었듯이 『북조선지(하)』에 라남은 "군영지이며 군인이 많이 배회하므로 만일 풍기문란을 일으키는 일이 생겨서는 좋지 않다"는 이유에서 다른 곳보다 일찍 유곽 허가지가 되었고 삼립공원 땅 일대를 미노와노사토라 칭하고 유곽을 건설, 전성기에는 "스무여 호의 요정이 처마를 맞대고 아름다움을 다투고 있었는데 그 후 지금의 장소로 이전하여 역시 미노와노사토 유곽으로서 한때 최고로 번성했다"고 한다.

『전국유곽안내』에 있는 '미노와노사토(美輪之里)'와 '미노와노사토(三輪之里)'는 같은 장소를 가리키며, 최초 미카사(三笠)공원 땅에서 나중에 이전했다고 하므로 현지조사를 행한 것은 이전 후의 장소가 된다. 『북조선지(하)』에 따르면 라남에는 또 한 곳 '요시노초 신지(吉野町新地)'라는 유곽지가 있었다. 불경기로 '미노와노사토'의 유곽이 한때 7~8채까지 줄어들자, 요시노초에 유곽을 건설하여 1911년 개업했다. 같은 책에 따르면, 이 '요시노초 신지'는 당시 '미노와노사토' 이상으로 번성했다고 한다. 또

'라남에서 가장 오래된 요정이며 아주 훌륭'하다는 평판이 자자했던 가게
로서 '후지미루(富士見樓)'를 소개하고 있다. '후지미루'는 〈산요도〉의 오
른쪽 안에 제시되어 있듯이, '요시노초 신지'가 없어진 후에도 '야마(山)'로
옮겨 옛날 가게 간판을 내걸었을 것이다. '후지미루'는 라남 유곽의 처음
과 마지막을 끝까지 지켜보게 된다.

유곽의 구체적인 모습이 『전국유곽안내』에 소개되어 있다. 조금 길기
는 하지만 흥미로우므로 아래에 소개한다.

> 현재는 가시자시키(貸座敷)가 12채이며 창기가 약 120명 있는데 그중 내지
> 인(일본인) 창기 약 60명, 조선인 창기가 약 60명 있다. 조선인 창기의 언어와
> 복장은 거의 내지인과 별반 차이가 없는 것은 회령과 같다. 개중에는 물론 조선
> 옷을 입은 창기도 있다. 가게의 제도는 음점(陰店)도 아니고 사진식(寫眞式)도
> 아니며, 누각에 올라 차를 마시고 있으면 창기가 한 사람 한 사람 인사를 하며
> 얼굴을 보여주고 간다. 그 자리에서 상대를 정하는 방식을 채택하고 있다.

그리고 "기루(妓樓)는 후지미루(富士見樓), 코메이루(光明樓), 후우키
루(富貴樓), 후키요세(吹集), 산슈우루(三州樓), 아사카루(安佐可樓), 미
나토루(三七十樓), 다카마사루(高正樓), 다이코쿠야(大黑家), 쇼우잔루
(笑山樓), 라남관(羅南館), 평양루 등이다."

"(야마(山)의 유곽은) 2층건물의 훌륭한 집으로, ……매우 번잡했다"고
말한 사람은 도쿄에 거주하는 전 헌병 아무개 씨이다.

10년 가까이 라남 등 함경북도에 살았고 1938년부터 패전까지 헌병이
었다는 아무개 씨는 1942년부터 1943년까지 1년간 10명 정도의 부하를 거
느리고 헌병대 대대 내의 반장 일을 한 적도 있는 사람이다.

아무개 씨는 특히 '후지미루'는 대문의 구조도 훌륭한 건물로 1층이 식
당 공간으로 되어 있고, 2층에 여성들의 방이 있었다고 말했다. 또한 고객
은 1층에서 먹고 마시면서 여성을 선택, 마음에 드는 여성과 2층으로 올

라갔다고 설명했다. 앞서 기술한 『전국유곽안내』에 쓰여져 있던 시스템
과 같다.

그러나 박창룡이 유곽이라 해도 군대가 쉬는 날에는 군인이 줄지어 쇄
도했으며 빨리, 빨리 하며 앞서 들어간 병사를 재촉하며 소동을 벌였다고
말하고 있듯이, 일반 병사들에게는 천천히 여성을 선택할 만한 시간적인
여유가 없었다고 생각한다. 아무개 씨 자신도 외지에 주둔하는 조선군 병
사들의 휴일은 오후에만 외출이 허가되었고, 또 저녁 5시까지 막사로 돌
아가야 했으므로 병사들에게 휴일을 천천히 보낼 만한 시간은 없었다고
말하고 있다. 따라서 2층 건물의 유곽이란 숙박이 허용되는 장교들이 이
용한 유곽이 아니었을까. 혹은 같은 유곽이라도 병사의 경우와 장교의 경
우 시스템이 나뉘어져 있었다고 생각할 수 있을 것이다.

12채의 유곽에 있던 약 120명의 여성들은 주 1회 정기적으로 성병검사
를 받았다. 아무개 씨는 〈산요도〉에 있는 '성병검사소'를 손가락으로 가
리키며 이곳에서 검사를 행했고, 매독검사 때 헌병이 입회하도록 지시받
았다고 말했다. 그러나 그가 반장일 때 경찰이 있으니까 필요없겠지 싶어
행하지 않았다고 했다.

또한 아무개 씨는 군이 병사들에게 '방국민(防國民)'이라는 콘돔을 배
급했다고 한다.

'방국민'만은 잊지 말라고 했다. 화류병에 걸리므로. 부대에서 사쿠를 소지
하게 했거든. 공동생활이므로 옮기면 큰일이었으니까요.

깎아낸 일본의 이름

일본 가옥의 토대가 있던 곳에서 '야마(山)' 입구의 철도 주변까지 우리
들은 천천히 걸어서 돌아왔다. 철도는 박창룡이 말했던 유곽의 여성 몇
명이 자살했다는 현장이다. 선로 가까이 가자 작은 다리의 기묘한 기둥에

눈길이 멎었다. 돌기둥에 새겨진 문자가 깎여
나갔다. 박창룡에 따르면 해방 전에 일본인이
새긴 일본식 다리 이름을 해방 후 주민들이 깎
아낸 흔적이다. 돌기둥 한쪽에서 '소화 □년 7
월 준공'이라는 문자를 간신히 읽을 수 있었는
데, 또 한쪽의 문자는 판독할 수 없었다. 『북
조선지』에 미노와노사토(三輪の里)는 '벚꽃다
리(櫻橋)를 건너 대문으로 숨어든다'고 하는
데, 벚꽃다리(櫻橋)라는 문자는 확인할 수 없
었다.

그 다리를 건너 선로의 철교를 빠져나와 '야
마(山)'를 나오니 왼쪽에 파출소가 서 있었다.
2008년 조사에서는 철거된 후였지만, 2005년
당시는 헛간으로 사용되고 있었다. 외관이 잘
보이도록 크게 만든 파출소 특유의 창(막혀 있
었지만)과 현관 위의 둥근 전등이 그대로 남아
있었다.

'야마(山)'에서 시내로 돌아오는 도중 전통
적인 팔각정 전망대가 있는 언덕에 올랐다. 박
창룡이 "조선인을 일본인으로 만들기 위해 세

일본어를 깎아낸 다리의
좌우 돌기둥

웠다"고 말하던 라남신사 터이다. 폭이 넓고 쪽
곧은 신사 특유의 계단을 올라가니 시계(視界)가 열렸고, 신사 본전의 기
초부분과 등롱의 콘크리트 토대를 확실하게 확인할 수 있었다(99쪽 칼럼
의 '라남신사' 참조). 1960년대까지 그곳에 있었다는 신사 본전은 지배와
붕괴의 역사를 조용히 말해주고 있는 듯 지금은 무너진 콘크리트의 잔해
로 남아 있었다.

3. 회령의 '유곽' 키타신치(北新地)

1) 군인의 거리 회령

회령은 함경북도의 서북부에 위치한 오래된 도시이다. 두만강을 끼고 옆은 중국 길림성인 조선의 국경에 있으며 조선시대부터 중국과의 무역이 번성했던 조선북부의 요지였다. 회령의 시가지는 세 방향이 산으로 둘러싸인 회령평야에 있으며 북쪽에 두만강, 북동과 서남에 각각 두만강을 원류로 하는 회령천과 팔을천이라는 세 개의 커다란 강이 횡령평야를 싸고 있다. 꽤 북부에 위치하므로 한서혹열(寒暑酷烈)로 생각하기 쉽지만 1년 중 강수량이 적고 맑은 날이 많아 기후는 매우 좋다고 일컬어진다. 살구와 고추, 도자기 등의 명산지이며 사계절이 뚜렷하고 자연이 풍요로운 지역이다.

식민지 시대의 회령은 라남과 나란히 북부의 군사도시로 알려져 있었다. 라남이 일본군에 의해 계획적으로 만들어진 도시이며 군 관련시설도 대부분 도시의 중심에 있었던 데 비해, 회령은 무역의 요지로 오랜 역사를 지닌 도시이며 나중에 그곳으로 군이 잠입함으로써 군사도시가 형성되어 갔다. 전근대에는 중국 동북지역에서의 물류가 대부분 회령상인의 손을 통해 청진 · 경성(鏡城)으로 보내졌을 정도로 회령은 상업이 번성한 무역 · 교통의 요지였다. 1917년에 함경북도에서 가장 인구가 많은 도시이기도 했다.

이러한 회령에 최초로 일본군이 주둔하기 시작한 것은 러일전쟁 와중이었다. 러일전쟁으로 러시아군이 회령 방면으로 들어오자 이에 대응하기 위해 일본군도 이 지역의 점령을 개시했고, 1905년 9월 3일에는 회령에 보병 1중대를 진입시켜 사단 사령부를 둔 것이다.[26] 그것이 일본군의

---

[26] 山田市太郎, 『北朝鮮誌』 下, 284쪽.

회령 군사점령과 일본인의 회령 이주의 시작이었다. 그 후 회령에는 일본
에서 국경수비대가 파견되어 주둔해 있었고, 1915년 조선에 2개 사단 상
설이 결정되었는데 이를 받아들여 1916년 4월에는 공병 제19대대(나중에
연대)가 회령에 신설되었다. 이어 1920년에는 국경수비대를 대신하여 보
병 제75연대(보병 제38여단 소속)가 신설되어 회령에 상설된다.

　러일전쟁 전 회령에는 일본인이 거의 없었다고 일컬어진다. 회령에 "일
본인이 이주하기 시작한 것은 수비대 입회[1905년]와 동시이며 그 무렵은
어용(御用)상인과 두세 곳의 요정에 불과했다"[27])고 한다. 1916년 이전 회
령의 일본인 인구에 관한 구체적인 사료는 아직 눈에 띄지 않으나, 공병
제19대대가 설치된 1916년에는 일본인 인구가 434호에 1,100명으로까지
증가했다. 본래 회령은 상공업이 성행했고 1910년 '병합' 전에는 이미 함
경 농공은행지점(1910년에 조선은행지점으로 계승)이나 일본인을 위한
공립소학교, 지방법원지청(지방재판소 지소), 농사시험장 등이 잇따라 건
립된 것을 생각하면, 일본군이 주둔한 이후에 급속하게 일본인이 늘어났
음은 쉽게 상상할 수 있다.

　다음해인 1917년에는 청진과의 사이에 함경선이 개통되어 회령의 인구
증가에 박차를 가했다. 일본인 인구는 1920년경에 2,000명대에 이르며 이
후 1930년대까지 가파르게 증가해갔다. 이러한 일본인 인구는 예를 들어
개항지로서 1910년에는 이미 일본인 수가 6,000명이 넘었던 원산 등에 비
하면 결코 많은 편이 아니었다. 그러나 이러한 인구 수치는 공병 제19대
대와 보병 제75연대 등의 군인은 포함하지 않은 것이라 실제로 회령에 거
주하고 있던 일본인 인구는 이보다 훨씬 많았을 것이다.

　다음으로 회령의 당시 시가지[28])(〈그림 1-5〉)의 구성을 살펴보자. 회령

---

27) 山田市太郎, 『北朝鮮誌』 下, 269쪽.
28) 시가지는 1940년, 9살 때 가족과 함께 회령으로 이주하여 14살에 패전을 맞아 일본으로
　 귀국한 아카오 사토루(赤尾覺) 씨가 작성한 것. 다수의 자료와 귀국한 직후에 쓴 자신의

의 시가지에는 예전 회령성의 성벽 일부가 남아 있었다. 회령성 사방에 만들어져 있던 동서남북 각각의 문은 터의 흔적도 남아 있지 않으나 동문, 서문, 남문 등의 명칭만은 사람들이 시내의 위치를 나타내는 데 사용하고 있었다. 회령의 시가지는 동서남북의 문 가운데 예전의 성내를 중심으로 하고 있다. 시가지의 북서단에 교통의 요지인 회령역(지도의 ⑭)이 위치한다. 그리고 회령역에서 동남을 향해 2개의 도로가 시가지를 횡단하며 뻗어 있는데, 북동 부근에 있는 도로가 역전거리, 혼마치(本町)로 불리며 관공서와 대형상점이 늘어서 있는 중심가이다. 또 서남의 도로가 정차장 거리, 다이쇼거리(大正通), 고토부키거리(壽通)로 불렸다. 본래는 회령성 성벽 위에 만들어진 거리로 음식점이 많은 번화가로 되어 있었다. 특히 역에서 가까운 정차장 거리부터 다이쇼거리에 걸친 '키타신치'(지도의 ⑬)로 불리는 지역의 뒷골목이 소위 요정이 늘어선 '유곽촌'이었다.

시가지를 횡단하는 2개의 거리를 수직으로 연결하는 형태로 통과하는 도로가 긴자거리(銀座通), 쇼와거리(昭和通) 등이다. 이러한 시내 중심가 큰 거리 중, 주로 조선인 상점이 늘어서 있는 곳은 긴자거리뿐이고 다른 거리는 일본인 상점이 대부분이며 조선인이나 중국인 상점이 다소 섞여 있는 정도였다고 한다.[29] 요컨대 주요 큰 거리는 거의 일본인 상인이 차지하고 있었다. 또 라남과 청진 등의 신흥도시에 비해 애초부터 다수의 조선인이 살고 있던 회령에는 일본식 가옥이 비교적 적었다고 할 수 있다.

일기와 기록을 토대로 다른 회령 출신자의 증언을 모아 몇 년에 걸쳐 작성한 귀중한 것이다.
[29] 永井勝三 編, 『會寧案內』, 會寧印刷所 出版部, 1929, 28쪽(『韓國地理風俗誌叢書(295)』, 경인문화사).

〈그림 1-5〉 회령 시가도

회령의 군 관련 시
설은 이러한 시가지
에 인접하는 형태로
만들어져 회령 동남
부에 집중되어 있었
다. 회령 중심지의 각
문이 있던 곳에서 시
외로 향하는 도로는

제9비행연대 비행장

각각 '동문밖', '서문밖', '남문밖'으로 불리고 있었는데, 공병 제19연대(지
도의 ③), 보병 제75연대(지도의 ②), 육군 위수병원(지도의 ④), 관사(지
도의 ⑥), 헌병대(지도의 ⑤), 창고 등의 군사 시설은 남문밖을 따라 늘어
서 있었다. 또 회령천을 끼고 시가지의 서남 측에는 제9비행연대의 비행
장(지도의 ⑮)이 만들어져 있었다.

회령부대의 주력, 보병 제75연대는 1920년 4월에 편성되어 바로 회령에
주둔했다. 보병 제75연대는 동년 10월에 발생한 간도출병30)으로 조선의
독립군 '토벌'에 출동했으며, 1938년에 소련과 교전했던 장고봉(張鼓峰)

당시의 보병 제75연대병영
왼쪽은 창고이며 현재 도매창고로 사용되고 있다(2005년 9월)

30) 1920년 10월에 일본이 마적토벌을 구실로 조선의 독립군을 공격하기 위해 중국지역에
    군대를 출동시킨 사건.

공병 제19연대병사(당시)   육군 관사 터(2005년 9월)

사건 때도 출동하는 등 국경과 가장 가까운 부대로 큰 전투에 이른 시기
부터 가담하고 있었다. 아시아태평양전쟁 말기에는 필리핀에 동원되어
그 전투에서 많은 전사자를 냈으며 그곳에서 패전을 맞은 부대이다.

한편 공병 제19대대는 회령에 들어온 최초의 상설부대로 1916년 4월에
편성을 완료했다. 1920년 4월 지도에 있는 남문밖 서남 측의 병사(兵舍)
로 이주했다. 공병 제19대대가 공병 제19연대로 개칭된 것은 1936년 5월부
터이다. 제19연대는 아시아태평양전쟁 말기 1944년 11월에는 1중대가 보
병 제75연대와 함께 필리핀으로 출동, 주력은 대만으로 건너갔고 보충대
만 회령에 잔류했다. 잔류한 보충대는 공병 제79연대로 개편되어 회령에
서 패전을 맞이했다.

이들 부대의 병영과 건물은 현재 회령에 거의 남아 있지 않다. 가까스
로 75연대 창고의 일부, 육군관사, 육군병원의 건물 일부가 남아 있으며
현재도 사용하고 있다. 육군병원 터는 현재 초등학교가 되어 있는데 건물
의 일부가 남아 있다. 또 하나 사료로는 확인할 수 없었지만 지도상에 보
이는 위치와 75연대에 징용된 고원식(高元植)의 증언 등에서 군마보충부
대 터로 생각되는 건물의 전방 지하에 당시 방공호가 그대로 남아 있었
다.

연병장(지도의 ①방향)의 뒤쪽 언덕 위쪽에서 발견된 콘크리트 방어진지(2008년 11월)

연병장 뒤 언덕을 올라간 부근에 콘크리트 방어진지가 남아 있었다. 대부분 옥수수 밭에 매몰되어 크기는 알 수 없었지만 천장의 크기는 4×5미터 정도이다. 상부는 30센티미터 정도 나와 있었는데 두 곳에 총안(銃眼)이 있는 것이 보였다. 이 방어진지는 조사에 협력해준 회령 인민위원회 대외사업부의 이광호(李光虎) 과장이 어렸을 적 놀이터였다고 한다. 연병장 뒤편에 있으며 네모난 모양에서 군사연습용 방어진지일 가능성도 있는데 한반도에서 콘크리트 방어진지가 발견된 것은 현재 제주도와 이곳뿐이다.

회령도 라남과 마찬가지로 한국전쟁의 피해가 적었는데 그에 비해 시내에 식민지기의 건물이 별로 남아 있지 않다. 그것은 첫째, 패전을 전후하여 회령 시내가 방화된 것에서 기인한다고 생각된다. 회령에서 인쇄업과 탄광회사를 경영하고 있던 나가이 가츠죠(永井勝三)[31]가 당시 회령 시내의 상황을 상세하게 회고하고 있다. 나가이에 따르면 8월 9일 일본에 선전포고하며 참전한 소련군이 11일에는 청진에서 조선으로 상륙했기 때

---

31) 1929년 발행, 「회령상공인명록」, 『韓國地理風俗誌叢書(295) 회령 안내 회령 및 간도 조선야화』에는 나가이 가츠죠(永井勝三)가 '회령인쇄소'를 경영했으며, 「주민이 피난 탈출하여 사람없는 마을」에 따르면 그가 '흥룡탄광'도 소유하고 있었다고 나온다. 또 羅英淑도 인쇄소 외에 장사를 하고 있었다고 말하는 점을 고려할 때 그는 지역의 유력한 사업가였다.

문에, 회령―청진 간의 철도도 운행이 정지되어 회령은 고립상태에 빠졌다. 그로 인해 13일에 회령 주민 전원에게 피난명령이 내려졌는데, 다음날 14~17일까지 4일간[32] 헌병들이 회령 시내의 주요 건물에 불을 지르며 돌아다녔다. 시내 대부분이 소실되고 철도, 공장, 비행연대, 탄광도 자폭 전소시켰다고 한다.[33] 나가이의 집은 육군 관사 부근에 위치해 있었는데, 15일에는 자택을 에워싸듯 북쪽은 경방단 사무소, 동쪽은 회령관, 서쪽은 교회와 명락소학교, 남쪽은 녹곡(鹿谷) 간장 양조공장에서 검은 연기가 피어올랐다. 자기 집으로 불길이 다가오는 가운데 나가이는 주변 건물의 불을 끄기 시작했는데, 헌병에게서 "불을 끄지 말라"는 경고를 세 번이나 들었고 그래도 멈추지 않자 경찰서장으로부터 직접 명령을 따르라는 경고를 받았다고 한다.

회령 시내에서 태어나 오늘까지 그곳에서 살아온 나영숙(羅英淑)[34]도 회령관에서 불길이 피어오르는 것을 근처에서 목격했다. 당시 열두 살이던 나영숙은 회령관 부근의 방공호로 피난했으며 말을 탄 헌병이 건물에 불을 지르고 건물이 불타오르는 것을 보았다고 한다. 게다가 갑작스러운 방화에 미처 도망가지 못하고 휩쓸려 죽은 조선인도 있었다고 했다.

이처럼 마지막에는 일본인 스스로 불을 지른 회령의 거리였지만 그래도 몇몇 건물은 전부 또는 일부가 남아 있다. 회령시 인민위원회는 2005년에 회령 시내 식민지시대의 주요 건물이 있던 장소를 조사했다. 이광호

---

32) 「北鮮會寧地方の引揚狀況〈外務省への提出報告書〉」(提出者/永井勝三, 資料提供/森田芳夫, 會寧會, 『なつかしの會寧』, 90쪽)에 "8월 15~18일까지 4일간 회령 시내외에 헌병은 방화를 계속한다"고 되어 있는데, 나가이 가츠죠는 나중에 당시를 회고하며 쓴 「주민이 피난 탈출하여 사람없는 마을」(83~88쪽)에는, 14일 오전 0시 지나 화재가 발생, 15일부터 17일까지는 군에 의한 방화임을 확인했다고 상세히 기록하고 있으며, 여기서는 후자의 설에 의거하여 방화는 14일부터 17일까지 4일간으로 했다.

33) 나가이의 증언은 당시의 회령군수였던 川和田秋彦의 증언(「終戰日記」, 『なつかしの会寧』, 92쪽)을 비롯하여 회령에서의 피난자의 증언과 일치하고 있다.

34) 나영숙, 1932년 출생. 2008년 11월 인터뷰.

정차장 도로의 당시와 현재. 당시 사진 왼쪽 안의
탑은 백화점의 십자지붕.
그 앞에 있던 이층 건물의 소방조 건물(오른쪽 사
진의 왼쪽 끝)이 현재도 남아 있으며 가게로 사용
되고 있다.(지도의 ⑪ 주변에서 촬영)

국수집으로 생각되는 당시의 건물

에 따르면 군 관계 7곳, '위안소'(유곽·요리점 등) 6곳, 공공건물 등 16곳
의 위치를 확인했는데, 그중 3분의 1은 현재도 건물이 남아 있다고 한다.
그중 하나로 1920년 9월에 창립된 회령 금융조합의 건물(지도의 ⑦, 98쪽
칼럼의 '회령 금융조합' 참조)은, 외장(外裝)을 새로이 했지만 건물 자체
는 당시의 것을 사용하고 있다. 또 당시 번화가의 하나였던 다이쇼(大正)
거리의 한가운데에 있던 회령 소방서[35](지도의 ⑫) 건물 역시 지금도 가
게로 사용되고 있다.

---

[35] 당시 회령 소방서는 경찰이 통괄하고 있었으며 공비(면비)로 운영되고 있었다.

회령은 중국과의 국경에 있는 도시이므로 수도 라남을 제외하면 함경 북도에서 가장 많은 부대가 배치되었고 주둔부대가 국경지대의 전투에 동원된 적도 많았다. 요컨대 회령의 부대는 다른 조선 주둔부대와 비교하여 아시아 태평양전쟁 전부터 전투에 직접 종사한 군인들이 많은 부대이 기도 했다.

2) '키타신치(北新地) 유곽' 터를 걷다

우리들은 2005년 9월과 2008년 11월 두 번 회령을 방문했다. 평양에서 청진까지 열차로 편도 약 30시간, 그리고 자동차로 2시간 반의 긴 여행 때문에 만족스러운 숙박시설에서 잠잘 수 없을 것이라는 약간의 각오를 하고 있었다. 특히 국경이 가까워지자 검문소에서 총을 휴대한 병사에게 여권을 제시해야 했고 저절로 긴장감이 고조되었다.

그러나 예상과 달리 회령 시가지는 아주 잘 정비된 깨끗한 거리였다. 넓은 도로가에는 그곳의 명산품이라는 백살구가 심어져 있었고 분홍색 건물이 거리를 채색하여 조용하고 한가로운 분위기를 느낄 수 있었다. 그도 그럴 것이 이곳이 김정일 국방위원장의 생모인 김정숙 여사의 고향이라 '김정숙 역사박물관'도 있었다.

우리들은 거리 입구에 멈춰 서서 회령 호텔을 거점으로 조사를 실시했다. 처음 방문한 해에는 호텔에서 5명의 증언을 들었는데 2008년에 다시 방문했을 때는 이미 2명이 사망했고 1명은 병상에 누워 있었다. 구술조사가 급선무라고 새삼스럽게 생각하면서 2명의 증언자와 자동차를 타고 현장에 도착했다. 증언자 가운데 한 사람은 1945년 봄에 보병 제75연대 취사반에 징용되었다가 동년 8월 9일에 소련군이 청진 공격을 개시하자 갑자기 총을 들려주며 정식 사격훈련도 받지 않은 채 청진의 전선으로 보내졌다는 고원식(高元植, 1927년생)이다. 또 한 사람은 앞에서 소개한 나영숙.

장교가 자주 이용했다는 선술집의 터(2005년 9월)

고원식(위)과 나영숙(2008년 11월)

자동차는 옥수수와 고추를 말
리고 있는 뒷골목으로 들어가 정
차했다. 당시 유곽거리 '키타신치'
앞의 정차장 거리이다. 현재 그
한 귀퉁이에 유곽이었던 건물은
없고 단지 민가가 즐비하게 서 있
을 뿐이지만, 두 개의 건물이 거
의 당시 모습 그대로 남아 있었

선술집의 당시 건물 부분

다. 그중 한 곳은 2층 건물로 앞에서도 다룬 소방서 건물이다(앞쪽의 사
진 참조). 지도에 '소방'이라 기록된 장소와도 일치한다.

다른 한 곳은 가게였다고 하는데 지도에 있는 '미요시'라는 일본 메밀
국수집 정도로 생각된다.

'미요시'에서 소방서를 지나 그대로 역 방면으로 향해, 당시 가장 커다

란 댄스홀 겸 카페였다는 히노데칸(日の出館)이 있는 장소까지 걸었다. 현재 그 주변은 오산(鰲山)중학교 교정으로 되어 있다. 계속해서 중학교를 지나 오른쪽으로 꺾어 당시에 술집이었다는 건물(지도의 ⑨ 주변)로 안내했다. 고원식에 따르면 장교들이 유곽의 여성을 데리고 자주 가던 술집이었다고 한다. 건물의 대부분은 개축되었으나 지붕 등의 일부에서 당시 모습을 확인했다.

팔을천을 건너면 농업전문학교와 금생(金生)중학교가 있다. 해방 전의 회령 고등여학교(지도의 ⑯)와 회령상업고등학교(지도의 ⑰)로 증개축했으나 기본적으로 당시 상태 그대로 사용하고 있다. 회령상업고등학교 옆은 육군 관사였으나 건물은 남아 있지 않았다. 그곳을 지나면 민가도 드문드문 보이고 베고 난 옥수수 밭이 다갈색을 띠고 있는 것이 눈에 띈다. 오른쪽의 팔을천을 바라보면서 동북 방면으로 몇 분 자동차를 달리자 금생 협동농장 사무소가 나타났다. 그곳이 뒤에 나오는 최효순(崔孝順)이 징병된 군마보충부(지도의 ⑱→방향)였던 곳이며 사무소 앞에 당시의 방공호가 남아 있었다.

키타신치(北新地) 유곽

『전국유곽안내』에는 1906년 일찍이 회령에 '일본요리점'이 개업했다고 나온다.

> 1906년 러일전쟁 직후 4채의 일본요리점을 개업하고 예기(芸妓)를 둔 것이 시초이며 1916년에는 동업자가 8채로 늘어났고 예기는 완전히 창기의 일을 포함하고 있었으므로 이곳이 가시자시키조합으로서 유곽의 허가지가 된 것이다.

한편『북조선지』에는 일본요리점이 1905년부터 있었다고 기록되어 있다. 보병 1개중대가 이곳에 들어온 것이 1905년 9월 3일 러일전쟁 종전 2일전이었는데, 그로부터 약 1개월 후에 수비대가 배치된다. 이때 2~3채의 '요정'이 생겼다고 한다. 유곽 허가지로 된 것이 1916년으로 라남보다 8년 후이지만, 1905년 혹은 1906년에 이미 '예기를 둔' 일본 요리점이 개업하고 있다.

『안내』에는 또 '기루(妓樓)는 이치후지(一富士), 헤이카이(平海), 도쿠가와(德川), 카게츠(花月), 요시노(吉野), 만넨(万年), 마츠바(松葉), 사라시나(更科), 키카쿠(龜鶴), 키쿠스이(菊水), 큐우슈우(九州), 미야코(都), 쇼우게츠(松月), 스이게츠(醉月) 등'이라고 되어 있다.

1929년 발행된 『회령안내』에 기재되어 있는 「회령상공인명록」에는 위에 서술한 가시자시키 외에 세카이(世界), 치토세(千歲), 미우라(三浦)의 이름도 있다. 또 가게주인의 이름도 기재되어 있는데 모두 일본인이다.

『북조선지』에 회령의 키타신치(北新地)는 광고와 창기의 얼굴 사진까지 기재되어 있다.

창기의 얼굴 사진을 실은
「키쿠스이」의 광고

「카게츠」의 광고

광고가 실린 것은 '만넨루', '분메이(文明)루', '카게츠', 얼굴 사진이 실려 있는 광고는 '키쿠스이'이다. 광고에는 '연회석 요리 만넨루', '고급요리 분메이루', '서양요리 카게츠'가 있는데, 이것은 『안내』에도 소개되어 있는 것처럼 모두 유곽이다. "회령에서 북의 신지(新地)라 하면 말할 것도 없이 교태로 넘치는 거리"라 하면서 만넨루, 스이게츠, 카게츠, 키쿠스이, 분메이루에 관해서도 소개하고 있다. 여담이지만 여관 '회령관'이 "이 땅의 일등여관으로 함북도청, 헌병경찰 등의 지정여관으로 되어 있다"고 한다.

1940년에 발행된 『북조선지』라는 책자에는 '요정'으로 이치후지 · 도쿠가와 · 카게츠 · 사라시나 · 미야코 · 키가구(嬉加久) · 다이키치(大吉) 등, '카페 · 식당'으로 히노데(日の出) 회관, 살롱 마사고(眞砂) · 모모다로(桃太郎), 낙원회관(樂園會館), 스즈란(鈴蘭) 등이 소개되어 있다. '요정'이 『안내』의 유곽과 일치하는 것이 많은 점에서도 '요정'이 '유곽'을 의미하고 있었음은 물론이며 '카페'도 실질적으로 성매매를 행하고 있던 경우가 많았다.

"미야오(宮尾)부대"원 최효순(崔孝順)

앞서 서술한 세 자료에 소개된 아카오 사토루(赤尾覺)가 작성한 시가도에도 기록되어 있어 오래된 점포의 하나로 생각되는 것이 '도쿠가와(德川)'이다. 이곳은 일반 병사가 이용할 수 없는 고급 '유곽'이었다고 한다. 이곳에 충청도 출신의 '모모코'라는 조선인 여성이 있었다. 모모코를 마음에 둔 로쿠로우타라는 중위가 자주 음식물 등을 보내주었는데 현재 라남에 거주하는 최효순이 그것을 전해주는 역할을 했다.

최효순(2003년 9월)

1925년 12월 평안남도 순천에서 태어난 최효순은 18살 때 소집되어 중앙 마창(馬廠) 회령지창·군마보충부(7489부대)에 배속된다. 군마보충부는 통칭 '미야오부대(宮尾部隊)'로 불리고 있었는데, 코밑 수염을 기른 부대장 미야오(宮尾)가 기마 자세로 시내를 달리는 모습이 인상 깊어 그렇게 불렀다고 한다.

최효순은 당시 군마보충부 중위 로쿠로우타·가츠미의 연락병이었고 이따금 군 전용가게인 가이코우샤(偕行社)에서 음식물을 구입하여 도쿠가와의 모모코에게 전해주었다.

최효순에 따르면 도쿠가와에는 그 외에도 경상도 등 남부지방 출신의 여성이 있었다. 또 내부는 현관을 들어서면 접수대가 있고 벽에 여성사진이 걸려 있으며 그 앞의 복도를 따라 작은 방이 줄지어 있었다.

군은 주로 일요일에 중대마다 외출을 허가했는데 군인은 대부분이 유곽으로 쇄도했다. 유곽의 복도에 줄지어 서서 "아직인가! 아직이야!" 하며 군인들이 성난 목소리로 말하는 것을 최효순은 몇 번이나 들었다고 한다. 군인이 오지 않는 날은 일반 민간인도 유곽을 이용했는데, 군인이 쉬는 날이면 하루 10명 이상을 상대해야 했다. 여성들은 원피스를 입고 있었는데 속옷을 걸칠 짬도 없을 정도로 군인이 쉴 새 없이 찾아왔다. 거부하면 구타를 당했다. 이곳도 방진이나 라남과 마찬가지로 여성들의 비명이 자주 들려왔다.

그녀들은 조선어로 말하는 것이 금지되어 일본어를 사용했다고 한다. 『안내』에도 조선인 '창기'가 일본어를 사용했다며 아래와 같이 기록되어 있다.

현재는 가시자시키(貸座敷)가 14채 있고 창기가 약 80명 있다. 그중 40명이 내지인이고 기타 40인은 조선인이다. 단 이곳의 조선 창기 대부분은 일본 옷을 입고 있으며 언어도 거의 일본인과 차이가 없을 정도로 유창하다.

최효순의 기억에는 키타신치에 20채 정도의 유곽이 있었는데 도쿠가와 외에 이치후지, 다이키치, 히노데, 와라이이에, 세이라쿠칸 등의 이름을 기억하고 있다. 도쿠가와, 이치후지, 다이키치, 히노데는 앞의『안내』와 『북선지방(北鮮地方)』에서도 확인할 수 있다. 와라이이에와 세이라쿠칸 의 이름은 보이지 않지만, 세이라쿠칸은 조선인 군인 전용 '유곽'이었다고 한다. 요컨대 조선인 전용이므로 일본인 관광객을 대상으로 하는『안내』 에는 실리지 않았을 것이다.

『안내』에는 또 요금에 관해, 시간제로 '2매 감찰 창기를 부르면 6엔, 1매 감찰 창기를 부르면 5엔'인데, 최효순에 따르면 1시간에 5엔이고 장교 가 하룻밤 묵을 때는 25엔이었다.

최효순은 여성들의 성병검사에 관해서는 말하지 않았으나『북조선지』 는 다음과 같이 기록하고 있다.

육군 측에는 위수병원(衛戍病院)이 있고 또 일반공중에 대해서는 자혜적인 사업을 겸하고 있는 회령 자혜의원이 있어 원장은 일등 군의관 오카다 케이린 (岡田啓倫) 씨이다. 또 이곳에는 1909년경 구매원(驅梅院)이 설립되어 지금 매 독검사는 자혜의원에 의뢰하여 행한다.

도립회령 자혜병원
현재도 병원으로 사용되고 있다(지도의 ⑩)

육군병원
현재는 초등학교(지도의 ④)

4. 방진(芳津) 위안소

1) 방진과 근거지대(根據地隊)

'조선 내의 위안소' 터가 발견된 방진이라는 땅은 라남·회령 같은 대도시가 아니라 현재도 아주 작은 반농반어의 촌락이다. 방진의 당시 주소는 '함경북도 경흥군 풍해면 대유동2리 방진'[36]이라는 작은 마을이다. 우리들이 조사한 '긴게츠루(銀月樓)', '호우카이루(豊海樓)'라는 두 '유곽'은 바로 그런 작은 마을에 우두커니 서 있었다. 왜 이토록 작은 마을에 20명이 넘는 여성들이 일할 만큼 큰 '유곽'이 두 채나 존재했던 것일까.

방진이 있는 대유동은 유진, 방진, 대동의 세 곳으로 나뉘어 있다. 방진 바로 옆에 있는 '유진(楡津)'은 작으면서도 육군·해군의 시설이 건설되었고, 항구는 오히려 군 전용 군항으로 이용되고 있었다. 증언에 따르면 '긴게츠루'는 1935년경, '호우카이루'는 1938년경에 만들어졌는데(상세한 내용은 뒤에서 서술) 이곳을 이용하던 사람은 주로 해군의 나진 특별근거지대(1942년 5월부터 나진 방면 특별근거지대로 개칭)의 병사들과 헌병들이었다. 특히 해군병사·사관의 경우 유진으로 상륙했지만 '긴게츠루', '호우카이루'가 유진에 가까웠으므로 유진에서 이곳으로 왔다고 한다.

유진·방진은 1930년대부터 항만요지로 급속하게 개발이 시작된 도시인 나진에서 20킬로미터나 떨어져 있으며 당시는 철도가 없어 병사들은 가까운 '긴게츠루', '호우카이루'를 이용했을 것이다. 150호 정도의 작은 반농반어의 마을에 있던 '긴게츠루', '호우카이루'는 헌병의 감시로 민간인으로부터 차단된 상태에서 거의 군인 전용 '위안소'로 이용되었다.

---

[36] 『新舊對照朝鮮全道府郡面里洞名稱一覽』, 1056쪽.

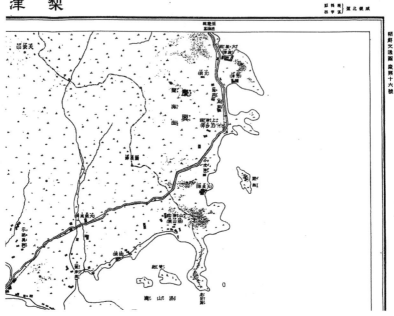

〈그림 1-6〉 방진·유진지도(조선총독부 5만분의 1지도)

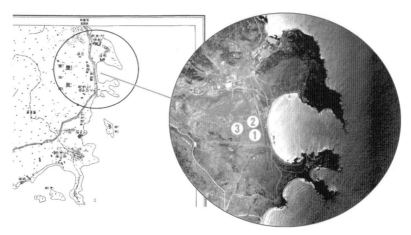

위성사진에서도 ① 진료소, ② 긴게츠루, ③ 호우카이루 장소를 확인할 수 있다.

군항(軍港) 유진

유진은 대략 나진항의 남단에 위치해 있다. 나진만의 중심이라 할 수 있는 나진항은 러일전쟁·시베리아로 출병할 때 이미 해군함대가 닻을 내린 적이 있는데 '만주사변'(1931년) 후에 일본과 '만주' 간 해상수송 루트의 종점항구로 선정된 이후 급속하게 개발되었던 항구이다. 1936년에 나진은 육군의 '나진 요새지대'가 되었고 나진 시내에 '나진 요새 사령부'가 설치되었다. 이 '나진 요새지대'의 한 귀퉁이를 담당했던 유진에는 1938년 '고사포, 탐조등, 청음기' 등 육군의 군사시설이 배치된 것을 확인할 수 있다.[37]

또한 유진에는 1941년 10월에 해군의 진해경비부(警備府)예하로 나진 (특별) 근거지대(根據地隊)가 신설되었을 때, 배속된 나진 방위대 기총포대가 배치되었다.[38] 진해 경비부는 한반도 남서단에 있는데 진해 경비부의 당시 담당구역은 조선의 서해안, 동해안, 일본해, 이키, 츠시마, 오키시마(沖島)로 넓은 범위인데다, 소련과 국경을 접한 나진 부근의 해역에 관해서는 방위와 더불어 소련에 대한 경계 임무도 주어져 있었다. 나진 근거지대는 이러한 대소련(주로 블라디보스토크 방면)의 '감시경계'를 맡고 있었다.

해군의 '특별근거지대'는 '해군 특별근거지대령'(1939년 10월 19일 내령 712호)에 따라 편성되었는데, 작전이나 기타 필요한 곳에 배치되며, 함대 또는 경비부(警備府)에 속한다. 일반적인 임무는 소재지 및 그 부근의 경비, 항만업무, 환자의 진료, 필요에 따라 함선부대의 보급, 공작 및 의무 위생 등이다.[39] 1941년 10월 1일에 편성된 나진 특별근거지대는 나진 방

---

37) 「羅津要塞地帶內海軍施設等に關する件 昭和13年」, 『芸予要塞および羅津要塞築城史』 (防衛廳戰史資料室 · 文庫—柚—471).
38) 防衛廳防衛硏修所戰史室, 『戰史叢書50 本土方面海軍作戰』, 朝雲新聞社, 1975, 41쪽.
39) 『戰史叢書50 本土方面海軍作戰』, 19쪽.

면의 방비를 주요 업무로 하고 1942년 5월에는 나진 방면 특별근거지대로 개편되었다.

나진 방면 특별근거지대의 1945년 5월의 편성을 살펴보면, 육상 방비부대, 해상 방비부대로 나뉘며(따로 통신대가 존재했다), 육상 방비부대는 육상에 고사포대 및 특설 초소를 배치하고 해상 방비부대에는 특무정대와 방비위소가 배치되었다(〈표 1-2〉). 당시 나진 방면 특별근거지대 육상 방비부대의 임무는 ① 대공초소를 중심으로 하는 방공, ② 블라디보스토크 방면의 초소 경계, ③ 육상경비, 특히 국경 방면의 대첩방위(對諜防衛)였다. 나진항은 1945년 8월 8일 소련의 참전과 더불어 소련 태평양 함대의 공습을 받아 실제로 이에 응전(応戦)했다.

〈표 1-2〉 나진 방면 특별근거지대 구분[40]

구분	지휘관		병력		
육상 방비부대	나진 방면 특별근거지대 사령관		나진 방면 특별근거지대		
			고사포대(포)	산진동	
			우동(右同)(기)	유진	
			특별검문소	서수라, 무수단, 수류봉, 망조산, 건치동, 유동 서방	
			경계대		
해상 방비부대			특무정대	1번대(예선대)	1호 예선(0)
				2번대(구잠대)	八仙丸(1), 苗栗丸(2)
				3번대(감시대)	第11興漁丸(3), 第5揮丸(4), 第6黃海丸(5)
			방비위소	장안단, 대초동	
통신대		나통사령	나진통신대		
			고사포대(기)	명호동, 회문	
			분견대	명호동, 회문, 영흥	

전시기 말기의 편성에서도 유진에는 육상 방비부대의 고사포대 2대 중 1대가 배치되었다. 1941년의 병력 배치에서 유진에는 기총포대가 설치되어 있는 점에서 나진 특별근거지대의 육상방위 가운데 유진은 중요한 요지였다고 할 수 있을 것이다.

또한 유진에서 방진까지의 거리와 이같은 편성배치 등을 고려해 당시 상황을 살펴보면, 방진에 있던 '유곽'이 군인 전용 '위안소'로 이용되고 있었다는 증언은 충분히 설득력을 갖는 것으로 생각된다. 그럼 이 방진 '위안소'의 실태는 어떠했을까.

2) 방진 위안소

진료소

청암구역(靑岩區域) 방진동은 라선 특급시에서 가까운 작은 반농반어의 마을로 세 구역으로 나뉘어 있는데, 그중 2구에 '긴게츠루'와 '호우카이루'가 있었다. 2구는 좁은 골짜기의 완만한 경사면에 십여 채의 민가가 산재해 있는 이외에, 옥수수 밭과 시냇물이 흐르는 조용한 마을이다.

'긴게츠루'였던 건물
현재는 진료소로 사용되고 있다.

1942년부터 방진에서 살며 당시
진료소였던 건물에 사는 윤미강

우리들은 먼저 시냇물 앞의 민가로 안내되었다. 해방 전 '위안부'들의 성병검사가 행해졌던 진료소였던 곳이다. 현재 이 집에 살고 있는 윤미강(尹美江, 2003년 당시 81세)은 1942년 스무 살에 방진으로 시집온 후 쭉 이 마을에서 살아왔다.

윤미강에 따르면 진료소는 원산 출신 박길남(朴吉南)이라는 사람이 경영하고 있었고, 보통 주민의 질병 치료를 담당하고 있었는데, 주 1회 군의관이 진료소에 와서 '위안부'들의 성병검사를 했다. 건물은 당시의 것이 아니지만 우물터가 지금도 남아 있었다.

윤의 증언을 모두 듣고 집을 나섰을 때, 마침 눈앞에서 흐르는 시냇가에서 마을 여성들이 빨래를 하고 있었다. 그곳은 '긴게츠루'와 '호우카이루'의 여성들이 빨래를 했다는 장소였다.

'긴게츠루'와 '호우카이루'

시냇물을 사이에 두고 반대쪽 비탈을 조금 올라간 지점에 병원이 있었다. 본래 '긴게츠루'였던 건물이다. 적십자 마크와 '무상치료 무병장수'라는 간판이 걸려 있는 정면 현관에 들어서자 왼쪽 벽면에 감기예방법과 위생관리법을 그림으로 그려 설명한 포스터가 붙어 있었다. 당시 그 장소에 여성들의 사진이 걸려 있었다고 한다. 그 반대쪽인 지금 외과 진료실로 되어 있는 지점이 접수처이다. 군인들은 그곳에서 군표를 건네주고 콘돔을 받아 방으로 향했다. 방은 전부 20개 정도, 안쪽에는 여성들이 이용하는 식당이 있었다.

방이 가느다랗게 칸이 쳐져 있었으므로 해방 후에는 병원으로 이용했다는 이 건물의 내부는 일부 보수를 하기도 했으나 대부분 당시 그대로이다. 특히 분만실은 벽을 다시 칠한 것 외에 그 상태 그대로 남아 있었다.

천장은 판자를 잇대어 만든 일본식임을 확인할 수 있었다. 기와도 반원형의 조선기와가 아니라 물결무늬의 일본기와가 지금도 사용되고 있었다.

긴게츠루 입구

입구에서 본 내부

분만실로 사용되고 있는 이
방은 페인트를 다시 칠했으
나, 구조나 크기는 대략 당시
모습 그대로이다

'호우카이루' 터를 나타내는 토대

일본 가옥의 특징이 남아 있는
판자를 잇댄 천장

윤미강이 방진에서 살기 시작했을 무렵 '긴게츠루'와 '호우카이루'는 이미 있었다.

윤미강이 들은 바에 따르면 '긴게츠루'는 1935년경 다카모토조라는 일본의 건설업자가 노동자를 위해 건립했고 군이 배치된 후 군 전용 '위안소'로 사용되었다. 경영자는 쉰 살 정도 되는 일본인 여성으로 약 20명의 여성이 있었다고 한다.

'긴게츠루'를 나와 산쪽으로 오르막을 조금 올라가자 밭 한가운데에 민가가 한 채 덩그러니 서 있다. 또 하나의 '위안소'인 '호우카이루'였던 장소이다. 현재의 건물은 개축된 것이지만 콘크리트 토대가 남아 있다. 해방 후 이곳 일대를 모두 밭으로 만들 예정이었지만 토대를 파낼 수 없어 어쩔 수 없이 집을 지었다.

2005년까지 해주 의과대학병원에서 의사로 지냈던 신낙천(申樂天, 1930~2007)은 방진 출신이며 최초로 '호우카이루'에 관해 증언한 사람이다. 신낙천은 '호우카이루' 건설 시기에 대해 특히 잘 기억하고 있었다. 장고봉 사건 직후로 신낙천이 여덟 살이었으므로 1938년이 된다. 또 '호우카이루'는 자택에서 20미터 정도밖에 떨어져 있지 않았기 때문이다.

신낙천(2003년)

그러나 당시는 그것이 '위안소'였다는 것을 주민들은 확실히 알지 못했다. 주 3회 해군부대가 상륙하면 그때마다 많은 군인이 찾아왔는데, 늘 헌병이 경비를 맡고 있어서 주민은 건물 가까이 갈 수 없었기 때문이다. 또 여성들이 냇가에서 빨래를 하고 있을 때도 헌병이 감시를 하고 있어서 말을 나눌 수 없었다.

윤미강도 이곳이 '위안소'라는 것은 몰랐다. 여성의 교성인지 비명인지 알 수 없는 목소리를 자주 들었다는 마을사람의 이야기를 듣고 술집이거니 생각했다고 말했다.

  신낙천은 이러한 감시 속에서도 '위안소' 안을 목격했었다. 열 살 무렵인데 어린이였으므로 놀이를 하면서 건물에 접근해도 헌병들에게 크게 질타를 받지 않았고 일본식 가옥은 창이 낮으므로 안을 쉽게 들여다볼 수 있었다. 부모에게 가까이 접근하지 말라는 말을 들었지만 호기심에서 안을 들여다보았다. 그러자 여성의 얼굴에 무슨 일인지 흰 천이 씌워져 있었고 그 위에 군인이 엎드려 있는 것이 보였다. 방 바깥에서는 "빨리 해!" 하는 성난 목소리가 들려오고 문을 차는 자, 선임병으로 생각되는 병사가 후임병을 손바닥으로 때리는 것도 보았다. 병사들은 저녁 무렵인 6시까지 부대로 되돌아가야 했으므로 앞사람을 재촉하였다.

  병사가 나가면 여성들은 핑크색 액체로 성기를 씻어냈다. 그 액체가 과망간산칼륨임을 알게 된 것은 의사가 된 이후였다.

  '긴게츠루'와 '호우카이루'가 '위안소'임을 알게 된 것은 군이 철수한 후의 일이었다. 그곳에 그대로 방치된 여성들이 말을 하기 시작했기 때문이다.

  그중의 한 사람인 하나코는 스무 살가량의 강원도 출신으로 군이 떠나고 그녀가 있던 '호우카이루'의 주인도 사라져 자유의 몸이 되었으나 거의 일자무식이라 집으로 돌아가지 못했다. 어쩔 수 없이 하나코는 신낙천의 숙모인 최구접(崔救接)의 집에서 6개월 정도 신세를 졌다. 다른 여성들도 대부분 수중에 돈이 없었으므로 마을에서 잠시 신세를 지다가 한 명씩 떠나갔다.

  하나코는 최구접의 집에 머무는 동안 지금까지의 '위안소' 생활에 관해 말해 주었다. 여자들은 원산과 강원도 출신의 조선인으로 일본인 여성은 없었는데 일본 옷과 여름에는 간단복으로 불리는 원피스를 입고 조선어 사용도 금지당했다. 식사는 보리밥에 콩깻묵, 단무지, 소금물 정도였다. '위안소'에는 낮부터 저녁 무렵인 6시까지 병사가 밀려들었고, 여성 1명이 10명 이상을 상대했으며 밤 8시 이후는 장교가 찾아왔다. 이러한 생활을 거부하다 구타당하는 일이 종종 있었으며 그중 살해당한 여성도 있었다. 남춘자(南春子)라는 여성은 도망갔다가 잡혀서 린치를 당해 살해되어 뒷산에 버려졌다고 한다. 그 유해를 마을의 남자들이 발견하여 동해가 마주 보이는 공동묘지 한 귀퉁이에 묻었다.

현재도 지역의 청년회가 묘를 관리한다고 해서 우리들도 그곳을 방문했다. 봉분을 한 무덤에 남춘자라는 이름이 새겨진 묘표는 새것이었다. 이 묘는 보존되어 다시 묘표를 세웠다고 한다. 우리들은 들꽃을 꺾어놓고 물을 부어 큰절을 하고 눈을 감았다.

산중턱에 있던 남춘자의 묘에서 조금 내려오면 깨끗한 포물선을 그린 방진만이 건너다보였다. 이곳 방진만의 바다와 하늘의 푸르름이 너무도 아름답다. 그 오른쪽 산허리 끝으로 하얀 건물이 보였다. 해방 전은 헌병

방진만
중앙에서 약간 좌측 산허리에 보이는 하얀 건물은 당시 나진 헌병분견대 대기소. 오른쪽 안의 반도로 보이는 것이 대초도(大草島)

분견대 대기소였던 건물이다. 왼쪽의 해안가에는 장교용 관사가 있었다. 더욱 왼쪽 산허리 맞은편은 나진만이며 만(灣) 안에 섬이 보였다. 언뜻 보기에 육지가 이어져 있는 반도처럼 보이는 섬이 대초도(大草島)였다. 대초도는 1941년에 편성된 나진 요새지대에 소속되며 중포병대의 화포 4 문이 배치된 수비 요충지의 하나였다. 신낙천과 윤미강이 말한 해군은 이 근거지대를 가리킨다.

나진 요새지대의 관할구역에 '위안소'가 있었다는 공문서 등은 발견되지 않았지만 1983년에 발행된 『스크루(screw)는 멈추었다 ─최초로 쓰여진 나진만 대해공전(大海空戰)』에는 해군의 중요항인 유진에 '육군이 이용하는 임시 위안소'와 '해군과 군속의 선원용'의 '상설 위안소'가 있었다고 기록되어 있다.

본서는 육군수송선 '메루보룬마루'의 방위를 위해 선박포병 제1연대(曉2953부대)에 배속된 승선부대의 한 사람으로 추측되는 아키야마 다카시(秋山隆)에의 회상록이고, 저자는 서문에서 "소설풍으로 쓰여져 있으나 전쟁이라는 것을 한 국면에서 본 실화이다"라고 서술하고 있다. '소설풍'인 이상 여기에 쓰여져 있는 것을 모두 사실이라 단정할 수 없을 것이다. '위안소'에 관한 기술도 다음에 인용했듯이 두 소위의 대화 속에서 나온다.

"아, 참 이것은 귀공에게 건네줄 것인데 오늘 아침쯤 대원 전원에게 배포된 유진항의 안내도[41]일세. 보게나, ○표시에 주석이 있을 것이야."
"육군이 이용하는 임시 위안소인가?"
"응, 상설 위안소는 해군과 군속의 선원용이고 임시 쪽은 수송선이 입항할 때만 마을의 조선처녀가 징용된 것일세."[42]

----

[41] 榆津은 輪津으로 표기되어 있지만, 『1만분의 1 조선지형도 집성』에 준하여 유진이라 했다.
[42] 秋山隆, 『スクリュは停まった─初めて記された羅津湾大海空戰』, ツエル, 1983, 28쪽. 본서는 가토 케이키(加藤圭木) 씨가 제공하였다.

대화의 한 마디 한 마디까지 사실이라 말할 수 없겠지만 적어도 당시 장병들이 군 전용 '위안소'로 인식하고 있던 시설이 유진에 있었음을 나타 낸다고 할 수 있을 것이다.

그럼 이 육군이 이용하는 임시 '위안소'와 해군의 상설 '위안소'가 방진 의 '긴게츠루', '호우카이루'였다고 생각할 수 있을까. 지도에서도 확인할 수 있듯이 유진에서 방진까지는 약 1킬로미터로, 신낙천에 따르면 유진에 상륙한 해군 병사가 방진까지 걸어왔다고 하니 이 책에서 유진의 '위안소' 라는 장소가 방진일 가능성은 있다.

다시 『전국유곽안내』를 살펴보아도 '방진 유곽'에 대한 기술은 없다. 이러한 자료와 증언에서 방진의 '긴게츠루'와 '호우카이루'는 ① 해군이 전 용으로 이용, ② 군의관이 성병검사를 행했으며, ③ 헌병이 경비를 섰다 는 '위안소'이며, 나아가 ④ 육군 '임시 위안소'도 있었을 가능성을 지적할 수 있다. 한반도 내에도 군대 '위안소'가 있었다는 것이 최초로 확인된 것 이다.

5. '위안소'인가 '유곽'인가

방진에 있던 '긴게츠루'와 '호우카이루'는 이처럼 군 전용 '위안소'였음 은 거의 틀림없을 것이다.

한편 국경을 접한 함경북도의 중요한 군사거점의 하나였던 라남과 회 령에 관해서는 군이 '유곽' 관리·운영에 직접 관여했다는 것을 나타내는 증언과 자료는 발견되지 않는다. 그럼 라남의 '야마(山)'는 어디까지나 '유 곽'이며 북한이 발표한 '위안소'로 규정하기 어려운 것일까.

요시미 요시아키(吉見義明)는 '위안소'를 다음 세 유형으로 분류한 다.[43]

1. 군 직영 군인·군속 전용의 위안소
2. 형식상 민간업자가 경영하지만 군이 관리·통제하는 군인·군속 전용의 위안소
3. 일반인도 이용하지만 군이 지정한 군 이용 위안소로 군이 특별 편의를 요구하는 위안소

그리고 1과 2의 유형은 일본국가에 책임이 있고, 3의 유형은 군의 '이용 정도에 따라 책임이 있다'고 한다. 나아가 '실제로 군 직영 위안소에서 민간 매춘옥에 가까운 것까지 다양한 중간 형태가 있었을 것이다'는 점을 덧붙여서 서술하고 있다.

또한 요시미 요시아키는 「〈종군위안부〉 문제연구의 도달점과 과제」라는 글에서 '〈위안부〉 제도와 공창제도가 성노예제도로서의 공통성을 갖고 있으나 몇 가지 차이점이 있다'며 다음과 같이 네 가지로 분류하고 있다.[44]

> 첫째, 국가 스스로가 정책적으로 개설·운영·통제·감독했는가의 여부. 군은 국가의 중핵인데 그것이 스스로 제도를 만들고 운영하는 주체였다는 점은 공창제와 커다란 차이점이다. 둘째, 군인·군속의 전용시설이었는가, 오픈된 민간인용이었는가의 차이점이다. 셋째, 전시·전쟁터·점령지라는 군 지배하에서 또는 군법이 적용되는 아래에서의 성폭력인가, 평상시를 중심으로 하는 시민법이 적용되는 아래에서의 성폭력인가의 차이점이다. 또 내지(內地)에서의 성폭력과 식민지에서의 성폭력의 차이점이라는 문제도 생각할 필요가 있다. 넷째, 군 성노예제 아래에서는 매매춘의 형태를 취하지 않는 사례가 있었음을 어떻게 생각하는가 하는 문제이다. 산서성(山西省) 우현(盂縣)과 같은 감금·강간의 사례를 국가 관리 매춘으로 생각하기는 곤란할 것이다.

'위안부' 제도의 책임 소재를 일본국가와 일본군에 있음을 확실하게 묻

---

43) 吉見義明·林博史 編著, 『共同研究 日本軍慰安婦』, 大月書店, 1995, 6쪽.
44) 吉見義明, 「從軍慰安婦 問題研究の到達点と課題」, 『歷史學研究』849, 2008, 6쪽.

기 위한 기준으로 이러한 분류와 '위안소'에 대한 정의를 내릴 필요가 있으며, 공창제도와 '위안부' 제도의 '차이점'을 연구하는 것은 실태를 명확히 하는 의미에서도 중요하다. 그러나 실제로 양자를 깔끔하게 분리하기 어려운 그레이 존(gray zone)이 적지 않다. '다양한 중간형태'는 이 그레이 존의 문제일 것이다.

세 가지 분류에서 말하는 소위 1과 2 유형의 연구는 다양하게 행해져왔다. 본장에서 소개한 방진은 2의 유형이라 할 수 있을 것이다. 그러나 군의 '이용 정도'를 정확하게 파악하고 그 책임 소재를 명확히 해야 하는 3의 유형, 그리고 '매춘옥에 가까운 것'을 포함한 '다양한 중간형태'의 사례 연구는 그다지 행해지지 않았다.

라남과 회령은 군이 지정했는지 아닌지의 여부도 지금은 알 수 없으므로 3의 유형에도 해당하지 않는다. 네 가지 '차이점'에 비추어 보아도 완전한 군 전용시설이 아니며, 전쟁터·점령지도 아니므로 '위안소'로서 어디에도 해당되지 않는다. 임시로 '다양한 중간형태'라고 한다면 '중간형태'를 어떻게 자리매김 시키고 어떻게 '구별'할 것인지 구체적인 연구가 향후 요구될 것이다.

지금까지 보아온 것처럼 라남과 회령은 도시의 성립부터 번영한 시기까지 군과의 관계가 밀접했던 곳이다.

다시 한 번 라남시 시가도(〈그림 1-3〉)를 보며 포인트를 정리해 보자.

시내의 3분의 2를 군 관계시설이 차지하고 있으며 가게도 대부분 군을 상대로 해서 시작된 것이다.

이처럼 완전한 군사도시로 태어난 마을에 설치된 '유곽'임은 시가도에서도 인정된다. 군대가 쉬는 날에는 군에서 나누어준 콘돔을 휴대한 병사들이 '야마(山)'로 떼를 지어 몰려가 일반인은 이용할 수 없는 '군인 전용의 날'이 되었고 여성들은 하루에 십여 명이나 상대해야 했다. 이러한 상황은 '유곽'이 전쟁터의 군대 '위안소'와 다름없는 역할을 담당했음을 말해

준다. 다시 말하면 군이 주둔하는 마을의 '유곽'은 구조적으로 성 관리를 행하기 위한 시설로 자리매김되는 것이며, 실제로 군은 성 관리시설로 '유곽'을 포섭하고 있었다고 보는 것이 자연스러울 것이다.

전 헌병이었던 O는 군인이 가면 헌병도 감시하러 갔고 자신이 반장일 때는 거부했지만 보통 헌병대가 성병검사에 입회하였으며, 군에 성병이 만연하지 않도록 콘돔인 '방국민(防國民)'의 배포는 당연한 것이라고 했지만, 그것은 군대의 성 관리 정책의 일면을 엿볼 수 있게 해준다.

게다가 여성에게 일본 옷을 입히고 전쟁 말기에는 간편복을 입혀 일본 이름을 붙이고 일본어를 사용하게 하는, 여성의 성과 더불어 민족을 지워 없애는 '위안소'의 관리 방법이 이른 시기부터 '유곽'에서 완성되어 있었던 점도 주목해야 한다.

요컨대 '유곽'이 '위안소'와 비슷한 것이 아니라 군사도시에서 군과 '유곽'의 관계를 전쟁터로 들여온 것이 '위안소'였다는 것을 새삼 지적하고 싶다.

'위안소'와 군사도시에서의 '유곽'에는, 종래와 같이 단순히 양자를 나누어 취급하기 어려운 공통점이 많이 존재했다. 양자는 군대가 이용한 성폭력 시설이라는 점에서 아무 다를 바가 없고, 피해여성의 입장에서 보면 완전히 똑같은 군대에 의한 성폭력 피해인 것이다.

이것은 군과 관계가 없다는 상업도시에서 '유곽'의 문제와도 관련된다. 한반도에서의 '유곽', 즉 공창제도가 러일전쟁기에 군사도시와 더불어 도입되었고, 식민지기에 구석구석까지 침투해갔던 토대 위에서 '위안소' 제도가 완성된 점을 생각하면, 한반도[45]에서의 '위안소' 제도는 군대의 책임뿐만 아니라 식민지 책임을 되묻지 않으면 안 될 것이다(본서 제2장 김부자 논문).

----

[45] 식민지 책임은 대만까지 포함해서 되물어야 함은 물론이지만, 본장에서는 한반도의 공창제도 도입을 중심으로 살펴보았으므로 여기서는 한반도에서의 문제로 서술했다.

또한 '유곽'과 '위안소' 연구가 양자의 분류에 주안점을 두고, 가령 같은 지역에서 군이 지정한 '위안소'와 주로 민간인이 이용하는 '유곽·매춘옥'으로 분류할 수 있다 해도, 지금까지 보아왔던 것 같은 군사색이 강한 상황에서 그것들은 신중하게 검토되어야 한다. 왜냐하면 그곳에 들어간 여성의 입장에서 볼 경우 그녀들이 군의 '피해자'로 소위 '매춘부'로 분류되고, '매춘부'로 분류된 여성은 보상과 구제·지원의 대상에서 제외되고 나아가 사회의 편견에 노출될 위험성이 있기 때문이다. 물론 편견 그 자체에 문제가 있으며 성폭력 피해자로서 다른 형태의 구제와 지원을 행해야 하지만, 피해자 간의 분열을 초래해서는 안 될 것이다. 이러한 점은 피해자의 시점에서 연구를 재검토할 것이 요청된다.

군대와 유곽의 관계는 '위안소'란 무엇인가를 다시 정의할 필요성도 제시하고 있는 것이며, '성폭력'이라는 양자의 공통항을 되물어야 한다고 제기하고 있다.

제2장 조선남부의 식민지 도시 군산의 성매매

김부자(金富子)

들어가며

전라북도에 위치한 군산시는 현재 인구 약 27만 명의 중규모 도시이다 (〈그림 2-1〉 참조). 그러나 20세기 전반의 군산은 1899년에 이 땅을 개항 시킨 일본에 의해 조선인을 몰아내고 다시 일본인 거류지가 만들어졌으 며 '한국병합'(1910년) 후에는 조선 쌀을 일본으로 수이출(輸移出)하기 위 한 적출항으로 크게 발전한 제국주의 일본의 식민지 도시였다.

제국 일본의 식민지 도시란 무엇인가. 우선 여기서는 메이지유신(1868 년)부터 일본 패전(1945년)까지의 사이에, 일본의 해외침략 과정에서 일 본인 이민·식민의 증가와 더불어 도시가 형성되고 발전한 일본인(주로 중심부)−피지배민족(주로 주변부)라는 이중구조를 지닌 도시공간으로 해두자. 제2차 세계대전 전에 일본인의 일본인에 의한 일본인을 위한 도 시공간으로서 형성·발전·소멸한 것이 일본의 식민지 도시였다.

제국 일본의 식민지 도시를 연구한 하시야 히로시는 그 형성과정을 다 음 세 유형으로 분류했다.[1] ① 일본의 식민지 지배와 더불어 다시 형성된 유형(조선에서는 부산, 인천, 원산 등), ② 재래의 전통적 도시 위에 겹쳐

---

[1] 橋谷弘, 『帝國日本と植民地都市』, 吉川弘文館, 2004, 11~13쪽.

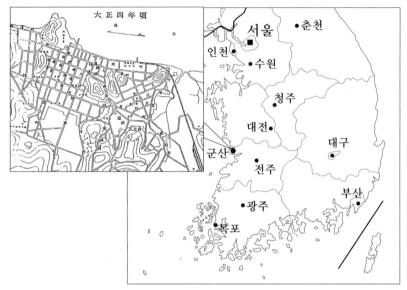

〈그림 2-1〉 1915년경 군산부 시가도(왼쪽)
김중규 씨(향토사가) 제공

서 형성된 유형(조선에서는 한성→ '경성'→ 현재 서울, 평양 등), ③ 기존
의 대도시 근교에 일본이 신시가지를 건설한 유형(봉천 등 '만주'에 집중)
이다. 군산은 제1장에 소개된 라남과 더불어 ①의 전형이다. 단 라남이
중국·소련과 국경을 사이에 둔 준(準)전시 체제하에 있던 조선 북부에서
발달한 군사도시였던 것과 달리, 일본과 가까운 조선 남부의 군산은 '쌀
의 군산'으로 발달한 경제도시였다.

이러한 식민지 도시에 꼭 만들어진 것이 신사와 유곽이었다. 하시야는
'신사와 유곽이야말로 일본 식민지 도시의 상징'[2]이라고 지적한다. 유곽
이라는 일본 독자의 성매매제도(공창제도)와 일본인 창기의 상륙은 해당
사회의 성매매 관행과 섹슈얼리티의 실태에 영향을 미칠 수밖에 없었다.

---

2) 橋谷弘, 『帝國日本と植民地都市』, 81쪽.

'병합' 전의 군산에 유곽을 만든 것은 일본인이지만, 그 후는 조선인이 유곽을 만들고 조선인 창기도 다수 생겨났다.

일본 패전[=조선해방(1945년 8월 15일)] 후에 찾아온 미군은 군산의 구 일본군 공군기지를 접수하여 미군기지로 만들었다. 미군의 한국 주둔이 고정화된 한국전쟁(1950~1953년) 후에 미군 장병을 위한 클럽이 군산 시내에 만들어졌는데, 1969년 군산 교외에 기지촌 아메리카 타운이 만들어졌다. 박정희 정권하의 1970년대에는 미군의 요청을 받아들여 기지촌 정화운동이 개시되어 기지촌 여성에 대한 성적 통제가 행해졌다. 뿐만 아니라 한국이 경제성장을 이룩하는 도중, 군산 시내에는 한국인 남성을 대상으로 하는 '환락가'(성매매 집결지)가 발전하였다.

본장에서는 '제1장'과 대조적으로 조선 남부의 상업도시로 번성한 식민지 도시 군산을 사례로, 당시의 자료, 선행연구, 군산 현지조사(2003년 4월 27~29일=공동조사,[3] 2008년 5월 16일=단독조사), 아메리카 타운 전 기지촌 여성이었던 김연자(金蓮子)의 구술(2006년 12월 16일) 등에 의거하면서, 개항부터 현재까지의 1세기에 걸친 성매매의 역사를 식민지 도시의 형성과 발전, 해방 후의 미군 주둔 도중에 어떤 식으로 유곽·아메리카 기지촌·성매매 집결지가 형성되었는지, 그곳에서 어떤 식으로 식민지 권력과 조선사회, 미군과 한국정부 그리고 한국사회가 관련되었는지를 살펴보고자 한다.

1. 일본의 식민지 도시 군산의 형성

먼저 조선 개국 이후에 식민지 도시 군산이 어떤 식으로 형성되었는가

---

3) 공동조사에는 필자 이외에 김영, 안자코 유카, 야마시타 영애(이상 공동연구 멤버), 그리고 高惠貞이 참여했다.

를 살펴보자.

1875년 '강화도 사건'을 계기로 일본은 다음해 2월 조일수호조규를 체결시키고 조선을 무력으로 개국시켰다. 일본은 이 조규를 통해 부산 외 2개 항의 개항과 개항장에서의 일본인의 치외법권을, 동년 8월에는 조선에서의 일본 통화유통 등을 인정케 했다. 다음해 1877년 1월 '부산항 거류지 차입약서(借入約書)'가 체결되어 부산에 조선 최초로 일본인 전관거류지가 설정되었으며 1884년에 청국 전관조계도 설치되었다. 여기서 말하는 거류지(중국에서는 조계)란 한 나라의 개항지와 중요 도시 등에서 외국인이 거류지구의 경찰 · 행정권을 장악한 지역을 말한다. 다시 말하면 제국주의 국가가 침략처로 설정한 특권적인 '지역 식민지'였다.[4]

일본의 조선침략이 진행되는 가운데 조선 각지에서 일본인 거류지가 잇따라 만들어졌고 그곳에 '거류지회(居留地會)' 등을 조직하여 자치행정을 행했다. 거류지 밖에도 농지개간과 상점 개설 등을 위해 일본인이 침투했는데, 거류지 이외에서의 주거와 토지가옥의 취득은 위법이었으므로 조선인 사이에서 분쟁이 끊이지 않아 배일(排日) 기운을 초래했다.[5] 그러나 러일전쟁의 승리는 일본인의 조선 식민을 촉구했고 일본은 조선 전역의 항만과 교통의 요지와 주요 도시에 거류지와 군사 기지를 건설했다. 이러한 기정사실이 쌓여가는 가운데 '한국병합' 후 1914년 4월(1913년 10월 공포) 지방제도 개정에 의해 '경성' · 부산 · 인천 등에 부(府)행정이 널리 시행되면서 일본인 마을을 도시 중심부에 두는 식민지 도시가 발전해갔다.

군산도 비슷한 과정을 거쳐 '병합' 후에 '부(府)'로 승격한 식민지 도시였다. 애초 군산은 금강하류 남쪽 연안에 위치하면서 황해에 접해 있고,

---

[4] 高秉雲, 『近代朝鮮租界史の研究』, 雄山閣, 1987.
[5] 古川昭, 『群山開港史』, ふるかわ海事事務所, 1999, 46~52쪽.

배후에 전라도와 충청도라는 한반도 굴지의 곡창지대를 끌어안고 있었
다. 부근에는 대구 · 평양과 나란히 조선 3대 시장의 하나였던 강경(江景,
충청남도)을 가까이 두고 있었다. 그 지리적인 이점 때문에 개항 당시에
조선인 수 700명 · 호구 수 150호의 한 어촌에 불과했던 군산이 개항지로
서 선택된 것이다.

군산이 1899년 5월 1일 대한제국정부에 의한 자개항선언(自開港宣言)
이라는 형식으로 개항하자마자, 동년 6월에는 미영불독러일 6개국 대표
와 한국 외부대신 간에 '군산, 성진 각국 조계규칙'이 조인되어 각국 공동
조계가 개설되었다. 그러나 거류자의 대부분은 일본인이었으므로 사실상
일본 전관(專管)이었다. 한국정부는 군산에 감리서, 경찰서, 재판소, 세
관, 우체사(郵遞司)를 두었는데, 이에 대해 일본은 동년 5월 목포영사관
군산 분관, 11월 목포 일본 우편국 군산 출장소를 설치, 동년 12월에는 서
둘러 '거류민회'가 조직되었다(동년 말 일본인 20호, 77명이 거류). 거류지
행정에서 의장은 일본영사, 대의원도 일본 거류민만이 선출되었다. 치외
법권이 인정되었고 경찰권도 일본영사 경찰이 독점, 해관장(海關長)도
일본인이 임명되었다. 1903년 현재의 거류 일본인의 주요 출신 현은 야마
구치현(山口縣)(24%), 오오이타현(大分縣)(20%), 나가사키현(長崎縣)(17%),
후쿠오카현(福岡縣)(7%)이며, 큐슈(九州) 7현이 50%를 초과했다.[6]

일본에 의한 한국의 보호국화(1905년)와 더불어 각 개항장의 영사관을
대신하여 이사청이 개설되었다. 1905년 3월에 '거류민단법'이 공포되었고,
2006년 8월에는 거류민회로 교체하여 군산 등 각지에 거류민단이 설립되
었다. 한편 보호국화와 한국군 해산(1907년), 식민(植民)한 일본인의 횡포
에 저항하여 조선인 항일의병 투쟁이 각지에서 빈발했다. 이를 진압하는
한국주차군(일본군)과의 사이에서 한국병합 전쟁이라 할 수 있는 격렬한

---

6) 古川昭, 「群山各國居留地(共同租界)の硏究」, 『朝鮮學報』 160, 1996, 67~68쪽.

전투가 행해졌다. 군산 이사청(理事廳)도 통감에게 군대의 파견을 진정
(陳情)했고 제12사단 제14연대의 1개 중대가 파견되었다.[7] 일본인의 조
선식민을 배후에서 지지한 것은 일본군의 군사력일 수밖에 없었다.

이 무렵 식민(植民)한 일본인의 조선 토지매수와 농지경영의 '성공 사
례'로서 '전라북도의 지주왕' 구마모토 리헤이(熊本利平)[8]를 들 수 있다.
구마모토가 군산에서 가까운 옥구군 등에 진출한 것은 1903년인데, 러일
전쟁 와중부터 본격적인 토지매수를 개시, '병합' 초기에는 거대지주로 구
마모토 농장의 소유주가 되었다. 그 배경에 일본인 자본가의 지원과 군산
이사청의 보호를 받은 일본인 토지 취득자 단체 '군산농사조합'의 참여 및
활동이 있었다.[9]

이러한 '성공'을 꿈꾸며 군산의 일본인 인구는 급증했다. 군산 개항 때
(1899년) 77명에 불과했던 일본인은 러일전쟁 후인 1905년 이후 급격하게
증가했고 1910년 '한국병합' 때에는 3,444명으로 급증하여 군산 인구의 절
반을 차지하기에 이른다. 그 과정에서 일본인은 조선인의 토지 가옥을 돈
놀이 또는 사기와 비슷한 행위로 탈취했다. 또 나체로 걸어다니거나 거류
지에서 장소에 상관없이 선 채로 소변을 보는 일본인 남성의 모습은 그러
한 습관이 없던 한국인에게 빈축을 샀다고 한다.[10]

군산에 이사청이 설치되고(1906년 2월 관할지는 전라북도와 충청남도)
정치의 중심지가 된 것으로 "수탈을 위한 개발"이라 할 수 있는 인프라
정비가 본격화된다. 1905년에 대한제국이 시작한 군산항 축항(築港) 공사
는 '병합' 후를 포함하여 네 번의 공사가 행해져 군산 발전의 기초가 되었

7) 古川昭, 『群山開港史』, 59~60쪽.
8) 保高正記, 『群山開港史』, 1925, 121쪽. 『韓國地理風俗誌叢書(99)』 수록. 이하 『韓國地理風俗誌叢書』는 『叢書』로 약기한다.
9) 蘇淳烈, 「植民地後期朝鮮地主制の研究—全羅北道を中心に—」, 京都大学大学院 博士学位論文, 1994, 134~137쪽.
10) 古川昭, 『群山開港史』, 54쪽.

다. 1909년에 전주-군산 간에 '전군도로(全群道路)'가 개통했는데, 이것은 일본이 조선에 개통시킨 최초의 2차선 도로이다. 1912년에는 호남선의 지선으로 군산에 철도가 개통되었다. 항만, 도로, 철도라는 인프라의 정비로 미곡(米穀)은 군산으로 집결되었다. 일본인 자본의 무역항으로 발달한 군산은 부산·인천에 이어 남부 조선의 3대 항의 하나가 되었다. 그때까지 3대 시장의 하나였던 강경은 활기를 잃고 조선인 민족자본은 몰락했다. 군산은 전라북도에서 가장 빨리 '부(府)'로 승격, 도명(道名)의 유래가 된 중심지였던 전주의 지위를 빼앗았다.

이리하여 일개 어촌에 불과했던 군산에서 조선인 주민을 몰아내고 식민지 도시가 형성·발전해갔다. 일본인이 급증하면서 거류지 내에서 토지매매가 성행하게 되었는데, 한국 정부에 납입하는 지대와 토지 경매와의 차액 이익이 거류지회로 들어갔으므로 회의 재정이 윤택해졌다. 그에 따라 거류지 내의 도로와 하수도가 정비되고 바둑판 같은 시가지 계획에 의거하여 근대적인 식민지 도시가 건설되었다(〈그림 2-1〉 참조). 목포영사관 군산분관에서 동쪽으로 이치조통(一條通)부터 구조통(九條通)까지 배열하고, 영사관, 경찰서, 우편국, 해관 등의 관청가를 중심으로 이치조(一條), 니조(二條), 산조(三條) 등의 이름을 붙이고 중심부부터 시작되는 거리에는 '혼마치통(本町通)'이라는 일본식 지명이 붙었다. 혼마치통에는 은행, 회사 등이 입지하고 도심 부근에는 히가시혼간지(東本源寺)도 신축되었다. 일본인의 상업지역으로, 그외 전주통(全州通, 현재 영화동), 메이지통(明治通, 현재 중앙로 1가) 등도 만들어졌다.

군산의 특징 중 하나는 '병합' 후에도 거류 일본인 비율이 다른 주요 도시와 비교하여 현격히 높았다는 것이다. 〈표 2-1〉이 보여주고 있듯이 일본인 비율은 1920년 40.7%, 1930년 34.7%로 조선 최초의 개항장인 부산에 이어 높은 비율이었다(그 외는 20%대).[11] 여기에는 다음에 서술할 '쌀의 군산'의 "발전"이 크게 관련되어 있다.

<표 2-1> 식민지기 군산의 인구 추세

민족별	1920년		1930년		1940년	
	인구	비율	인구	비율	인구	비율
조선인	8,243명	59.3%	16,541명	65.3%	42,714명	81.2%
일본인	5,659명	40.7%	8,781명	34.7%	9,901명	18.8%
합계	13,902명	100.0%	25,322명	100.0%	52,615명	100.0%

출전 : 조선총독부, 『조선총독부 통계연표』 각 연도판.

2. '쌀의 군산'의 "발전"

'쌀의 군산'의 전성기는 1920~1930년대 전반이었다. 이는 대표적인 식민지 농업정책인 산미증식계획(1920~1934년)과 밀접한 관계가 있다.

일본의 쌀소동(1918년)을 계기로 정책화된 산미증식계획은 애초의 목적이 식량인 쌀의 일본으로의 공급에 있었다. 이 계획에 의해 조선의 미곡 생산고는 1920~1922년부터 1930~1932년에 걸쳐 1,470만 석에서 1,713만 석으로 240만 석 증가했는데, 같은 기간 일본에 수이출량(輸移出量) 역시 295만 석에서 725만 석과 430만 석으로 생산고 이상으로 증가했다. 그 결과 조선인 1인당 쌀 소비량은 1915~1918년 평균 0.70석에서 1931~1934년간 평균 0.44석으로 감소했다.[12] '기아이출(飢餓移出)'이라 할 수 있는 까닭이다.

놓치지 말아야 할 점은, 이 계획을 추진한 대표적인 지역이 군산이 속한 전라북도(이하 전북)이며 전북은 일본인 지주가 집중된 지역이었다. 이것은 무엇을 의미하는 것일까. 식민지기 전북 농업의 특징과 지주제의

<hr>

11) 坂本悠一・木村健二,『近代植民地都市 釜山』, 桜井書店, 2007, 54쪽.
12) 산미증식계획에 관해서는 河合和男, 「朝鮮 "産米增殖計劃"と植民地農業の展開」, 『朝鮮史叢』 2, 1979를 참조할 것.

관계에 관해 소순열(蘇淳烈)13)의 연구에 의거하면서 살펴보자.

전북 농업이 갖는 특징은 첫째, 미곡 중심이었던 점이다. 조선 전체의 농업생산액 중에서 미곡의 비중(1933~1935년 평균)은 49.5%이었던 데 비해, 전북은 조선 전역에서 가장 높은 65.2%였다.

둘째, 전북 쌀이 앞서 서술한 조선 쌀 수이출량에서 차지하는 비율이 이상하게 높다는 점이다. 특히 산미증식계획을 계기로 전체 쌀 생산량에서 차지하는 전북 쌀 수이출이 대폭 증가했다. 구체적으로 1920년에 23.2%에 불과했던 전북 쌀의 수이출량은 1924년 59.7%, 1926년 55.6%, 1927년 52.4%, 1929년 58.2%로 쌀 생산량의 5할에서 6할, 1928년에 이르러서는 84.0%가 일본으로 수이출되었다. 요컨대 전북은 '미곡의 상품화'가 더욱 진행된 지역이었다.

이처럼 '쌀의 일본으로의 이출(移出) 계획'이라고 해야 할 산미증식계획 중에서 전북 쌀은 중요한 위치를 차지했다. 그것이 가능했던 것은 전북이 앞서 서술한 구마모토 리헤이처럼 '병합' 전부터 일본인 지주가 진출하여 토지 집중이 일찍부터 진행, 다른 지역에 비해 일본인 지주 중심의 식민지 지주제가 현저하게 발달했기 때문이다. 그 때문에 소작지 비율은 식민지기를 통해 70%로 어느 도(道)보다 높고, 농민층 분해와 소작농 증가가 진행되었다. 그중에서도 쌀보리 생산액이 높은 평야부(군산부를 포함)는 대지주, 특히 일본인 대지주의 집중지역이었으므로 조선인 소작농의 비율이 높았다. 즉 조선인 소작농은 지주에 의해 심하게 수탈당하고 있었던 것이다.

셋째, 소작쟁의(소작농민의 지주에 대한 요구 투쟁), 특히 일본인 지주에 대한 쟁의가 성행했다. 그중에도 평야부에 있는 김제(金提)는 조선 제1위의 다발지역이었는데, 그것은 김제에서 일본인 지주의 조선인 소작농

---

13) 蘇淳烈, 「植民地後期朝鮮地主制の硏究」.

비율이 55%를 차지한 점과 관계한다(1930년경 평야부 평균 38.6%). 결국 전북에서 일본인 지주에 대한 투쟁이 빈발했던 것은 전북의 빈곤화가 심각했기 때문이다.[14]

전북 농민의 빈곤화는 전북 쌀의 절반 이상이 일본으로 수이출되었다는 사실이 보여주듯이, '지주(특히 일본인 지주)에 의한 미곡 상품화'로 인해 초래되었다. 결국 산미증식계획이 조선농민의 빈곤화를 더욱 심화시켰는데 특히 전북지역에서 두드러졌다.

이렇게 해서 '병합' 후 군산은 앞서 서술한 것처럼 그때까지 전북의 중심지였던 전주보다 먼저 '부'로 승격하고, 조선인 농민의 희생 위에 전북 쌀을 일본으로 운반하는 식량수탈의 거점으로서 급속히 발달한 것이다. 1927년에 경마장이 조선에 최초로 개방했고, 1929년에는 전북에서 유일하게 미나카이(三中井) 백화점이 개업하여 일본인과 부유한 조선인에게 환영을 받았다.[15] 군산부는 전북에서 가장 '근대화'가 진행된 지역이었다.

그 반면 조선인은 '개복동, 구복동, 둔율동, 경포리' 등 주변으로 쫓겨났다. 동시대의 조선인 작가 채만식은 1930년대 군산을 묘사한 소설 『탁류(濁流)』[16] 속에서, "기껏해야 이들 몇 곳 [앞에 기재한 동이 군산의……조선인 대부분이 서로 어깨를 부딪히듯 부스럭거리며 모여 있는 곳이다. 면적으로 말하면 군산부의 몇십 분의 일도 되지 않는 토지"이며, 일본인 거

---

14) 전북의 춘궁 농가비율, 임금을 받고 노동을 하는 소작농 비율(1930년)은 각각 62.2%, 48.1%로 조선 전체의 평균보다도 높다(마찬가지로 각각 48.3%, 37.0%, 군산부는 70.0%, 71.4%)이다. 蘇淳烈, 「植民地後期朝鮮地主制の研究」.

15) 김중규, 『군산 역사이야기』, 나인, 2001, 121쪽. 또한 미나카이 백화점은 일본 패전까지 조선에 12점포, 만주에 3점포, 중국에 3점포, 합계 18개의 백화점 그룹을 지닌 조선거류 일본인의 경영에 의한 조선 최대의 백화점 그룹이었다(林広茂, 『幻の三中井百貨店』, 晩声社, 2004, 90쪽). 김중규에 따르면 군산에서는 메이지거리(중앙로 1, 현재의 우체국 장소)에 있었다(254쪽).

16) 三枝寿勝 訳, 講談社, 1999, 24쪽에 따름. 일본어판 해설에 따르면 『탁류』는 『조선일보』에 1937~1938년에 걸쳐 연재되었다.

리에 비해 "1세기나 뒤처져 보인다"고 표현하고 있다. 또 2009년의 증언으로 1930년 군산에서 태어난 조선인 남성은 일본인은 바다 쪽, 조선인은 산 쪽에 거주 "일종의 격리정책으로 일본인 마을에 접근할 수도 없었다. 일본인은 한국인을 절대로 받아주지 않았다"고 말했다.[17] 민족별 "아파르트헤이트(apartheid)"가 성립해 있었던 것이다. '근대'를 향유할 수 있는 것은 바다 쪽의 중심가에 거주하는 일본인이며 대부분의 조선인과는 인연이 없었다.

그러나 군산의 발전은 산미증식계획을 종료한 1934년을 정점으로 하강곡선을 그린다(일본인 인구도 감소, 〈표 2-1〉 참조). 1937년 7월 중일전쟁 전면전이 시작되자, 조선군이 1938년 군산 교외에 공군기지를 신설하는 등 상업도시 군산도 군사색으로 물들어갔다. 전쟁의 최종 국면인 1945년 2월에는 일본 본토결전에 대비하여 조선방위를 담당한 제17방면군이 신설되었다(그 외 조선군 관할구역도 신설. 이에 따라 조선군 사령부는 해소). 군산의 육군부대는 이리(裡里)에 신설된 제160사단의 배하에 두었고, 이 상태로 일본은 패전을 맞이했다.[18] 이 공군기지는 나중에 미군 공군기지로 전용되게 된다(뒤에서 서술).

3. 식민지 도시 군산과 유곽

2003년 답사할 때 군산항 부근을 산책한 적이 있다. 여기저기에 일본인 마을의 옛날을 떠올리게 하는 건물과 일본가옥이 눈에 보였다. 그 수는 200채 가까이 이르는데, 한국에서 이 정도의 일본가옥이 한데 모여 잔존

17) 箱田哲也, 「百年の記憶 韓国に残る日本家屋④―群山」, 『朝日新聞』, 2009년 7월 3일자.
18) 森田芳夫, 『朝鮮終戦の記憶―米ソ両軍の進駐と日本人の引揚』, 巌南堂書店, 1964, 15~24쪽.

하는 곳은 군산 정도라고 한다.[19] 지금은 폐업한 '남촌'이라는 설렁탕 전문점은, 정원과 그 밖의 모양새가 일본가옥 그대로였다. 항구 근처에는 '쌀의 군산'을 연상시키는 장미동(藏米洞)이라는 지명이 있는데, 당시 '혼마치(本町)'로 불렸던 한 귀퉁이에 '당시 군산 최고의 건물'[20]로 칭해졌던 '구조선은행 군산지점' 터가 남아 있다. 1903년 군산에서 최초로 설립된 제일은행 군산지점의 업무를 계승하여 1923년에 신축된 것이다. '군산에서 번영을 누렸던 일본의 상공인들의 자부심이 담긴 건물'이었다.[21] 외관은 이층으로 보이지만 실제 높이는 4층에 필적한다고 한다. 일본 패전 후 나이트클럽 '플레이보이'나 노래방으로 쓰였던 것을 간판으로 엿볼 수 있지만, 현재는 볼품없는 폐옥이 되어 있었다. 장미동에는 그 외 '구 나가사키 쥬하치 은행'도 잔존해 있었다.

장미동 옆에 있는 영화동은 식민지기에 '전주통(全州通)', '야마토마치(大和町)', '아사히쵸(旭町)' 등으로 불렸고 상사와 금융기관, 여관과 음식점 등이 즐비한 군산 제일의 번화가였다. 야마토마치(大和町)는 3·1운동(1919년) 때 항일기운 속에서 조선인에 의해 불태워진 적도 있었다.[22] 영화동에서 월명동으로 빠져나가자 일본가옥이 많이 남아 있었다. 기와지붕과 문 등에 일본의 흔적이 남아 있다. 그 한 귀퉁이에 있던 것이 옛 유곽거리였다.

앞서 서술했듯이 일본의 식민지 도시를 특징짓는 것은 신사와 유곽이었다. 일찍이 아마테라스 오미카미(天照大神: 일본에서 천황의 가계가 유래했다고 하는 천상의 태양의 여신. 신도(神道)의 주요신)를 제사지낸

---

19) 「支配の名残に揺れる―開発と保存⑥」, 『朝日新聞』, 2008년 1월 8일. 이 기사에 따르면 군산시는 2007년 3월 일본 가옥 등의 보존을 지원하는 조례를 제정했다.

20) 군산시, 『군산의 문화재』, 2003, 40쪽.

21) 군산시, 『군산의 문화재』, 40쪽.

22) 군산시사편찬위원회, 『군산시사』상, 2000, 385쪽.

군산신사(1915년 건축)는 군산 서쪽 끝 군산의 전경을 한눈에 바라볼 수 있는 군산공원(현 월명공원)의 산중턱에 있었다. 이 공원에도 올라가 보았으나 신사의 흔적을 찾을 수 없었다. 전시 중 신사참배를 강요받으며 내면까지 황국신민화를 강요당한 조선인이 해방 직후에 바로 파괴한 것이 신사였다.[23] 그만큼 원망과 한탄의 대상이었을 것이다.

유곽 이야기로 되돌아가자. 부산은 개항한 다음해 1878년에 일본인 예창기(藝娼妓)의 도항과 주루(酒樓) 개설의 기록이 있고, 1880년 개항한 원산도 다음해 1881년 말에는 가시자시키(貸座敷) 영업이 허가되었다. 일본인의 조선식민과 동시에 유곽(가시자시키)과 일본인 창기도 바다를 건넜다(제2부 제3장 송연옥 논문 참조). 당시 구미의 해외식민지 도시에도 '매춘부'가 있었지만 지배민족 출신의 여성이 '매춘부'가 된 사례는 적었다.[24] 그 의미에서 일본식 공창제도와 일본인 창기의 수출은 구미의 제국주의국가와 다른 일본의 독자적인 현상이었다.

군산에서도 앞서 서술한 거류민단(1906년 설치)의 여러 사업의 일환으로, 당연한 것처럼 유곽이 만들어졌다. 그러나 그 이전에 일본인 예기·작부가 없었을 리 없으며, 개항 2년 후 1901년 6월 말 이미 요리옥 4명, 예기 14명(남성 312명, 여성 203명 중), 1903년에는 예기 25명, 작부 21명을 헤아렸다.[25]

군산의 유곽 개설까지의 경위는 호타카 마사키(保高正記), 『군산개항사』(1925년)[26]의 '군산 유곽문제―산수(山手)유곽의 유래' 항에 상세하게

---

23) 1945년 8월 15일 밤, 평양신사가 방화되는 등 각지의 신사(神社)·신사(神祀)가 파괴·방화되었다(16일부터 8일간 136건). 경찰관서에 습격·점거·접수·요구 등(149건)에 이어 많았다. 이를 두려워한 총독부의 지시에 따라 군산신사 등 각 신사는 승신식(昇神式)을 행했다. 森田芳夫, 『朝鮮終戦の記憶―米ソ両軍の進駐と日本人の引揚』, 107~111쪽.

24) 橋谷弘, 『帝國日本と植民地都市』.

25) 古川昭, 「群山各国居留地(共同租界)の研究」, 65~67쪽.

26) 保高正記, 『群山開港史』.

〈그림 2-2〉 군산 신흥동 '산수(山手) 유곽'의 한 모퉁이
출전 : 保高正記, 『群山開港史』, 1925, 179쪽.

나온다. 그에 따르면 '군산 거류민단의 여러 사업 중에서 최고 문제는 유
곽 문제'로, 군산의 유곽은 경성(京城, 현재 서울) 방식을 흉내내어 만들
어졌다. 즉 '경성은 솔선하여 민단의 재원 함양을 목적으로 신마치(新町)
유곽을 개설'(1904년)하여 '예상외의 성공'을 거두었으므로 '각지의 민단도
다투어 유곽 설치에 매달렸다'고 한다.

　군산의 유곽 후보지는 다음 세 곳이었다. ① 신흥동 산수정(山手町)의
사토 마사지로(佐藤政次郎) 소유지, ② 팔간산(八間山) 동쪽 기슭 일대의
평지 곡칭발산(谷稱鉢山)의 공유지, ③ 경포리 부근의 이와나와 도쿠지
(岩永德治) 소유의 간척지이다. 부지 선정은 민단민장(民團民長)과 이사
관에게 일임되었는데, 민단민장이 폭력사태까지 일으킨 결과 민장의 단
독으로 ①로 결정했다. ②와 ③에 비해 깊숙한 계곡이며 입지조건은 좋지
않았지만 "시가지에 근접해 있고 기존 민단의 시구역 예정 계획에도 편
입"되어 있어 설비비가 적게 든다는 이득과 ①의 소유자 사토(佐藤)로부

터 기증을 받을 수 있다는 은밀한 밀약도 있었다. 군산 이사청에서 허가를 받은 후 군산 경찰서장의 참견도 있었지만, 통감부에 의해 '유곽 인가 지장 없음'이라는 훈전(訓電)[27]을 받을 수 있었다. 군산 이사청은 1907년 8월에 '여관영업 단속규칙'(군산 이사청령 제5호), '예기음식점 단속규제'(6호), '예기영업 단속규칙'(7호)을 발포했다.[28] 이리하여 군산 거류민단과 군산 이사청, 통감부의 일치된 의지에 의해 신흥동 산수정에 '산수(山手) 유곽'이 출현했다(〈그림 2-2〉). 유곽 개업 직전인 1907년 6월 군산에는 이미 요리점 9채, 작부 34명, 예기 12명[29]이 확인되었으므로 그러한 것이 이행했다고 생각된다. 1909년 군산에서 여성 취업자가 차지하는 '예창기 작부' 비율은 46%로 가장 많다.[30] 또한 ①의 소유주 사토는 오사카 『매일신문』 경제부장으로 '문명(文名)을 떨쳤고', 1905년 군산에 와서 토지경영 · 금융업에 종사하며 재산을 불려 '군산의 금융왕'[31]이 되었고 그 후 부재지주로 토지경영을 행한 식민자의 한 사람이었다.[32]

이처럼 일본인 거류지에서 시작된 일본식 공창제도는 점차 조선사회에 증식하여 섹슈얼리티 실상으로 바뀌어갔다. 통감부는 조선인 여성을 공창제도로 편입하는 정책을 추진했는데, '병합' 후 조선총독부는 1916년 3월에 통일적인 법 정비('가시자시키 창기단속규칙' 등)를 단행했고, 여성에게 있어서 일본 '내지'보다 열악한 조건하에 처한 식민지 공창제도를 확

27) 保高正記, 『帝國日本と植民地都市』, 141쪽.
28) 古川昭, 『群山開港史』, 56쪽 및 63쪽 주42에서. 그러나 古川昭 논문에는 출전이 제시되어 있지 않고 『統監府公報』 및 송병기 편저, 『통감부법령자료집』 상 · 하(대한민국국회도서관, 1972 · 73년)에 해당하는데, 동 규칙의 원문을 찾아낼 수 없었다. 단 『통감부법령자료집』 하에 1910년 군산 이사청령 제1호(1월 20일자)로서 이 '예기영업 단속규칙'(군산 이사청령 제7호, 1907년)의 일부 개정이 기재되어 있다(346쪽).
29) 三輪規 · 松岡琢磨, 『富之群山』, 群山新報社, 1907, 54쪽. 『叢書(95)』 수록.
30) 古川昭, 「群山各国居留地(共同租界)の研究」, 69~70쪽.
31) 保高正記, 『帝國日本と植民地都市』, 121쪽.
32) 『군산』, 1928, 150~151쪽. 『叢書(280)』 수록.

립했다.[33) 이를 받아들여 각도 경무부는 가시자시키 영업지역을 지정했는데, 전라북도 경무부도 동년 5월 1일자로 새삼스럽게 '군산부 신흥동'(그 외 전주부의 2곳)에 지정지를 특정했다.[34) 또 같은 날 '조선인 창기 고용을 목적으로 하는' 가시자시키 업자에 대해, 전북은 다른 도와 달리 가시자시키 영업지역에 의거하지 않고 영업을 허가한다는 공시가 내려졌다.[35)

그런데 1930년에 발간한 『전국유곽안내』는 대일본제국 판도(일본, 대만, 조선, 관동주)의 매춘(賣春) 가이드라 할 수 있는 것인데, 여기에는 '충청남도(전라북도의 오류—인용자) 제일의 도시' 군산부의 유곽으로서 '신흥동 유곽'과 '산수(山手) 유곽' 두 곳이 소개되어 있다. 전자는 '기루는 약 6채, 창기는 약 60명', 후자는 '신흥동과 대략 같음'으로 기재되어 있다. 그러나 양자는 별개가 아닌 같은 것으로 생각된다. 애초에 군산의 유곽은 앞서 서술한 ①처럼 '신흥동 산수정'에 있었던 것이다.[36) 1928년에 간행한 『전라북도 발달사』에 〈그림 2-3〉과 같이 '군산 산수(山手) 유곽조합'의 광고가 나와 있고,[37) 다음에 서술한 쿄마치(京町) 유곽의 유곽명과 일치하므로 신흥 유곽=산수 유곽=쿄마치 유곽으로 보아도 틀림없다고 생각한다.

---

33) 宋連玉, 「日本の植民地支配と国家的管理売春」, 『朝鮮史研究会論文集』 32, 1994.

34) 전라북도 경무부 고시 제5호 「가시자시키 영업지역 지정」 1916년 5월 1일 ; 鈴木裕子・山下英愛・外村大 編, 『日本軍 '慰安婦'関係資料集成』 上, 明石書店, 2006, 634쪽.

35) 전라북도 경무부 고시 제6호 「조선인 창기 고용을 목적으로 하는 가시자시키 영업지역」 1916년 5월 1일. 위의 책 수록.

36) 홍성철, 『유곽의 역사』(페이퍼로드, 2007)에는 『전국유곽안내』에 의거하여 산수정 유곽을 '그 위치를 알 수 없다. ……산하정(현재, 개복동)의 오기(誤記)'로 추측하고 있다. 그러나 본문 속에 서술하고 있듯이 1907년에 '신흥동 산수정'에 '산수유곽'으로 만들어진 점, 1916년과 1929년의 자료에도 유곽 지정지로 '신흥동 유곽'만 있는 점에서 양자는 같은 것으로 생각된다.

37) 宇都木初三郎, 『全羅北道発展史』, 1928, 307쪽. 『叢書(96)』 수록.

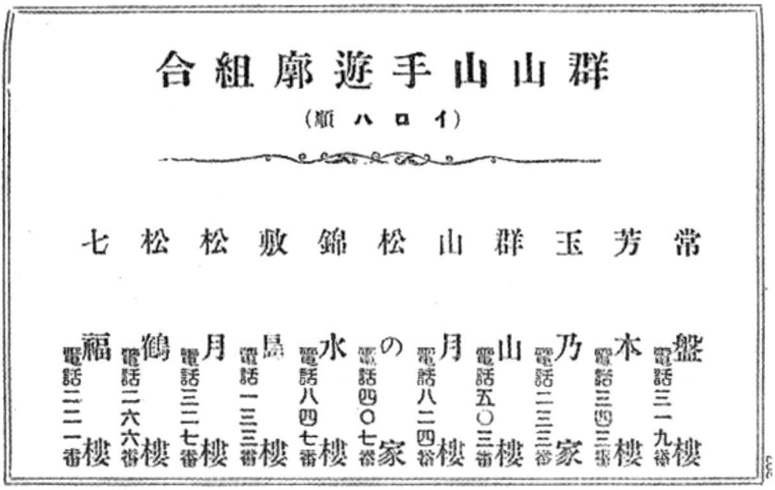

〈그림 2-3〉 '군산 산수(山手) 유곽조합'의 광고
출전 : 右都木初三郎, 『全羅北道發達史』, 1928, 307쪽.

신흥동의 산수(山手) 유곽은 1932년 10월 이후 '쿄마치 유곽'으로 불리게 되었다.[38] 〈그림 2-4〉는 그 무렵의 지도로 생각되는데, 이곳에 나오는 유곽명이 〈그림 2-3〉의 유곽명과 대략 일치함을 알 수 있다.

1935년에 간행한 『군산부사』에는 이 '쿄마치 유곽' 항에 일본인 측은 8채, 창기 수 61명(1종, 2종), 조선인 측은 3채, 창기 수 26명, 합계 11호, 87명으로 민족별로 기재되어 있었다. 예기와 기생의 기록도 있고, 일본인 측의 '화류계에는 권번이 없고 예기는 각 요정에 전속'하며 그 수는 40명, '조선인 측의 기생은 쇼와권번(昭和券番)에 속하며 30명'이 있었다.[39] 조

[38] 1932년 10월 1일부터 군산부의 '정동리(町洞里)'의 명칭이 바뀌고 일본식 명칭이 늘어났다. 예를 들어 개복동은 개복정으로 바뀌기도 했던(『朝鮮總督府官報』 1727, 1932년 10월 8일) 것이, 쿄마치(京町) 유곽으로 개칭된 것과 관계가 있다고 생각한다. 여기에 산수정은 나오지 않지만 쿄마치는 신흥동의 일부를 가리키는 지명으로 되어 있다.
[39] 群山府, 『群山府史』, 1935, 308쪽. 『叢書(90)』 수록.

〈그림 2-4〉 1930년대 이후 「군산부 시가지도」에 보이는 유곽가(○로 에워싼 부분).
칠복루, 방본루 등의 명칭이 나오고 있다. '정동리'라는 이름으로 판단해 보면 1932년 10월 이
후로 생각된다. 상세한 점은 각주 38 참조. 김민영(金旼榮) 교수(군산대학교)의 제공에 따름.

선에는 1920년대 후반부터 가시자시키가 감소하고 카페와 바가 유행했는데, 군산에서도 마찬가지이며 카페는 '대소 17호', 여급의 수는 '백수십 명에 달할 것이다'고 되어 있다.[40]

조선의 유곽 지정지는 일본인이 개발한 식민지 도시(전라도에는 군산부, 목포부)와 각 도의 중심 도시(전주군, 광주군) 등 일본인의 이주도시에 설치되어 있었다. 전라남북도에서 규모가 가장 컸던 곳이 군산의 유곽이다. 〈표 2-2〉가 보여주듯이 군산의 인구 1인당 유곽 수는 전주와 목포, 광주보다도 적다. 즉 상대적으로 유곽 수가 많다. 창기의 수도 네 도시 중에서 가장 많다. 애초 일본인 거류지에서 시작된 유곽은 주로 일본인 남성을 위한 매춘시설이었다. 조선 내의 유곽에서 고객의 민족별 비교(1929년)를 행한 송연옥에 따르면, 일본인 남성은 조선인 남성의 12배의 빈도로 매춘을 했고, 1인당 유흥비도 일본인은 조선인의 약 2배에 달했다. 군산부 신흥동 유곽의 고객 조사(1929년 말)에서도 일본인 남성과 조선인 남성의 비율은 72 대 28, 유흥비로는 85 대 15로 일본인이 압도적이다.[41]

〈표 2-2〉 전라도의 유곽 규모(1929년)

	인구			영업자			유곽1채당 인구수(인)	창기수		유흥인수		유흥비	
	일본	조선	합계	일본	조선	합계		일본	조선	일본	조선	일본	조선
군산부신흥동 (전북)	8,534	16,636	25,170	11	6	17	1480.6	77	60	15,817	6,650	129,080	22,025
전주면(전북)	6,007	156,105	162,112	7	1	8	20264.0	25	38	3,471	8,371	35,912	43,188
목포부 앵정(전남)	7,963	21,758	29,721	4	3	7	4245.9	36	36	9,958	4,535	55,478	26,671
광주면 부동정(전남)	7,125	111,797	118,922	11	11	22	5405.5	6	6	30,203	1,083	16,557	3,249

출전 : 宋連玉,「日本の植民地支配と国家的管理売春」,『朝鮮史研究会論文集』 32, 1994 및 인구는 朝鮮總督府,『朝鮮總督府統計年報』, 1929년도판에서 작성.
주 : 행정단위인 군산부, 전주군, 목포부, 광주군의 인구통계이다.

40) 群山府,『群山府史』, 1935, 308쪽.『叢書(90)』수록.
41) 宋連玉,「日本の植民地支配と国家的管理売春」, 64~67쪽.

이러한 군산 유곽의 흥륭(興隆)이 군산 및 군산 주변의 일본인 상인·지주, 조선인 지주에 의한 조선인 소작농에 대한 식량미 수탈 위에서 성립된 것임은 두말할 필요가 없다. '제1장'의 라남 등 군사도시에 있었던 유곽이 군 위안소적인 성격이 강했던 것에 비해 군산의 유곽은 민간인 위주였다. 같은 식민지, 비슷한 식민지 도시의 유곽이라도 그 차이점은 무시할 수 없다.

이들을 조선인은 어떻게 보고 있었을까. 흥미로운 점은 1920년대 『동아일보』 등의 민족지는 사설 등에서 공창제도에 대해 '일본이 조선에 수입한 제도'[42]라고 하는 식민지 지배에 대한 비판을 담은 항일 내셔널리즘적인 관점에서, 나아가 '여성의 경제적인 약점과 남성의 난폭한 향락'이라는 젠더 간의 권력관계에서 생긴 문제로 파악하여 여성을 '노예적 생활에서 해방한다고 하는 인도적인 의미에서' 공창을 전폐(全廢)[43]해야 한다고 여러 차례 주장하고 있었던 것이다. 당시 조선인 지식인(남성)은 공창제도 아래 여성의 상황을 '노예적 생활'로 인식하고 공창제도의 조선 이식에 대해 비판적이었지만, 차츰 조선사회의 성매매 관행·문화에 커다란 영향을 미치게 된다.[44]

그런데 나카노 시게키(中野茂樹)는 『植民地朝鮮の殘影を撮る』(1990년)에서 '군산시 명월동 28-32'에 있는 '군산 화교소학교'를 '구 칠복루(군산유곽) 군산부 쿄마치(京町)'로 기록하고 있다. 그러나 2003년의 군산 답사에서 '명월동'은 지도상에 존재하지 않으며('명산동'의 오식으로 생각된다), 현지 주민들의 이야기에서 '명산시장'(명산동)의 한 귀퉁이에 화교소학교가 있음을 알게 되었다. 이곳을 답사할 때에는 건물이 없고 '군산 화

---

42) 「사설: 조선의 공창―폐지방침을 권고한다」, 『동아일보』, 1926년 8월 6일.

43) 「사설: 공창과 사창」, 『동아일보』, 1927년 8월 7일.

44) 金富子, 「植民地期・解放直後の朝鮮における公娼認識」, 中野敏男ほか 著, 『継続する植民地主義』, 青弓社, 2005.

교소학교' 간판만이 남아 있었으므로, 이곳이 나카노 씨가 말하는 유곽 터임을 확인할 수 있었다(2008년 답사에서는 학교가 생겨서 어린이의 모습이 보였다). 요컨대 구 칠복루를 포함한 쿄마치 유곽 일대는 일본식 가옥의 옛 모습을 남긴 채 '명산시장'으로 되어 있었다. 해방 후 한국전쟁 때 피난민이 이곳에 거주하기 시작했다고 한다.

　2003년 답사할 때는 모퉁이 땅의 '방본루(芳本樓)'(〈그림 2-4〉 참조)로 생각되는 유곽 터의 건물을 볼 수 있었다(〈그림 2-5, 2-6〉). 이 유곽 터의 건물은 1층에 잡곡 · 야채가게가 들어 있고, 2층은 폐쇄되어 현재 사용되고 있지 않았다. 주인의 호의로 2층으로 올라가니 방치된 지 꽤 세월이 흐른 듯 지저분했지만, 일본식 미닫이가 있었다(2008년의 답사에서는 비

〈그림 2-5〉 명산시장에 있는 유곽 '방본루' 터(2003년)

〈그림 2-6〉 유곽 터 2층의 일본식 미닫이

누수로 인해 벽면 부분이 수리되어 있어서 언뜻 보아 한국식 가옥처럼 되어 있었다).

군산의 향토사학자 김중규 씨는 식민지기 군산에는 유곽 지정지였던 쿄마치 유곽(신흥동 산수(山手) 유곽) 이외에 다음 세 가지의 성매매 형태가 있었다고 지적한다. ① 전주통(현 영화동)의 일본인 시장 주변과 중앙로 1가의 일본인 예기가 있던 고급요정, ② 군산권번(현 영동의 국민은행 뒤편의 부식물 시장 부근), 소와권번(현 개복동의 대로) 출신의 전통적인 조선인 기생으로 주로 예능을 팔았던 명월관(구 유성 예식장)과 근화각(현 대명동), ③ 일반 조선인이 이용하는 막걸리를 파는 선술집이 있는 선양동의 일부와 개복동에 있던 조선 왕조시대부터 은밀하게 성매매를 했던 여성을 가리키는 '은군자'의 마을이다.[45] 남성이 속하는 민족·계급에 대응한 성매매 형태가 존재했다고 말할 수 있을 것이다.

이 중 ③은 최근까지 선양동 일부에 '꽃집'이라는 이름으로 남아 있었지만 현재는 사라지고,[46] ①의 영화동은 다음에 서술한 것처럼 일본 패전(=조선 해방) 후에 미군 병사를 상대하는 유흥업소로 변신하여 아메리카인 마을이 만들어진 곳이다.

4. 해방 후 주한미군과 기지촌

1945년 조선 해방·남북분단 속에서 조선남부(현재 한국)의 지배자는 조선총독부에서 미군정으로 교체되었다. 해방 후의 성매매를 살펴보자. 미군정기(1945년 9월 8일~1948년 8월)에는 공창제도에 관한 다음 두 가

---

[45] 김중규, 『군산 역사이야기』, 251~253쪽.
[46] 2003년 답사에서는 군산시 문화관광과의 직원으로부터 선양동에 '오백꽃이' 또는 '콩나물고개'로 불리는 근로자 대상의 매춘거리가 있었다는 이야기를 들었다.

지 중요한 법령이 나와 있다. 첫째, 1946년 5월 17일 공포한 '부녀자의 인신매매 및 매매계약 금지'(재조선미국육군사령부 군정청 법령 제70조, 시행 26일), 둘째, 다음해인 1947년 11월 14일에 나온 '공창제도 등 폐지령'(남조선 과도정부 법률 제7호, 1948년 2월 14일 시행)이다. 전자는 부녀자 매매 · 매매계약의 금지와 차입금 무효 등을 규정, 후자는 문자 그대로 공창제도를 폐지한 법령이다(법령 전문은 권말 자료편 참조. 제3부 제6장 송연옥 논문 참조).

여기서도 흥미로운 점은 당시의 언론이나 공창제도 폐지운동을 전개한 여성운동의 공창제도 인식이다. 전자의 법령공포 시에는 공창제도를 '일제의 유산',[47] '일제의 독소',[48] '재래 조선에 없던 제도이며 일제가 남기고 간 유산'[49] 등으로 취급하고 있다. 남한 과도정부명으로 나온 후자의 법령에는 동 제도를 '일정(日政) 이래의 악습'(제1조)으로 자리매김하고, 식민지 공창제도의 법적 근거가 되었던 '1916년 3월 유곽업 창기단속규칙'의 폐지가 명기되었다(제2조).[50] 해방 당시의 조선인은 공창제도 폐지를 '일제 잔재'의 청산으로 인식하고 있었던 것이다.

그러나 인신매매 및 공창제 폐지법령에도 불구하고 당시 복잡하게 뒤얽혀 있는 정치 · 경제적 상황 아래 공창은 사창(私娼)으로 이름을 바꾼 것에 불과하며 사창이 급증했을 뿐이었다. 공창제도 등 폐지령 공포 직전

---

47) 1946년 5월 27일자 『동아일보』 같은 지면에 따르면 서울 시내에는 699명의 창기가 있었다고 한다(1946년 4월 말 현재. 동년 5월 28일).

48) 「부녀자 매매금단 일제의 독소 공창 등 완전 말살」, 『中央新聞』, 1946년 5월 28일.

49) '인신매매 금지령은 공염불 공창제도를 근본 철폐하라 부총주최 공창폐지와 사회 대책 좌담회', 『現代日報』, 1946년 6월 24일 金起田 발언이다.

50) 동 법령에는 '일제강점기의 악습을 배제하고 인도를 천명하기 위해 남녀평등의 민주주의적인 견지에서 공창제도를 폐지하고 일체의 매춘행위를 금지'(제1조)를 목적으로, 제2조 '1916년 3월 경무총감부령 제4호 유곽업창기단속규칙'의 폐지, 동령에서 취득한 유곽(가시자시키) 영업, 창기로 돈을 버는 직업의 허가 및 유곽영업자 조합설치의 인가 효력의 상실(제2조)을 명기하고 있다. 권말 자료편 참조.

(1947년 10월 20일)의 조사에서 '공창' 수는 한국에서 2,124명(군산은 87명)이었는데,[51] 폐지령 시행 후 1948년 10월 말에는 5만 명으로 급증했다고 한다.[52] 게다가 한반도의 남북분단과 냉전, 열전(한국전쟁), 그 후 군사정권을 배경으로 한국사회에 성매매 문화의 침투를 결정짓는 일이 일어났다.

그 계기가 된 것은 첫째, 미군정과 미군 주둔의 고정화이다. 미군은 일시적으로 철수하나 한국전쟁에 UN군으로 참전, 한국전쟁 휴전 체결 후 1953년 10월 '한미상호방위조약' 체결에 따라 지속적으로 한국에 주둔하게 되었다. 새로운 점령군은 바(Bar)나 카바레, 클럽 같은 새로운 서비스 산업과 미군 장병 상대의 성매매 공간인 기지촌을 탄생시켰고, 미군 상대 여성은 '양공주'로 불리는 등 미국식 성매매 문화(=기지촌 문화)를 만들어 냈다. 유의할 점은 미군의 몇 군데 주요한 기지는 구 일본군 기지를 접수하여 만들어졌으므로 그 주변의 성매매 거리도 계승되었다는 사실이다. 예를 들어 식민지기에 조선군(제20사단) 사령부가 있던 서울 용산의 유곽 거리는 미군 제8사령부로 교체됨과 더불어 거대한 미군 기지촌으로 변모했다. 결국 미군정은 '일제 잔재'로서의 공창제도를 법적으로 폐지시키는 데 결정적인 역할을 했지만, 실질적으로 '일제'의 성매매·성폭력 구조를 계승하여 재편했다(제3부 제5장 하야시 히로후미 논문 참조). 성매매·성폭력 구조에서의 식민지주의가 일본에서 미국으로 재편·계속된 것이다.

둘째, 한국전쟁(1950~1953년)을 계기로 하는 성매매 여성의 증가이다. 전시중에 연합군의 민간인 여성에 대한 강간이 다발하는 한편, 한국정부는 연합군에게 위안소를 제공했다(하야시 논문 참조). 한국전쟁 전에 5만 명 남짓이었던 공사창(公私娼)은 전후 30만 명으로 급증했다고 한다.[53]

51) 보험사회부, 『부녀행정 40년사』, 1987, 59쪽.
52) 김귀옥, 「한국전쟁과 여성―군 위안부와 군 위안소를 중심으로」, 『동아이사의 평화와 인권 국제 심포지엄(제5회 일본인회)』, 2002.

한국전쟁이 초래한 정치적 사회적 혼란과 빈곤, 가족의 전사와 이산, 고아와 과부 증가 등의 참화는 한국인 여성을 성매매로 끌어들이는 중대한 요인이 되었다.

셋째, 한국군 창설과 징병제 부활(1949년)[54]을 들 수 있다. 한국군은 구일본군 출신자에서 인맥을 계승했는데, 그 한국군은 한국전쟁 당시에 '군위안대'를 만들었다(제3부 제7장 김귀옥 논문 참조). 이것은 한국군이 구일본군의 인맥뿐만 아니라 성매매·성폭력적 체질도 계승했음을 나타낸다. 나아가 징병제 부활에 의해 군입대 전에 한국인 남성이 행하는 매춘이 통과의례가 되었고, 군대를 통해 '남자다움의 재교육'이 제도화된 점은 한국사회 속에서 군사주의와 성매매의 새로운 그리고 밀접한 관계가 시작되었음을 보여주고 있다.[55]

넷째, 한국정부, 특히 18년의 장기간에 걸쳐 정권을 장악한 박정희 군사독재(1961~1979년)의 성매매 및 기지촌 정책을 들 수 있을 것이다(제3부 제8장 야마시타 영애 논문 참조). 박정희가 정권을 장악한 반년 후인 1961년 11월에 제정된 '윤락행위 등 방지법'은 매매춘에 관여한 자를 처벌하기 위한 것이었지만, 실제로 처벌받은 것은 늘 여성이었다. 1962년 6월에는 규정을 바꾸어 성매매의 '특별구역'(적선 지대에 해당한다)을 제정했는데,[56] 외국인 상대 여성에 대해 같은 법의 적용을 보류했다.[57] 나아가

53) 김귀옥, 「한국전쟁과 여성―군 위안부와 군 위안소를 중심으로」.
54) 한홍구에 따르면 1944년 식민지 말기에 실시된 징병제는 1949년 이승만 정권하에 부활했고, 1950년 3월의 징병제 폐지, 지원제 채택, 한국전쟁 와중인 동년 9월의 제2국민병 소집을 거쳐 1951년 5월에 재부활했다. 1952년 10월에 25만, 1953년 7월의 휴전협정 시에는 55만 명, 1954년에는 65만 명으로 급증했다. 한국전쟁이 징병제 부활의 결정적인 계기가 되었다. 한홍구·高崎宗司 監訳, 『韓洪九の韓国現代史』, 平凡社, 2003.
55) 金富子, 「植民地期·解放直後の朝鮮における公娼認識」
56) 1962년 6월 현재의 특정 지역 수는 104개소/성매매 여성 17,203명, 1964년 말 146곳/22,972명으로 늘어났는데, 군산을 포함한 전북에는 반대로 각각 5곳/786명, 5곳/569명으로 감소하고 있다. 보험사회부, 『부녀행정 40년사』, 111~112쪽.
57) 関庚子, 「韓国売春女性運動史―"性売買"の政治史, 1970~98」, 韓国女性ホットライン 編,

1965년 한일조약 체결 이후 주로 일본인 남성 상대의 기생관광이 외화 획득의 명목으로 국책으로 행해졌다. 1970년대에는 기지촌 정화운동을 개시하고 기지촌 성매매에 직접적으로 개입했다. 다음에 서술할 군산 아메리카 타운도 마찬가지였다.

5. 군산 아메리카 타운의 형성

현재 군산시의 서쪽 옥서면 선록리에 있는 군산 공군기지(Kansan Air Base)도 구 일본군 공군기지를 접수해서 만든 것이다. 중일 전면전 도중인 1938년에 일본군 전투기용 기지로 건설되었는데, 1945년 일본 패전 후에는 미군의 군사지원 고문단이 사용했다. 이승만 정권하의 1949년에 한국에 반환되었으나 한국전쟁의 와중인 1950년에 북한군에게 점령당했다. 동년 9월에 이곳을 탈환한 미 제5공군이 사용하게 되고, 그 후 계속해서 미공군 부대가 사용(부대는 차례로 교대된다)하기에 이른 것이다.[58]

미군 병사를 위한 클럽은 1960년대까지 군산시의 중심가(영화동)에 있었다. 식민지기에 군산 제일의 번화가 그리고 고급요정이 있던 일대이다. 200~300명의 여성들이 일하고 있었다고 한다.[59] 이 일대를 활보하던 미군 병사가 뿌린 돈은 군산의 지역경제 활성화의 일환으로 편입되었다.

그러나 1969년 박정희 정권이 미군 제8전술전투비행단을 위해 군산시 교외의 산북동에 아메리카 타운(기지촌)을 만든 이후 미군 상대 한국인

山下英愛 訳,『韓国女性人権運動史』, 明石書店, 2004. 원본은 한국여성의 전화 연합 엮음,『한국여성인권운동사』, 한울, 1999.

[58] William R. Evinger (ed.), *Directory of U.S. Military Bases Worldwide* (Third Edition), Oryx Press, 1998. 하야시 히로후미 씨의 교시에 따름.

[59] 필자가 한 군산시 복지환경국의 金惠春 씨(부녀상담소장)의 인터뷰(2003년 4월 29일).

여성도 이동했다. 미공군 기지에서 아메리카 타운까지는 4킬로미터 떨어져 있다.

군산 아메리카 타운은 '닉슨 독트린'을 배경으로 시작된 한국정부에 의한 기지촌 정화운동 속에서 정비되어 갔다. 베트남 전쟁이 한창이던 1969년 7월, 미국 대통령 리처드 닉슨은 괌에서 '아시아의 방위는 아시아인의 손으로'라는 새로운 외교방침인 '닉슨 독트린'을 표명했는데, 그 일환으로 한국에서의 미군철수가 시작되었다. 64,000명이었던 미군은 약 43,000명으로 1971년 말까지 약 2만 명이 철수했다. 남겨진 미군 부대도 재배치되었다. 주한미군을 국가보안의 핵심, 정권의 명망(命網)으로 여긴 박정희 군사정권에게는 틀림없는 위기였다.

문에 따르면 기지촌 정화운동은 흑인에 대한 인종차별문제(미군 병사 간 대 기지촌 여성·주민 등), 성병 등 기지촌 여성이 더럽다, 한국을 도와주고 있는데 대우가 형편없다는 식의 미군 병사들의 불만을 미군 당국이 받아들여 한국정부에 기지촌 개선을 요구했던 점에서, 박정희 대통령의 지시 아래 한국정부가 미군과 더불어 1971년부터 시작한 것이다(~1976년). 운동 중에 도로포장, 위생설비, 가로등, 주거지 개선 등의 환경정비도 행해졌는데 주요 대상은 기지촌 여성이었다. 결국 미군 부대의 성병율을 낮추기 위해 한국정부의 주도로 기지촌 여성에 대한 엄격한 성병검사와 치료가 강화되었다. 전국의 기지촌에 성병진료소가 세워졌고 그때까지 부정기로 행해오던 성병검진을 정기적으로 실시하게 되었다. 또한 기지촌 여성을 대상으로 관제(官製)의 자치회도 조직되었고 인종차별 방지를 위한 교육 등이 행해졌다.[60] 기지촌 여성에게 있어서 여성들에 대한 성병 관리와 통제, 교육까지 행한 군대와 국가는 바로 '거대한 포주'[61]였다고

[60] 캐서린 H.S. 문 저, 이정주 역,『동맹 속의 섹스』, 삼인, 2002. 영어원서판은 1997년 출판.
[61] 박수진,「기지촌 할머니 51명 실태조사」,『한겨레21』695, 2008년 1월 29일.

할 수 있을 것이다.

군산 아메리카 타운은 정부의
주도하에 설립된 주식회사이다. 또
다른 기지촌이 주택가·상점가 등
에 인접·근접해 있는 것과 달리
지역에서 A타운으로 불리며 그
한 귀퉁이가 군산 교외로 격리되

〈그림 2-7〉 군산 아메리카 타운의 입구
(2003년)

고, 동시에 미군기지에서 거리를 두었다. 보통 한국의 기지촌은 미군기지
정문 앞에서 발전했는데 군산은 그렇지 않다. 건설할 때 군산기지 후문
주변의 주민이 미군 병사와 기지촌 여성이 동거하거나 미군의 폭력 등이
끊이지 않는 것에 위기의식을 느껴 건설에 반대했는데, 그 과정에서 주민
들과 당시 미군 부대장이 오프라인 리미티드(offline limited)를 설정했다.
그로 인해 군산은 미군기지 정문 앞에 기지촌이 없는 유일한 장소가 되었
다고 한다.[62]

아메리카 타운은 수로로 둘러싸여 있고 경비원이 상주하여 내부로 쉽
게 들어갈 수 없다.[63] 10,278평의 규모에 미군을 위한 임대주택, 클럽(외
국전용 유흥음식점) 18곳, 일반 상점 30채 정도가 처마를 대고 있는 '향락
집중 타운'[64]이다. 여성들의 번호가 붙은 방("닭장")이 늘어서 있고 이곳
에서만 생활할 수 있게 되어 있다. 격리된 성매매 공간, 그것은 일본식
공창제도에 의거한 유곽을 연상시킨다. 한국정부가 기지촌 정화운동을
통해 기지촌 성매매에 '직접적인 동시에 집중적으로 관리와 단속을 실시'

[62] 다큐인포, 『부끄러운 미군문화 답사기』, 북이즈, 2004, 239~242쪽 및 군산미군 기지피해
상담소·구충서(具沖書)에 대한 인터뷰(2009년 7월 11일).
[63] 2003년 답사할 때 군산 여성 핫라인의 민우년 씨가 소개해준 여성활동가의 인솔로 아메
리카 타운의 내부에 들어갈 수 있었다.
[64] 다큐인포, 『부끄러운 미군문화 답사기』.

함으로써 기지촌 여성은 '공창으로서의 성격'을 띠었다[65]고 할 수 있다.
한국정부가 다양한 편의를 제공한 점은 일본 패전 직후 일본정부가 업자
를 통해 미점령군에게 '위안시설'을 제공한 RAA,[66] 혹은 앞서 서술한 한
국정부가 제공한 UN연합군을 위한 위안소를 떠올리게 한다. 그 의미에서
도 기지촌 여성은 미군 전용 '위안부'로 보는 것이 실태에 가까운데, 특히
교외에 격리되어 수로로 에워싸인 군산 아메리카 타운은 그 성격을 가장
노골적으로 반영한 시설이라 할 수 있을 것이다.

　기지촌 정화운동을 거친 군산 아메리카 타운으로 다음에 서술할 김연
자(金蓮子)가 기지촌 여성으로 이동해온 것은 이곳이 전성기를 맞고 있
던 1976년의 일이었다.

6. 기지촌 운동가 김연자(金蓮子)의 투쟁

　여기서는 군산 아메리카 타운의 기지촌 출신이며 최초의 기지촌 여성
운동가인 김연자의 인터뷰에 의거하면서 그녀의 삶에 대한 이야기를 통
해 일반 매춘과 기지촌 매춘의 실태를 당사자의 관점에서 살펴보도록 하
자.[67]

　1943년 '만주'에서 태어난 김연자는 세 살 때 부모의 고향 근처인 여수
(전라남도)로 돌아와 고등학교를 졸업(2개월 전에 중퇴)하기까지 어머니
와 그곳에서 보냈다. 고등학교 다닐 적에 교사의 영향으로 사회주의에 관

---

65) 주한미군 범죄근절을 위한 운동본부 편, 徐勝·広瀬貴子 訳, 『駐韓米軍犯罪白書』, 青木
　　書店, 1999.
66) 恵泉女学院大学 平和文化研究所 編, 『占領と性』, インパクト出版会, 2007 참조.
67) 김연자 인터뷰, 「韓国·基地村に生きて―死ぬ五分前までわめきつづける」, 『前夜』11,
　　2007년 봄 참조. 인터뷰는 필자도 동행하여 2006년 12월 16일 서울에서 행했다. 또한 김
　　연자, 『아메리카 타운 왕언니, 죽기 오분 전까지 악을 쓰다』, 삼인, 2005 참조.

한 저작도 읽었다고 한다. 그녀는 아버지
에게는 다른 가정이 있어 반항하고 있었다.
여수는 여순사건(1948년)이 일어난 장소로
도 유명한데 초등학교의 운동장 구석에서
그것과 관련된 사람들이 총살된 기억을 갖
고 있다. 서울 신문사 수습기자, 서울에 온
이후 버스차장이나 잡일을 거쳐 서울 시
립부녀보건소로 옮겼다. 그곳에서 성매매
여성과 생활한 것이 계기가 되어 "일반 매
매춘"에 종사하게 되었다. 길거리에서 호

〈그림 2-8〉 김연자 씨(2006년)

객행위로 매춘하는 것은 일본어 '힛빠리(고객을 끌어당긴다는 의미)'로 불
리고 있었다. 식민지 시대의 성매매 관행의 잔재가 보인다. 김연자에 따
르면 어렸을 적에 당한 성폭력 피해로 인해 "매춘"에 대한 심리적인 벽이
허물어졌다고 한다.

이 시기의 기지촌 성매매를 연구한 문은, 여성들의 유형으로 초등교육
도 제대로 받지 못한 비식자(非識字)도 많았고 또 심각한 박탈과 학대—
빈곤, 강간, 연인과 배우자로부터 일상적인 폭력—를 경험했고, 특히 낮
은 사회적 지위와 빈곤이 기지촌 매춘으로 유입되는 일반적인 요인이었
으며 부모의 치료비와 남자 형제의 교육비 등을 벌어야 하는 것도 주요
동기였다고 분석했다.[68] 김연자의 경우 성폭력의 경험과 홀부모 가정(아
버지에 대한 반발)이라는 박탈감은 들어맞지만, 고학력, 풍부한 독서량,
다른 업종에 취업한 경험 등 경력은 상당히 다르다. 이러한 경력은 사회
적 비판의식을 키웠고 나중에 그녀가 최초의 기지촌 출신 운동가가 되는
토대가 되었다고 생각한다.

---

[68] 캐서린 H.S. 문 저, 이정주 역, 『동맹 속의 섹스』, 제1장.

일단 '매춘'에서 발을 씻은 김연자는 고향에서 시작한 장사가 잘 되지 않자 이번에는 미군을 상대로 하는 댄스홀이 있는 기지촌인 동두천(경기도)으로 옮겼다. 1960년대 20대 후반이었다. 동두천에서 매춘 여성은 성병검진을 받고 성병이 없다는 증명카드(=보험증)를 만들어야 했다. 이 카드를 소지하지 않으면 의정부 경찰서에 연행되었고 질병이 있으면 미군 부대의 수용소로 보내졌다. 또 미군 병사가 성병에 걸리면 병사는 상대일 것으로 생각되는 여성을 지명하고 수용소로 연행하여 검진도 하지 않은 채 10일에서 15일간 수용하고 '호스터실린'이라는 미국 약을 먹였다. 특별히 여성을 지목하지 못하면 의심되는 여성을 모두 끌고 가 무조건 약을 먹이고 주사를 놓은 후 한참 지나서야 돌려보냈다. 그곳에 갇히면 나올 수 없으므로 '몽키 하우스'로 불렸다.

그 후 미군 제7사단이 동두천에서 없어졌으므로 송탄(경기도 평택)의 미군 기지촌으로 옮겼다. 그때 미군 부대에 뿌려진 삐라가 발단이 되어 여성들의 자연 발생적인 시위가 시작되었다. 그 수는 1천 명 이상에 이르렀다. 삐라에는 '신발 5달러, 숏 타임 5달러, 롱 타임 10달러, 가방 10달러'라고 쓰여 있었다. 여성의 몸을 신발이나 가방 가격과 비교한 미군 병사의 발상에 여성들의 화가 폭발했고 시위의 수는 1천 명 이상에 이르렀으나 부대 사령관이 사죄하는 것으로 막을 내렸다. 당시 여성들의 자치조직인 자매회가 있었고 김연자는 부회장직을 맡고 있었다. 자치회의 실제는 앞서 서술한 것처럼 관제(官製)이며 '합법적인 착취기구'[69]라 할 수 있는 것이었는데 그녀는 처우 개선을 위해 싸웠다. 여성들을 집결시키기 위한 전단지에 '빈곤으로 고통받는 여성들이여 궐기하라'고 썼으므로 북한과의 관계를 의심받아 경찰서에 연행되어 협박과 구타, 고문을 받은 적도 있었다. 성병검진의 부정을 수원경찰서에 고발했으나 이로 인해 고등법원까

---

69) 정희진, 「죽어야만 살아나는 여성들의 인권—한국기지촌 여성운동사, 1986~98」, 한국여성 핫라인 편, 『韓國女性人權運動史』 수록.

〈그림 2-9〉 아메리카 타운 내부의 모습(2003년)

지 가서 싸워 기소 유예되기도 했다. 재판 비용으로 저금을 사용한데다 일거리도 없어 군산 아메리카 타운으로 옮기게 되었다.

군산 아메리카 타운은 홀을 경영하는 회사와 아메리카 타운 주식회사라는 두 종류의 주식회사가 운영했다. 수로의 내부에는 동수와 호수를 표시한 방이 1동에서 70동까지 쭉 늘어서 있고 연자의 방은 1~2동이었다. 이곳에서 생활하면서 성매매를 했다. 그 이외에 홀, 미용실, 음식점이 늘어서 있고 수로 안에서만 생활을 했다. 여성의 자치조직인 '꿀벌 자치회'가 있었는데 김연자는 군산에 온 지 1년쯤 지나 자치회장이 되었다.

미군 병사는 미군기지와 아메리카 타운을 왕복하는 차가 네 대 있었으므로 평일·주말에 상관없이 매일 찾아왔다. 또 동두천에서도 군산에서도 팀스피리트(한미합동군사훈련)가 행해질 때 그 근방에 방을 빌려 여성들을 데리고 온 포주로부터 모포를 받아 훈련을 마친 미군 병사를 상대로 매춘을 하는 '모포부대'가 만들어졌다. 바깥에는 서커스단처럼 천막을 치고 벼락치기로 홀과 음식점을 만드는 등의 즉석 기지촌이 생겼다. '모포

부대'에는 성병검사를 위해 보건소에서 사람이 파견되었고 성병진료소도
만들어졌다. 여성들은 방에 들여놓은 장롱이나 레코드 플레이어 등의 물
품 때문에 포주에게 새로 돈을 빌리게 되는데, 이곳에서도 비싼 이자 때
문에 이 일에서 벗어나지 못하게 하는 교묘한 착취 구조가 있었다.

이러한 '모포부대'의 모습은 중국 무한(武漢)의 위안소에 있던 일본군
'위안부' 송신도(재일한국인 피해자)를 일본군의 '부대소속'으로 전선에
데리고 갔던 사실을 방불케 한다.[70] 물론 송신도의 경우는 훈련이 아닌
실탄이 날아드는 전쟁터 한가운데였다는 점이 다르지만, 군사훈련에 '부
대소속'이 되어 이동하거나 포주가 비싼 이자로 교묘하게 착취하는 모습
등은 그대로 닮았다.

군산에 온 다음해 1977년, 김연자는 동료 이복순(가명), 이영순(가명)이
연속해서 한 사람의 미군 병사에게 무참하게 살해당하는 사건이 발생하
여 범인 체포에 가담했다. 이복순 살해의 증거가 은폐되는 것을 목격했던
김연자는 다음 '이영순 사건'의 증거를 보전하려 했다. 그러나 수사를 행
한 것은 미군이고 한국의 경찰은 무력했다. 이에 화가 난 200~300명의 여
성들은 군산 공군부대 앞에서 시위를 결행했고 군산 경찰서장에게 진상
규명을 약속받았다. 김연자는 재판에 증인으로 나갔지만 양쪽 사건의 범
인으로 지목된 미군 병사는 '이영순 사건'만 인정하고 법정은 무기징역형
을 선고했다. 한국에서 미국군인의 유기형은 처음이었다. 한국사회에서 미
군범죄가 문제화된 최초의 사건으로 알려진 윤금이(尹今伊) 사건(1992년)[71]
이 일어나기 15년 전의 일이었다. 그 외에 문이 열리지 않아 자기 방에서
불타 죽은 여성, 자기 방에서 연탄가스로 중독사한 여성, 목을 매고 죽은
여성, 강에 뛰어들어 죽은 여성 등의 사건이 잇따라 일어났다.

70) 金富子 · 梁澄子 外, 『もっと知りたい '慰安婦' 問題』, 明石書店, 1995.
71) 1992년 10월에 일어난 동두천 기지촌 여성 윤금이가 미군 병사에게 처참하게 살해된 사건.

〈그림 2-10〉 군산시 보건소 성병진료소(아메리카 타운에 근접, 2008년)

　김연자에 따르면 서울에서 가깝고 일반인의 집을 빌려 쓰고 있는 송탄
과 달리 군산 아메리카 타운과 동두천에는 '범죄를 유발하는 음침한 분위
기'가 있었다고 한다. 군산 아메리카 타운이 교외의 격리된 공간에 있던
것이 섹시즘·레이시즘과 맞물려 미군 병사에 의한 기지촌 여성에 대한
잔혹한 폭력과 살인사건이 많이 발생하는 중요한 요인이 되었다. 미군을
의지할 그물로 여긴 박정희 독재정권과 경찰의 무책임·무능함도 그것을
조장했다고 할 수 있을 것이다.
　이러한 일을 목격한 김연자는 기지촌 여성의 빈곤의 연쇄고리를 만들
어내는 '구조를 어떻게든 바꾸고 싶다'는 바람으로 여성들이 모일 수 있는
공동체를 만들기 위해 은혜수양관이라는 건물을 짓거나 기독교의 선교원
과 희망 나눔모임센터를 만드는 등 현상 변화를 위한 투쟁을 행했으나 잘
되지 않았다. 현재는 새움터와 두레반, 햇살 등의 활동72)에 희망을 걸고
있다.

이상과 같이 일본군 '위안부' 제도와 기지촌 성매매 제도는 ① 국가와 군의 개입·관리하에 여성이 장병의 성행위 상대(성적 노예)가 되게 하는 군인 전용의 성적 시설로 추진된 것, ② 국가·군의 관리하에 여성에 대한 성병검사·관리가 행해진 점, ③ '위안부'는 부대소속, 기지촌 여성은 '모포부대'가 되어 실전/군사훈련을 따라다닌 점, ④ 군인이 상대이므로 잔혹한 살해와 상해사건이 끊이지 않은 점, ⑤ 제도에 중간적으로 개재하는 업자/포주의 감시·착취 등 유사점이 많다. 외국군에게 자국의 여성을 성의 상대로 제공한 점에서는 앞서 서술한 것처럼 일본정부가 제공한 미군 전용 위안소 RAA, 한국정부가 제공한 UN연합군을 위한 위안소와 비교할 필요가 있을 것이다.

그러나 '위안부' 제도와의 차이점에 관해 김연자는 "일본군 '위안부'는 강제성을 한눈에 알 수 있지만, 기지촌 여성의 경우 자기의 의지가 절반, 남의 의지가 절반이었으므로 강제성을 입증할 수 없다"고 말했다. 그러나 강제성/자발성이라는 여성을 둘러싼 구분은 문제의 핵심이라 할 수 없다. '위안부' 제도의 문제점은 피해자의 '전력(前歷)'과 연행 시의 물리적 강제성의 유무가 아니라, 인격을 지닌 여성의 성을 "전쟁 수행의 도구", "성노예"로 삼은 것에 있다. 문제시되는 것은 위안소라는 성폭력 장치를 통해 가난한 여성의 성을 이용·착취하는 군대/장병을 둘러싼 문제의 계통이다. 그렇다면 미군 전용 '위안부'라 할 수 있는 기지촌 여성 역시 그 전력과 강제성은 문제의 핵심이 아닐 것이다.

2005년 현재 군산 미 공군기지는 면적 2,557에이커(1에이커=4,000평방미터)로 면적으로는 한국 최대의 공군기지이다. 건물 32동(총면적 270만

---

72) '새움터'는 미군 기지촌 주변의 성매매 문제에 대처한 여성운동단체로, 성매매 여성을 위한 상담과 전업 프로그램, 기록영화의 제작 등을 행하고 있다. '두레반'은 기지촌의 외국인 여성에 대처하는 일을 행하고 있다. '햇살'은 기지촌의 늙은 여성들이 거주하는 장소를 지키는 운동을 행하고 있다.

5,000평방미터), 군인 2,766명, 군속 37명, 그 외 근무자 586명, 합계 3,389명 및 군인 수는 오산기지 경기도 다음으로 많다.[73] 2001년 '9 · 11' 이후 미군 병사의 미군령 바깥의 거주제한과 외출통제 강화, 주한미군이 여중생 2명을 치어 죽인 사건과 한미주둔군 지위협정(SOFA) 개정 문제[74] 등으로 야기된 한국인의 반미감정 악화 등으로, 미군 병사는 주말에 군산 시내나 아메리카 타운보다 먼 오산, 송탄, 서울 등으로 외출하게 되었다. 군산시에서는 2008년부터 그러한 미군 병사를 시내로 끌어들여 지역 경제를 활성화하기 위해 주말에 대형버스를 준비하여 시내관광 쇼핑 투어를 시작했다. 그러한 가운데 2007년 4월에는 미군 병사에 의한 택시기사 강도사건 등도 발생했다.[75]

한편 군산 아메리카 타운은 1970~1980년대에 전성기를 맞은 후 1980년 후반부터 미군 축소로 시대 발전에서 뒤지게 되었다. 2004년 현재 175호는 슬럼화하고, 미군 병사를 상대로 하는 한국인 여성은 10% 정도[76]이며, 그 대부분은 러시아, 우즈베키스탄, 필리핀에서 온 여성들로 되어 있다.[77] 2003년에 이 땅을 찾았을 때 그러한 여성들의 모습을 눈으로 보았다. 한편 예전 아메리카 타운에서 미군 병사를 상대했던 한국인 여성들은 현역

73) Department of Defense, Base Structure Report, Fiscal Year 2005, Baseline, 2005. 하야시 히로후미 씨의 교시에 따름.

74) 2002년 6월 경기도 의정부시에 주둔하는 미군의 장갑차가 한미 합동군사 연습에 참가하여 일반도로를 주행 중에 여중생 2명을 치어 죽인 사건. 미군은 유족에게 배상금을 지불했지만, 미군의 군사법정에서는 미군 병사 2명에게 무죄 판정이 내려졌다. 주한미군의 범죄와 사고에 관해서는 SOFA에 의해 미국이 재판관할권을 갖기 때문에 한국에서는 SOFA 개정문제가 크게 클로즈업되었다.

75) 「올해 주한미군 시내 투어, 7일부터 시작, 지난해 1200여 명, 미군장병이 참여」, 『군산신문』, 2008년 3월 10일자 ; 「미군범죄예방 특단 대책 마련돼야」, 2007년 5월 1일자 (http://www.gunsannews.com).

76) 다큐인포, 『부끄러운 미군문화답사기』.

77) 김혜춘 씨의 인터뷰. 1개월에 1회 진찰했다고 한다. 또 군산시가 파악하고 있는 유흥업 종사 외국인과 외국인을 고용하고 있는 업자 수는 외국인 종업원 168명, 유흥업자 21개소(아메리카 타운 18, 장미동 2, 나온동 1)(2006~2008년 조사)이다.

에서 은퇴하고 이 땅의 각 방에서 여생을 보내고 있었다.

이처럼 기지촌 정화운동 중에 기지촌에서 살아온 여성들은 현재 60대, 70대가 되어 있다. 군산뿐만 아니라 대부분이 홀로 지내며 생활보호를 받으면서 고달픈 생활을 보내고 있다.[78] 최근에 와서 기지촌 정화운동은 이러한 여성들에 대해 미군이 기지촌 여성의 성병 관리를 하도록 요청한 점을 받아들여 한국정부(박정희 정권)가 행한 것이므로 "당연히 국가가 (전 기지촌) 여성에게 배상을 해야 한다"며 목소리를 높이고 있다. 새움터의 서윤미 대표는 "기지촌 여성에 대한 사람들의 인식 전환 없이 제도만 바꾼다고 할머니들의 상처가 사라지는 것은 아니다"고 말하며 사회적인 시선의 전환을 요구하고 있다.[79]

7. 군산의 한국인 남성을 상대로 하는 성매매 집결지

한편 '한강의 기적'으로 불리는 한국의 경제발전과 축을 같이하며 한국인 남성 상대의 풍속산업이 크게 융성하게 되었다. 신혜수(申惠秀)에 따르면 이 현상이 확대되기 시작한 것이 1970년대 말이며 1980년대 중반에는 누구의 눈에나 명백하게 보였다.[80] 그 때문에 성매매 산업에서 부족한

[78] 군산은 아니지만 평택시 안정리에 거주하는 60~70대의 전 기지촌 여성 51명에 대해 2008년 1월에 햇살 사회복지회와 더불어 인터뷰를 행한 기사가 박수진, 「기지촌 할머니 51명 실태조사」에 실려 있다. 그에 따르면 51명 가운데 23명이 1970년대에 평택으로 이주했다. 17명이 미군 병사의 아이를 출산, 그중 14명은 그 아이를 양자로 보냈다. 현재는 96%가 홀로 지내며 생활보호를 수급하면서 가난한 삶을 보내고 있다. 햇살 사회복지회에서는 전 기지촌 여성이 거주하기 위한 '공동의 집'을 만들기 위한 캠페인을 벌이고 있다.

[79] 각각 1973년에 한미군사위원회에서 한국 측 위원장으로 활동한 김기처(정치외교학) 박사 및 새움터의 서윤미 대표의 발언. 박수진 동 전문.

[80] 申惠秀·金早苗 訳, 『韓国風俗産業の政治経済学』, 新幹社, 1997, 14쪽.

여성을 공급하기 위해 인신매매 사건이 1980년대 중반에 난무하기도 했
다.[81] 현재에 이르기까지 성매매는 한국사회 곳곳에 침투해 있으며 한국
인 남성이 다른 아시아 제국으로 매춘관광에 나서는 일도 드물지 않게 되
었다. 여기에는 한국군을 유지하는 징병제(또는 군사주의)와 매춘과의 밀
접한 관계도 겹친다.

〈표 2-3〉 전라북도 특정 지역 설치 상황(1982년 6월 현재)

시군별	설치지역	설치일시	성매매 여성 수	포주 용의자 수
전주	경원동3가28	1962.2.1	21	7
군산	송창동1가	1962.2.20	109	22
군산	영화동1구		134	
이리(현·익산)	인창동2가1번지	1962.2.15	16	23
김제	봉산면 봉산리	1962.2.20	63	1976.4.27 폐쇄
계	5개소		343	52

출전 : (한국) 보험사회부, 『부녀행정 40년사』, 479쪽.
주 : 1. 성매매 여성은 출전에는 '윤락여성'으로 되어 있다.
　　 2. 공란은 출전에도 공란이다.

　　박정희 정권시대에 추진된 경상도로 편중된 경제발전에서 뒤쳐진 것처
럼 보이는 전라북도 그리고 군산시도 예외는 아니다. 〈표 2-3〉에는 1982년
6월 현재 군산의 송창동·영화동의 '특정 지역' 성매매 여성 수가 기재되
어 있다. 1970년대 초 영화동에서 아메리카 타운으로 미군 상대 여성들이
이동한 후의 통계인데, 그래도 군산의 성매매 여성 수는 전라북도 안에서
압도적으로 많다. 1980년대 초 군산은 전북에서도 가장 성매매가 성행한
지역이었다.
　　2003년 군산 답사에서도 한국인 남성을 대상으로 하는 '환락가', 즉 성
매매 집결지를 시내에서 다수 목격했다. 이곳에서 일하는 여성은 군산지

81) 関庚子, 「韓国売春女性運動史」, 312쪽.

역 이외에 경상도나 각지에서 소개소를 통해 모여들었고 외국인 여성도 다수 찾아오고 있어서 군산의 인구에 비해 그 수가 많다고 한다.[82] 그것은 식민지 시대에는 유곽, 해방 후는 미군기지로 미국병사에 의해 성매매가 성행했던 군산지역의 근현대사와 관계있는 것이 아닐까.

이 답사에서는 군산 시장 부근의 대명동 '환락가'를 '군산 여성 핫라인(여성의 전화)'의 민우영 씨 안내를 받았다. 부근의 뒷길에는 시장으로 통하는 어둡고 좁은 '쉬파리 골목(=성매매 노지)'으로 불리는 거리가 있고, 이곳에 걸려 있는 '청소년 통행금지구역' 간판(〈그림 2-11〉)에서 이 일대가 성매매 집결지임을 알 수 있다. 이 지역은 군산역 뒤에 한국군 부대가 주둔한 것을 계기로 1960~1970년대에 성매매 지역으로 정착했다고 한다. 2000년 9월 이 근방의 3층 건물에서 비참한 사건이 발생했다. 화재사고였는데 이곳에 감금당하여 성매매를 해오던 5명의 여성들이 빠져나오지 못하고 질식사했던 것이다. 2002년 1월에도 사건현장에서 걸어서 20분 정도 걸리는 개복동에서 성매매 여성 13명이 화재로 인해 집단 사망하는 사건이 일어났다. 2003년 답사할 때 현장에 가니 화재가 일어난 1층 주변이 녹색 비닐시트로 가려진 채로 있었다. 내부로 들어가니 1층이 개인실,

〈그림 2-11〉 '청소년 통행금지구역—
군산시장'이라고 쓰여 있다(2003년)

82) 김혜춘 씨의 인터뷰.

2층이 종업원의 휴게실, 매매춘용의 개인실('7'이라는 번호가 있었다) 같
았다. 두 건의 화재 사망사건을 계기로 이 일대에 고객의 발길이 끊겨 많
은 가게가 문을 닫았다고 한다.

　그러나 군산 여성 핫라인 등 여성운동에 의해 인신매매 당한 여성들이
감금되어 성매매를 강요받으며 성적 노예상태에 처해 있었다는 사건의
진상이 백일하에 드러나 한국사회에 충격을 주었다. 최초의 사건, 거기에
추격을 가한 두 번째 사건이 큰 계기가 되어 여성운동의 힘으로 앞서 서
술한 '윤락행위 등 방지법'이 40년 만에 폐지되었고, 2004년 새로 '성매매
처벌법', '성매매방지법'이 만들어진 것은 획기적인 일이었다. 여성에게
도덕적으로 낙인을 찍는 '윤락'이라는 언어는 '성매매'로 고쳐졌고, 성매매
여성은 처벌에서 보호의 대상이 되었고 알선업자와 성매매를 목적으로
하는 인신매매가 처벌당하게 되었다.[83]

　동법으로 인해 분명 서울시 청량리 588과 같은 성매매 집결지가 쇠퇴
하게 된다. 그러나 동법에 반대하여 많은 성매매 여성이 거리 투쟁에 잇
달아 투입되어, 이 법을 추진하고 있는 여성운동가들에게는 예상 밖의 사
태도 벌어졌다. 여기에 가로놓여 있는 것은 여성 간의 차이인 '계급'의 문
제이다.[84] 그리고 지금도 법의 그물을 피해 교묘하게 빠져나가 여성들을
감금하고 성매매를 강요하는 업자가 끊이지 않는 실태가 보고되고[85] 있

83) 이상은 山下英愛, 「韓国における性売買関連法制定の経緯―女性運動の取り組みを中
　心に」, 『女性・戦争・人権』 9, 2008에 상세히 기록되어 있다.
84) 정희진, 「성판매 여성, 페미니스트, 여성주의의 방법 메모」, 『여/성이론』 12, 2005(『페미
　니즘의 도전』, 교양인, 2005에 「성판매 여성」의 인권」으로 수록).
85) 박수진 기자, 「감금된 동생들을 구하고 싶다」, 『한겨레 21』 711, 2008년 5월 27일. 동
　기사는 1999년 24세일 때 대전시의 '방석집' (성매매)업자에게 전차금 800여만 원을 받고
　업소에 들어가 2006년 5월 7년 만에 탈출한 여성(33세)의 인터뷰이다. 감금되어 밤 7시
　부터 아침 7시까지 고객과의 '연애'(성행위)를 강요당한 실태와 착취방법(1개월에 벌이
　약 1백만 원에서 "공금" 30~40만 원, 세탁비 10만 원 등이 공제된다) 외에 성매매 특별법
　시행시에 사장이 여성 몇 명을 선택하여 "특공대"를 조직하고 경찰의 질문에 대답하는
　방법을 가르쳤다는 사실 등이 명확하게 드러났다.

으며, 별종·신종의 풍속업이 급증하고 있다. 김연자가 말하는 여성을 기지촌 성매매로 끌어들인 빈곤의 연쇄고리라 할 수 있는 '구조'가 한국인 남성 상대의 성매매에서도 모양만 바꾸어 계속되고 있다.

마치며

한국 지방도시인 군산시에도 20세기 한반도에서의 식민지주의·군사주의·가부장제 등의 성매매와 밀접한 관계성을 지닌 역사가 아로새겨져 있다.

20세기 전반 1899년 개항으로 다시 만들어진 식민지 도시 군산은 종주국 일본인에게는 식량공급기지로, 조선인에게는 식량수탈기지로 기능했다. 경제발전과 '근대화'의 열매는 일본인이 거둬들이고 대부분의 조선인과는 인연이 없었다. 일본인이 만든 군산의 유곽은 그 경제발전을 배경으로 번영을 누렸다. 조선 사회에는 공창제도를 '일본이 조선에 수입한 제도'이므로 전폐해야 한다는 비판도 있었지만, 그 후 조선인 경영의 유곽도 다수 만들어졌고 많은 조선인 여성이 유입되어 갔다.

식민지 도시 군산의 형성과 발전, 식민지 공창제도로서의 유곽 설치와 번영은 일본의 조선 침략·식민지 지배와 깊이 관련되어 있다. 이것은 군사적인 식민지 도시로 만들어진 제1장의 라남도 마찬가지이다. 그 경우 같은 한반도의 식민지 도시라도 북부와 남부는 각각 군사기지적인 성격, 식량기지적인 성격이라는 차이점이 있는 것처럼, 유곽 역시 전자는 일본인 군인·군속 상대가 많고 후자는 주로 민간인 매춘객이었다고 추측할 수 있을 것이다. 식민지기 조선의 성매매·성폭력 제도를 지역과 시기, 성격의 차이를 무시하고 뭉뚱그려 하나로 볼 수 없다.

또한 '군 위안부'가 '성적 노예'인 것처럼 공창제도하의 여성 역시 '성적

노예'였다. 그렇다면 현재 일본에서는 15년전쟁시 중국 등 아시아 태평양 지역에 군 위안소를 창설·관리·운영하며 여성을 성적 노예화했다는 전쟁책임을 묻고 있지만, 그뿐만 아니라 조선 침략·식민지 지배 속에서 일본식 공창제도, 지역에 따라 군 위안소적 공창제도를 들여와 조선인 여성을 성적노예로 편입시켰다는 점에서 전쟁책임과 구별되는 식민지 지배책임을 묻지 않을 수 없을 것이다.[86]

20세기 후반 남북분단과 한국전쟁 와중에 군산의 구일본 공군기지에 왔던 것은 미군이었다. 미군정은 '일제잔재'인 공창제도를 법적으로 단절시켰지만, 새로운 성매매 문화를 들여옴으로써 식민지주의적인 성매매 구조를 재편·지속시켰다. 미군을 국가 안보의 핵심으로 하는 박정희 정권하에서 기지촌 여성을 대상으로 기지촌 정화운동이 전개되었고, 군산 교외에는 새로 미군 병사 전용 위안소라 할 수 있는 아메리카 타운 기지촌이 만들어졌다. 군산 아메리카 타운은 수로 안의 격리된 공간이므로 성매매를 행하는 한국인 여성에 대한 폭력과 범죄, 살인이 많이 일어나는 치외법권의 땅으로 바뀌었다. 현재 국책으로서 미군 병사에게 여성을 제공한 정부에 대해 기지촌 여성에 대한 배상을 요구하는 목소리가 나오고 있다. 한편 군산 시내에서도 한국인 남성 상대의 성매매 집결지가 여기저기에서 발전하고 있다.

21세기를 맞이한 현재 남북분단하에서 주한미군이 계승하여 주둔한 군산시 교외의 아메리카 타운 기지촌, 군산 시내의 성매매 집결지에는 한국 각지뿐만 아니라 세계 각국에서 여성이 모여들고 있다. 이곳에는 국가와 군대, 민간의 남성이 여성의 신체를 이용하는 동전의 뒷면으로서, 빈곤

---

86) 이와 관련된 문제제기로는 板垣竜太, 「脱冷戦と植民地支配責任の追及」, 金富子·中野敏男 編著, 『歴史と責任』, 靑弓社, 2008 등 참조. 또 말할 것도 없이 공창제도하의 재조(在朝) 일본인 여성 역시 성적노예였으나 여기서 말하는 식민지 지배책임과는 범주가 다르다고 생각한다.

등으로 인해 여성들을 성매매 시장으로 끌어당기는 '구조'의 문제가 횡행하고 있다. 또 미군 병사와 한국인 매춘객이 던져주는 돈이 지역경제 활성화에 일조하는 것으로 자리매김된 현실이 있다. 기지촌 여성의 현상을 바꾸기 위한 김연자의 목숨을 건 투쟁과 군산의 비참한 사건이 계기가 되어 한국 여성운동의 성과로 제정된 획기적인 성매매 관련법에도 불구하고 이 '구조'를 바꾸기는 쉽지 않다.

* 김연자 씨, 민우영 씨(군산 여성의 전화), 오오순 씨(군산시 복지환경국), 김혜춘 씨(군산시 부녀상담소장), 김민영 선생(군산대학교), 김중규 씨(군산시청, 향토역사가), 구충서(군산미군기지 피해상담소)의 협력에 감사드린다.

제2부

식민지 조선의 군사점령과 성 관리

제3장 세기 전환기의 군사점령과 '매춘' 관리

송연옥(宋連玉)

들어가며

전쟁이 성폭력을 동반한다는 것은 구 일본군하의 '위안부' 문제에서도, 최근 보스니아에서의 집단강간에서도 확인해온 바이지만, 청일전쟁·농민혁명 진압전쟁, 러일전쟁·한국병합전쟁(항일의병 투쟁)과 성폭력을 연결하는 시점은 충분하다고 할 수 없다. 일본에서의 일반적인 역사인식에서 청일, 러일전쟁이란 마치 일본과 청나라, 일본과 러시아와의 전쟁처럼 받아들여지고 있는데, 두 전쟁 모두 조선인의 투쟁을 진압하고, 조선을 전쟁터 혹은 병참기지로 삼은 전쟁이었다는 것은 상식적인 역사인식으로 되어 있지 않기 때문이다.

일본군 위안부제도는 1932년에 시작했다는 설이 정착되고 있으며, 조선에서 그 이전의 성 통제·성 관리를 평상시의, 그것도 일본 내지와 비슷한 공창제로 간주하는 인식이 일반적이지만, 그곳에는 제국 일본의 조선 식민지지배를 바라보는 역사인식이 결여되어 있다.

본장에서는 조선에서 청일전쟁·러일전쟁 시기에 성폭력이 어떤 식으로 반복되었는지, 특히 러일전쟁·한국병합전쟁이 조선사에서 섹슈얼리티의 실상을 어떤 식으로 변화시켰는지, 그 변화를 배경으로 성을 축으로 한 지배 시스템이 어떻게 진행되었는지를 고찰하고자 한다.

이 시기의 성폭력 시스템에 관한 선구적인 업적으로는 손정목(孫禎睦)의 「개항기 한국거류 일본인의 매춘업 고리대금업」[1]과 「일제하의 매춘업—공창과 사창—」[2]이 있으며, 친일파 연구의 연장선상에서 임종국의 『밤의 일제침략사』[3]로 정리되고 있다.

1990년대 들어 일본군 '위안부' 문제가 계기가 되어 많은 연구가 나오게 되었는데,[4] 본장에서는 그들의 연구성과에서 배우면서 성 통제에 본격적으로 착수하는 중요한 계기가 된 러일전쟁·한국병합전쟁이 조선인 여성에게 미친 피해, 일본인 병사의 건강 관리, 조선의 성 관리의 특질 등을 당시의 자료에 의거하여 고찰하고자 한다.[5]

---

1) 『한국학보』 18, 1980. 1982년에 『한국개항기 도시사회 경제사연구』(서울, 일지사)에 수록.

2) 『도시행정연구』 3, 1988.

3) 한빛문화사, 1984.

4) 山下英愛, 「朝鮮における公娼制度の実施」, 『朝鮮人女性が見た'慰安婦問題'』, 三一書房, 1992 ; 宋連玉, 「朝鮮'からゆきさん'—日本人売春業者の朝鮮上陸過程—」, 『女性史学』 4, 1994 ; 「대한제국기의 '기생단속령' '창기단속령'—제식민지화와 공창제 도입의 준비과정—」, 『한국사론』 40, 1998 ; 강정숙, 「대한제국·일제 초기 서울의 매춘업과 공창제도의 도입」, 『서울학연구』 11, 1998 ; 許娟姫, 「韓国券番成立過程期の導入期に関する研究—日本の公娼制度との関係を中心に—」, 『人間文化論叢』 8, 2005.

5) 본장은 서울대학교 석사학위논문으로 발표한 「일제 식민지화와 공창제 도입」(1998)의 일본어역을 토대로 대폭 가필·수정한 것이다. 그 후 藤永壯이 「植民地朝鮮における公娼制度の確立過程—1910年のソウルを中心に—」(『二十世紀研究』 5, 2004)에 본 원고와 겹치는 시기의 연구를 상세하게 고찰하고 있는데, 논지의 전개상 필요하다고 생각되는 자료의 설명 등은 중복되어도 소개하기로 했다. 또한 용어에 관해서는 성매매 및 그와 관련된 것을 포괄하는 업태로서 풍속업과 접객업이라는 관제용어가 사용되는데, 그 정치성을 비판하는 의미에서 가능한 ' '로 묶어 사용했다. '매춘'이라는 좀더 폭넓게 유포되어 있는 용어에 관해서도 ' '로 묶어 사용하고 싶은 점이 있었지만 읽기의 어려움을 고려하여 타이틀만 ' '로 묶었다.

1. 거류지의 매춘업 ─ 묵허(默許)와 통제의 이중규범

1) 매춘업의 새로운 시장으로서의 개항지

1876년에 부산이 개항하기 전까지 일본에서는 쓰시마(對馬) 출신 남성에 한하여 부산으로 도항이 허용되고 있었고 개항 직전 일본인 체류자 수는 82명(관리 11명, 상인 71명)[6]이었다. 영사관이 설치된 1880년에는 2,066명으로 팽창하였다. 이미 전년도인 1879년에는 나가사키의 가시자시키(貸座敷) 업자가 부산에 유곽을 개설하기 위해 오사카까지 창기를 모집하러 갔던 것[7]과 요시와라(吉原, 에도에 있던 유곽)의 매춘업자가 조선으로 건너갔다[8]는 것이 메이지기(明治期)의 신문에 보도되어 있다. 매춘업자의 이와 같은 신속한 대응에서 고찰해 보건대 일본의 군사력에 강요당해 개항한 부산은 매력적인 신시장으로 비쳤을 것이다.

조선 도항은 당초 관리 이외의 가족 동반은 금지되어 있었다고 하나 쓰시마 출신자 외에도 개방되었다.[9] 1878년 초에 근대 여권법을 확립하고, 외무성 포달(布達) 제1호 「해외여권규칙」 제1조에 여권 신청기관을 외무성과 개항장관청으로 정했지만, 조선행에 한하여 히로시마, 야마구치, 시마네, 후쿠오카, 가고시마, 나가사키현 이즈하라(嚴原)지청(쓰시마)에서도 여권 신청이 수리되었고, 여권 출원 수수료 2엔도 조선국 도래에 한하여 '당분간'(1881년까지) 50전으로 했다.[10] 개항 직후부터 조선의 상권은 일본이 독점하고, 일본의 국책으로서 거류민의 증가를 도모했으므

---

6) 釜山府, 『釜山開港50年記念号』, 大正15(1926)년, 73쪽.

7) 『大阪朝日新聞』, 1879년 12월 7일.

8) 『有喜世』, 1880년 5월 11일(『明治編年史 新聞集成』).

9) 木村健二, 『在朝日本人の社会史』, 未来社, 1989, 33쪽.

10) 『法令全書』, 明治11年三月 外務省布達 제2호, 同年 三月 外務省達無号.

로 도항 절차의 간소화는 필연적인 조치였는데, 그에 따라 서일본의 서민
과 젊은 여성은 취업 기회를 잡기 위해 조선의 개항지로 흡인되어 갔
다.[11]

외무성 외교자료관에는 1881년부터 도항처별로 여권기록이 정리되어
있는데,[12] 그에 따르면 여성의 도항처는 청국(상해), 러시아(블라디보스
토크), 조선이 압도적으로 많고 평균 연령은 대략 20대 전반, 도항 사유의
대부분은 재봉, 세탁업으로 되어 있다.

1880년 해외여권 부여표[13]에 따르면 나가사키 발급 조선행 여권에는
홀로 도항하는 젊은 여성이 많은 데 비해, 도쿄에서의 여성들은 관공리의
가족이나 하인인데, 그중 조선 개항지에 여성이 적다는 점을 노린 요시와
라의 매춘업자도 섞여 있다. 예를 들어 아사쿠사(淺草) 신요시와라(新吉
原) 쿄마치(京町)를 현주소로 하는 매춘업자 일가의 여권발급 기록에 기
재된 도항 사유는 상업, 체류 허가일수는 900일간으로 되어 있다. 그들은
먼저 조선으로 건너간 동업자 나카고메로(中米楼)의 사업이 번창한다는
말을 듣고 조선행을 결심했다고 당시 신문에 보도되어 있는데, 그들과
같은 매춘업자도 도항 사유를 상업으로 적으면 간단히 여권이 발급되었
다.[14]

젊은 여성의 도항 사유는 대부분 재봉·세탁업 관련인데, '明治17年2月
28日附仁川港小林領事發信吉田外務大輔宛公信第31號'에 따르면, "당
항구의 매음자는 일반 보통의 매음과는 성질을 달리하며 모두가 명목은

---

11) 『海外旅券勘合簿』1, 長崎之部 3·8·5·5−1(외무성 외교사료관 소장), 1879년에 나가
　　사키현 출신 高村婦美(14세), 本田和佐(20세), 道上喜与(16세), 広佐古与志(19세)는 조
　　선행 여권신청 목적이 재봉으로 되어 있고, 高橋亀(26세)는 중요한 용무로 되어 있다.
　　그 외 재봉 1인, 중요한 용무로 10인이 여권을 취득하여 조선으로 건너갔다.
12) 海外旅券下付(附与) 返納表 明治14年 府県渡し 3·8·5·8(외무성 외교사료관 소장).
13) 海外旅券下付返納表進達1件, 明治13年, 3·8·5·8(외무성 외교사료관 소장).
14) 宋連玉, 「旅券記録に見る女性人口移動─帝国日本から植民地朝鮮へ─」, 『世界の日本
　　研究2002』, 国際日本文化研究センター, 204~209쪽 참조.

세탁·재봉일·미용업으로 되어 있으나 실제 고용주가 있고" "그 부녀자
의 경우도 1년 단위 또는 인신매매와 유사한 약속을 고용주와 한 자이
다"[15]라고 되어 있다. 블라디보스토크의 경우를 보더라도, 도항처인 일본
인 사회에서의 수요를 훨씬 초과하는 재봉·세탁업 종사자가 존재하는
데, 인천같이 공창제가 허가되지 않은 지역에서의 매춘업을 은닉할 목적
으로 재봉·세탁업이라고 말했을 가능성을 부정할 수 없다.

부산의 무로타(室田) 영사가 외무성의 아오키 슈조(青木周藏) 외무차
관에게 보낸 보고에 따르면 1881년부터 1882년 사이에 이미 100명이 넘는
창기가 부산에 존재하고 있었다.[16]

2) 거류지의 매춘업 묵허(黙許)

이러한 거류지에서의 매춘을 둘러싼 상황을 일본정부는 어떤 식으로
대처하려 했는지 다음에서 살펴보자.

개항 직후 1877년 조선인 여성 4명에게 일본인이 매춘을 시키고, 그에
대해 조선정부는 여성과 업자에게 엄벌을 내린 사건이 있었다.[17] 그 무렵
한반도 남부지방을 뒤덮은 기근과 개항에 의한 물가폭등은 개항지 주변
빈민층의 생활에도 영향을 미쳤고, 일본인 거류지에서 먹을거리를 구하

15) 『外務省警察史 韓国の部』, 「条約及び同関係法令」(『韓国警察史』 1, 高麗書林, 1984, 427~428쪽). 단 현대 가나읽기로 바꾸어 표기했다.

16) 「明治20年1月1日附在釜山室田領事発信青木外務次官宛公信」, 『韓国警察史』 5, 374쪽. 『韓国警察史』 5권은 『外務省警察史韓国部 自明治37年10月至明治40年11月』을 고려서림에서 영인한 것인데, 영인할 때 별도로 쪽수가 붙여졌으므로 본장에서도 영인판의 쪽수로 기록했다.

17) 「日本人と通じて朝鮮婦人斬罪」, 『郵便報知新聞』, 1877年 8月 13日. 隅田英次, 『朝鮮釜山戯話』, 山口県豊浦村, 1881, 4쪽에도 이 사건이 기록되어 있다. 쓰시마 출신으로 부산에서 사업가로 성공한 오이케 다다스케(大池忠助)는 회상기에 조선 여성에게 매춘을 시킨 것이 일본인이라고 기록하고 있다(『釜山開港50年記念号』, 120쪽)

는 조선인 여성이 출현한 것이다.

2년 후인 1879년 부산영사관은 일본 외무성에 거류지 내의 매춘업 영업허가를 신청했다. '부득이하게 못 본 체 허용'하고 있던 외무성은 1881년 처음으로 매춘과 관련된 자 모두를 엄벌에 처하기로 했다.[18] 외무성은 매춘을 엄격하게 규제하려는 조선정부와 성매매가 횡행하는 일본인 거류지의 현실 사이에 끼여 이러지도 저러지도 못하고 이처럼 일관성 없는 방침을 내놓았을 것이다. 그러나 이윽고 1881년 11월 부산영사관에서, 12월에는 원산영사관에서 영사관령으로 거류지 일본인 대상 '가시자시키 영업규칙', '예창기 영업규칙', '매독병원규칙', '매독검사규칙'을 제정, 영업구역을 한정하고, 일본 국내에서 시행되고 있는 매춘 관리법을 기준으로 매춘업 영업을 허가했다.[19] 필자는 단속규칙이 아닌 영업규칙이라는 점에 주

....

18) 高尾新石衛門, 『元山発達史』, 元山府, 1916, 35쪽.

19) 부산 「가시자시키(貸座敷) 영업규칙」 1881(明治14)년 11월 1일
  제1조 가시자시키업은 면허지에서 영업해야 하며 면허지 밖에서 영업해서는 아니 된다.
  제2조 가시자시키업을 영위하고자 하는 자는 책임자의 인감을 받아 영사관에 출원하여 허가를 받아야 하고 허가를 취득했을 때는 그 취지를 경찰서에 신고해야 한다. 폐업 때도 역시 마찬가지이다.
  제3조 가시자시키 영업자는 영업단속 및 매독병원비로 매월 다음의 비율에 따라 돈을 납부해야 한다.
    제1등 기숙창기   21인 이상   월 금30엔
    제2등 기숙창기   20인 이하 10인까지   월 금20엔
    제3등 기숙창기   10인 이하   월 금10엔
  제4조 창기에게 바깥에서 보이게 하거나 가시자시키 외에서 숙박시키거나 면허감찰이 없는 부녀에게 좌부(座敷), 즉 방을 빌려주어 창기와 비슷한 행위를 하게 해서는 아니 된다.
  제5조 손님 중 돈을 많이 쓰거나 수상하게 보이는 사람은 바로 경찰서에 신고해야 한다.
  제6조 동업 중 책임자를 두고 모두 경찰관의 명령을 받고 업체의 여러 단속에 대응 및 매독병원비 지급 등을 취급해야 한다.
  제7조 가시자시키 업자가 이 규칙을 위반하거나 영업면허가 없는 자가 몰래 가시자시키업과 비슷한 일을 하는 자가 있으면 그 취지를 책임자가 경찰서에 고소해야 한다.
  제8조 이 규칙을 위반한 자는 그 범행의 경중에 따라 30엔 이내의 벌금을 부과한다.

  부산 「예창기 영업규칙」 1881년 11월 1일
  제1조 예창기 영업을 하는 자는(단 창기는 만 15세 이상) 친척의 날인과 현재 호장(戸長)

목하고 싶다. 일본인 거류지에서 매춘 영업구역이 된 곳은 부산은 니시마
치(西町, 현재 신창동), 벤텐쵸(弁天町, 현재 광복동),[20] 원산은 아사히마
치2정목(旭町2丁目), 고토부키쵸1정목(壽丁1丁目)이었다. 덧붙여서 일본
식 지명은 행정적으로 인정된 것이 아니라, 일본의 유곽 등에서 자주 사
용되던 명칭과 일본 군인과 관련된 명칭[21]을 일본인 거류지에서도 통칭

의 인감으로 본인의 출신지 출원 허가 면허를 얻어 면허감찰을 받아야 하며, 허가
받은 후 경찰서에 신고하고 폐업시도 역시 같다.
제2조 예창기 영업의 영업단속비 창기영업을 하는 자는 영업 단속 및 매독병원비로 매
월 다음의 비율에 따라 돈을 납부하여야 한다.
예기 월 2엔
창기 월 2엔
단 예창 겸업자는 한 가지 비용 2엔을 납부하면 된다.
제3조 창기영업을 하는 자(예기이며 창기를 겸한 자도 이와 동일. 이하 비슷)는 가시자
시키 외에서 기숙하는 것을 허락하지 아니한다.
제4조 창기 고객의 초대에 응하여 외출하면 오직 오후 12시 이내에 돌아와야 하며 결코
다른 곳에서 숙박하는 것을 허락하지 아니한다.
제5조 창기영업자는 매주 1회 매독검사를 받아야 하며 혹시 매독이나 옴 등의 질병이
있을 때는 매독병원에서 요양을 해야 한다.
제6조 무슨 일이든지 간에 고객의 수상쩍은 행위를 보고 들었을 때는 신속히 주인에게
밀고해야 한다.
제7조 면허감찰을 타인에게 대여 혹은 타인으로부터 빌려 영업해서는 아니 된다.
제8조 이 규칙에 위배되는 자는 20엔 이내의 벌금을 부과한다.

부산「매독병원규칙」1881년 11월 1일
제1조 입원한 창기는 의원 및 감독인의 신문(申聞)을 잘 지키고 외출은 물론 금전 기타
제한 이외의 물품을 실내에 들여와서는 아니 된다.
제2조 노름, 기타 가요 등 일체 이러한 행위를 해서는 아니 된다.
제3조 친족이라 해도 실내에 들어와 면회가 허락되지 아니하며 용무가 있는 자는 감독
의 증서를 받아 해당 병원에 신고하고 직원의 입회하에 면회하고 단 면회시간은 오
전 9시부터 오후 3시까지이다.
제4조 완치하여 퇴원하는 자는 그 내용을 병원에서 감독에게 보내 인수인을 발송해야
한다.
제5조 인수인 감독증서로 출원할 때 성명 및 월일을 장부에 등기하고 본인을 인도해야
한다(원문은 가타가나) ;『韓国警察史』4, 50~57 · 230~238쪽.
20) 釜山市史편찬위원회,『釜山略史』, 1964, 194쪽.
21) 집창구(集娼区)인 용산의 오오시마쵸(大島町)는 청일전쟁 개선 퍼레이드 거리가 된 곳
으로, 오오시마 요시마사(大島義昌) 여단장의 이름을 기념하여 명명했다는 것이다(岡田

으로 사용했고, 이어 '한국병합' 후에도 그것을 행정상의 지명으로 삼은
것이다.

부산, 원산 모두 창기의 매독검사 검진을 의무로 정한 것 외에, 원산에
서 따로 예기의 외박금지, 손님의 성명 기장 의무가 정해져 있었다. 실제
로 지켜지지 않았지만 원산에서는 만 3년 기한으로 영업을 허가했고, 기
한이 지난 후 영업 연장 및 경영권 위양(委讓)은 허가하지 않는다고 결정
했다.[22]

부산, 원산에 설치된 규칙을 1873년 도쿄부에서 제정된 규칙과 비교해
보면, 먼저 창기 허가 연령이 교묘하게 바뀌어 있음을 지적할 수 있다.
즉 도쿄부령(東京府令)은 15세 이하의 창기업은 허가하지 않았으므로
16세 이상의 취업이 허가되었는데, 부산에서는 15세 이상으로 했으므로
15세의 창기도 포함된다. 또 도쿄부령에서는 창기는 자택에서 출퇴근할
수 있었지만,[23] 부산의 규칙은 손님의 요청이 있으면 외출할 수 있지만
생활은 가시자시키 내로 제한되어 있었다.

일본의 외무성 문서에 따르면, "일본 및 청국에 있는 각 외국인 거류지
를 보아도 오직 조선의 일본 거류지에만 외설스러운 영업을 공공연하게
허용한 것은 당시 부득이해서 일단 허가했다"[24]고 하지만, 증가하는 매춘
업에 대한 미봉책으로 도입한 일본의 공창제는 일본 국내보다 업자에게
유리, 매춘 여성에게 불리한 내용으로 제정되어 있다. 공창제라는 용어를
사용한 것에서 일본 내지의 공창제를 떠올리기 십상이지만, 매춘업에 의

貢, 『続京城史話』, 日韓書房, 1938, 65쪽).

[22] 『韓国警察史』 4, 230~238쪽. 원산에서는 3년이 경과한 1884년에도 「貸座敷規則」이 존재
하고 있다.

[23] 일본에서 창기를 유곽 내에 신체적으로 구속하게 된 것은 1900년에 「창기취체규칙」이
제정되고부터이다.

[24] 「明治16年10月16日 起草・貸座敷営業及娼妓営業廃止方 件省議」, 『韓国警察史』 1, 387~
388쪽.

해 군사 점령한 지역을 지배·수탈하는 메커니즘, 성폭력의 시스템화라고도 할 수 있는 군사 점령지·식민지 관리 매춘제도의 효시를 여기서 찾아볼 수 있을 것이다. 또 이 시기 업자의 대다수는 일본에서 이미 매춘업에 종사하고 있던 자가 많은 것을 특징으로 들 수 있다.

3) 인천에서의 매춘업 불허가에 보이는 오리엔탈리즘

일본과 맺은 일련의 수교통상조약으로 관세 면제와 영사재판권, 일본화폐 사용권이 인정되면서 개항 이후 7~8년간 일본상인은 조선무역을 독점하였다. 그러나 임오군란(1882년)을 계기로 청의 정치적 압력이 강화되고, 자본과 신용 면에서 일본상인을 상회하는 청국상인이 침투해왔다. 같은 해 조미수교통상조약, 조영수교통상조약, 한독수교통상조약, 조청상민수륙무역장정이 체결되고, 개항장으로 한정되어 있던 외국인의 활동은 1882년에 50리, 1884년에 100리, 허가를 받으면 내륙지방으로 여행, 행상이 가능해지게 되었다.

1883년 인천이 개항되자 일본에서의 이주자뿐만 아니라 부산, 원산에 거주하고 있던 일본인의 인천 이주도 증가, 일본에서 오는 선편마다 증가하는 매춘부가 '한인과 외국인의 조소(嘲笑)의 대상'이 되고 있었지만, 일본정부는 여기에 대처할 구체적인 방법을 내놓지 않았다.[25]

그래서 성매매 방지를 위한 대책 마련의 필요성을 느낀 인천영사가 외무성에 가시자시키 영업을 부산, 원산, 러시아의 블라디보스토크와 같이 인천에도 허가해 달라고 요청해 왔다.[26] 이에 대해 외무성은 다음과 같이 회답했다. 즉 부산과 원산을 개항시킨 시점에서는 조선과 수호통상조규

25) 元山府, 『元山府史年表』, 昭和11(1936)년, 21쪽.
26) 「明治16年9月25日附在仁川小林領事発信吉田外務大輔宛公信第百十号」, 『韓国警察史』 1, 415~416쪽.

를 맺은 체맹국이 일본 이외에는 없었으므로 일본 내지와 같은 공창제를 허가했지만, 미국 · 영국이 잇따라 조선과 조약을 맺은 현상에 비추어보면 국가적 체면이 있으니 더 이상 영업허가를 내줄 수 없다는 것이다.[27]

외무관료의 말대로라면 요코하마(橫浜)와 같은 개항지는 공창제를 허가하지 않았다는 것이 되는데, 실제로는 개항지에 천민계층의 여성들을 모아 외국인 회유를 위해 유곽을 개설하고 있었으며,[28] 그 결과로서 초기에 상해행 여권을 발급받은 여성이 외국인과 동반한 나가사키 마루야마쵸(丸山町) 유곽의 '유녀'였던 것이다.

일본 전관거류지 이외에 청국 전관조계지밖에 없었던 부산 · 원산[29]에 공창제를 인정한 외교정책은 일본의 '탈아입구(脫亞入歐)'의 정신을 그대로 반영한 것이다.

이때 인천에서의 공창제를 인정하지 않았던 것과 더불어, 이미 영업을 허가하고 있는 부산과 원산의 업자에게는 1년 이내에 폐업하라고 지시하고 있다.[30]

외무성의 이같은 회답에 인천의 영사관 측과 업자는 강력하게 반발했다. 인천영사는 공창제를 허가받기 위해 인천의 전체 환자 가운데 4분의 1이 매독환자이며, 조선에 거류하고 있는 여성의 8할 내지 9할은 매독을 앓고 있다고 40일간(1883년 10월 17일부터 11월 27일)의 병원 보고서를 첨부하여 외무성에 서신을 보냈다.[31] 영사에게 있어서 국가적인 체면도 중요하지만, 그 이상으로 거류지의 치안, 거류민의 경제활동, 성병대책이라

27) 「明治16年10月16日起草」, 『韓国警察史』 1, 388쪽.

28) 川元祥一, 『開港慰安婦と被差別部落』, 三一書房, 1997 참조.

29) 高秉雲, 『近代朝鮮租界史の硏究』, 雄山閣, 1987, 15쪽 ; 橋谷弘, 「釜山 · 仁川の形成」, 『近代日本と植民地』 3, 岩波書店, 1993, 246~249쪽.

30) 「明治16年10月16日起草」, 『韓国警察史』 1, 389쪽.

31) 「明治16年12月6日附在仁川小林領事発信吉田外務大輔宛公信第百五十五号」, 『韓国警察史』 1, 418~423쪽.

는 실리에서 공창제 허가를 간청, 좀더 설득력 있는 성병예방이라는 논리를 전면에 내세운 것이다. 성병은 무엇보다도 일본 병사의 건강을 위협하는 흉기였기 때문이다.

이에 대해 외무성은 부산과 원산에서는 일본인 거류지의 유력자인 업자의 반발을 받으면서까지 공창제를 금지할 필요가 없다고 판단하고, 종래의 영업자에 한해 영업 계속을 허가하기로 했다.[32]

부산의 마에다 겐키치(前田獻吉) 총영사는 이노우에 가오루(井上馨) 외무경에게 1885년에 다시 공창제 허가를 요청하는 의견서를 발신했다. 공창제는 밀매춘을 억제하고 매독을 방지하는 적절한 방책이며 허가하지 않으면 콜레라보다 큰 피해를 입게 되며, 가령 강대한 군대라도 취약해진다고 경고했다.[33] 그에 대해 이노우에 외무경은 기밀호외의견서에 부산에서의 공창제는 거류지의 풍기문란을 바로잡기 위해 허가했지만, 인천에서는 일본의 국가적인 체면 때문에 엄중한 단속 규칙을 마련하고, 밀매춘을 방지하라고 지난번과 같은 회답을 보냈다.[34]

1887년 기록에는 부산에서 조건부로 공창제를 묵인하여 가시자시키 업자가 3채, 예창기 10명이 존재하지만,[35] 그것은 외무성이 가시자시키 영업을 재출원 혹은 새로 출원하는 자는 허가할 수 없지만, 종전부터 영업하던 자와 그 가족에게는 영업을 계속할 수 있게 했기 때문이다.[36]

----

32) 「明治16年10月16日起草」, 『韓国警察史』 1, 390쪽.

33) 「明治18年1月19日附釜山前田総領事発信井上外務卿宛稟議・貸座附芸娼妓営業廃滅ノ儀ニ付意見書」, 『韓国警察史』 1, 392~397쪽.

34) 「明治18年2月23日附 井上外務卿発信 釜山前田総領事宛回訓 機密第5号」, 『韓国警察史』 1, 398쪽.

35) 「明治20年1月1日附 在釜山室田領事発信 青木外務次官宛公信」, 『韓国警察史』 5, 374쪽.

36) 「明治21年4月7日附 青木外務次官発信 在釜山室田領事宛回答 送第77号」, 『韓国警察史』 1, 402쪽. 孫禎睦의 「日帝下의 売春業」에 따르면, 1900년 부산영사관 시달 제23호 「芸妓営業並ニ取締規則」에 부산의 '특별요리점' 영업지역을 지정, 이에 따라 공인된 유곽이 최초로 출현했다. 이것은 개항 직후의 거류지보다 훨씬 확대된 일본인의 거류지역 안에서 매매춘 지역의 이전과 울타리가 필요했음을 보여준다. 또 집창 과정에서 명칭도 인천이

이처럼 공창제 허가를 두고 영사와 외무성 간에 5년 가까이 논란이 계속되었는데, 이 점에서도 얼마나 매춘문제가 조선의 일본인 거류지에서도 중요한 안건이었는지를 미루어 추측할 수 있다.

인천이나 서울에서는 구미제국에 대한 국가적 체면이라는 대의명분을 내세워 일본식 공창제를 인정하지 않았지만,[37] 부산이나 원산같이 외부나 격리된 거류지에서는 공창제를 계속한다는 빠져나갈 수단을 남겨둔 것이다.

4) 매춘 관리에 대한 준비—밀매춘 단속

밀매춘 문제 역시 부산이 개항한 지 얼마 안 되면서부터 논의되어 왔던 것이다. 부산에서는 앞서 서술한 것처럼 1881년 일련의 가시자시키 영업규칙이 제정되는 동시에 '위경죄목(違警罪目)'이 정해졌다. 그 '위경죄목' 제2조에 '가시자시키 및 예창기 영업규칙을 제외한 일체의 거류인민영업규칙에 위반한 자'에게 1일 이상 10일 이하의 징역, 또는 5전 이상 1엔50전 이하의 벌금을 부과한다고 규정하고 있다.[38] 그러나 밀매춘에 대한 벌칙이 가볍고 효과적인 방지책이 되지 않았으므로 대책 마련에 고심한 원산영사는 밀매춘단속법에 관해 외무성에 문의했다. 그것은 일본 내에서도 매춘단속법이 빈번하게 변경되고 있었기 때문이다.

외무성으로부터 영사에게 일임한다는 응답을 받고 원산영사는 1876년 태정관(太政官) 포고를 참고로 하여 고역(苦役)의 구체적인 내용을 정해 원산의 '매음취체[39]규칙'안을 작성했다. 즉 벌금을 지불하지 않을 경우

나 서울에 맞추어 '특별요리점'으로 바꾼 것으로 생각한다.

37) 「明治18年4月・売淫取締規則」, 『韓国警察史』 4, 425쪽.

38) 釜山府, 『釜山府史原稿』 6, 1882, 176쪽.
또한 '위경죄목'에는 기타 나체, 속옷차림, 허벅지를 드러낸 모습, 밤 12시 이후 음주가무, 시가지 내에서 화장실이 아닌 곳에서 대소변을 보는 행위 등에 벌칙을 두고 있다.

매춘자와 소개자는 초범은 2개월 이내, 재범 이상은 5개월 이내, 와주(窩
主, 밀매춘업자)는 초범 3개월, 재범 이상은 6개월 이내의 징역형으로 했
다.[40]

인천영사도 형법 제425조 10항은 처벌이 지나치게 가벼워 재범, 3범이
끊이지 않으므로 1876년에 도쿄에서 발포된 경시청달 제23호 '매음벌칙'
을 채택하기로 했다. 인천에서 채택된 벌칙은 원산의 '매음벌칙'안에 추
가, 기류자(寄留者)가 매춘으로 처벌받은 경우 친척이나 고용주가 본적
지로 송환할 책임을 진다는 조항을 덧붙였다.[41]

외무성은 그에 대해 청국 상하이에서 실시하고 있는 벌칙을 참고하도
록 시사했다.[42] 요컨대 상하이에서의 벌칙이란 원산영사의 작성안에 비
해 징역형보다 벌금형에 무게를 두었고, 벌금 금액이 높게 책정되어 있
다.[43]

그러나 인천영사관은 세탁소, 수선집, 이발소 등의 종업원이면서 인신
매매된 매춘부와 다를 바가 없고, 가시자시키 영업으로 보아도 될 여관,
요리점인데 그런 '매춘업자'를 단속하려면 상하이의 벌칙보다 엄격한 벌
칙이 필요하다고 생각했다.[44] 그런데 외무성은 인천에서 행하고 있는 매

---

39) 취체(取締)라는 말은 고유 일본어에 한자를 붙인 것으로 단속이란 뜻이다. 본고에서는
일반 명사로서는 단속을 쓰지만 법규 명사로는 취체를 그대로 쓴다.
40) 「明治15年3月4日附 在元山前田總領事発信上野外務大輔宛公信第14号」, 『韓国警察史』 1,
404쪽.
41) 「明治16年8月7日附 在仁川小林領事発信 井上外務卿及大木司法卿宛 号外」, 『韓国警察史』 1,
409~411쪽.
42) 「明治16年9月4日附 吉田外務大輔発信 在仁川小林領事宛公信 第59号」, 『韓国警察史』 1,
412~414쪽.
43) 상하이에서 일본영사관이 매춘단속에 착수한 것은 1882년이므로 다음해인 1983년에 외
무성의 지시에 '매음벌칙'을 시행했다(藤永壯, 「上海の日本軍慰安所と朝鮮人」, 上海研
究プロジェクト, 『国際都市上海』, 大阪産業大学産業研究所, 1995, 121쪽).
44) 「明治17年2月28日附 在仁川所林領事発信 吉田外務大輔宛公信 第31号」, 『韓国警察史』 1,
427~430쪽.

춘은 가시자시키업, 즉 공창제가 아니므로 고용주가 피고용 여성에게 매춘행위를 강요하고 있다는 것을 증명하기 어렵다는 점과, 피고용 여성의 검열 단속도 인권유린의 우려가 있다는 이유를 들어 "관리가 설득 회유, 주의 관찰하여 인민 서로가 훈계 충고"하고,[45] 보증금, 송환, 영업정지 항목을 삭제하도록 지시했다.[46]

외무성은 의외로 본적지 송환을 포함한 무거운 처벌을 요청하지 않았고, 대안으로 '매음단속을 위한 거류민 설득 회유', '거류인민 조합신고 규칙안', '여관 요리점 음식점 여러 유희장 단속규칙안'[47]을 제시했다.

원산에서는 1884년에 '가시자시키 규칙', '예창기영업규칙' 제8조를 개정, 규칙을 위반한 경우 벌금, 힘든 노역, 영업면허와 감찰 취소 등을 외무성에 제안하고, 동시에 '밀매춘취체규칙' 개정안도 작성했다.[48] 그러나 외무성은 여기서도 '밀매음취체규칙'은 '매음취체규칙'으로 바꾸고 벌금 인하, 본국 송환이라는 조문의 삭제, 힘든 노역 규정의 삭제를 지시했다.[49]

결론을 말하면 외무성은 밀매춘단속에서의 신체적 구속과 본국 송환보다도 수입원이 되는 벌금 징집을 축으로 단속하여 조선에서의 거류민 확보를 의도했던 것이다. 업자가 보기에 빠져나갈 길이 준비된 괜찮은 벌칙이라 할 수 있으며, 업자와 권력의 유착을 강요하는 결과를 초래했던 것이다.

45) 「明治17年4月12日 起草 仁川港売淫取締 儀省議」, 『韓国警察史』 1, 431~432쪽.
46) 「明治17年4月18日附 吉田外務大輔発信 在仁川小林領事宛公信 第39号」, 『韓国警察史』 1, 433쪽.
47) 「明治17年4月18日附 吉田外務大輔発信 在仁川小林領事宛公信 第40号」, 『韓国警察史』 1, 434~439쪽.
48) 「明治17年5月21日附 在元山副田領事発信 吉田外務大輔宛公信 第31号」, 『韓国警察史』 1, 440~444쪽.
49) 「明治17年6月23日附 吉田外務大輔発信 在元山副田領事宛公信 第44号」, 『韓国警察史』 1, 445~448쪽. 이 개정안은 '유곽규칙', '예창기영업규칙' 자체를 부정한 것이 아니므로 원산에서는 공창제가 존속·유지되었음을 엿볼 수 있다.

1883년에 '청국·조선국 거류일본인 단속규칙'이 제정되고,[50] 영사에게 퇴거명령권과 체류금지권이 부여되고, 게다가 1885년에는 여기에 밀매춘 단속을 부가했으나,[51] 그곳에서도 매춘 자체는 금지된 것이 아니다. 1890년에 인천영사로 취임한 하야시 곤스케(林權助)는 예전에 없던 매춘단속에 엄격하게 임했으나 그 효과는 나타나지 않았고, 결국 1892년에는 '예기 영업취체규칙'이 발포되어 예기가 공식 허가되었다. 서울에서도 1896년 11월에 경성 영사령으로서 "예기가 아니면 손님자리에 나와 가무 음곡을 행하는 것을 금한다"[52]고 하며 예기가업을 허가했다. 인천, 서울에서의 예기 허가는 고급군인이나 정치가의 접대, 요정 정치를 위해 필요했기 때문이다.

이상에서 살펴보았듯이 일본정부는 인천 개항까지는 부산, 원산의 거류지에 일본 국내와 마찬가지로 가시자시키 영업을 허가했지만, 조선에서의 이민 장려와 거류민 통치 및 구미제국에 대한 국가적 체면이라는 서로 모순된 과제를 수행하기 위해 부산, 원산에서는 슬그머니 조건부 공창제를 허락했고, 인천, 서울에서는 예기, 요리점에 한하여 인정했다. 이윽고 요리점, 예기는 2종으로 분류되고, 가시자시키를 의미하는 것으로서 특별요리점, 창기를 의미하는 것으로 2종(혹은 을종) 예기라는 분식 명칭을 사용, 1916년 이전의 조선과 1909년 이후의 만주에서 매춘 관리를 했던 것이다. 공창제를 조건부로 용인하고 있던 부산·원산도 1890년 이후로는 '가시자시키'를 '특별요리점'으로 개칭시키고, 거류지 확대에 맞추어 매춘가의 이전과 더불어 매춘 관리의 재편을 꾀했다.

경찰관료 이마무라 도모(今村鞆)에 따르면, 이러한 기만적인 명칭이 "유곽 경영자가 일본에 여성을 모집하러 가서 창기가 아닌 것처럼 속이는

50) 外務省, 『日本外交文書』 16, 303쪽.
51) 外務省, 『日本外交文書』 19, 369쪽.
52) 宝仙居主人, 「韓末粋界の秘聞」, 三城景明 編, 『韓末を語る』, 朝鮮研究社, 1930, 178쪽.

폐해"를 낳았고, "경영자와 여성 간의 분쟁을 빈발"[53]시켰고, 정보에서 소외된 저변층 여성의 피해를 속출시켰다. 뒤에서 서술하겠지만 명칭의 혼란함이 만들어낸 인신매매의 피해로부터 여성을 지킨다는 것이 공창제 전면적인 전개의 언설로도 이용되어 갔다.

2. 전쟁과 '특별요리점'이라는 이름의 점령지 공창제

1) 청일전쟁과 '특별요리점'으로의 재편

1894년 5월 회의에서 내각탄핵 상주결의안이 가결되어 이토 히로부미 내각이 절체절명의 궁지에 몰렸을 때, 조선 남서부에서 농민운동이 발생하여 그 진압을 구실로 일본은 청국에 대항하여 군대를 주둔시켰다. 10년간 청나라와의 전쟁을 준비해왔던 일본정부는 절호의 기회를 이용하여 전쟁에 돌입했다. 7월 일본의 함대가 인천에서 정기항로로 2시간 거리의 풍도(경기도 안산시) 바다에서 청국의 군함을 공격, 계속해서 충청남도의 성환, 아산에서 청일의 군대가 충돌했다. 제3, 제5사단이 조선에 파견되고, 평양에서 육군의 본격적인 전투가 전개되었고 인천·서울·원산·삭녕(朔寧)·의주 등 각지에서 조선인이 전쟁 피해를 입었다.

청일전쟁 후에도 일본공사관 수비대의 주둔, 서울·부산·원산에 한국주차군, 서울에 헌병대, 서울·부산에 일본군이 계속해서 주둔했다. 일본과 조선 간의 항로도 확대되어, 전시에 징용으로 회사 발전을 이룩한 오사카 상선 등은 오사카-인천을 매주 항행하게 되었다.

1882년 임오군란 이후 대(對)조선무역에서 청국보다 열세였는데 1890년

53) 今村鞆, 『朝鮮漫談』, 南山吟社, 1928, 430쪽(复刻板, 国学刊行書, 1992).

부터 미곡 수출국에서 수입국으로 바뀐 일본은 조선과 농공분업 관계를 맺고 있었다. 즉 일본경제의 중심인 오사카와 서울에서 가까운 인천을 연계하는 항로 개통은 조선에서 쌀을 반출하고 오사카에서 면직물과 일을 찾는 일본인을 운반했는데 청일전쟁 이후 조선에서의 금 수출이 급증했다.

일본 내지에서 사람들은 1896년과 1899년에 걸친 2번의 세금 증가와 청일전쟁 후 물가 상승으로 생활고를 겪게 되었고, 지방경제의 활성화를 위해 군대사단과 연대의 유치경쟁이 일어날 정도였다. 일본정부는 이와 같은 사회모순을 조선이민을 추진하는 것으로 해소하고 조선식민지화에 그들의 불만을 이용하려 했다.[54] 때마침 청일전쟁 후 조선무역의 활황이 실마리가 되어 "조선 도항(渡航)의 희망을 품은 자가 나날이 늘어나고" "거류지 개벽(開闢) 이후 급증"하게 되어,[55] 그에 따라 도항 절차도 간편화되었다. 1895년에는 거류민의 일시 귀국자는 제국영사관 현주(現住) 증명서가 있으면 재도항허가증이 필요없게 되었다.[56] 1900년에는 한국으로의 어업자는 여권조차 필요하지 않게 되었는데,[57] 실제로 어업자 이외의 사람도 자유로이 도항하고 있었던 것 같다. 계속해서 진남포 · 목포(1897년), 마산 · 군산 · 성진(1899년) 등도 새로운 일본인 거류지로 형성되었다.

점차 간소화된 도항 절차에 관해 조선 측에서는 다음과 같이 보고 있었다. "부산항에 하륙한 일본인은 80명으로, 행색은 모두가 노동자로 보였고 일본 경사가 검문할 때 여권을 휴대한 자도 있었지만, 대개는 여권을

---

54) 中塚明, 『近代日本と朝鮮』, 三省堂, 1994, 79~81쪽 ; 藤目ゆき, 『性の歴史学』, 不二出版, 1997, 97~99쪽. 여권 절차를 간소화한 것도 이러한 의도가 있었기 때문이다.
55) 京城居留民団役所, 『京城発達史』, 1912, 74~75쪽.
56) 청일전쟁 후에 경성 상업회의소 회두(会頭) 후치가미 테이스케(淵上貞助)는 해외여행권 발부 절차에 관한 건의서를 제출하고, "무뢰 불량한 무리나 추업부의 도항은 다른 방법으로 단속하고 거류 금지령도 있어야 하며, 일반 도항 절차에 관해서는 취급을 완화하여 일본인이 한국으로 건너가는데 편의를 도모해야 한다"고 요청했다(京城居留民団役所, 『京城発達史』, 103쪽).
57) 木村健二, 『在朝日本人の社会史』, 21쪽.

소지하지 않고 이런저런 변명을 하는데 경사 쪽도 특별히 힐문하지 않는 바를 보면 일본정부는 자유도항을 장려하고 있는 것 같다."[58]

청일전쟁 후 서울의 일본인 거류지에서는 인구 증가와 더불어 영업자가 증가하고 예기영업세 및 염색업, 인력거업, 막노동꾼, 음료제조업, 소주·된장·탁주·제조업 등에 새로 세금을 부과함으로써 경성 거류민회의 증수(增收)를 가져오게 되었고, 일본인 소유지 면적, 거류지의 경비예산에서 "지금껏 볼 수 없었던 팽창을 보였"다.[59]

그러나 도항자의 증대는 강제퇴거 처분자도 증가시켰다. 1885년부터 1905년의 21년간 풍기문란으로 체류금지 처분을 당한 132명 가운데 실제로 129명이 여성이며,[60] 그 절정은 청일전쟁 직후인 1895년이다. 이것은 거류민의 증가, 병사 주둔에 의한 성매매 시장의 확대를 말해주는 것이다. 이와 같은 사태에 대처하기 위해 '청국 및 조선국 체류 일본인 취체규칙'의 미미한 부분을 다시 고치고, '청국 및 조선국 체류 제국신민취체법'이 제정되었다. '취체규칙'에서 '취체법', '일본인'이 '제국신민'으로 되어 있는데, 내용적으로 '안녕 방해', '풍기문란'을 범해도 보증금만 준비되면 체류할 수 있는 방향으로 완화되어 있고, 그곳에서 도항장려 방침을 간파할 수 있다.

그럼 매춘시장의 확대, 풍기문란에 대처하여 일본정부는 매춘 관리를 어떻게 하고 있었을까. 먼저 인천에서 '풍속영업'의 위치를 확인해보자. 인천에서는 예기, 요리점밖에 인정되지 않았지만 1898년 1월 29일 조사한 체류 일본인의 직업별 표에 따르면, 요리점 23채, 음식점 25채, 예기 43명, 작부 48명에 달하며, 17호수에 비해 요리점·음식점 1채, 인구 43명에 예기·작부 1명의 비율로 보고되어 있을 정도로 소위 '풍속영업'이 차지하는

---

58) 『高宗時代史 5』, 1901년 12월 23일.
59) 京城居留民団役所, 『京城発達史』, 74~75쪽.
60) 宋連玉, 「朝鮮 からゆきさん」, 『女性史学』 4, 1994 참조.

비중이 크다. 이것을 경제적 측면에서 보면 요리점, 음식점에 투하된 금액은 1년에 7만 엔 이상이었는데, 이것은 거류지 세입금(예산) 12,160엔의 무려 6배에 달하는 금액에 해당한다.[61] 어느 거류민은 접대와 회식을 겸한 보통 요리점에 나오는 예기 '열의 육·칠'은 의심스럽지만 지방 사정으로 어쩔 수가 없다고 말하고 있다.[62]

가시자시키 영업이 제한되어 있던 부산에서 보통요리점이 출현한 것은 1883년의 일이며, 2년 후인 1985년에는 18건의 요리점, 1900년 말 40명의 예기가 존재, 요리점 단속을 하는 검번(檢番)이 1901년 1월부터 영업을 개시했는데 공식적으로 요리점과 예기에 대한 단속은 이루어지지 않았다.[63]

매춘을 수반하는 요리점을 일반 요리점과 구별하여 특별요리점이라 호칭하게 된 것은 1900년 이후의 일이다. 즉 1900년 10월에 부산영사관은 시달 제23호로 '예기영업취체규칙'[64]을 발포하고, 니시마치(西町, 현재 신창동), 벤텐쵸(弁天町, 현재 광복동)에서 영업하고 있던 가시자시키를 특별요리점이라 칭하고 1902년 7월까지 토미히라쵸(富平町, 현재 부평동)로 이전을 결정했다. 우에노 야스타로(上野安太郎)가 경영하는 안락정(安樂亭)을 효시로 동년 말까지 7건의 특별요리점이 이전했고, 그곳에 280명의 예창기가 고용되어 있었다.[65] 부산에서 개업한 특별요리점이 인기를 끌어 대성공을 거두었으므로 1902년 12월 인천 이정동(已井洞)에 17곳의 요리점이 300엔씩 공동 출자하여 특별요리점 시키시마루(敷島樓)를 개설하기에 이른다.[66] 개업시 총비용은 35,000엔이 들었지만 1년 내에 회수할

61) 藥師寺知朧, 小川雄三 共編, 『新撰仁川事情』, 朝鮮新報社, 1898, 170~172쪽.
62) 小川雄三, 『仁川繁昌記』, 朝鮮新報社, 1903, 146쪽.
63) 釜山甲寅会, 『日鮮通交史 附釜山史』, 1916, 326쪽.
64) 釜山市, 『釜山略史』, 1968, 155쪽.
65) 釜山甲寅会, 『日鮮通交史 附釜山史』, 324쪽.
66) 藥師寺知朧, 小川雄三 共編, 『新撰仁川事情』, 121쪽 ; 小川雄三, 『仁川繁昌記』, 147쪽.

예상으로 시작한 것이다.[67] 원산에서도 1902년 3월에 영사관이 거류지회
에 자문을 얻어 거류민회가 고도부키정(壽町)의 1,800평 토지를 확보하여
특별요리점 영업지를 설정하고 그곳에서 일하는 예창기를 을종 예기 및
종업부라 칭하고 성병검진을 의무화했다.[68]

개항 직후 부산과 원산에서 가시자시키 영업, 즉 유곽의 존재를 인정하
면서 1900년에 가시자시키라는 호칭을 사용하지 않고 특별요리점으로 한
것은 왜일까. 앞서 서술한 것처럼 개항 직후 거류지 자체가 닫힌 공간의
일본인 공동체였으므로 일본 내지와 같은 가시자시키가 허용되었지만,
거류지의 확대에 의해 유곽의 존재가 내외국인의 눈에 띄게 됨에 따라 타
자의 규범에 타협하지 않을 수가 없었다. 타협의 산물로서 앞서 서술한
것처럼 신규 매춘업을 인정하지 않고 기존의 영업자에게도 제한을 둔 것
이다. 그러나 증가하는 거류민의 요구에 부응하기 위해 오히려 법적 규제
가 없었던 요리점이 은밀하게 매춘을 행하는 등 밀매춘이 횡행했다. 그래
서 기존 영업자에게만 허용하고 있던 예전의 매춘업을 해소하고, 새로운
단속규칙을 만들어 신규 참여자를 토대로 매춘 관리를 재편할 필요가 생
긴 것이다. 특별요리점이라는 새로운 명칭을 사용함으로써 개항 직후 가
시자시키와의 차별화를 꾀할 뿐만 아니라, 가시자시키가 갖고 있는 기존
의 노골적 이미지를 위장할 수도 있었다. 예기가 갖고 있는 이미지는 서
양인의 오리엔탈리즘에서는 오히려 환영받는 것이기도 했다. 또 특별요
리점을 설치함으로써 보통요리점의 영업 내용을 제약하는 목적도 노렸던
것으로 생각된다. 이런 식으로 러일전쟁 전야에 조선에서의 통일적인 매
춘 관리 시스템의 기반이 정비된 것이다.

이 무렵 일본 내지에서는 폐창운동이 고조되는 가운데, 1900년 내무성

---

[67] 小川雄三, 『仁川繁昌記』, 147쪽.
[68] 高尾新右衛門, 『元山發達史』, 329쪽.

령 제44호 '창기취체규칙'이 제정되었다. 그때까지 각 지방마다 서로 달랐던 내용의 규칙을 통일하고 폐업을 위시하여 창기의 자유를 대폭 보완하고, 나이도 16세에서 18세 이상으로 올렸다. 새로운 규칙에 따라 폐창을 원하는 자가 속출하여 업자에게는 타격이 큰 규칙 개정이 되었으나, 그러한 업자에게 매력적인 새로운 시장으로 부상한 것이 조선이다. 메이지기(明治期) 일본의 인권운동인 폐창운동은 전진했지만, 그것은 조선이라는 군사적 점령지의 '성매매'에 의해 유지되는 식의 분업구조가 생긴 것이다.[69]

2) 러일전쟁·한국병합전쟁시의 군대와 매춘업

일본 전체로 보면 청일전쟁부터 러일전쟁에 걸쳐 1.5배의 18개 사단으로 군비가 확장되었는데, 조선에는 러일전쟁 개전을 대비하여 보병 1대대가 파견되고, 개전 후에는 군비 증강이 이루어지고, 6대대반의 병력으로 1904년 3월 다시 한국주차군이 편성되었다.

러일전쟁도 청일전쟁과 마찬가지로 조선의 군사적 점령이 전제였고 울산 연안, 부산, 인천, 서울, 진남포, 군산, 원산, 경성(鏡城), 회령, 용암포를 비롯한 각지가 군사적 요충지가 되었다. 특히 중국과 국경을 접한 조선북부에 중점적으로 군비가 배치되었다. 계속해서 1907년 대한제국 황제(고종)의 강제폐위·한국군대 해산에 항의하는 민중이 전국에서 전개한 한국병합전쟁을 진압하기 위해 일본군은 커다란 군사력을 투하했는데, 특히 서울 주변으로 병력을 집중해 군사적으로 제압하려 했다.[70]

---

[69] 1900년에 고양한 폐창운동에는 영국인과 미국인이 참가하고 있었으므로 영일동맹을 추진하는 일본정부는 폐창운동가의 요구를 받아들일 수밖에 없어서 창기 규칙의 내무성령을 발포했다. 당시 경시청 제2부장이었던 마츠이 시게루(松井茂)는 '일본의 인권 역사상 대서특필할 만한 중대사항의 하나였다'고 회고하고 있다(丸山鶴吉 編, 『松井茂自伝』, 1952, 159쪽).

[70] 大江志乃夫, 『日露戦争と日本軍隊』, 立風書房, 1987, 389쪽.

러일전쟁 종료 후인 1905년 10월에 제13사단과 제15사단이 한국주차군 사령부의 예하로 들어간다. 제13사단은 러시아와의 전쟁 재발에 대비하여 함경도에 주둔하고, 제15사단은 치안유지를 위해 함경도 이외의 각 도에 분산 주둔했다. 1906년 8월에 동 주차군은 전시 편성에서 평시 편성으로 전환하고, 1907년에는 주둔사단을 1개 사단으로 하지만, 고종 퇴위와 한국군 해산에 의한 의병투쟁, 한국병합전쟁이 시작되자 보병 1개 여단, 주병(駐兵) 4개 중대, 보병 2개 연대의 증파, 나아가 1908년부터 모집을 시작한 조선인 헌병보조원을 더한 6,600명의 헌병대로 팽창했다. 1909년 5월 임시 한국 파견대 제도가 규정되고, 사단사령부는 용산에 두고, 그중 1개 여단은 사령부를 라남에, 또 1개 여단은 사령부를 평양에 두고 함경도 이외의 한국 남부에 주둔했다.[71]

또한 한국 주류병력의 변통이 어려운 상황이었으므로 의병투쟁에 대한 군사적 제압을 위해 한국 주차헌병대가 확충되었는데, 그곳에 소속된 "헌병 하사관은 그 성격으로 보면 용병에 가까워 소질·능력은 아주 뒤떨어졌다고 생각해도 좋다"고 할 수 있다.[72]

러일전쟁을 위해 교통도 열렸다. 러일전쟁 개전에 대비하여 군수물자 수송을 위한 해운이 정비되었고 부산, 서울을 연결하는 철도가 개통되었다. 철도 개통 후 서울 거주 일본인이 매일 40명에서 50명씩 인구 증가를 보일 정도로 전쟁 경기를 노린 도항자가 증가했다.[73] 또 장기적인 군대 주둔은 풍기문란을 초래, 1905년 1월부터 8월까지 풍속을 어지럽혀 경찰로부터 설득과 회유·주의를 받은 자의 수가 1904년 1년간의 총수보다 1.3배인 11,101명으로 되어 있다.[74]

....

71) 戸部良一, 「朝鮮駐屯日本軍の実像—治安·防衛·帝国」(日韓歴史共同研究委員会報告書, 第2部『日本の植民地支配と朝鮮人の対応』), http://www.jkcf.or.jp/history /report3.html
72) 大江志乃夫, 『日露戦争と日本軍隊』, 382~383쪽.
73) 大邱府, 『大邱府史』, 1943, 189쪽. 京城居留民団役所, 『京城発達史』, 131쪽.

나아가 철도 개통은 만주와 북부 조선으로 향하는 일본인의 증가[75]를 가져왔고 회령, 경흥, 웅기 등을 근거지로 하는 매춘업자도 출현했다.[76] 러일전쟁 후 북부 조선에서 매춘업자의 동향에 관해서는 경찰 측 자료에 다음과 같이 보고되어 있다.

평양에서는 "개전 후 평양으로 온 군대의 통과와 더불어 이런 종류의 영업자(=음식점 및 예기)가 두드러지게 증가한 것도 그곳을 이용하는 자는 대부분이 군인으로서 특수한 사정에 의해 충분히 단속을 할 수 없다(중략) 이들 영업에 대해 아직 단속규칙이 발포되지 않았다."[77] '특수한 사정'이란 군인의 관리와 위안을 위해서는 매춘을 묵인 또는 이용한다는 의미로 해석할 수 있을 것이다.

용암포는 러일전쟁 전 1903년에 개항했는데 "정박장 사령부 및 병참사령부 기타 군사에 필요한 기관 설치"를 위해 "체류 목적으로 건너온 자는 물론 안동현 의주 방면으로 갈 목적으로 통과하는 자도 일일이 병참사령부의 지시에 따라야" 했으므로 "체류민은 요리점·음식점 및 이들과 함께하는 예기·작부, 그 다수를 차지하는 목수운송업자(大工回漕業者)가 이에 버금간다[78]"고 할 정도로 소위 '예기·작부'와 관련된 영업이 군의 허가를 얻어 성립했음을 알 수 있다.

의주는 인구 4분의 1이 예기·작부로 편중되어 있었는데, 이들 업자에 관해서는 "북부지역 역시 병참 사령부가 설치되어 있고 일반 체류민 단속 및 영업허가 여부는 병참사령관의 직종에 속하며, 공공연하게 형식을 갖

---

74) 「行政雑件」, 『韓国警察史』 3, 536쪽.

75) 목포에서는 거류민의 6할이 만주로 갔다고 한다. 그럼에도 불구하고 러일전쟁 후 일본인이 급증했고 거류지 밖에까지 진출하여 거주할 정도였다(木浦府, 『木浦府史』, 1930, 986~988쪽).

76) 『朝鮮新報』, 1906년 11월 5일.

77) 「居留民の保護」, 『韓国警察史』 3, 512쪽.

78) 「居留民の保護」, 『韓国警察史』 3, 553~554쪽.

추지 않은 것이 군정시행은 용암포에 비해 한 걸음 진보해 있다[79]"는 것처럼, 용암포와 마찬가지로 '예기 · 작부' 관련업이 군의 허가를 받아 영업하고 있다.

신의주에서는 인구 700명에 대해 "추업부 다수(예기 15명, 작부 약 60명)를 들여와서 그 단속에 관해 고심하고 있는 것 같다"[80]고 하고, 예기 · 작부를 추업부, 즉 매춘부라 하는 점에서 평양, 용암포, 의주의 예기 · 작부도 매춘부, 요리점 · 음식점이 매춘업을 겸한 업태임을 추측할 수 있다. 매춘 관련업자가 인구의 10분의 1을 차지하고 있던 군사적 점령지의 직업 분포의 편중을 신의주에서도 볼 수 있을 것이다. 인천에서 발행되고 있던 일본인 거류민의 신문 『조선신보』(1906년 12월 22일) 기사가 함흥에서 번성하고 있는 매춘업의 향후 업적과 군대 측의 사정을 그대로 보고하고 있듯이, 한반도 남부 이상으로 군대와 매춘업자의 밀접한 관계가 처음부터 존재하고 있었음을 엿볼 수 있다.

경상도, 전라도의 연안지역에서도 그 이전에는 볼 수 없었던 유곽이 출현했는데, 그것은 군대에 먹을거리를 제공하는 어민의 이주 결과이며 군대와의 연계를 전제로 했던 것이다.[81]

3) 서울에서의 매춘 관리

부산은 1902년 특별요리점이라는 이름의 유곽이 등장하는데, 일본의 내무성령 제44호 「창기취체규칙」 제정과 관련된 마츠이 시게루(松井茂)가 1906년 부산 이사청의 이사관 시절에 거류민의 지속적인 증가와 거류

---

79) 「居留民の保護」, 『韓国警察史』 3, 556~557쪽.

80) 「居留民の保護」, 『韓国警察史』 3, 557~559쪽.

81) 吉田敬一, 「朝鮮をめぐる日本漁業」, 『近代民衆の記録』 7, 1978, 504~519쪽. 예를 들면 1909년의 울산 방어진은 일본인 호구수가 98호, 그중 음식 요리점이 73호, 작부가 260명 있었다.

지 확대와 더불어 재차 특별요리점 영업구역을 토미히라쵸(富平町)에서 아미산 기슭으로 정하고 그곳으로 이전을 결정한다.[82] 이전 기한은 1907년부터 향후 3개년으로 정해졌는데 1911년에 모든 업자가 이전을 마쳤고, 1912년 1월 이 일대를 미도리마치(綠町) 유곽(현 서구 충무동2가, 속칭 완월동)이라 명명했다.[83] 부평정의 특별요리점 거리에 제일 먼저 공들여 3층 건물 유곽을 4만 엔이나 들여 지은 우에노 야스타로(上野安太郎)는 5년 후 미도리정 이전으로 큰 손해를 입었다고 한다. 우에노는 미도리정으로 이전하여 영업을 계속했으나 1929년에 간행된 『조선상공대감(朝鮮商工大鑑)』(조선상공연구회 편)에 우에노 야스타로의 이름과 안락정(安樂亭)이라는 옥호는 보이지 않는다. 본래 '풍속영업'이라는 것이 부침이 심한 업종이기는 하지만, 이 일화는 자금력이 있는 매춘업자라 해도 군대나 식민지 권력과 결부하지 않으면 살아남기 어렵다는 것을 말해주고 있다. 청일전쟁 때에도 원산 거류민이 육군 병영을 건설하는 등 솔선하여 첨병역을 완수했으나,[84] 청일전쟁 후부터는 군대 경험자가 거류민으로 참가한다. 매춘에 관해 말하면 서울, 평양, 북부 조선의 군사적 요충지의 매춘 관리에 군대가 깊이 관여하고 있었음은 외무성 경찰의 자료에서 이미 본 바와 같으나, 이 시기의 특징으로 군대 경험자와 군에 관련된 업자 중에서 매춘업에 참여·전업하는 자가 증가하는 것을 볼 수 있다. 초기 개항지의 매춘업자가 이미 일본 내지에서 매춘업을 행하고 있었다던가, 서일본에서 새로 사업을 시작한 자가 많았던 것에 비해, 러일전쟁 후부터 군대에서의 경험과 인맥을 이용한 매춘업자가 등장하여 사업을 성공[85]시

---

82) 丸山鶴吉 編, 『松井茂自伝』, 230쪽. 또한 마츠이는 이전할 때 힘든 체험을 살려 아이치현(愛知県) 지사시절에 나고야시 오스(大須)의 유곽 이전에 성공했다(丸山鶴吉 編, 『松井茂自伝』, 365쪽).

83) 釜山甲寅会, 『日鮮通交史 附釜山史』, 324~325쪽.

84) 高尾新右衛門, 『元山発達史』, 322쪽.

85) 요정과 유곽의 경영에 따라 서울의 정재계에서 유력인사가 된 아카오기 요사부로(赤荻

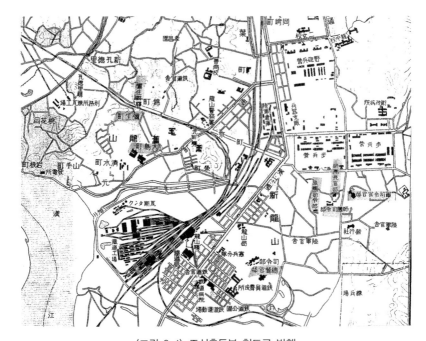

〈그림 3-1〉 조선총독부 철도국 발행,
『조선여행안내기』(1936년)의 「경성부 서남부 시가도」

유곽 소재지의 야요이쵸(彌生町), 오오시마CY(大島町)는 철도를 끼고 조선군 사령부와 서로 마주보고 있다.

켜갔다.

서울, 부산 간을 육로로 연결하는 경부선이 1905년 1월부터 운행을 개시하는데, 그로 인해 상업이 더욱 번성할 것으로 전망하여, 서울에서는 11채의 요리점조합이 공동 출자하여 신마치(新町) 유곽 영업을 개시한다. 관공서의 공적 기록에 거류민회가 새로 사업비 7만 엔 가운데 7,000엔을

与三郎)는 청일전쟁에서 종군하여 특무조장까지 승진한 후에 매춘업으로 전신(転身)을 꾀했다. 야요이쵸(弥生町) 유곽조합장 · 미생정 대표를 맡았던 이토 이쿠지(伊藤幾弐)는 헌병, 경찰근무를 거쳤다. 오오시마CY(大島町) 대표 이마노 헤이로쿠(今野平六)는 대만에서 군대 · 경찰을 거쳐 대북(台北)에서 예기검번을 창립한 후에 조선으로 건너왔다(경성신문사, 『大京城公職者名鑑』, 1936 참조).

투자하여 쌍림동(雙林洞)의 토지 7,000평을 확보했다고 한다.[86] 그런데 당시 거류민회의원을 역임한 기쿠타 마코토(菊田眞)의 회고에 따르면, 실제로 기쿠타가 조동윤(趙東潤) 등 부근 일대의 지주에게 인근 토지를 일본군의 마구간 부지로 매입한다며, 매입 교섭에 따르지 않으면 용산의 군용지처럼 무상으로 강제 수용될 것이라고 협박해서 매입한 것이다. 게다가 회상기(回想記)에는 경찰청장관에 해당하는 경무사(신태휴)가 토지 매입 교섭을 중지시키려 했지만 일본 측의 강한 반발에 부딪혀 단념하고, 당초 3,000평 이상의 토지를 6,000엔에 매입할 예정이던 것이 결과적으로 8,300평을 4,400엔이라는 파격적인 가격에 매입했다고 기록되어 있다.[87]

유곽의 광대한 소재지는 '한국병합' 후 거류민단에서 인계받아 경성부의 소유가 되었고, 지대 수입은 부재정(府財政)으로 편입되었다.[88] 거류민단의 중요한 재원이 된 신마치 유곽 소재지 일대는 1914년 4월에 부정(府政)이 시행되자 행정상의 공식지명 신마치(新町)로 채택되었다.[89] 식민지 도시 서울에서의 신마치 유곽은 다른 '정업자(正業者)'보다 훨씬 커다란 세력을 갖고 있다고 보고되어 있는데,[90] 그 경제적인 성공의 영향으로 서울 전체 일본인 매춘부의 수가 거류민 인구의 10분의 1을 초과할 정도로 늘어났다.[91]

이윽고 신마치 유곽에 이어 용산에도 새로운 유곽이 개업된다. 용산은 1904년 3월에 한국주차군이 편성되자 군용지로서 3,940평이 강제 수용되고 그곳으로 서울 성내와 주변에 분산 수용되어 있던 일본군이 집결되었다. 같은 해 경의철도(경성─의주 간)가 착공되었으므로 용산은 군사기지·

86) 京城居留民団役所,『京城発達史』, 129쪽.
87) 菊田真,「新町遊廓の創設」,『居留民之昔物語』, 朝鮮二昔会事務所, 1927, 140쪽.
88) 矢野干城,『新版大京城案内』, 京城都市文化研究所, 1936, 167쪽.
89) 京城府,『京城府史』3, 1936, 34쪽.
90) 柴田博陽,「満韓に於ける惨憺たる醜業婦」,『廓清』1-5, 1911.
91)「京城の暗黒面」,『福岡日日新聞』, 1907년 6월 25일자.

철도교통의 터미널로 많은 군인과 노동자가 모이는 신개지(新開地)가 되었다. 이와 같은 독신 남성의 이용을 기대하며 1906년에 개설된 것이 용산의 모모야마 유곽(桃山遊廓)이다. 일본 측의 자료[92]에는 1905년 당시 '일대의 무연고 묘지이며 또 복숭아나무가 많이' 있었던 곳을 하타 야에몬(畑彌右衛門)이라는 자가 요정을 개업하고 모모야마라 명명했는데, 조선 측의 기록에는 "재작년 봄에 일본인 하타가 추업(醜業)을 만들 때 (중략) 모모야마 유곽을 건설하기 위해 이 부근 백성의 분묘 9백여 기를 무리하게 훼손하여 해당 무덤 주인의 고소로 사법처리"[93]되었는데, 하타(畑)라는 인물은 판결에 따르지 않고 유곽지 확보를 하려 했던 것이다.

거류민회는 1906년에 거류민단으로 개편되었는데,『군산개항사』에 따르면 "경성은 솔선하여 (거류)민단의 재원 함양을 목적으로 신마치 유곽을 개설하여 의외의 성공을 거둔 것을 계기로 각지 민단도 다투어 유곽 설치에 착수했다". 용산의 민단 역시 민단 관리하에 유곽을 개설하려 했으나 이권을 둘러싸고 "민단의원들이 두 파로 나뉘어 우왕좌왕", "결국 통감부의 간섭 사태를 야기하여 유곽 설치에 관한 추문을 천하에 유포하여 나쁜 예를 낳기에 이르렀다."[94] 덧붙여서 군산민단에서는 용산의 전철을 밟지 않도록 민단과 이사청(理事廳)의 대표에게 일임했음에도 불구하고 진흙탕 싸움이 되는 이권다툼에서 벗어나지 못했던 것 같다.[95]

용산의 경우 결과적으로는 하타 야에몬이 확보한 토지가 유곽지로 선정된 것이지만, 이 모모야마 유곽은 1912년에 교토 모모야마에 메이지 천황능(모모야마능)이 조성되자 "모모야마의 이름을 삼가고 야요이CY(彌生町)로 개칭"했다.[96]

92) 京城公立小学校教員会 編,『続京城史話』, 1937, 68쪽.
93) 「民怨警怠」,『大韓民報』, 1909년 8월 1일자.
94) 保高正記,『群山開港史』, 1925, 134쪽.
95) 保高正記,『群山開港史』, 138~141쪽.

3. 통감부 정치와 성 관리의 본격화

1) 점령지 매춘 관리의 확대

　조선에서의 일본인 거류지의 역사와 규모, 군사적 중요도가 각각 다르므로 매춘 관리도 지역에 따라 달랐다. 통감부로서는 확대하는 매춘시장의 일본인, 조선인 쌍방에 걸친 통일적인 관리가 절실히 필요하게 되었다.

　제2차 한일협약(1905년) 체결 후 경찰기구는 조선인에 대한 한국 경무청과 일본인에 대한 이사청 경찰이 병립했다.[97] 1907년 7월 이후 한일경찰공조협정에 따라 경무청은 경시청으로 편입되고, 11월에 이사청 경찰이 한국경찰에 흡수되었다. 조선인 매춘부는 한국 경무청이나 경시청이 담당하고, 일본인 매춘부는 거류민단 소재지와 군사적 요충지인 성진, 청진 13개소에 설치된 이사청 경찰이 담당했다.

　일본인 영업자를 대상으로 한 매춘 단속으로는 각 영사관이 발령한 '요리점 취체규칙', '예기 취체규칙'을 토대로 각 이사청이 이상청령으로 '요리점(요리옥) 취체규칙', '음식점 규칙', '예기 취체규칙', '작부 취체규칙'을 1906년부터 10년에 걸쳐 발포했다.[98]

----

96) 京城公立小学校教員会 編, 『続京城史話』, 68쪽.
97) 제2차 한일협약으로 영사관 대신 통감부가 설치되었고 조선 내정을 감독·충고하는 기관으로 이사청을 통감 관리하에 두었다.
98) 성진　　06.6.4　　이사청령 5호　　　　요리 및 음식점 영업취체규칙
　　　　　　06.6.4　　이사청령 6호　　　　예기 영업취체규칙
　　　　　　09.8.21　이사청령 2호　　　　요리점 및 음식점 영업규칙
　　　　　　09.8.21　이사청령 3호　　　　예기 및 작부 취체규칙
　　　　　　09.8.21　이사청령 4호　　　　숙옥(宿屋) 취체규칙
　　　군산　07.8　　　이사청령 5호　　　　숙옥 영업취체규칙
　　　　　　07.8　　　이사청령 6호　　　　예기음식점 취체규칙
　　　　　　07.8　　　이사청령 7호　　　　예기 영업취체규칙
　　　원산　08.3.9　　고시 4호　　　　　　예기 작부 취체(함흥위술사령관의 허가없이
　　　　　　　　　　　　　　　　　　　　　　군대수위구역 출입 제한)

	08.5.16	이사청령 5호	요리점 취체규칙 개정
	08.5.16	이사청령 6호	예기 취체규칙 개정
	08.12	고시 20호	함흥 예기 작부 통행구역 폐지
	09.8.18	이사청령 2호	요리옥 음식점 취체규칙
	09.8.18	이사청령 3호	을종 요리옥 영업구역 지정
	09.8.18	이사청령 4호	예기 작부 취체규칙
청진	08.4.10	고시 7호	요리점 영업구역
	08.5.28	고시 11호	고시7호 중 개정
	09.4.17	고시 6호	라남 특별요리점 영업구역
	09.3.4	이사청 2호	요리점 취체규칙
	09.3.4	이사청 3호	음식점 취체규칙
	09.3.4	이사청 4호	예기 및 작부 취체규칙
	09.3.4	이사청 6호	요리점 취체규칙 시행구역
	09.3.4	이사청 7호	상동 시행기일
	09.3.4	이사청 8호	예기 및 작부 취체규칙 시행구역
	09.3.4	이사청 9호	상동 시행기일
경성	08.4.28	이사청령 2호	음식점 취체규칙
	08.4.30	이사청령 4호	요리점 및 음식점 취체규칙
	09.4.9	이사청령 1호	예기 취체규칙 중 개정
	09.4.9	이사청령 2호	대합영업취체규칙
	09.5.14	이사청령 3호	화류병 예방규칙
평양	08.10.15	이사청령 4호	평양 을종 요리점 영업구역 지정
대구	08.10.29	이사청령 9호	요리옥 취체규칙
	08.10.29	고시 22호	요리옥 취체규칙 시행에 관한 건
	08.10.29	이사청령 10호	음식점 취체규칙
	08.10.29	이사청령 11호	을종 요리점 영업구역
	08.10.29	이사청령 12호	예기 취체규칙
진남포	08.12.17	이사청령 3호	요리옥 음식점 영업취체규칙
	08.12.28	이사청령 4호	예기 및 작부 영업취체규칙
	09.5.6	이사청령 5호	요리옥 음식점 영업취체규칙 중 개정
	09.5.6	이사청령 6호	예기 및 작부 영업취체규칙 중 개정
인천	09.1.5	이사청령 2호	요리점 및 음식점 취체규칙
	09.1.5	이사청령 3호	예기 취체규칙
부산	09.7.25	이사청령 6호	예기 영업 및 취체규칙 추가
신의주	10.1.1	이사청령 3호	요리점 및 음식점 취체규칙
	10.1.1	이사청령 4호	예기 및 작부 취체규칙
목포	10.4.7	이사청령 1호	요리점 취체규칙
	10.4.7	이사청령 2호	예기 및 작부 취체규칙
	10.4.24	이사청령 5호	목포 거류민단 지역 내 을종 요리점 영업 지역 지정

일찍부터 유곽이 개설되어 '특별요리점'으로 매춘 관리가 진행되고 있던 서울, 인천, 부산에서는 이사청 설치 후에도 한동안 영사관령을 그대로 적용하고 있었다.

조선에서는 식민지화에 저항하는 의병투쟁과 애국계몽운동이 과열되고 있는 정세였는데, 통감부 권력은 이 시기에도 여전히 가시자시키를 요리점, 창기를 작부 또는 예기라 칭하고 있었다. 음식을 제공하는 일반요리점과 구별하기 위해 매춘을 본업으로 하는 요리점을 영사관령에서 사용한 것과 같이 특별요리점, 또는 갑종에 대한 을종요리점(혹은 을종에 대한 갑종), 제1종에 대한 제2종 요리점과 구별하여 칭했는데, 그 내실은 유곽과 다를 바가 없었다. 공식적으로 특별요리점이라 칭하면서 항간에서는 가시자시키라 불렀고 신문이나 잡지에 기재하는 광고에도 가시자시키라 칭하고 있다.

1909년 3월 4일 청진 이사청이 발행한 '예기 및 작부 취체규칙'[99]을 보

....

10.6.1   이사청령 7호   광주 일본인회 지역 내 을종 요리점 영업
지역 지정

[99] 「예기 및 작부 취체규칙」(청진 이사청)
　제1조 예기를 나누어 보통예기 및 특별예기의 두 가지로 한다.
　　보통예기란 영업지로 제한된 자를 말하며 특별예기란 특별요리점에서 영업을 하는
　　자를 말한다.
　제2조 작부는 특별요리점에서 영업하는 것으로 한다.
　제3조 예기 또는 작부의 영업을 행하는 자는 다음 사항을 갖추고 포주인 자는 그 서명을
　　받아 관할 경찰관서에 출원하여 허가를 받아야 한다.
　　1. 족적(族籍), 주소, 성명, 연령 및 가명(稼名)이 있는 자는 그 가명
　　2. 포주가 있는 자는 포주의 연서 및 계약서 사본
　제4조 특별예기 및 작부는 전조 외에 다음 서류를 첨부할 것.
　　1. 호적등본
　　2. 부모의 승낙서, 부모 모두 없는 자는 호주 또는 최근 친족의 승낙서 및 인감증명서,
　　　단 그 승낙을 받을 자가 없을 때는 그 이유를 상세히 기술해야 한다
　　3. 건강진단서
　제5조 18세 미만의 자는 특별예기 및 작부가 될 수 없다.
　제6조 다음 사항은 3일 이내에 관할 경찰관서에 신고해야 한다.
　　1. 폐업 또는 10일 이상 휴업

면 영업구역의 지정, 예기 및 작부의 허가증 휴대 의무, 정기적인 건강진단, 진단서의 제출 의무, 경찰 허가 없이 영업·외출 불가, 경찰에게 손님 명단의 제출 의무 등 내용은 영사관령과 공통되지만, 매춘을 본업으로 하지 않는 예기는 권번(조합)에 가입할 의무가 새로 규정되어 있다.

원산 이사청령을 보면 거류민단을 거치지 않고 영업허가를 신청하도록 개정되었는데, 이것은 식민지화가 어느 정도 진행된 단계에서 거류민단의 권한을 축소하고 통감부 산하로 권력을 집중하는 과정이 반영되어 있다.[100] 또 매춘을 본업으로 하지 않는 요리점의 예기에게도 임의로 건강진단서의 제출을 의무화하고 있는데,[101] 이것은 밀매춘도 관리 매춘의 틀 안으로 거둬들이려고 했던 것이라 할 수 있을 것이다.

앞서 서술한 것처럼 매춘 관리의 대의명분은 성병방지에 있다. 유곽의 성병대책으로 예를 들어 인천의 시키시마(敷島) 유곽의 경우 구미원(驅黴院, 성병전문병원)을 시키시마 요리업자조합이 유곽의 개설과 동시에 설치, 운영하고 검진은 공립병원의 의사에게 위탁하고 있었다.[102] 따라서

---

2. 족적, 주소, 성명 및 가명의 변경
3. 포주와의 계약 변경
제7조 예기 작부는 늘 허가증을 휴대해야 한다.
제8조 예기 및 작부가 기우소(寄寓所) 밖에서 숙박할 때는 미리 관할 경찰서의 승낙을 받아야 한다.
제9조 특별예기 및 작부는 다음 사항을 준수해야 한다.
1. 특별요리점 지역 밖으로 나갈 경우에는 보통 사람과 다른 분장을 하지 않을 것
2. 관할 경찰관서의 지정에 따라 건강진단을 받을 것
3. 전염성 병자는 손님 자리에 나가지 말 것
제10조 관할 경찰관서는 본령에 위법 또는 일반 풍속을 해칠 우려가 있다고 인정될 때는 그 영업을 금지하거나 정지해야 한다.
제11조 본령을 위반한 자는 구류 또는 과료(科料)에 처한다.
(『統監府公報』, 1909년 6월 5일)

[100] 『統監府公報』, 1908년 5월 30일.
[101] 인천 이사청령 제3호의 '예기단속규칙'에는 영업구역이 제한되지 않은 각종 예기도 건강진단서를 제출하도록 되어 있다(『統監府公報』, 1909년 1월 30일).
[102] 仁川府, 『仁川府史』, 1933, 1441쪽.

서울에서는 성병검사도 촉탁의나 공의(公醫)가 담당했다.[103] 원산에서도 공립병원의 의사에게 성병검사를 일임하고 있었는데, 영업자의 증가와 더불어 독자적으로 구매원을 설치하여 그곳에서 검진을 실시했으며, 관리는 1907년부터 1914년까지는 거류민단이, 거류민단이 폐지된 1914년부터는 경찰이 행했다.[104] 그러나 성병검사의 내용도 거류지에 따라 일정하지 않으며 검사의 실시도 철저하게 이루어지지 않았다. 또 매춘업자가 검진을 행한 경우는 영업에 지장이 생기지 않을 정도의 검사밖에 하지 않았다는 것은 일본 내의 경우에서 충분히 미루어 알 수 있다.[105]

서울의 경우 정치적, 군사적 요충지였으므로 당국은 군인을 성병으로부터 지키기 위해 철저한 성병검진이 필요하다고 생각했다. 따라서 1904년 영사관령 「예기건강진단 시행규칙」에 이어 「화류병 예방규칙」을 특별히 제정하고, 매춘부에 대한 철저한 성병검사, 성병에 걸린 매춘부의 영업정지, 이를 위반한 매춘부와 업자의 처벌을 규정했다. 이 규칙은 용산에 적용되고 개성, 수원, 대전에 준용되었다.[106] 용산은 라남과 더불어 일본의 중요한 군사기지였으므로 일련의 매춘단속규칙은 군인 이용을 전제로 한 것이었다.

매춘부의 하한연령은 영사관령, 이사청령 모두 18세로 하고 있다.[107] 이 시기 영사관령과 이사청령으로 단속하는 대상은 업자·매춘부 모두 일본인이므로 일본 내에서 실시되고 있던 「창기취체규칙」에 따른 것이며 내용도 대략 같다.

재정적인 면에서도 이사청은 적극적으로 매춘업을 관리하에 두고 거

103) 京城府, 『京城府史』 3, 342쪽.
104) 高尾新右衛門, 『元山發達史』, 329, 443쪽.
105) 仁川府, 『仁川府史』, 1421쪽에는 "종래 각지의 창기 검사는 믿을 수 없으며 어떻게든 해야 한다는 것임은 주지의 사실"이라는 기술이 보인다.
106) 『統監府公報』, 1909년 5월 29일.
107) 일본에서는 1900년 공포 「창기취체규칙」에 따라 매춘부의 허가연령을 18세부터로 했다.

류민 사회를 경제적으로 유지하고 개개 거류민의 부담을 경감하려 했다.
이사청은 거류민회와 거류민단이 행했던 것처럼 매춘업에 세금을 부과하
려 했다. 대구에서는 부산 이사청의 인가를 받아 1906년부터 예기·중거
(仲居, 작부) 영업자에게 특수과금을 포함한 부과징수 규정을 만드는 동
시에 거류민에 대한 인두세를 폐지했다.[108]

다음으로 이 매춘 관리세가 전체 재원에서 어느 정도 비중을 차지했는
지 살펴보자. 예를 들어 원산의 경우 1909년 경상수입이 61,502엔에 대해 실
제 징집한 요리점세, 음식점세, 예기세, 구미원(驅黴院) 수입 합계 6,966엔
이며, 이것은 전체의 10.3%가 된다. 1913년 경영수입은 81,298엔에 대해
상기 세액은 10,932엔이며 전체에서 차지하는 비율은 13.4%이다.[109] 이것
은 1909년보다 비중이 커져 있음을 보여준다. 경성 거류민단의 경우는
1903년 예산이 17,122.18엔인데 예기 과금만 1372.50엔[110]이며 전체의 8%
를 차지하고 있다. 접객업과 관련된 세금까지 포함하면 그 비중은 더욱
커진다.

이처럼 커다란 비중을 차지하고 있음에도 불구하고 영업세로 계산되
지 않고 잡세에 편입되었는데, 대구처럼 예기·작부영업은 특수과금에
편입된 곳도 있었다. 목포의 경우로 보면, 예기에게 매월 5엔, 작부에게
50전을 징수하고 있었다.[111]

1914년 서울을 보면 경성부 부세수입에서 영업세 70,495엔, 그중 요리
점업 세액 2,842엔, 잡종세 총액 47,819엔, 그중 예기치옥업(藝妓置屋業)
예기 납세 총액 27,270엔으로 되어 있다. 부세 총액이 213,486엔이므로 예
기와 관련된 세 총액은 전체의 13%가 된다.[112] 식민지에서의 '풍속영업'

108) 大邱府,『大邱府史』, 196쪽.
109) 高尾新右衛門,『元山発達史』, 541·845쪽.
110) 京城居留民団役所,『京城発達史』, 116쪽.
111) 大邱府,『大邱府史』, 196쪽 ; 木浦府,『木浦府史』, 1930, 199쪽.

세가 재원의 커다란 비중을 차지하고 있었음이 재확인된다.

2) 조선인을 대상으로 한 매춘 관리

① 조선인 매춘부의 등장

개항 당초 일본인 거류지는 압도적인 남성사회였으므로 매춘업자가 앞을 다투어 조선으로 상륙해왔다. 이윽고 거류지 근방에는 일본인 남성을 대상으로 한 조선인 매춘부도 출현했는데, 앞서 서술한 것처럼 조선정부는 여성과 업자에게 엄벌을 가해 이러한 행위를 엄중하게 금했다. 그러나 1891년에는 인천 거류지에서 가까운 곳에 일본인 병사가 출입하는 조선인 경영 매춘업이 존재했던 것이 『女學雜誌』(1891년 10월, 286호)의 '통신'란에 전해지고 있다.[113] 마찬가지로 『여학잡지』 412호(1895년 7월)의 '조선 부산통신'에 청일전쟁 후 일본인 업자가 서울에서 조선인 여성을 데리고 와서 부산에서 매춘업 개업을 출원한 것이 기록되어 있다.[114]

『부산안내』(1901년),[115] 『한국안내』(1902년)[116]는 가츠키 겐타로(香月源太郎)라는 일본인에 의해 간행된 것인데, 전자의 권말에 3채의 한인기녀 가시자시키이면서 일본요리점, 1채의 부산권번 광고가 실려 있다. 후자는 "부산 유곽은 한인 아무개 씨가 영업하고 있다고 되어 있으나 실은 일본인의 것이며 유녀는 모두 한인여성이다. 현재 영업하는 자는 5호이며 기녀 70명이 있다"고 쓰여진 기사가 있다.[117] 같은 책 권말에도 일본인 경영 한인기녀 가시자시키 광고가 실려 있다.

---

112) 朝鮮研究会, 『最近京城案内記』, 朝鮮研究会, 1915, 14~19쪽.
113) 村上唯吉, 「通信朝鮮」.
114) 本川源之助, 「朝鮮釜山通信」, 『女学雑誌』 412, 1895.
115) 博文社, 福岡.
116) 靑木嵩山堂, 東京.
117) 『韓国案内』, 375쪽.

이 한인 기녀 가시자시키이면서 일본요리점이라는 기묘한 광고는, 부산영사관에 의해 규제를 받던 가시자시키 영업을 이런 체제로 바꾸어 계속 영업했을 것이고, 또 고객에게는 한인기녀의 희귀성, 조선인 여성의 저렴한 가격도 업자에게는 장점이었을 것이다. 인천은 다다 치하루(多田千春)라는 일본인이 조선창기 유곽의 경영 허가를 얻어 1905년 7월에 개업했다.[118] 이처럼 일본인 매춘업자가 조선인 여성을 고용하는 사례는 통계상 숫자로 나타나지 않지만, 자료로 살펴보면 서서히 증가하는 경향을 보인다. 그러나 이러한 여성의 모습이 일본인에게 가시화되어도 일본요리점과 인연이 없는 조선인의 눈에는 들어오지 않는다.

조선인 매춘부의 출현에 관해 해당 조선인의 눈에 어떤 식으로 비쳤을까. 이능화의 저서 『조선해어화사』에 "원래 도성에는 갈보(매춘부)가 없었다. 고종 갑오년 이후에 비로소 번성하게 되면서 사람들이 나라가 쇠망할 징조라고 했는데 허언이 아니었다"[119]고 쓰여져 있는 점에서 청일전쟁을 계기로 조선인 매춘부가 많아진 듯하다.

앞서 인용한 『부산안내』의 기생도 종래의 가무 음곡을 본업으로 하는 기생이라기보다 기생을 가장한 가시자시키의 창기이다. 이 시기는 가시자시키를 특별요리점, 창기를 예기라 호칭하고 있었으므로 일본인 업자 밑의 조선인 창기도 기생으로 부를 수밖에 없었던 것이다. 군사점령하의 매춘부를 예기, 기생으로 헷갈리게 불러 더욱 기생의 정의가 애매해졌다. 그 결과 기생을 일패(一牌), 이패(二牌), 삼패(三牌)로 나누어 관리할 필요가 생긴 것이다. 패(牌)를 나누는 정의는 논자와 시기에 따라 다르지만 경찰관료였던 이마무라 도모는 일·이패까지 기생, 삼패는 준(準)기생이지만 성적 행상에 따라 일·이패로 진급할 수도 있었는데 일·이패가 삼

118) 『皇城新聞』, 1906년 6월 13일자.
119) 李能和, 『朝鮮解語花史』, 1926, 翰南書林, 140쪽(3版 斯道館, 書刊行復刻, 1975).

패로 전락할 수도 있었다.[120] 츠내야 세이후쿠(恒屋盛服)는 일패는 관기, 이패는 관기에서 첩이 된 자, 또는 관기에 준하는 예능의 소유자, 삼패는 사창이라고 했다.[121] 천도교가 발행하고 있던 잡지 『개벽』 48호(1924년 6월)에 게재된 「경성의 화류계」에는 이마무라와 똑같이 정의하면서도 삼패를 매춘이 공인된 준기생이라 하고 있다.

② 조선사회에서 매춘 관리론의 등장

부산, 서울, 인천에서 조선인 매춘부가 사회문제로 부상하자 조선정부 측에서도 이에 대한 대책을 강구해야 했다.

대한제국정부는 1900년 10월 13일에 경부(警部) 분과규정을 반포하고 '영업 및 풍속경찰에 관한 사항'도 경무과의 임무로 했지만,[122] 그 구체적인 내용은 알 수 없다. 러일전쟁 발발 직후의 1904년 4월에 경무청은 삼패기생과 사창(밀매음녀)을 모집하여 서울 시동(詩洞, 현재 중구 입정동)에 상화실(賞花室)이라 부르는 집창지구를 설정했다. 특정 지역에 대한 울타리는 경무사였던 신태휴(申泰休)가 결정했는데, 신태휴는 이외에도 부녀자의 야간 9시 이후 외출금지, 도적이나 아편 상용자에 대한 단속, 잡기 금지, 무녀 금지, 음사소상(淫祠塑像) 파괴, 낙태 금지, 오염물 청소 등 풍기를 바르게 하는 일련의 정책을 내놓았다.[123]

러일전쟁 개전과 동시에 일본인 경무고문이 고빙(雇聘)되고 한국 경찰이 권한을 상실한 것에 대해 신태휴가 저항했으므로 신태휴를 일본 측에서는 반일적인 인물로 보았는데, 그와 같은 인물이 일본 거류지에서 행하고 있던 집창화를 본딴 것은 서울에서 매춘부 증가, 성병문제, 성매매에

120) 今村鞆, 「朝鮮の売春婦」, 『朝鮮風俗集』, 博文館, 1919, 282쪽(民俗苑復刻, 1992).
121) 恒屋盛服, 『朝鮮開化史』, 1901, 339쪽.
122) 『旧韓国官報』, 1900(광무4)년 10월 26일, 1715쪽.
123) 『皇城新聞』, 1904년 3월 22일, 3월 29일, 7월 5일.

따른 사회적 피폐, 성폭력 문제 등 통탄할 풍기문란이 있었기 때문이다.

황현(黃玹)이 저서 『매천야록』에 "경향의 유녀들은 아침은 일본여자처럼, 저녁에는 서울여자처럼 두 어깨를 드러내고 대문 앞에 서 있으니 보는 자들이 얼굴을 가렸다. 신태휴는 이것을 혐오하여 유녀들을 모아다가 한구석에 집결시켜 일반민가와 뒤섞이지 않도록 했다. (중략) 그러나 결국 개혁을 못했다. 인천에는 도화동이 있는데 마을 전체가 매음가로 방탕한 외국인들은 돈을 지니고 문을 두드려서, 마치 장사치가 흥정하는 것 같더라"124)고 한 것처럼, 신태휴가 유녀의 묵과할 수 없는 광경에 분개하여 강제적으로 유녀를 격리하고 일반 주민과 섞여 거주할 수 없게 했지만 (중략) 개혁은 할 수 없었다. 인천항의 도화동에는 마을 전체가 매음에 관여하여 마치 상인이 상행위를 하는 것처럼 소란스러웠다고 당시의 성매매 상황과 신태휴가 집창화를 추진한 경위를 설명하고 있다.

요컨대 조선 측에서 집창화하게 된 첫 번째 이유가 성병문제였다. 이미 1902년에 관립의학교 교장을 역임했던 지석영은 매독이 두려웠으므로 각국의 법에 따라 기적(妓籍)을 편성하고 성병 검진을 하도록 제창하고 있다.125) 지석영은 1905년 3월에 다시 정부에 상소하여 성병을 막기 위한 방책을 요청하고 있다.126) 지석영은 일본에서 전파한 콜레라가 전국에 만연했던 1879년에 일본해군이 경영하는 제생병원 원장 마쓰마에 유즈루(松前讓)로부터 종두법을 배우고 1880년에는 두묘(痘苗) 제조법을 배우기 위해 수신사 김홍집을 수행하여 일본을 내방했다. 근대의학에 대한 절대적인 신뢰로 지석영이 성병이라는 전염병을 예방하기 위해 일본과 같은 근대적인 매춘 관리 정책을 조선에 도입하려 했을 것이다.

일본의 경찰권 개입에 반발한 신태휴도 근대의학이 제국주의적 침략

124) 『梅泉野錄』 권5(국사편찬위원회, 1971년 복각), 310~311쪽.
125) 「양매창론(楊梅瘡論)」, 『皇城新聞』, 1902년 11월 17일.
126) 『旧韓国官報』, 1905년 3월 20일, 3091호.

의 도구로 사용되고 있는 점까지 간파하지 못했다. 조선인의 매춘 관리에 착수한 신태휴가 서울 신마치(新町) 유곽의 용지 확보에 마지못해 승인한 것도 풍기 단속 이상으로 지석영과 같은 전염병에 대한 위기의식과 근대의학에 대한 신앙이 있었을 것이다.[127]

조선인의 성병검사에 관해서는 1904년에 매춘부의 격리와 관리를 결정하는데 성병검진을 하는 조선인 의사를 양성할 수 없는 시기였으므로 검진은 일본인 의사에게 기댈 수밖에 없었다.[128] 1906년 1월 평양에서의 검진도 조선인 관찰사와 경무 고문 평양지부 보좌관의 협의하에 요쿄오카 마사키요(橫崗正潔, 3등 군의관)가 창기에 대한 성병검진을 행했다.[129]

경찰서에서 검진이 의무화되어 있어도 매춘부의 외출로 영업상 지장이 생기면 스스로 일본인 의사를 초빙하는 조선인업자도 있었다.[130]

매춘부에 대한 성병검사의 의무화와 그것을 축으로 한 공창제 도입에 의해 풍기를 바로잡고 민족의 장래를 위험에 빠뜨리는 성병을 방지하려는 대한제국정부와 식민지화에서의 치안과 재원 확보를 위해 매춘 관리를 하려는 일본정부의 계략이 결과적으로 합치하여 공창제도 도입을 위한 준비가 진행되어 갔다.

그러나 조선인 측에서 일본의 정치적인 의도를 경계하는 의견이 없었던 것은 아니다. 당사자인 매춘부도 성병검진에 강하게 반발했는데, 애국계몽운동을 추진하는 측에서도 여성만 검진해보아야 효과를 높일 수 없을 뿐만 아니라, 검진 의무화 자체가 여성의 인권을 침해한다며 예리하게 비판,[131] 기구를 사용한 난폭한 검사로 '건강한 여성'을 '병에 걸리게' 한

----

127) 『梅泉野錄』에 따르면 신태휴는 서당 폐지를 주창하고 근대교육으로 개편하고자 시도한 것을 알 수 있다. 민족적 입장에서 근대화를 추진하려 했던 인물이라 할 수 있다.
128) 『大韓日報』, 1904년 9월 10일. 덧붙여서 『大韓日報』는 일본인이 발행하고 있던 일본어 신문이다.
129) 『大韓日報』, 1906년 2월 9일자.
130) 『大韓每日申報』, 1906년 3월 28일자.

다는 불만도 나왔다.[132]

그와 같은 비판에도 불구하고 서울에서는 1906년 2월부터 매춘부 실태 조사와 매독검진이 공식적으로 시작되었으며,[133] 1905년에는 중단되었던 창기세도 징수하게 되었다.[134]

한편 조선인 측에서도 정치적인 의도에서 공창제를 요구한 인물도 있었다. 내부 위생국장을 지닌 민원식(閔元植)도 그중 한 사람이다. 민원식은 나용삼(羅用三)이 본명이며 평안북도의 가난한 가정에서 태어났는데 타고난 재각(才覺)으로 일본어를 배워 17세에 일본으로 건너간다. 일본에서 정치가와 교류할 기회를 얻어 그 후원으로 1905년 22세 때 귀국하는데 바로 통감부 경무총장 오카 키하치로(岡喜八郎)[135]의 주선으로 광제원장을 겸임하면서 내부 위생국장에 취임하는 이례적인 출세를 했다.[136]

민원식의 위생국장 발탁에 어떠한 정치적인 의도가 있었는지는 알 수 없지만, 민원식은 위생국장을 역임하는 동안에 『황성신문』 지상에 일련의 「위생론」을 전개한다.

「위생론」 제4장에는 매춘부 문제가 언급되어 있는데, "매춘부는 도덕상 좋지 않지만 사회 위생상 필요하다", "매춘부를 공식 허용하여 건강진단을 엄중하게 행하고 건강한 신체의 소유자에게 그 업을 권유하면 소극적으로 화류병 전파를 막는 정책이 된다", "공식으로 허용된 매춘부는 늘

---

131) 『大韓每日申報』, 1906년 2월 9일, 2월 16일자.

132) 『大韓每日申報』, 1907년 3월 19일자.

133) 銅玫警察分署, 「沿革」, 『妓生及娼妓ニ関スル書類綴』, 1907.

134) 黃玹, 『梅泉野錄』 권5, 420쪽.

135) 松井茂를 통감부 이사관으로 추천한 것도 岡喜八郎이다(丸山鶴吉 編, 『松井茂自伝』, 223쪽).

136) 「韓官人ノ経歴一般」, 『統監府文書』 8, 국사편찬위원회, 1999, 229쪽 ; 「내부관원이력서」, 『대한제국 관원이력서』, 국사편찬위원회, 1972, 620쪽 ; 菊池謙讓, 『漢城の風雲と名士』, 日韓書房, 1910, 238~239쪽. 또한 민원식은 친일파 정치가의 거두로 1921년 도쿄에서 암살된다.

신체검사를 실시하고 화류병 의심이 있는 자는 매춘업에 종사할 수 없게 하여 손님이 성병에 걸리지 않는다", "나는 일본 당국에 엄중하게 단속하도록 요망한다"[137]고 나온다.

이토 히로부미(伊藤博文)와 후쿠자와 유키치(福澤諭吉) 등으로 대표되는 메이지 일본의 지도자는 공창제가 필요악이지만 필요한 제도라 주장하고, 그 이유로 '성병예방', '양가 자녀의 방파제', '사회안녕', '사회질서' 등을 열거했다. 민원식의 주장은 일본의 공창제 논리와 같은데, 이 논리가 조선사회에도 수용되어 간다. 일례로 평양의 유지들은 "……창기 월세는 2원으로 정하고 청결비에 사용하도록 하고 특정 1구에 기녀를 모아 촌리의 집을 사용, 민가와 섞여 거주하지 못하게 하고, 가무 음악, 교습 장소를 해당 구에서 행하게 하며, 음란한 소리가 정숙하고 깨끗한 부녀자에게 전입되지 않게 하는 것이 중요한 과제이다"[138]라고 하여 정숙하고 깨끗한 부녀자들로부터 매춘부를 격리하도록 청원했다. 여기서 제안되고 있는 창기세 2원은 높게 설정되어 있는데[139] 공창제의 경제적인 효과에서 착안한 것이다.

③ 조선인 대상 매춘 관리 내용과 추진 주체

이처럼 집창화, 매독검사 실시에 관한 여론이 형성되어가는 가운데, 먼저 서울에서 조선인을 대상으로 한 매춘 관리에 착수했다. 1908년 9월 경시총감 와카마츠 라이조(若松賚藏)의 이름으로 경시청령 제5호「기생단속령(妓生團束令)」과 제6호「창기단속령(娼妓團束令)」이 발포된다. '취체(取締)'라는 일본식 한자어를 쓰지 않고 '단속(團束)'이라고 조선식 한

---

137) 『皇城新聞』, 1906년 11월 26일자.
138) 『皇城新聞』, 1908년 1월 9일자.
139) 덧붙여서 1914년 경성부의 2종 예기(즉 창기)의 월세가 2엔이었다(青柳網太郎, 『最近京城案內記』, 19쪽).

자어로 쓴 점에서 마치 조선인이 주체적으로 기생과 창기 관리를 추진하는 듯한 인상을 준다. 일본에서는 이미 공창제를 실시할 때 정부가 관여하지 않는 것처럼 지방관 결정에 일임하는 형식을 취했는데,[140] 이 법령의 번안적 호칭은 그것을 상기시킨다.

한국 총무처 정부기록보존소(2004년 5월부터 국가기록원으로 개칭)에 소장되어 있는 『예기 및 창기에 관한 서류철』(이하 『서류철』이라 함)에 1900년 일본에서 공포된 내무성령 제44호 「창기단속규칙(娼妓取締規則)」이 삽입되어 있는데, 이것은 두 단속령 제정 때 기본적인 참고자료로 통감부 당국이 조선인에게 제공한 것을 말해주고 있다.[141]

기생단속령(妓生團束令)[142]

제1조 기생 영업을 하려는 자는 부모 또는 이를 대신하는 친족의 허락을 받아 관할 경찰관서를 거쳐 경시청에 신고하여 인가증을 받아야 한다. 직업을 그만둘 때는 인가증을 경찰청에 반납해야 한다.

제2조 기생은 경시청이 지정하는 시기에 조합과 규약을 정해서 경시청의 인가를 받아야 한다.

제3조 경시청은 풍속을 해치고 공안을 해칠 우려가 있다고 인정될 때는 기생의 영업을 금지하거나 정지하는 것으로 한다.

제4조 제1조의 인가증을 받지 않고 기생 영업을 하는 자는 10일 이하의 구류 또는 10엔 이하의 벌금에 처한다.

---

140) 大日方純夫, 「日本近代国家の成立と売娼問題―東京府下の動向を中心として―」, 東京都立商科短期大学, 『研究論叢』 39, 1989, 13쪽.

141) 정부기록보존소가 편찬한 『일제문서해제선집』(1992)은 「기생단속령」, 「창기단속령」을 작성하는 참고자료로 통감부 당국에서 주어진 내무성령 제44호 「창기단속규칙」을 조선인을 위해 만든 것으로, 또 동 규칙에 기재되어 있는 연령 18세를 조선인 창기의 허가 연령으로 오해하여 해석하고 있다. 자료의 삽입에서도 두 단속령 제정의 배경에서 통감부의 정치적인 의도를 읽을 수 있다.

142) 統監府 警務第2課, 『妓生及娼妓ニ関スル書類綴』, 1908 ; 『大韓帝國官報』 4188호, 1908년 9월 28일.

부칙

제5조 현재 기생 영업을 하는 자는 본령 시행일로부터 30일 이내에 제1조의 규정을 수행하여야 한다.

「창기단속령」은 '기생'이라는 말을 '창기'로 고쳤을 뿐 내용은 같은데, "기생과 창기는 그 계급을 달리 했으므로" 각각 단속령을 발행했다고 설명하고 있다.[143] 『서류철』에는 가타가나 혼용 일본어와 가타가나 부분만 한글로 교체해서 쓴 것이 수록되어 있는데, 한글판은 1908년 9월 28일 『대한제국관보』 4188호에도 기재되어 있다.

단속령을 시행할 때 구체적인 내용에 관해서는 「기생조합규약표준」, 「한성창기조합규약」, 「기생에 대한 유고(諭告)조항」, 「창기에 대한 유고조항」[144]으로 규정하고 있다.

「기생에 대한 유고조항」, 「창기에 대한 유고조항」 모두(冒頭)에 "인지(人智) 개발에 따라 사회 상태가 바뀌는 것은 필연이며, 그 필요에 따라 추이하는 조류는 피할 수 없으므로 기생단속령(또는 창기단속령)도 사회의 상태에 적응시키기 위해 발령한다"고 설명했다.

기생은 관기를 포함한 기생 전체의 총칭으로 규정(「기생에 대한 유고조항」), 창기는 상화실(賞花室), 갈보, 색주가 작부의 총칭(「창기에 대한 유고조항」)으로 규정하여 폭넓게 관리 대상자를 포괄했다.

이 단속령 공포 전에 관기의 관할관청이 궁중의 음악을 담당했던 장악과(掌樂課)에서 경무청으로 옮겼다.[145] 관기라 해도 가무음곡의 보유자 이전에 성병을 전파할지도 모를 위험한 존재로 간주된 것이며 패(牌)에 상관없이 관리 대상이 된 것이다.[146]

---

143) 韓國內部警務局, 『韓國警察一斑』, 1910, 298쪽.
144) 統監府 警務第2課, 『妓生及娼妓ニ関スル書類綴』.
145) 『皇城新聞』, 1908년 9월 15일자.
146) 『大韓每日申報』, 1908년 3월 18일자 기사에 따르면, 일패 기생 100여 명, 관기 30명까지

한편 기생, 창기의 허가 연령을 조선여성의 결혼 허가 연령(만 15세)에 의거하여 만 15세로 규정했다.[147] 그러나 일본의 메이지민법에 규정되어 있는 여자의 결혼 허가연령도 15세인데, 일본 국내와 조선 거류지의 일본인 여성에게는 18세 미만의 매춘취업을 허가하지 않았다. 이것은 일본인에게는 허가하지 않았던 소녀매춘을 허가한 것인데, 이 연령 차이는 매춘업자(일본인, 조선인 모두)가 조선인 여성을 빠르게 매춘시장으로 흡수하는 커다란 요인이 된다.

또한 「기생에 대한 유고조항」, 「창기에 대한 유고조항」에 "남편이 있는 부녀자에 대한 제한"이라는 항목이 있고, "본 과업은 부녀자의 정조를 지킬 수 없으므로 본 남편, 또는 임시 남편이 있는 부녀자에게 정조를 버리게 하는 것은 인도상 용인할 수 없다"고 했다. 이것은 "정숙한 여성은 두 남편을 섬기지 않는다"고 하는 유교적인 도덕관을 이용하면서 결혼제도와 매춘제도의 준별 및 일본식 근대 가족제도의 정식(定植)을 노린 것이며 섹슈얼리티로 조선여성을 분단시킨 것이다.

일반적으로 서울 기생에게는 기둥서방(妓夫)의 존재가 있어서 기생의 매니저 역할을 했는데, 단속령 실시와 더불어 본 남편·임시 남편은 배제되고, 기생·창기는 국가권력의 직접적인 관리하에 일원화되었다.

두 단속령의 또 다른 목표는 성산업의 대중화이다. 종래의 화대(花代)는 유흥시간의 길이와 상관없이 4원 내지 5원이었는데, 「기생에 대한 유고조항」에 화대가 "저렴한 가격이 없어 고객이 불편을 느끼므로 1시간당 화채(花債)를 정하여 고객의 편의를 꾀한 것이다. 그렇게 하면 고객 증가가 예상되고 수입은 감소하지 않을 것이다"라 했고, 「기생조합규약표준」제8조에 1시간당 화대 80전 이내로 하도록 지시하고 있다.

축소될 정도로 기생은 본래 모습에서 멀어져 갔다.

147) 「妓生ニ対スル論告條項」, 「娼妓ニ対スル論告條項」, 『書類綴』.

이에 대해『황성신문』, 1908년 11월 21일자 논설에서는 화대를 마구잡이로 발매하여 쉽게 화류계로 접근할 수 있게 한 기생조합은 사회악의 폐해라며 비판하고 있다.

나아가 유고조항에 창기에게만 강요되던 건강진단증명을 1909년 3월 관기에게도 의무화할 것을 검토했다.[148] 이것은 가령 '매예불매음(賣藝不賣淫)'의 기생이라도 삼패 기생으로 간주됨을 뜻하며 기생의 직업적 긍지는 부정되게 되었다.

『한국경찰일반』에 따르면 서울 외에 평안남북도에도 「기생단속령」, 「창기단속령」이 발포되었는데, 시기는 서울보다 3개월 늦은 1908년 12월 8일이다.[149]

그럼 이와 같은 조선인 대상 매춘 관리를 노렸던 「기생단속령」, 「창기단속령」은 누가 발안하여 추진했을까.『서류철』의 청원서에 의하면 남부 훈도동 시곡(薰陶洞 詩谷)의 유력자인 김명완(金明完)과 주상조합(酒商組合)이 솔선하여 유녀조합을 결성하고 규약 인가를 청원했다. 그러나 『서류철』은 통감부 경무제2과에 보관되어 있는데, 1908년 한국의 경찰기구는 이미 일본인이 장악하고 있었으므로 추진 주체를 조선인으로 볼 수 없다.

통감부 권력이 「위생경찰 풍속경찰의 창설」을 고문경찰의 업적[150]으로 열거하고 있듯이, 조선인 매춘부의 관리는 일본인 병사의 안전을 위해 필요했다. 이처럼 증파된 병사, 군대 주변에서 활동하는 일본인 노동자를 회유하고 나아가 조선 전역에서 매춘 관리를 추진하기 위해서도 단속령은 중요한 포석이 되었다.

일본인 의사 모로 토쿠에이(毛呂德衛)[151]는 김명완 등에게 유녀조합

---

148)『大韓每日申報』, 1909년 3월 13일자.

149)『朝鮮總督府官報』제556호, 1912년 7월 4일.

150) 韓國內部警務局,『顧問警察小誌』1910(융희4년), 9쪽.

을 조직하게 만든 사람이 본인이었다며 자신이 쓴 「기생조합의 기원」[152]
에서 밝히고 있다. 모로는 "단정치 못하고 질서가 없는 천업부(賤業婦)의
상태를 보고 어떻게든 이를 통일시키고 싶다"고 생각, "내지의 예기를 보
라, 질서정연하고 각자 품위 향상에 노력하고 있으므로 외국의 관광단이
와도 가장 먼저 예기로서 환대하게 하지 않는가, 이러한 점을 본받아 조
선에도 빨리 검번(檢番)제도를 설치하여 향상을 꾀해야 한다"며 삼패의
우두머리이고 난봉꾼의 보스였던 김명완을 위시하여 기생계의 유력자 20
명을 설득한바 무척 감동한 그들이 1908년 6월에 경성 예창기조합을 출원
하여 당국의 인가를 받았다고 쓰고 있다. 나아가 삼패 기생 김연심(金蓮
心)이 회장을 맡고 회원이 300명 남짓 모였는데 모로 자신이 고문이 되어
보살펴 주었다. 『서류철』에는 경성 유녀조합, 경성 예창기조합, 한성창기
조합으로 명칭이 일정치 않은데, 경시청에 신청할 때는 한성 창기조합으
로 되어 있다. 이것은 출원 당사자에게 경성은 아직 익숙하지 않은 명칭
이었기 때문으로 생각한다. 또 출원서는 가타가나 혼용 일본어로 쓰였고
내부회원에게 보낸 규약은 한자가 섞인 한글로 쓰여 있다.

　　출원, 인가 일시, 8월을 6월로 한연심을 김연심으로 잘못 기억하고 있
는 부분이 있는데, 일본 한의(韓醫)가 조합조직을 위해 일하고 있었다고
모로의 수기에서 밝히고 있다. 그러나 일개 의사가 '많은 계급이 있고' '계
급 간에 매겨진 이러한 귀천을 하나로 모으기' 위해 조합설립에 기여했다
해도 매춘 관리를 구상하고 실현했을 리는 없다.

　　조합인가 후 경시청이 「창기조합에 대한 특별명령」[153]을 일본어와 조

---

151) 동양의학과 서양의학의 조화를 추급하는 한성의사연찬회(1911년에 조선의사연찬회로 개
　　명)의 감사로 활약했다(김남일, 「한의학의 역사」, 17쪽. http://blog.empas.com/sacheon/
　　read.html?a=18280016).

152) 三城景明, 『韓末を語る』, 朝鮮研究社, 1930, 151~152쪽.

153) 『書類綴(1910.9)』(『雜誌にみる近代日本の朝鮮認識 韓合期前後』, 明石書店, 1995).

선어로 발송했는데, 조합규약 등 사무사항 이외에 "손님 중 금전을 낭비
하거나 신분에 맞지 않게 금품을 소지하고 그 거동이 의심스럽다고 인정
되는 자가 있을 때는 그 사실"을 경찰관리에게 신고하라고 명령하고 있다.
모로의 의도를 초월하여 조합조직의 목표는 항일운동의 정보 수집기관 역
할도 하고 있었던 것이다. 풍기 이상으로 치안을 목적으로 하고 있었다.

이 무렵 조선 매춘부의 정의, 매춘 관리의 과정, 성병검진의 지역적 상
황 등을 상세하게 서술한 것으로 이마무라 도모가 1909년에 쓴 「조선의
매춘부」가 있고, 1910년에 간행된 『한국경찰일반』(한국내부경무국)에는
그것이 그대로 전재(轉載)되어 있다. 부산 미도리마치의 집창화를 꾀하
고 그 후에 내부 경무국장이 된 마츠이 시게루(松井茂)는 「기생 및 갈보
의 기왕 현재」[154]라는 제목에서 이마무라의 문장을 가타가나 혼용문에서
히라가나 혼용문으로 바꾸기만 했을 뿐 그대로 전재하고 있다.

이마무라는 기후(岐阜)에서 지방관리를 역임한 후 1908년 조선으로 건
너와 충청도, 강원도 경찰부장을 거쳐 마츠이 시게루의 알선으로 통감부
경찰로 근무하게 된 인물이다. 마츠이가 후배의 문장을 그대로 전재한 것
은 있을 수 있겠지만, 이미 마츠이는 『각국 경찰연혁사』를 위시하여 적지
않은 저작을 세상에 내놓고 있는데 표절로 오해받을 만한 행위를 일부러
했던 것일까. 가령 이마무라가 문장을 썼다 해도 조선의 매춘 관리 방침
과 관련된 매춘부의 정의는 경찰의 공통인식을 반영한 것이며, 오히려 이
마무라를 저자로 해서 경찰국장 마츠이와 통감부의 정치적 의도를 은폐
하려 했던 것으로 해석이 된다. 나아가 지금까지의 경력에서도 마츠이 쪽
이 매춘 관리 경험이 많은데 그런 마츠이가 이마무라의 지식을 빌릴 리가
없다.[155]

---

154) 『日韓実業界』, 1910년 9월 5일.
155) 마츠이 자신이 마루야마 시게토시가 부재중에 기생단속령을 내렸다고 증언하고 있다
    (『松井警務局長講演集』, 警務月報編纂部, 1910, 77쪽).

병사 회유, 조선 치안, 경제적 장점 등에서 군사점령하의 성 관리를 활용하기 위해 「기생단속령」, 「창기단속령」을 발포했는데, 그것을 통감부, 나아가서는 일본정부가 추진한 것이 아니라 조선정부와 일개 경찰관료가 추진한 것처럼 보이게 한 것이다.

조선인에 대한 매춘 관리를 안에서 지탱한 것은 일본의 군사점령이라는 사회변화에 편승하여 등장한 서민계층의 친일파였다. 『황성신문』과 『대한매일신보』 같은 민족지는 매매춘의 풍조가 확대되는 것을 우려하여 그 해독을 만연시키는 기생조합을 비판했는데, 조합의 출현으로 기생에 대한 관리가 기둥서방(妓夫)의 개인적이고 자의적인 것에서 조직적인 것으로 대체되었다. 이를 계기로 조직적인 매춘업을 매력적인 벤처 비즈니스로 파악하여 참여하는 자가 나타났다. 일례로 기둥서방이던 자들이 스스로 기둥서방 제도를 부정하고 협률사(協律社) 경영에 관여하고 있다.[156)

「단속령」 규정에서 기생, 창기 모두 조합가입이 의무화되어 있는데 창기조합은 앞서 서술한 것처럼 '한성창기조합'이 1908년 8월 인가된다.[157) 기생조합으로 평양출신 기생에 의한 다동조합(茶洞組合)이 1908년에 결성되었는데 송병준이 경영하는 고리대부업 '대성사(大成社)'가 관여하고 있었다.[158) 이에 대해 관기출신 기생이 중심이 된 광교기생조합(나중에 한성기생조합)이 조직된다. 한성창기조합은 서울의 광범위한 지역의 여성을 모은 것인데, 이것을 재편한 것인지 알 수 없지만 시동(詩洞)에 집창된 삼패 기생조합이 1909년 9월 인가되었다.[159) 임종국의 『밤의 일제침략사』에 의하면 1908년에 결성된 경성창기조합을 친일파의 거물정치가 조

---

156) 「自由売淫の請願」, 『帝國新聞』, 1907년 2월 28일자.

157) 「京城遊女組合設立請願書」, 『書類綴』.

158) 조합, 권번에 관해서는 藤永壯, 「上海の日本軍慰安所と朝鮮人」, 24~29쪽)에 상세히 기술되어 있다.

159) 「창기조합 인가」, 『皇城新聞』, 1909년 9월 3일.

중응(趙重應)이 신창조합(新彰組合), 나아가 신창권번으로 개칭했다.[160]

매춘 관리를 추진하기 위해 집창화를 꾀했는데, 나아가 밀매춘을 관리, 매춘하에 편입함으로써 성병검사 대상을 확대하고 세금도 징수할 수 있었던 것이다. 따라서 경시청이 단속령 시행 뒤에 착수한 것은 대대적인 밀매춘 조사였다. 단속령 발포 전 1908년 8월경부터 조사가 개시되었는데 1909년 3월 말 조사결과에서 5,000명이 넘는 매춘부의 존재를 보도했다.[161] 탁지부(度支部, 1895년에 개칭된 국가 재정담당 관청)는 재정적인 문제를 해결하기 위해 경시청과 교섭하여 밀매춘세의 징수를 자문,[162] 업자 중에는 밀매춘 관리와 징세를 주장하는 자도 나타났다.[163] 밀매춘 조사에서 표적이 된 것은 당시 사회적 편견을 받는 과부와 첩이었는데,[164] 그 과정에서 밀매춘 중개자의 존재도 밝혀졌다. 매춘업자의 증가는 필연적으로 중개와 인신매매로 생계를 유지하는 자의 증가로 이어졌다. 이미 1909년 4월에 거매자생(居媒資生), 즉 매춘부와 매춘객을 중개하는 여성만도 1,870명이 있다고 보도하고 있다.[165] 경찰은 중개자에 대한 처벌을 결정하였는데,[166] 중개자의 보스로 부상한 것이 친일 개화파와 가까운 인물이었다. 전선사(典膳司)인 김각현(金珏鉉)의 첩이며 양정(養貞)여자교육회 회원인 민현자(閔玄子)는 밀매춘 중개와 관련되었다는 이유로 이 교육회에서 제명당했는데,[167] 그녀는 이완용과도 관련이 있는 인물이었다.[168]

---

160) 한빛문화사, 24쪽. 이 삼패 기생조합인 신창조합은 1916년 6월 당국으로부터 제1종 예기조합 인가를 받고 성대하게 축하연회를 거행했다(『朝鮮新聞』, 1916년 6월 14일). 이것은 이 무렵 기생과 창기의 경계가 유동적이었다는 해석도 성립하지만 매춘으로 자본을 축적한 업자가 가무음곡을 주체로 한 기생으로 고급화한 것이라 생각한다.

161) 『大韓每日申報』, 1909년 3월 31일.

162) 『大韓每日申報』, 1909년 9월 16일.

163) 『大韓每日申報』, 1910년 6월 15일.

164) 『大韓每日申報』, 1909년 4월 16일, 1910년 6월 9일 ; 『慶南日報』, 1910년 5월 6일.

165) 『大韓每日申報』, 1909년 4월 20일.

166) 『皇城新聞』, 1910년 6월 7일.

이처럼 새로 생겨난 이권에 기둥서방뿐만 아니라 친일파 거물정치가도 깊이 관여되어 있었다. 매춘업자와 마찬가지로 중개업자도 친일을 하면서 이권을 탐하는 자부터 일개 노파까지 다양한 계층에 망라되어 있었다.

④ 지방으로 매춘 관리 확대

서울에서는 이상과 같은 전면적인 공창제 도입을 위해 통감부가 단계적으로 개입했는데, 지방의 매춘 관리는 어떤 식으로 진행되었을까. 『한국경찰일반』의 「제15장 위생경찰, 제4 매소부(賣笑婦)의 검진」[169]에 따르면, 성병예방을 위한 조선인 매춘부의 건강진단을 조합규약에 의거할 것인가, 단속규칙을 정해 강제로 행할 것인가에 대한 득실을 각 도에 자문하고 있다. 내용은 다음과 같다.

〈함경남도〉
영업자는 무자산 자가 많고 비용이 비싸며 또 기생 등은 옛날부터 고관의 문을 드나들던 천업이라는 관념이 있어 조합의 제재에 따라 법규를 두어 강제해야 한다.

〈평안북도〉
기생 창기단속령을 발포하고 해당 칙령에 건강진단을 강제하는 명문이 없어도 허가 때 검진하는 것으로 유보하고, 매주 1회 실행하며 특별한 사정이 없으면 지금 그대로 행한다.

---

167) 『大韓每日申報』, 1910년 7월 20일 ; 『皇城新聞』, 1910년 7월 22일.
168) 『大韓每日申報』, 1909년 5월 16일.
169) 韓國內部警務局, 1910, 375~376쪽.

〈경상북도, 전라북도, 평안남도, 황해도〉

조합 규약에 따라 시행하지 않고는 위생상 느낌이 없는 한인에게 실효가 없으므로 오직 법규로서 강제해야 한다.

〈충청북도, 강원도〉

한인 매소부(賣笑婦)는 몇 십 명이며 따로 건강진단을 행할 필요가 없다.

〈경상남도〉

기생의 산지, 진주같이 경찰의 설득하에 한일 기생 똑같이 1주 1회 건강진단을 행하고 특별한 사정이 없으면 규칙을 제정하여 현행대로 행한다.

〈경기, 충청북도, 전라남도〉

법규로서 경찰의 대응에 일임하도록 한다.170)

〈표 3-1〉 조선체류 일본인 경찰단속 영업자

구분 연도	예기	창기	작부	계	대합찻집	요리점	예기치옥	가시자시키	계
1906	985		518	1,503		385			385
1907	754	606	1,321	2,681	11	541		59	611
1908	1,035	697	2,321	4,053	18	843		73	934
1909	1,055	678	2,236	3,969	29	880		118	1,027

비고 : 1906~1908년은 통감부, 『통감부통계연보』(1907, 1909, 1910년), 1909년은 조선총독부, 『조선총독부연보』(1911년)의 「警察—警察上取締營業」에 의해 작성.

---

170) 경찰의 단속으로 도령(道令) 발포 지역은 평안남북도뿐이고, 경남은 대구 기생 영업자로 조합을 조직하여 간접적으로 단속했다. 건강진단에 관해서는 평양은 갈보에 대해 매월 4회 검사를 받게 했고, 질병이 있으면 조합에서 치료를 했다. 평안북도는 기생·갈보라도 일본인에게 고용되어 있는 자만 행했다. 인천은 기생과 갈보에 대해 월 3회 한인설립 제세병원에서 검진, 일본인 간호부가 담당, 비용은 面議所가 지출했다(韓國內部警務局, 『韓國警察一斑』, 「제13장 제5 기생 및 갈보」, 196~297쪽).

<표 3-2> 1908년 경찰단속영업자

		가시자시키	요리옥	주막	일, 이패(예기)	삼패(창기)	중거(仲居)작부
경시청 (서울)	한	218	28	889	107	304	-
	일	23	102	412	196	283	401
경기도	한	71	1	1,928	41	108	-
	일	9	74	106	89	106	206
충청북도	한	-	-	1,784	-	4	40
	일	-	6	-	-	-	16
충청남도	한	-	-	2,642	9	45	-
	일	-	19	10	18	-	74
전라북도	한	-	3	1,131	20	93	12
	일	-	7	3	5	-	21
전라남도	한	-	8	964	22	14	-
	일	-	24	17	28	-	94
경상북도	한	-	6	1,603	44	21	10
	일	-	52	23	50	-	160
경상남도	한	5	3	2,556	217	73	3
	일	16	91	224	127	192	586
황해도	한	-	1	1,206	27	-	19
	일	-	27	7	19	50	114
평안남도	한	-	4	840	126	50	-
	일	12	73	88	96	83	173
평안북도	한	-	3	1,512	94	39	-
	일	4	44	19	45	40	78
강원도	한	-	0	1,660	-	11	-
	일	-	7	-	-	0	36
함경남도	한	-	-	1,524	69	357	3
	일		5	67	38	66	49	188
함경북도	한	-	3	46	-	4	14
	일	-	75	66	63	-	183
	한	294	60	20,285	776	1,123	101
	일	69	668	1,013	802	803	2,329
	계	363	728	21,298	1,578	1,926	2,430

비고 : 內部警務局, 『韓國警察統計』(1909년)에 의해 작성.

〈표 3-3〉 1908년 성병검사 검진상황

		정기건강 진단을 실시한 매소부				밀매소부	계	인구 만분비
		인원수	①	②	치료법			
한성부	한	215	월 1	0.39	자택	33	248	34.58
	일	241	주2	0.50	수용	160	401	
경기도	한	74	주1	4.00	자택	427	501	8.17
	일	24	주1	10.00	자택	160	184	
충청북도	한	12	월 3	0.83	자택	22	34	1.54
	일	7	주1	0.14	자택	29	36	
충청남도	한	-	-	-	자택	60	60	2.14
	일	39	주1	1.0	자택	51	90	
전라북도	한	3	주1	1.00	자택	206	209	5.42
	일	6	주1	96.20	자택	72	78	
전라남도	한	-	-	-	-	186	186	3.48
	일	46	월 2	9.00	자택	42	88	
경상북도	한	6	주1	50.00	자택	87	93	23.66
	일	146	주1	25.00	자택	31	177	
경상남도	한	48	주1	3.00	수용	354	402	11.02
	일	285	주1	5.00	수용	345	630	
황해도	한	-	-	-	-	194	194	3.19
	일	-	-	-	-	55	55	
평안남도	한	29	주1	11.00	자택	45	74	5.80
	일	112	주1	11.00	자택	220	332	
평안북도	한	5	주1	10.00	자택	223	228	6.67
	일	147	주1	10.00	자택	47	194	
강원도	한	-	-	-	-	58	58	1.43
	일	6	주1	0.00	자택	16	22	
함경남도	한	4	주1	50.00	자택	172	176	11.28
	일	248	주1	30.00	수용	63	311	
함경북도	한	15	주1	13.00	자택	-	15	7.36
	일	222	주1	7.00	수용	10	232	
	한	411		10.40		1,569	1,980	5.96
	일	1,529		14.63		1,246	2,775	
	계	1,940		12.52		2,815	4,755	

비고 1 : 內部衛生局, 『韓國衛生一班』(1909년) ; 內部警務局, 『韓國警察統計』(1909년)에 의해 작성.
비고 2 : ①은 진단횟수, ②는 유독 비율.

『한국경찰일반』제13장과 제15장 검진에 대한 기술에 차이점이 있는데, 그것은 경시청에서 아직 지방의 매매춘 사정을 파악하지 못했을 뿐만 아니라 지방 역시 일정한 대책을 세우지 못하고 있음을 말해준다. 그러나 〈표 3-3〉을 보면 서울, 함경남북도에서 일본인 매춘부, 경상남도에서 매춘부 전체가 성병 치료를 위해 병원에서 수용하도록 되어 있는 것은, 부산, 서울, 인천, 평양, 원산, 라남, 의주, 신의주가 모두 중요한 군사도시였으므로 다른 지역보다 성병대책을 철저화한 데 따른 것이다.

서울의 단속령을 확대하는 과정에서 추진한 전국의 매춘부 실태조사도 숫자의 차이를 보인다. 〈표 3-1~3-3〉의 통계표에 사용된 용어가 엄밀하지 않고, 통감부와 한국 내부의 경무국과 위생국의 통계 숫자가 다른 것도 실태를 정확하게 파악할 수 없는 실정을 말해준다.

정기 건강진단을 받은 매춘부는 조선인의 경우 삼패 기생과 작부, 일본인의 경우 작부나 특별예기였는데, 명칭이 애매한 점에서 진단 대상에서 빠진 실제 창기도 적지 않았을 것이다. 또 건강진단을 시작한 지 얼마 안 되는 시점이라 정확한 실태 파악이 어려웠던 것으로 해석할 수 있다. 그러나 그 이상으로 군사점령기에는 서울과 부산, 인천 같은 커다란 일본인 거류민 지역이 있는 곳 이외에, 마츠이 시게루가 말하고 있는 것처럼 "빈들빈들 놀며 게으른 자가 많아서 조선에 매춘이 많을 것 같으나 사실은 적었"으므로, 조선 각지에서 일본인 대상 단속령이 발포된 데 비해 조선인 대상자는 일부 지역밖에 발포되지 않았던 것이다.

같은 시기 밀도살을 금지하고 도살 검사를 의무화했을 때 검사료 부과의 영향으로 "최근 육류 가격이 폭등하여 하등민(下等民)은 육식을 금지할 수밖에 없다는 불만이 들린다. 이러한 물가폭등을 일본인 탓이라 느끼는 자가 많고, 검사료 징집은 육류의 폭등을 초래하고 배일사상을 증진하므로 시기상조[171]"라 한 것처럼, 조선인 매춘부의 단속에서도 민중의 반일감정을 살피고 있는 점에서, 위생경찰, 풍속경찰이 신중하게 식민지화

준비를 했다는 점도 배경에 있을 것이다.

마치며

　개항 후 부산, 원산에 일본인 거류지가 열리자 일본의 매춘업자는 새로운 시장인 조선에 경영적 매력을 느끼고 줄지어 도항했다. 일본정부는 남성이 많은 거류지의 현상에서 특별히 도항을 금지하지 않고 묵인하며 은근히 거류지 경영과 치안 면에서 매춘업을 활용했다. 그러나 1883년 개항한 인천은 부산과 원산처럼 일본·청국만의 폐쇄적인 공간이 아니라 구미 각국에 열려 있었으므로 영사관의 강한 요청에도 불구하고 매춘업을 공인하지 않았다. 동시에 부산, 원산의 매춘영업에도 제한을 두지만 전면적으로 금지하지 않고 매춘영업을 존속시켰다. 이처럼 거류지에서의 매춘은 지역에 따라 이중적 규범 아래 놓여 있었다.

　청일전쟁 전까지 매춘업은 표면적으로 엄격한 규제를 받았지만 청일전쟁 전야의 인천에서 고급군인과 정치가 접대를 위한 요리점과 예기의 영업이 허가된다.

　청일전쟁에서 승리한 일본이 오사카를 기점으로 조일무역을 추진하면서 해상의 교통편 수가 늘어나자 일본인의 이민도 급증했다. 그와 더불어 군사적 점령지 이외의 경제 수탈을 위한 거류지도 잇따라 열렸고 요리점으로 가장한 매춘업도 확대되었다. 이미 요리점이라는 틀로 매춘업을 가둬둘 수 없을 정도로 팽창했으므로, 개항 후에 존재했던 매춘업자를 배제하고 '특별요리점'이라는 명칭의 새로운 매춘 관리를 시작했다. 1892년 부

---

171) 韓國內部警務局, 『韓國警察一斑』, 375~376쪽. 원산에서는 도수검사료도 일본인 거류민단의 수입이 되었다. 위생경찰, 풍속경찰의 발족이 재정면에서도 식민지화에 이바지했다(韓國內部警務局, 『韓國警察一斑』, 377~379쪽).

산에서 개업한 것이 효시인데 가시자시키(貸座敷)를 '특별요리점', 창기를 제2종 예기, 을종 예기로 위장하는 형태가 1916년까지 계속되었다. 이 시기의 매춘업은 거류민회의 재원을 떠받치고, 조선 식민지 지배의 경제적인 기초를 형성한다.

러일전쟁을 경계로 전쟁과 조선의 '치안'을 위해 조선에서 주류 군대의 규모가 커지게 되자, 성폭력과 성매매를 포함하여 조선의 풍속이 문란해지고 성병도 중대한 사회문제가 되었다. 조선을 보호정치한다는 명목으로 1905년에 설치된 통감부는 군사적 요충지인 서울과 평양 등에서 관리매춘을 공인하고 철저하게 성병검사를 실시하려 했다. 말하자면 군사점령하의 공창제가 조선 각지 일본인 거류지에서 추진되었다. 용암포·의주·신의주 등의 군사적 요충지는 병참사령부가 성매매 관리 권한을 갖고, 일반 거류지도 통감부 경찰이 직접 거류민회 관리에 관여하게 된다.

그러나 조선인에 관해서는 통감부가 추진하는 것처럼 보이지 않고 마치 조선인이 주체적으로 성병예방, 풍기의 관점에서 추진하는 것 같은 형식을 밟았고, 「기생단속령」, 「창기단속령」이라는 매춘 관리 법규를 정한다. 조선인 조합을 통해 매춘을 관리·운영하며, 이권과 얽힌 '화류계'와 관련된 사람들이 친일화되어 갔다. 마치 의병투쟁 진압은 헌병보조원에게 맡기고 조선인 회유는 '화류계'의 조선인이 맡는 식의 당근과 채찍을 함께 사용했던 것이다.

러일전쟁 후 북미에서 이민배척론이 대두하여 외상 코무라 쥬타로(小村壽太郎)가 1909년에 「만한이민집중론(滿韓移民集中論)」을 발표하자 한국병합은 더 많은 일본인 이민을 조선으로 흡수하는 계기가 되었다.

1910년의 '한국병합' 이후 매춘 관리는 각 도의 경무부에 맡겼는데 매춘허가 연령을 위시한 처우에서 일본인과 조선인의 민족적 차별을 명문화했다. 매춘 관리 법규가 각 도마다 내용이 다르고 통일되지 않았는데, 조선총독부는 1916년 3월, 조선 전체에 통일적인 매춘 관리법, 경무총감부령 제4호 「가시자시키 창부취체규칙(貸座敷娼妓取締規則)」을 제정·시행한다.

이리하여 식민지 조선에서 공창제의 도입이 전면적으로 이루어지는데, 시기와 지역에 따라 일본 내지와는 다른 공창제의 실상을 볼 수 있다. 즉 일관되게 군사령부의 의향이 강하게 작용한 군사점령지형의 관리 매춘, 매춘업자의 경영형 공창제, 일본 내지와 다른 식민지형 공창제가 병존하며 전개되었고, 조선의 지역에 따라 초기부터 군위안소적 유곽이 존재했다는 것도 마지막으로 지적해 두어야 한다.

제4장 한반도에서의 일본군 역사(1904~1945)

신주백(辛珠柏)

들어가며

일본군은 1882년 7월의 임오군란으로 인해 체결된 제물포조약을 계기로 서울에 주둔하기 시작하였다. 일본군이 한반도에 상설적으로 주둔한 것은 1592년에 일어난 임진왜란 이후 처음이었다. 하지만 이때는 공사관 수비대(公使館守備隊)라는 이름으로 주둔한 데서 알 수 있듯이, 공관시설을 지키고 외교관을 호위하는 부대였다.

일본의 이익을 군사적으로 실현하려는 부대가 한반도에 본격적으로 상설하기 시작한 것은 1904년에 일어난 러일전쟁 때였다. 일본군은 이때부터 1945년 10월 한반도에서 물러날 때까지 40여 년 동안 한반도 곳곳에 머물며 조선을 침략하고 지배하는 첨병이자 최후의 보루였다. 이 글은 같은 기간 동안 일본군의 편제가 어떻게 바뀌었는가를 정리하는 데 목적이 있다. 시기를 크게 세 개로 나눈 것도 이 때문이다.[1]

한반도에 있었던 일본군은 한국주차군, 조선주차군, 조선군, 제17방면군과 조선군관구라 불렀다. 시기에 따라 구체적인 양상은 조금씩 달랐지

---

[1] 일본군의 국외병력 운영방식은 주차와 주둔으로 나눌 수도 있다. 주차부대는 본토의 부대와 현지의 파견부대가 주기적으로 교체하는 경우를 말하며, 주둔부대는 말 그대로 부대의 교체 없이 상설하는 부대를 가리킨다.

만, 이들은 내외정세의 필요에 따라 대중작전과 대러(대소)작전을 벌이거
나, 전면에 나서서 한인의 저항 움직임을 진압하였다. 이를 개괄적으로
정리하는 것도 이 글의 목적이다. 그리하여 일본의 대외침략과 지배를 위
해 한반도에 머물렀던 일본군이 어떤 역할을 했는지 정리해 보겠다.[2]

1. 주차군(1904~1916.4)

1) 한국주차군

1904년 2월 4일 일본은 러시아와의 개전을 결정하였고, 2월 9일 중국의
여순항에 주둔하고 있던 러시아 해군을 기습 공격하여 러일전쟁을 일으
켰다.

일본은 1904년 2월 23일 대한제국에 '한일의정서'를 조인시키고, 의정서
의 제4조에 근거하여 일본군의 한국 주둔을 합법화시켰다. 3월 15일자 훈
령에 따르면, 한국주차군은 서울에 2개 대대를 항상 주둔시키고, 나머지
부대의 배치는 정황에 따라 배치하도록 하였다. 또한 한국주차군이 일본
의 외교와 관련된 행동을 하려면 서울에 거주하는 전권공사와 협의하여
결정하도록 하였다. 이에 따라 1904년 3월 20일 동경에서 사령관의 막료
로 참모부와 부관부를 두고, 참모부 산하에 경리부, 군의부, 수의부로 구
성된 한국주차군사령부가 편성되었다.

한국주차군사령부는 그해 4월 서울에 도착하였다. 당시 예하에는 보병
6개 대대 半, 병참감부, 임시군용철도감부, 한국주차헌병대, 한국주차전

---

2) 한반도에 머물렀던 일본군에 관한 연구는 그다지 많은 편은 아니지만, 그중 상당수는
필자의 글이다. 그래서 별도로 연구사 정리를 하지 않고, 서술하는 부분에서 선행연구
의 성과를 적절히 인용하는 것으로 대신하겠다.

신대, 주차병원 등이 있었다. 이때부터 한국에 있던 일본군은 일본의 공
사관을 수비하고 전신을 보호하는 수준의 부대가 아니라 국제전을 치르
는 전투부대, 한반도 점령의 침략부대로 바뀌었다.

　러일전쟁 초창기 한국주차군의 관구(管區)는 대동강에서 양덕, 덕원을
잇는 이남지역이었으며, 전선이 점차 만주로 옮겨가자 5월경에 이르러 압
록강변까지 확대되었다. 1905년 1월 한국주차군 예하에 압록강군을 편성
하여 서북지방과 압록강 일대에 주둔시켰지만, 주전선(主戰線)이 만주로
이동됨에 따라 압록강군은 4월에 만주군총사령부의 예하로 편입되었다.
전쟁의 와중에서 일본군은 부대의 군수물자를 되도록 지방의 물자로 조
달하려고 했기 때문에 소와 말 등을 징발하고 수송문제를 해결하는 데 있
어 한인에게 많은 부담을 안겼다.

　일본은 러일전쟁이 끝나자 전시편제를 평시편제로 전환하고, 1905년
10월 함흥에 사령부를 둔 제13사단과 평양에 사령부를 둔 제15사단을 주
차시켰다. 비록 전쟁이 끝났지만 향후에도 러시아를 견제하기 위해 함경
남도와 함경북도를 중심으로 서울 이북에 병력을 집중배치시키겠다는 군
사전략의 결과였다. 반면에 황해도와 강원도 이남지역에는 제15사단 소
속의 보병 제30여단을 배치하여 치안을 확보하며 한국을 장악하는 데 유
리한 상황을 만들려 하였다.[3]

　1905년 12월 일본은 대한제국정부에 강요하여 을사조약을 체결하고,
이듬해 2월에 통감부를 설치하였다. 1905년 12월에 공포된 「勅令 第267號
통감부 및 이사청관제」의 제4조에 따르면, "통감은 한국의 안녕질서를 보
지(保持)하기 위하여 필요하다고 인할 시는 한국수비군의 사령관에 대하
여 병력의 사용을 명"할 수 있었다.[4] 한국주차군과 통감과의 관계는 1906

3) 金正明 編, 『日韓外交資料集成 別册 1 - 朝鮮駐箚軍歷史』, 巖南堂書店, 91~92쪽.
4) 대한민국국회도서관, 『統監府法令資料集』 上, 1972, 2쪽.

년 7월 31일자 「勅令 제205호 韓國駐箚軍司令部條例」의 제3조에서도 명확히 규정하고 있다. 즉 "군사령관은 한국의 안녕질서를 보지하기 위하여 통감의 명령이 있을 시는 병력을 사용"할 수 있다고 명시한 것이다.[5] 이는 평시편제로 전환한 한국주차군의 통수권을 민간인에게 넘긴 제도적 조치로서 1919년 3·1운동 때까지 적용된 조항이며, 민간인의 대규모 이주보다 먼저 군대를 앞세워 대외침략을 벌였던 일본의 특징을 단적으로 드러내는 조항이다.

한국주차군은 대한제국을 '보호국화'할 수 있도록 치안을 장악하는 게 급선무였지만, 이를 위해 필요한 조치 가운데 하나가 부대가 주둔할 수 있는 시설지를 만드는 것이었다. 특히 대한제국의 중심인 서울에 이를 설치하는 일을 서둘러야 하였다. 이에 따라 한국주차군은 1906년 5월 사령부의 경리부에 임시건축과를 개설하고 한반도에 일본군 기지를 건설하는 문제를 전담시켰으며, 용산기지를 건설하기 위해 7월에 용산출장소를 개설하였다.[6] 일본 육군은 애초 사단사령부 1동, 기병·야전포병 중대 각 1동, 병원, 창고, 병기지창, 위수감옥, 군악대 등을 수용할 수 있는 규모의 기지를 용산에 건설할 계획이었다. 주요 부대의 병영시설은 1908년 6월에 완성되었으며, 10월 1일 오늘날 필동에 있던 한국주차군사령부는 용산의 새로운 군사기지로 이전하였다. 한국주차군사령부는 12월 19일까지 건설된 각 단위부대의 청사를 한데 묶어 성대한 합동낙성식을 거행하였다.[7]

한편, 일본 육군은 해외 주둔 일본군의 병력운용에 대해 1907년 2월 「滿韓駐箚部隊派遣要領」을 제정·확정하였다. 이에 따르면 한반도에는 보병 1개 사단만 주차하고, 2년에 1개 사단씩 교대하게 되었다. 주차군 시대

---

[5] 대한민국국회도서관, 『統監府法令資料集』上, 144쪽.

[6] 용산기지의 역사에 대해서는 신주백, 「용산과 일본군 용산기지의 변화(1884~1945)」, 『서울학연구』 XXIX, 2007 참조.

[7] 朝鮮駐箚軍經理部 編, 『朝鮮駐箚軍永久兵營官衙及宿舍建築經過槪要』, 1914, 91쪽.

가 본격화했음을 알리는 첫 부대는 제13사단이었다. 일본군의 새로운 조치는 대한제국의 치안을 일본이 장악하고 있었고, 러일전쟁 역시 재발할 위험성이 낮아졌을 뿐만 아니라 군사비를 절약하여 일본정부의 재정부담을 줄여야 하는 사정과 연관이 있었다. 한국주차군은 일본 천황의 직속 부대로서 당시 해외주둔 일본군 가운데 최대 병력이었다. 헌병대는 한국주차군보다 앞선 1906년 10월 한국주차헌병대에서 제14헌병대로 바뀌었고 인원도 284명으로 축소되었다. 군대나 헌병대 대신에 민간인 경찰력을 확장시켜 군사상 필요 없는 지점에 고문경찰을 배치하여 치안을 유지하려는 이토 히로부미(伊藤博文)의 치안대책 때문이었다.[8]

1907년 7월 초 헤이그에서 열린 제2회 만국평화회의에 고종황제의 밀사로 파견된 이준의 활동과 자결이 알려지면서 7월 20일 고종황제가 강제퇴위되는 등 한국의 국내 상황이 급변하기 시작하였다. 7월 24일에는 일본인 관리의 임명, 법령과 재정 그리고 관리임면의 통감부 승인과 한인 군대의 해산 등을 내용으로 하는 정미7조약, 이른바 '제3차 한일협약'이 체결되었다. 이에 더하여 통감부는 7월 27일에 신문지법과 29일에 보안법을 각각 공포하고, 8월 1일 대한제국의 군대를 해산시켰다.

일본은 한인의 반발을 예상하고 정미조약 체결 당일 날 보병 제12여단의 한반도 이동을 지시하였다. 제12여단은 주로 부산, 서울, 평양 간의 철도 연선에 배치되었지만, 의병투쟁의 급격한 확대를 저지하지 못하였다. 이에 한국주차군 사령관 하세가와 요시미치(長谷川好道)는 9월 7일자 〈포고〉에서 "금일까지 우리 토벌대(한국주차군-인용자)의 방침이 너무 관대로 흘러 단지 폭도의 집단을 구축하는 데 머무르고 더욱 일보를 나아가 이를 추격 멸진의 수단을 취하지 않은 결과"라고 진단하고, "양민과 폭도를 판별하는 데 곤란"하므로 의병에게 편의를 제공한 부락에게도 죄를

8) 경찰과 치안문제에 관해서는 松田利彦,「朝鮮植民地化の過程における警察機構(1804~1910年)」,『朝鮮史研究會論文集』31, 1993 참조.

묻겠다고 선언하였다.[9] 민간인과 의병을 구분하지 않고 동일시하며 강력한 탄압작전을 벌이겠다는 의도인 것이다. 실제 "1907년 늦은 여름" 이후 충청도와 강원도 일대에서 벌어진 일본군의 잔인한 탄압작전은 F·A 맥켄지의 종군기에서 생생하게 확인할 수 있으며,[10] 한국주차군조차 '촌읍'의 주민을 '주륙'하고 "모든 촌을 소실"시켰다고 시인하며 충북의 제천을 언급하기도 하였다.[11] 한국주차군의 초토화전술은 일본군의 가장 기본적인 진압방식이자 '작전'의 일환이었으며 다음에 언급할 1909년 호남의병을 상대로 한 '남한대토벌작전'은 그 절정이었다.

그럼에도 불구하고 의병투쟁은 중부지방을 중심으로 전국에서 더욱 강력히 전개되었다. 이에 일본은 병력을 증파한 지 두 달 만인 1907년 9월 26일에 다시 임시파견기병대를 편성하여 주로 서울 이남에 배치하였다. 또한 12월경에는 북·중·서·남부로 구분된 한국주차군의 수비관구제(守備管區制)를 남부와 북부의 수비관구제로 바꾸고 처음으로 집중배치 대신 분산배치를 시도하였다. 이는 군사 진압 작전을 더욱 전체적인 틀에서 조정하며 의병이 출현한 모든 장소에서 구체적인 작전을 벌이겠다는 의미이다. 뿐만 아니라 1907년 10월 헌병대도 조직 편제를 개정하여 제14헌병대를 다시 한국주차헌병대로 개칭하고, 통감의 지휘를 받으며 주로 치안유지에 관한 활동을 벌이기 시작하였다.[12] 한국주차헌병대는 이에 필요한 병력과 기관을 충당하기 위해 1908년 1월 헌병분견소를 460여 개로 급속히 늘려 세밀한 배치를 본격화하였고, 여기에 필요한 인원도 2,074명

---

9) 『福岡日日新聞』, 1907년 9월 13일.

10) F·A 맥켄지 지음, 신복룡 역주, 『大韓帝國의 悲劇』, 집문당, 1999, 133~145쪽 ; 『韓國의 獨立運動』, 집문당, 1999, 171~180쪽.

11) 金正明 編, 『日韓外交資料集成 別冊 1－朝鮮駐箚軍歷史』 1, 13쪽.

12) 헌병의 치안유지 활동은 ① 「칙령 제323호 한국에 주차하는 헌병에 관한 건(1907.10.8)」, ② 이토 히로부미와 이완용 사이에 조인된 「警察事務 執行에 關한 取極書(11.1)」, ③ 대한제국의 헌병대에 경찰사무에 관한 '요청'(11.6)에 의해 재개되었다.

으로 확충시켰다.[13] 결국 통감부와 한국주차군은 부대의 분산배치와 헌병대를 증강시켜 한국주차군 사령관이 천명한 초토화작전 일변도의 탄압 방침을 뒷받침하려고 했던 것이다.

1908년 2월 현재 군과 헌병대의 배치를 표시하면 〈지도 4-1〉과 같다.

지도에 따르면, 남부수비관구는 한국주차군사령부와 주력을 대구에 두고 제12여단 산하의 병력을 경북 북부(제14연대)와 대전을 중심으로 한 충남의 서북부(제47연대)에 집중배치하였다. 또한 제13사단은 강원도와 충청북도, 경기도, 황해도 지역을 남부수비관구보다 훨씬 좁은 수비구로 세분하여 집중적으로 분산배치하였다. 대한제국의 군대가 해산당한 이후, 의병운동이 이들 지역을 중심으로 전개되었기 때문이다. 그럼에도 불구하고 북부수비관구에는 1908년 9월부터 제13사단 대신에 제6사단이 주차하며 대러작전을 주 임무로 담당하였다.

강경일변도의 탄압작전은 의병운동을 잠재우기에 역부족이었다. 1908년 5월 통감부는 군, 경찰 관계자들과 만나 회의를 열고 종합적인 강온전략을 새롭게 확정하였다. 첫째, 대한제국의 관찰사회의를 5월 29일에 열어 회의결과를 전달하였다. 그리고 의병탄압에 대한 협조를 적극 끌어내기 위해 대한제국의 내각을 개편하였다. 둘째, 작전의 지휘를 한국주차군 사령관으로 통일하여 효율성을 높이고자 하였다. 셋째, 병력을 늘리기로 한 결정에 따라 육군에서는 이후 제27연대를 충청남도, 충청북도, 경기도와 강원도의 일부, 제23연대를 황해도, 평안남도, 평안북도에 각각 5월 말까지 신속히 이동시켜 의병탄압에 나섰다. 이를 지도에 표시하면 〈지도 4-2〉와 같다.

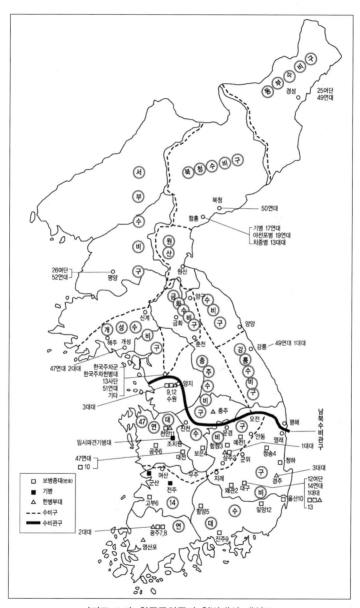

〈지도 4-1〉 한국주차군과 헌병대의 배치도

출전 : 「韓駐甲 第209號(1908.3.2) 韓國駐箚軍隸屬部隊配置府韓國駐箚
憲兵隊配置圖(1908.2.29. 調)」, 『陸軍省密大日記』 M41-2-5.

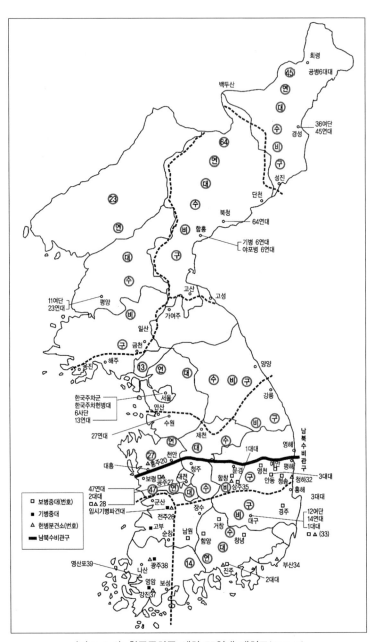

〈지도 4-2〉 한국주차군 예하 75연대 배치도(1908.10)

위의 〈지도 4-2〉에서 알 수 있듯이 이전에 파견된 부대도 그러했지만, 이번에도 의병운동의 상승기류를 주도하고 있던 중부지방의 의병을 진압하기 위해 집중배치한 것이다. 넷째, 헌병을 다시 늘렸을 뿐만 아니라 이이제이 전략의 일환으로 채택된 헌병보조원제도를 실시하였다.[14] 1908년 9월 23일까지 채용된 4,009명의 한인 헌병보조원은 지역민심을 탐문하고 한인사회를 감시하도록 하였다. 반대로 의병 귀순자에게는 생업을 보장해 주었다. 일본의 새로운 전략으로 인해 1908년 여름을 고비로 전국적인 의병투쟁의 열기는 이전만큼 고조되지 않았다.[15]

그런데 다음 쪽에 있는 〈그래프 1〉에서 확인할 수 있듯이, 유독 호남지방 의병운동만이 이러한 진압작전에도 불구하고 여전히 강력히 저항하면서 전국의 의병운동 열기를 주도하기 시작하였다. 한국주차군과 통감부는 1909년 들어 호남의병을 탄압하기 위해 군, 헌병, 경찰기관을 증설하고 인원을 집중시키기 시작하였다. 군대는 전라북도 남원과 전라남도 순천으로 이동시켜 전라남도의 외곽을 지키고, 경찰과 헌병은 전라남도의 남부해안과 섬 지역에서 활발히 전개되고 있던 의병운동에 적극 대응하기 위해 집중배치되었다. 일본은 여기에 만족하지 않고 1907년 12월 임시로 결정된 남부수비관구를 정식 편제로 제도화시키고, 1909년 5월 남부지방에 주둔할 2개 연대의 지휘부인 임시한국파견대사령부를 편성하고 대구에 사령부를 설치하였다. 사령부 산하 부대는 본토의 각 보병연대에서 1개 중대씩 차출하여 편성하고, 매년 절반씩 교대하는 방식으로 운영되었다. 사령부는 한반도의 남부지방, 특히 상승곡선을 그리고 있는 호남의병에 보다 집중적으로 대응하기 위해 편성되었던 것이다.

14) 헌병보조원 제도에 대해서는 權九薰,「日帝 韓國駐箚憲兵隊의 憲兵補助員 硏究」,『史學硏究』55·56合集 ; 愼蒼宇,「憲兵補助員制度の治安維持政策の意味とその實態-1908~1910年を中心に」,『朝鮮史硏究會論文集』39, 2001 참조.
15) 보다 자세한 내용은 辛珠柏,「湖南義兵에 對한 日本 軍·憲兵·警察의 彈壓作戰」,『歷史教育』87, 2003 참조.

〈그래프 1〉 의병과 군 · 헌병 · 경찰의 道別 충돌 횟수(1907.11 ~ 1909.11)

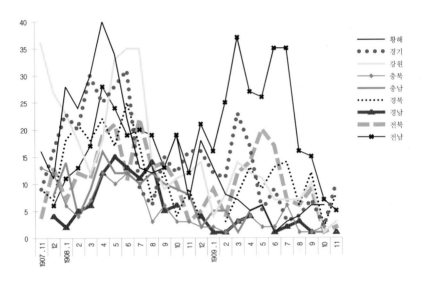

비고 : 1. 이 통계는 헌병대에서 집계한 것이므로 한국주차군과 경찰에서 집계한 내용과
　　　　다를 수 있다.
　　　2. 이 통계가 의병투쟁의 현황을 정확히 반영한 것은 아니지만 그 경향은 볼 수 있
　　　　다.
　　　3. 구체적인 숫자는 신주백, 「호남의병에 대한 일본 군 · 헌병 · 경찰의 탄압작전」,
　　　　『歷史敎育』 78, 2003 참조.
출전 : 韓國駐箚憲兵隊, 「賊徒ノ近況」, 韓國駐箚軍司令部 編, 『明治40-43年 暴徒討伐槪況』,
　　　千代田史料 623.

　　또 다른 이유도 있었다. 일본의 내각에서는 1909년 3월 30일 「韓國倂合
에 關한 件」을 작성하고, 7월 6일 각의에서 정식으로 통과시킨 직후 바로
명치천황의 결재를 받았다. 새로운 결정문에서는 "적당한 시기에 한국 병
합을 단행할 것"을 결정하였고, 그를 위해 "對韓施設大綱"의 마지막 제5
항에서 일본인 관리의 권한을 확대하고 더욱 "민활"하고, "통일"적인 행동
을 확보하기로 결정하였다.[16] 호남의병은 '적당한 시기'를 빨리 맞이하는

------

16) 外務省 編, 『日本外交年表竝主要文書』, 1965, 315~316쪽.

데 있어 마지막 장애물, 곧 조직적 저항세력이었던 것이다.

이들을 진압할 임무가 임시한국파견대사령부에 있었다. 임시한국파견대사령부는 예하의 두 개 연대를 총동원하여 전라남도 지역을 크게 둘로 나누어 전라북도의 계수역에서부터 천연의 경계선인 영산강을 따라 목포까지를 양분하여 그 이서지역을 제1연대, 이동지역을 제2연대에 분담시켰다(〈지도 4-3〉의 ㄱ-ㄱ)). 그리고 8월 25일경부터 점차 내륙에서 남해안과 남서해안 방향으로 부대를 이동시키며 의병을 진압하였다. 또한 10월부터 두 개 연대가 담당한 지역을 샅샅이 다시 수색하고 저항하는 세력을 초토화시키는 탄압작전을 1개월가량 전개하였다. 일본군은 이를 특단의 조치라 간주하여 '남한대토벌작전'이라고 불렀다.17) 작전 결과 의병 부상자는 1,687명, 사망자는 420명이었다. 작전 구역을 그리면 〈지도 4-3〉과 같다.

한국주차군은 호남의병을 탄압하는 데 전력을 집중하였음에도 불구하고 러시아에 대한 경계를 늦추지 않았다. 조선의 북부지방은 1908년 9월부터 제13사단 대신에 주차한 제6사단이 담당하고 있었다.

한인의 조직적인 무력 저항을 사실상 진압한 일본은 1909년 3월 '적당한 시기'에 대한제국을 병합한다는 내각의 결정에 따라 식민지화 작업을 본격화하였다. 교체가 예정된 주차군 부대인 제6사단의 귀환을 늦추고 1910년 5월부터 제5사단과 중복 주둔시켜 치안유지 능력을 강화시켰다. 이어 6월에는 한국주차헌병대사령관이 대한제국의 경찰권까지 장악하도록 조치하였다.18) 병합을 추진하는 과정에서 일어날지도 모를 저항을 진

---

17) 자세한 것은 辛珠柏,「湖南義兵에 對한 日本 軍·憲兵·警察의 彈壓作戰」,『歷史敎育』 87, 2003 참조. 임시한국파견대사령부의 분석에 따르면, 탄압작전이 끝나갈 시점부터 일본인들은 속속 호남의 내륙 깊숙한 데까지 진출하여 상점을 개설하였으며, 작전이 끝난 이후 다른 지방에 거주하던 일본인조차 "남한의 보고"인 호남지방으로 이주하는 현상이 일어났다(「南韓暴徒大討伐槪況」). 이는 군대의 점령 → 이민 → 사회의 형성과 영향력 확대라는 일본인의 해외 진출 방식(순서) 가운데 두 번째 단계라고 볼 수 있겠다.
18) 統監府,「統監府 告示 第139號 警察事務委託에 관한 韓日覺書(1910.6.25)」, 대한민국국회도서관,『統監府法令資料集』下, 605~606쪽.

압하기 위해 보병 1개 연대밖에 수용할 수 없었던 용산 기지에 보병 15개 중대, 공병 1개 중대를 집결시켰다.

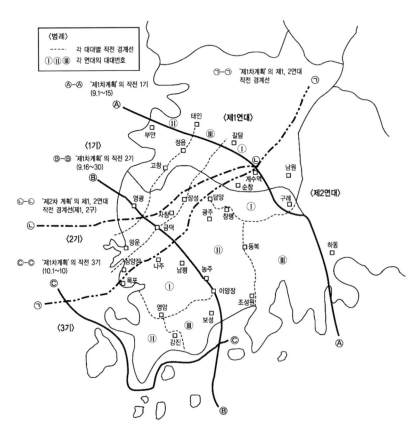

〈지도 4-3〉 '남한대토벌작전'(제1, 2차 계획)에서 제1, 2연대의 작전구역

출전 : 전체 계획 ― 朝鮮駐箚軍司令部, 『朝鮮暴徒討伐誌』, 1913, 167~169쪽.
　　　제1연대 ― 『暴徒に關する編册』.
　　　제2연대 ― 〈南韓暴徒大討伐槪況〉, 『韓國駐箚軍書類綴』.

2) 조선주차군

1910년 8월 일본은 대한제국을 일본의 식민지로 만들고, 조선총독부를 설치하였다. 「한국주차군사령부 조례」도 「조선주차군사령부 조례」로 바뀌었다. 조선총독과 조선주차군의 관계도 통감과 한국주차군의 관계와 같았다.

즉 조선주차군은 조선총독의 병력출동권, 곧 '조선방비'와 더불어 필요에 따라 조선 주둔 일본군을 한반도 밖으로 출동하라는 명령을 받아 움직일 수 있었다. 일본육군은 이에 관한 규정을 명문화하여 내각수상을 거쳐 명치천황의 재가를 받았는데, 아래 자료가 이를 반증한다.

1. 조선총독은 조선의 안녕 질서를 유지하기 위해 필요하다고 인정될 때는 조선에 주둔한 육군부대 및 海軍防備隊를 사용할 수 있다.
   前項의 경우에는 즉각 내각총리대신, 육군대신, 해군대신, 참모총장, 해군군령부장에게 이를 移牒하는 것으로 한다.
2. 조선총독은 필요에 따라 조선에 주둔하고 있는 軍人·軍屬을 滿洲, 北淸, 露領沿海州에 파견할 수 있다.[19]

이 안건은 8월 29일 '한국병합'이 있기 이전인 8월 19일자로 육군성 군무국에서 내각에 제출했고, 내각에서 8월 22일 천황에게 상주한 것이다. 외무성이나 척식국이 아니라 육군성에서 관제의 핵심적인 내용인 총독의 권한 가운데 한 가지를 구체적으로 명시한 것이 주목된다. 첫 번째 조항은 「조선총독부관제」 제3조와 「조선주차군사령부 조례」 제3조에 명시되었다.

하지만 두 번째 조항은 어떤 관제에도 나오지 않는다. 군사비밀 사항이

---

[19] 「陸軍省受領 密受第320號 朝鮮總督御委任ノ件(1910.9.1)」, 『密大日記』 M43-1, 278~279쪽.

었기 때문일 것이다. 이 조항은 한반도에 있는 일본군이 중국 북경을 기준으로 이남지방이 아니라 이북지방 곧, 화북 일대와 만주, 그리고 러시아의 연해주 일대를 작전권역으로 상정하고 있음을 명시한 규정으로 1907년 「帝國의 國防方針」과 함께 제정된 「帝國軍의 用兵綱領」에 충실한 조치였다. 용병강령에 따르면, 육군은 "만주, 오소리 및 한국을 작전지로 하고, 본(本) 작전을 만주에서, 지(支) 작전을 오소리 방면"에서 수행한다는 전략이었다. 이때 "어떠한 경우에도 한국은 적(러시아－인용자)의 유린" 으로부터 방어한다는 방침이었다.[20]

육군이 만주를 중심으로 '본 작전'을 벌이겠다는 것은 그곳에 인접한 한반도의 일본군을 적극 활용하겠다는 의도인 것이다. 더구나 새로운 국방방침에 따라 일본의 제1가상적국으로 상정된 러시아로부터 '어떠한 경우에도' 조선을 지키겠다는 것은 한반도를 확실하고 안정되게 지배해야만 만주를 둘러싼 러시아와의 경쟁에서 승리할 수 있다는 판단에 따른 것이었다. 더구나 조선주차군이 언제든지 중국의 정치정세 등에 개입할 수 있도록 하였다. 이는 한반도를 확실히 지배함으로써 대륙진출의 발판을 견고하게 마련하겠다는 의미이기도 하다. 달리 말하면 조선에 있는 일본군은 일본이 식민지 조선을 지배하는 데 필요한 가장 핵심적인 물리적 기반이었고, 대륙침략의 최전방부대였다. 한반도는 일본의 제국주의적 대륙팽창을 위한 발판으로 상정되고 있었기 때문에 무슨 일이 있더라도 방어해야만 하는 곳이었다.

조선주차군 등 한반도에 주둔한 일본군은 단독 지휘부인 사령부를 두고 천황에 '직예(直隷)'하는 부대였지만, 대만군이나 만주주차군은 대만총독부와 관동도독부의 관제에 포함된 산하기관으로 존재했던 부대였다. 또한 남수북진 방침에 입각하여 세워진 육군의 주된 작전권역 밖에 있었

20) 「帝國軍의 用兵綱領」은 山田郎 編, 『外交資料－近代日本の膨張と侵略』, 新日本出版社, 1997, 126쪽 참조.

던 대만군과 확연히 다른 위상이다.

그런데 조선주차군으로서는 당장 대외파견 임무를 수행할 수 없었다. 조선의 지배질서를 안정적으로 구축하는 임무가 우선이었을 것이기 때문이다. 이때 조선주차군이 가장 민감하게 신경을 썼던 동향이 의병운동의 잔존세력이었다. 조선주차군은 1910년 8월을 전후한 시기부터 1911년경까지 의병운동 세력의 조직적 저항이 미진하게나마 남아 있던 경상북도 북부 일대, 경기도와 황해도에 부대를 다른 지역에 비해 조밀하게 배치하고 집중적으로 탄압작전을 전개하였다(〈지도 4-4〉).

이로써 의병운동 잔존세력의 저항도 사실상 끝나고 주요 지도자였던 한정만(韓貞滿), 김정안(金貞安), 채응언(蔡應彦) 등이 모두 체포되었다. 일본군의 조사에 따르면, 1906년부터 1911년까지 일본 측의 수비대, 헌병, 경찰의 사망자는 136명, 부상자는 177명이었고, 의병 사망자는 17,799명이었다.[21]

의병운동을 탄압하는 역할은 헌병경찰에게도 있었다. 조선총독부는 1910년 2,019명에 불과하던 인원을 1911년 7,749명으로 대폭 늘려 파견기관을 분산배치하였다. 그리하여 1911년 1월에 대비하여 10월의 증가현황을 비교해보면, 헌병대는 13→ 13개소, 분대는 77→ 78개, 분견소는 498→ 56개, 파견소는 66→ 408개, 출장소는 24→ 379개소로 늘었다.[22] 1914년 조선총독부에서 대규모로 지방행정제도를 개편할 때도 출장소를 528개로 늘렸다. 헌병경찰은 보통경찰이 수행하는 모든 역할, 예를 들어 민사조정 사무, 징세활동 지원, 묘지 장례 화장장 화약단속 사무, 검찰의 집달리 사무, 내무부 소관의 위생 사무, 탁지부 소관의 항만검역, 이출우검역(移出牛檢疫), 밀어취체(密漁取締), 항칙집행 사무(港則執行 事務), 일본어

---

[21] 朝鮮駐箚軍司令部, 『朝鮮暴徒討伐誌』, 1913, '附表第二' 참조.
[22] 松田利彦 編, 『朝鮮憲兵隊歷史』 3, 不二出版, 2000, 73쪽.

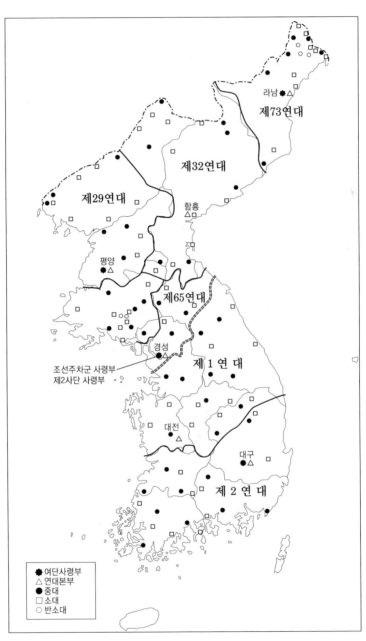

〈지도 4-4〉 1911년 7월 현재 조선주차군 배치도

보급 등등을 담당하였다.[23] 조선총독부는 1912년 3월 경무를 더욱 조밀하게 추진하여 늘어나는 사무를 원활하게 처리하기 위해 헌병장교를 경시, 준사관 하사를 경부, 상등병을 순사, 헌병보조원을 순사보(巡査補)에 준하여 복무하도록 조치하였다. 흔히 말하는 무단통치는 이렇게 하여 가능했으며, 그 결과 한인은 태어나서 죽을 때까지 헌병경찰의 그림자를 벗어날 수 없었다.

의병운동 잔존세력의 조직적 저항도 사실상 진압되었고, 헌병경찰이 그물망처럼 설치되어 치안업무를 늘려가자 조선주차군은 분산되어 있던 병력을 한데 모으는 집중배치로 전환하여 1913년에 완료하였다. 조선주차군은 조선을 통치하기 위한 일상적인 치안 업무보다는 일본군의 임무, 달리 말하면, 대륙침략을 담당하는 본연의 임무에 집중할 수 있게 된 것이다.

그런데 이즈음 일본 내에서는 조선에 2개 상설사단 추진문제를 놓고 시끄러웠다. 일본 육군은 안정된 전력(戰力)을 유지하기 위해 한반도에 군대를 주차시키는 데 그치지 않고 상주하는 부대가 필요하다고 보았다. 부대 이동에 따른 비용부담을 절감하고 교육효과를 극대화하며, 식민지 조선의 치안이 불안정할 때 신속히 대응하여 치안유지의 공백을 없앨 필요가 있기 때문이었다. 또한 러시아가 시베리아철도를 복선화하고 흑룡강철도를 건설함에 따라 여기에 맞설 수 있으면서 1911년 신해혁명 이후 유동적인 중국정세에도 대응할 필요가 있었다.[24]

마침내 1915년 6월 일본 제국의회는 조선에 제19, 20사단을 상주시키는 방안을 통과시켰다. 이때까지 조선에 주차하고 있던 제2사단이 1911년 3월 제8사단으로, 다시 1914년 2월 제9사단으로 교체되었다.

---

[23] 헌병경찰의 다양한 임무에 대해서는 姜德相, 「憲兵政治下の朝鮮」, 『歷史學研究』 321, 1967, 3쪽 참조.
[24] 『朝鮮總督府施政年報(1915年度)』, 87쪽.

3) 조선 주차 일본군과 화류병

러일전쟁 이후 용산과 나남 등지에 기지가 만들어지고 군대가 장기 주둔하면서 주변지역에 일본인 유곽이 들어섰다. 신용산의 미생정(彌生町)이 그 대표적인 곳이다. 이들 지역의 유곽은 거류민단에 의해 통제를 받았다. 거류민단은 민단의 재정문제, 풍기단속, 군인 통제 등 때문에 유곽을 설치하였고, 통감부 산하 각 지역의 이사청(理事廳)은 매매춘에 관한 단속 규칙을 각자 정하였는데, 공창을 설치하고 매춘부에 대해 성병검사를 실시하며 사창을 단속하는 위주로 정책을 집행하면서 이러한 움직임을 지원하였다. 통감부에서는 조선인 매춘업에 대해서도 1908년 9월 경시청령으로 「기생단속령」, 「창기단속령」을 제정하고 공창화(公娼化)를 시도하면서 일본인 매춘업과 같은 방향에서 정책을 집행하였다.[25]

1909년 6월 대한제국의 경찰권은 경무총장과 한국주차군헌병대장을 겸직하고 있는 육군장관의 손아귀로 완전히 넘어갔다. 이후 식민지 조선에서는 1919년까지 헌병경찰제도가 시행되었다. 매춘업에 대한 통제와 단속 정책은 식민지기에 들어서도 그대로 지속되었는데, 여전히 위생업무를 담당하는 경무총감부 소관이었으므로 헌병경찰제를 운영하고 있던 당시의 현실을 고려할 때 조선주차군의 의도가 어느 때보다 직접 관철되었을 것이다.

이와 같은 정책효과가 어느 정도 있었는지 〈표 4-1〉을 통해 시사받을 수 있다.

---

[25] 이상은 송연옥, 「대한제국기의 '기생단속령' '창기단속령'」, 『韓國史論』 40, 1990 참조. 조선인 매춘부에 대한 조선총독부의 집창화는 1945년까지 적극적이지 않았다. 야마시다 영애는 그 이유를 풍기단속에 1차적인 비중을 두지 않고 조선민족에 대한 지배와 통제 정책의 일환으로 조선인 매춘업을 활용했던 데서 찾고 있다(야마시다 영애, 「식민지 지배와 공창 제도의 전개」, 『사회와 역사』 51, 1997 참조).

〈표 4-1〉 화류병 환자 비례표(단위 : 천 명당)

		1907	1908	1909	1910	1911	計
본토 사단 평균	兵 事	43.9	39.5	24.9	21.7	21.0	30.2
	徵兵檢査 壯丁		23.19	26.87	25.13	25.11	25.06
해외 파견 부대 평균	兵 事	42.6	37.9	24.4	32.2	20.9	29.4
	徵兵檢査 壯丁		23.48	27.10	25.25	25.20	25.16
조선 주차 부대 평균	兵 事	25.9	23.2	12.0	17.1	12.8	18.2
	徵兵檢査 壯丁		70.21	62.05	40.7	31.96	51.23

비고 1 : 본토 병사의 화류병 비례는 19개 사단, 壯丁의 징병검사는 近衛師團을 제외한 18개 사단을 대상으로 한 것이다.
비고 2 : 해외 파견 부대는 조선을 비롯하여 대만, 樺太, 關東, 淸國에 있었다.
출전 : 「陸軍ニ於ケル花柳病」(1913), 早川紀代 編·解說, 『15年戰爭極秘資料集－補卷16 : 陸軍に於ける花柳病』, 不二出版, 2002, 72~73·78~79쪽.

4년간 징병검사장에서 화류병 판정을 받은 장정의 비율이 일본 본토나 해외 주차부대 지역의 사례와 비교할 때 조선에서 2배 정도 높았다. 재조 일본인사회와 통감부에서 매춘업에 대한 통제와 단속이 허술했던 것도 한 요인이었을 것이다. 하지만 시간이 갈수록 화류병에 걸린 장정의 비율이 급속히 줄어들었다. 통감부 등의 매춘업에 대한 통제와 단속정책이 일정하게 주효했다고 판단할 수 있다.

조선에서 징병검사를 받은 장정의 화류병 감염율이 유달리 높았던 데 비해 조선에 주차한 부대의 병사는 본토와 해외에 근무하는 부대의 병사보다 감염율이 월등히 낮았다. 이는 통제와 단속정책이 성공한 것에 기인했다기보다 다른 요인이 더 컸을 것으로 보인다. 즉 1907년경에는 조선인의 항일의병운동을 진압하기 위해 한국주차군이 군사작전을 매일같이 벌이고 있던 때였다. 또 일부 부대는 러시아군대와 대치하고 있는 국경에 배치되어 있어 긴장감이 높을 수밖에 없었다. 더구나 당시 서울에 미생정과 신정에만 유곽이 있는 등 전국적으로 일본인 유곽 자체가 많지 않았던 현실과도 연관이 깊을 것이다.

2. 주둔군(1916.4 ~ 1945.2)

1) 조선군의 편제

1916년 4월 1일 용산에 사령부를 둔 제19사단의 주력이 편성됨에 따라 제9사단의 임무를 이어받았으면서 상설부대로서 조선군 편성 작업이 본격화하였다. 제19사단은 예하에는 같은 날짜에 편성되어 함흥에 사령부를 둔 제37여단과 그 예하부대로서 라남과 함흥에 본부를 둔 보병 제73, 74연대가 있었다. 또한 같은 날짜에 편성된 기병 제27연대, 야포병 제25연대도 나남에 본부를 두었다. 두 연대는 1920년 4월에 편성되어 나남에 본부를 두고 있던 보병 제76연대와 함께 그해 8월에 편성되어 역시 나남에 사령부를 둔 보병제38여단의 예하부대로 편입되었다. 제38여단 예하에는 1917년 8월에 편성된 공병 제19대대도 있었다.

또한 1916년 4월 제19사단 사령부가 편성된 날짜와 같은 시기에 제40여단 사령부도 편성되어 용산에 있었다. 제40여단은 한반도의 남부지방을 관할하던 임시한국파견대사령부의 관할 구역을 대신한 부대로서 제20사단 창설을 대비한 부대였다. 산하에는 4월 18일에 편성되어 용산과 대구에 본부를 둔 제79, 80연대가 있었다. 제40여단 예하에는 1920년 4월 1일에 편성되어 용산에 본부를 둔 기병 제28연대와 야포병 제26연대도 있었다. 1920년 4월에 편성된 공병 제26대대도 예하에 두고 있었다. 또한 평양에 사령부를 둔 제39여단 역시 보병 각각 평양과 용산에 본부를 둔 제77, 78연대와 함께 1916년 4월 1일에 편성되었다.[26]

조선군 체제로의 재편과정에서 알 수 있듯이, 조선의 군도는 해군의 도시인 진해 이외에도 용산과 나남이었음을 알 수 있다. 새로운 부대의 편

26) 外山操 森松俊夫 編著, 『帝國陸軍編制總攬』 1, 芙蓉書房出版, 1993, 317~319쪽.

성도 나남과 서울에 우선·집중되었다. 나남은 대소작전의 최전방 사령
부이자 핵심 전진기지로 개발된 곳이었다면, 용산은 식민지 조선의 지배
중심지인 서울에 있어 개발된 곳이었다.

일본은 주둔군으로서의 부대편성이 완료되어 가자 1918년 6월 조선주
차군사령부를 조선군사령부로 개칭하여 용산에 두었다. 용산에는 1919년
4월에 창설된 제20사단 사령부도 있었다. 그와 동시에 용산에 있던 제19
사단 사령부는 나남으로 이전하였다.

조선군사령부에는 조선주차군사령부 시절과 마찬가지로 막료로서 참
모부와 부관부가 있었고, 경리부, 군의부(軍醫部), 수의부(獸醫部), 법관
부(法官部)도 두었다. 조선군사령부 산하에는 제19, 20사단이란 상주부대
이외에도 조선헌병대, 진해만요새사령부, 영흥만중포병대대, 영흥만요새
사령부, 조선군 군악대, 조선군 창고, 조선위수병원, 조선위수감옥이 있었
다. 조선군의 개편에 맞추어 1905년 1월에 편성된 진해방비대(鎭海防備隊)
도 진해요항부(鎭海要港部)로 바꾸었다.(〈지도 4-5〉)

한편, 조선에 상주 사단이 편성되기 시작할 즈음인 1916년 3월 단속규
칙을 전국적으로 통일하고 매춘업을 지정된 지역에서만 할 수 있도록 규
정한 「貸座敷娼妓取締規則」이 조선총독부경무총감부령 제4호로 공표되
어 5월부터 시행되었다. 이보다 앞서 경무총감부는 관련 법규인 제1, 2,
3호도 발포하여 숙박소, 요리점, 음식점, 대좌부(貸座敷)를 구별하고, 예
기(藝妓), 작부(酌婦), 창기(娼妓)를 명확히 구별하는 등 공창제도를 법적
으로 확립하였다. 이후 조선총독부는 공창제를 식민지 조선에 뿌리내리
는 과정에서 관할경찰서가 지정한 지역 밖으로 일본인창기의 외출을 금
지하였다.[27] 경무총감부에서 제정한 일련의 법규는 1914년 조선총독부에

---

[27] 「貸座敷娼妓取締規則」, 鈴木裕子·山下英愛·外村大 編, 『日本軍慰安婦關係資料集成』
上, 明石書店, 2006, 619쪽. 조선인 매춘부의 외출은 통제되지 않았으며, 조선인 매춘부
는 화대 등에서도 민족 차별을 받았다.

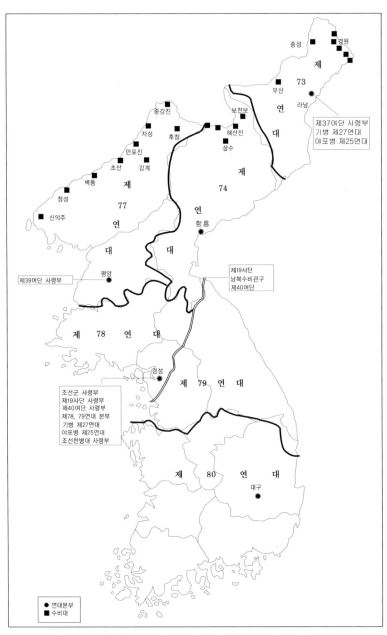

〈지도 4-5〉 1919년 3월 현재 한반도 주둔 일본군 배치도

서 지방에 대한 장악력을 높이기 위해 행정구역을 개편하는 작업을 마무리하고, 헌병경찰의 관할구역도 재정비하는 한편, 일본 육군에서 1916년부터 한반도에 상주하는 일본군을 2개 사단체제로 만들어가기 시작한 시점, 곧 식민지 조선에서의 정치군사적 지배체제가 최고의 상층부에서부터 시골 구석구석까지 제도적으로 완비되는 시점에 매춘업에 대한 통제와 관리 정책도 통일적 체계성을 갖게 되었음을 의미한다. 덧붙이자면, 헌병경찰의 통제와 관리 정책은 1940년 일본군'위안부'제도에도 그대로 계승되었다.[28]

그럼에도 불구하고 규칙이 발표된 이후 식민지 조선에서 다른 질병과 비교하여 화류병의 비율이 낮지 않았다. 1917년에서 1919년까지의 통계에 따르면, 일반 환자에 대한 화류병 환자의 비율을 보면 재조일본인은 약 70%, 조선인은 62% 정도를 차지하여 일본 본토에서의 52%에 비해 상당히 높았던 것이다. 그렇다고 조선군 소속 병사의 화류병 감염율이 다른 질병에 비해 높은 것도 아니었다. 앞서와 같은 3년 동안 일반 환자에 비해 조선군의 화류병 환자 비율은 일본 본토 주둔 군대의 22%가량보다도 적은 약 19%였기 때문이다.[29] 조선군 병사들의 질병 관리가 상대적으로 잘 되었다고도 볼 수 있지만, 1916년부터 사단편제가 막 시작되었다는 점과 용산기지에 사령부를 둔 제20사단의 편제가 1921년에 들어서야 완료되었다는 현실과도 무관하지 않을 것이다.

---

[28] 宋連玉, 「朝鮮植民地支配における公娼制」, 『日本史研究』 371, 1993, 64쪽.

[29] 「朝鮮ニ於ケル花柳病ノ統計的觀察」, 『朝鮮醫學雜誌』 34, 1921, 220쪽. 이 자료에 따르면, 1911년부터 9년 동안 조선에 駐箚 또는 常駐했던 육군부대의 화류병 환자 비율은 약 18%였는데, 대만과 본토의 일본군이 각각 약 33%와 24%였다. 그래도 일본군 내에서는 화류병 환자의 비율이 높지 않았음을 알 수 있다(「朝鮮ニ於ケル花柳病ノ統計的觀察」, 鈴木裕子 山下英愛 外村大 編, 『日本軍慰安婦關係資料集成』 上, 754쪽).

2) 3·1운동과 조선군의 변화

한반도에 주둔할 일본군을 조선군으로 확대·재편하고 있던 도중인 1919년 3월 1일부터 조선 전체에서 독립만세시위가 일어났다. 일본은 이미 주둔하고 있는 부대로는 이를 제대로 대응하는 것이 역부족이라 판단하고, 하라 다카시(原敬) 수상은 '양민보호'라는 이름으로 6개 대대와 4백여 명의 헌병을 파견하였고,[30] 이어 몇 개의 보병부대를 추가하여 중부지방에 집중배치하였다. 만세시위자들에 대한 일본군의 잔인한 진압은 1919년 4월 15일 보병 제79연대 소속의 부대원들에 의해 저질러진 경기도 화성군 제암리 주민 학살을 비롯해, 시위대를 향해 직접 사격하거나 위협사격을 가하여 해산시키는 경우가 허다했으며, 위력시위를 보여주며 시위대를 위협하기도 하였다. 1919년 4월 당시 일본군의 배치현황을 개괄하면 〈지도 4-6〉과 같다.

일본은 군대와 경찰로 3·1독립만세운동을 진압한 이후 조선의 통치방식을 조선특별통치주의에 입각한 무단통치에서 '점진적 내지연장주의'에 입각한 '문화통치'로 바꾸었다.[31] 이에 따라 일본은 조선군 관련 관제도 첫째, 조선총독이 한반도의 일본군에 대해 갖고 있던 출동명령권 대신에 출동요청권을 갖는 것으로 바꾸었다. 총독관방(總督官房)에 파견 나가던 무관(武官)도 폐지되었다. 둘째, 헌병경찰제를 보통경찰제로 전환하면서 헌병은 본연의 업무인 군사경찰로서의 임무를 수행하게 되었다.[32] 일본은 부족한 경찰력을 그때까지 헌병경찰로 활동했던 헌병하사와 헌병보조원 등

---

30) 『原敬日記』, 1919년 4월 4일, 4월 11일.
31) 전환적 의미에 대해서는 신주백, 「일본의 '동화'정책과 지배전략(1870~1945) — 통치기구 및 학교교육과의 관계를 중심으로」, 『식민지 통치정책 비교』, 선인, 2004 참조.
32) 보통경찰로의 전환에 관해서는 松田利彦, 「日本統治下の朝鮮における警察機構の改編」, 『史林』 74-5, 1991 논문 참조.

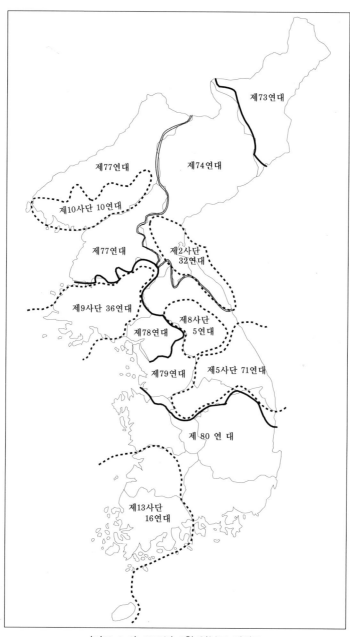

제73연대

제77연대

제74연대

제10사단 10연대

제77연대

제2사단
32연대

제9사단 36연대

제8사단
5연대

제78연대

제79연대

제5사단 71연대

제 80 연 대

제13사단
16연대

〈지도 4-6〉 1919년 4월 일본군 배치도

8,054명을 경찰에서 전직시켜 메워나갔다.[33] 셋째, 헌병이 맡고 있던 국경의 감시 및 통제 업무를 1922년 5월에 완전히 폐지하고 경찰이 그 임무를 맡았다. 조선헌병대는 이때부터 각 도에 하나씩 있던 헌병대본부체제를 폐지하고 1937년까지 5개 헌병대본부체제로 560~580여 명을 유지하였다.(〈지도 4-7〉) 넷째, 3·1 운동을 진압하고 재발을 방지하기 위해 다시 실시된 분산배치는 1922년 10월부터 1923년 3월 사이에 집중배치로 바뀌었다. 다섯째, 조선군은 압록강과 두만강을 경비할 국경수비대를 편성하고 정원을 계속 늘려 1926년 현재 2,068명의 대원을 제20사단 산하에 2개, 제19사단

〈지도 4-7〉 한반도 주둔 헌병대 배치도

산하 4개의 수비대를 배치하였다.[34] 이른바 '고정원'제도는 만주의 한인 항일운동 세력과 소련에 대응해야만 하였고, 조선으로부터의 사단 증설 요구를 들어줄 수 없었던 일본정부의 대응 결과이기도 하였다. 그래서 재만한인 사회의 중심지인 동만주지역과 소련에 인접해 있는 함경남도와 함경북도에 더 집중배치해야만 했다.[35] 1926년 8월 현재 국경수비대와 남북수비관구를 포함한 조선군 배치도를 그리면 〈지도 4-8〉과 같다.

33) 「訓令 第2號 朝鮮二於ケル憲兵ノ行政警察及司法警察二關スル服務規程ノ制定(1925.1.13)」.

34) 「朝密參 第52號 第19師團步兵聯隊增加定員配屬換竝朝鮮軍司令部編制改正二關スル意見提出ノ件通牒(1926.6.18)」, 『密大日記』, T16.

35) 국경수비와 지배정책의 연관성에 대해서는 신주백, 「朝鮮軍과 在滿朝鮮人의 治安問題 (1919~1931)－帝國의 運營方式 및 滿洲事變의 內在的 背景과 關聯하여」, 『민족운동사 연구』 40, 2004 참조.

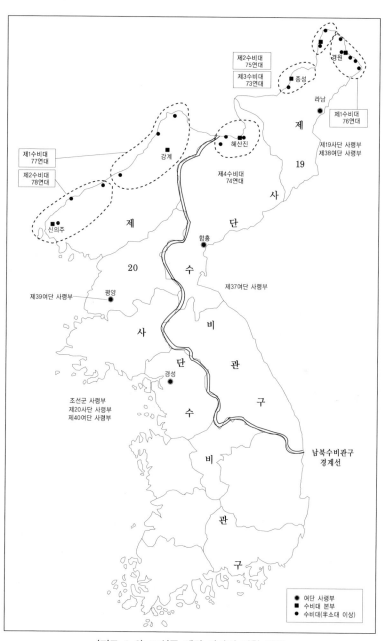

〈지도 4-8〉 조선군 예하 사단의 관할 구역

당시 세계적 추세였던 군비를 축소해야 하는 분위기 속에서도 한반도 주둔 일본군의 전력이 오히려 강화되어 간 흐름은 해군에서도 마찬가지였다. 진해요항부의 경우 1923년 「요항부령」에 따라 관할 구역의 방어, 경비, 군수품의 배급을 관장하고 필요에 따라 함선을 배속시킬 수 있게 되었다. 요항부에는 항무부, 군수부, 공작부, 병원 등을 두었다.

3) 조선군의 중국문제 개입

일본은 조선의 국경치안을 확보하기 위해 국경수비대 병력만을 늘리지 않았다. 만주문제에도 적극 개입하였는데, 동만주 지역의 한인사회에서는 3·1운동 이후 애국열이 고조되면서 많은 독립운동단체가 결성되는 등 민족운동이 활발하게 일어났다. 1920년 6월 홍범도(洪範圖)가 이끄는 대한독립군과 일본군과의 사이에 벌어진 전투 역시 국내 진입작전을 벌이던 와중에 일어난 싸움이었다. 재만한인 항일운동이 활발히 일어나면 조선에서의 안정적인 지배질서를 구축하려는 일본의 의도가 어긋날 수밖에 없었다. 조선총독부는 동만주 지역이 "어제의 낙토(樂土)"였는데 이제는 "불령선인(不逞鮮人)의 소굴"로 바뀌었다고 진단하였다.[36] 조선군 역시 동만주 지역 무장단체의 움직임이 "치선상(治鮮上)에 미치는 영향이 지극히 크다"고 보고 있었다.[37] 일본은 영사관경찰을 늘리는 한편, 군사작전을 준비하였다.

조선군은 8월 15일 경성에서 열린 대책회의인 이른바 '경성회의'에서 「間島地方不逞鮮人剿討計劃」을 확정하였다.[38] 일본은 두 차례에 걸쳐 중

---

36) 金正柱 編, 「大正9年10月間島ニ於ケル不逞鮮人團ノ狀況」, 『朝鮮統治史料』 8, 韓國史料研究所, 1971, 206쪽.

37) 朝鮮軍司令部, 「不逞鮮人ニ關スル基礎的研究」, 朴慶植 編, 『朝鮮問題資料叢書』, アジア問題研究所, 1982, 54쪽.

국인 마적단이 훈춘 시가지를 습격하고 영사관을 공격한 '훈춘사건'을 조작하고,[39] 1920년 10월부터 만주의 독립군을 진압하기 위해 나남의 제19사단 소속 제38여단을 중심으로 시베리아에 있던 제14사단의 일부 병력 등까지 동원하여 동만주 지역 일대 독립군부대를 공격하였다. 관동군의 일부 병력은 남만주 지역의 서간도 일대의 독립군부대를 공격하였다. 이때 일어난 전투가 청산리전투이다. 일본군은 청산리전투에서 독립군을 소멸시키지 못하였다. 이에 일본군은 '화근을 일소'한다고 하면서 동만주 지역 등지에 거주하는 한인의 부락을 습격하여 민간인을 학살하고 재물을 파괴하였다. 이를 경신참변, 간도참변, 경신년대학살이라고 부른다. 제19사단의 파견병력은 1921년 5월까지 나남 등지로 완전히 귀대하였다.

조선군은 재만한인 문제에만 적극 개입한 것이 아니었다. 중국에서 일본의 기득권을 보호하고 영향력을 확대하려는 일본정부의 외교정책에 따라 중국에 출동하는 경우도 있었다. 1925년 중국의 봉천군벌 사이에 분란이 일어났을 때 조선군에서도 보병 2개 대대, 야포병 2개 중대가 지금의 심양으로 출동한 적이 있었다. 1928년 5월 중국국민당의 장개석이 북벌을 재개하자 일본군은 산동지역에 다시 출동하는 '제2차 산동침략'이 있었는데, 이때 조선군은 제20사단 소속 제40여단을 주축으로 혼성 제40여단을 편성하여 심양 등지에 9월까지 주둔시켰고, 제6비행연대의 일부를 중국의 제남(濟南)에 파견하여 10월까지 정찰임무를 수행하도록 하였다.[40]

조선군이 중국정세에 개입한 것은 일본정부의 지시에만 따른 것이 아니라 그들 스스로가 적극 선택한 경우도 있었다. 조선군은 관동군의 만주침략에 호응하여 9월 19일 독립비행중대를 심양에 파견하였고, 혼성 제39여단도 파견하려고 하였다. 혼성여단의 파견은 육군성의 반대로 잠시 주춤

38) 金正柱 編, 「間島出兵史」 下, 『朝鮮統治史料』 2, 161~170쪽.
39) 박창욱, 「훈춘사건과 '장강호'마적단」, 『역사비평』 51, 2000.
40) 朝鮮軍司令部, 『朝鮮軍歷史』 4, 10~13쪽.

거렸지만, 9월 20일 오전 11시경 조선군사령관의 단독 결정으로 이루어졌다. 이후 혼성 제39여단은 심양과 길림 일대에서 북진하고 있던 관동군부대의 후방을 지키며 항일무장투쟁세력을 탄압하는 작전을 벌이고 1932년 5월 조선으로 돌아왔다. 혼성 제38여단은 1931년 12월부터 이듬해 10월까지 하얼빈 등 북만주 일대에서 침략전쟁을 벌였다. 제20사단 사령부는 이들 부대를 지휘하기 위해 만주로 이전하였다가, 1932년 4월 용산으로 귀환하였다.[41] 또한 동만주 일대에서 한인을 주축으로 만들어진 항일유격대의 활동이 활발해지자 이를 탄압하기 위해 1932년 4월 제19사단 병력으로 간도임시파견대(間島臨時派遣隊)를 편성하여 출동시키기도 하였다.

조선군은 이처럼 중국문제에 개입하는 와중에도 戰力을 계속 보강하였다. 1927년 7월 함경남도 영흥만에 영흥만요새사령부(永興灣要塞司令部)를 설치했고, 1936년 8월에는 이를 해체하고 라남요새사령부(羅南要塞司令部)를 설치하였다. 1925년에 신설된 제20사단의 비행 제6연대, 1935년 제19사단에 신설된 비행 제9연대, 그리고 두 부대를 합쳐 1936년에 제2비행단이 편성되었다. 국경수비대도 조선군 내에서만 임시방편으로 편제된 부대였는데, 1935년 육군 중앙으로부터 정식 인정을 받았다. 국경수비대는 1938년 소련과 인접한 중국의 훈춘으로 대부분의 병력을 이동하였다. 1937년 중국본토를 침략하여 중일전쟁을 일으킨 일본으로서는 소련에 대한 전력을 강화할 필요가 있었기 때문일 것이다. 또한 만주에서의 항일유격대 활동이 1937년을 고비로 점차 줄어들었던 현실과도 연관이 있을 것이다.

1919년 3·1운동 이후부터 바로 다음 제4항에서 살펴볼 1937년 중일전쟁 때까지 조선군은 중국문제에 적극 개입하였다. 조선군은 중국문제에 개입할 때 병력운용에 일정한 원칙이 있었던 것으로 보인다. 즉 북경 이

---

[41] 朝鮮軍司令部, 『朝鮮軍歷史』 5, 159~167·185~198쪽.

북 지역과 만주의 남만 지역에 출동한 부대는 제20사단이었다. 동만주 지역에 출동한 부대는 제19사단 병력이었다. 제19사단은 소련 국경과 직접 인접하고 있어 그 일대의 중국문제에만 개입한 것이다.

한편, 1920년경부터 조선군에서 조선총독부의 화류병 대책에 직접 개입하지는 않았을 것이다. 헌병경찰제에서 '보통경찰제'로 전환되었기 때문이다. 그렇다고 조선군의 화류병 환자가 늘었다고 볼 수 없다. 이는 〈표 4-2〉를 통해 살펴보자.

〈표 4-2〉 일본군 화류병 환자 수와 비율(단위 : 명, %)

		1920	1921	1922	1923	1924	1925	1926	1927	1928	1929	1930	1931	1932
전체 신환자 수		5547	6041	6075	5539	5947	5457	4917	4182	3496	3156	2966	2738	2594
환자비율	전체	27.0	27.4	27.8	28.3	30.6	31.1							약 19
	본토	27.9	27.3	27.7	27.9	29.9	30.9							
	외지	23.2	28.1	28.4	30.4	34.7	32.5							
	조선 19D	17.8	28.1	24.7	23.3	26.4	21.1							약 17
	조선 20D	26.5	28.3	25.3	22.0	28.2	30.4							약 35

비고 1 : D는 사단이란 뜻이다.
비고 2 : 조선군사령부의 직속 부대는 별도로 집계되어 있지만 여기서는 생략하였다.
출전 : 전체 신환자 — 『軍醫團雜誌』 245, 1933, 1386쪽.
　　　 환자 비율 — 「陸軍ニ於ケル花柳病」(1927), 早川紀代 編·解說, 『15年戰爭極秘資料集-補卷16 : 陸軍に於ける花柳病』, 不二.出版, 2002, 133쪽.
　　　 환자 비율(1932) — 『軍醫團雜誌』 240, 1933, 752쪽.

1920년대부터 1932년까지 일본군 전체로 보면, 화류병 환자는 줄어들고 있음을 알 수 있다. 일본군 자체의 대책이 효과를 거두었다는 반증이다. 하지만 화류병 환자의 치료 일수는 1906년 평균 28.90일에서 1934년 43.30일, 1935년 45.50일로 늘어났다.[42]

비록 1920년대 전반기까지만 나온 통계이지만, 조선군은 본토와 다른

──────────

42) 두 통계의 비교는 尹明淑, 『日本の軍隊慰安所制度と朝鮮人軍隊慰安婦』, 明石書店, 2003, 147쪽의 〈表 3-4〉와 148쪽 〈表 3-5-2〉를 참조하였다.

해외 주둔 부대에 비해 화류병 감염율이 조금 낮음을 알 수 있다. 특히 함경남도와 함경북도에서 중국 및 소련과 국경을 맞대며 주로 산악지역에 많이 주둔하고 있는 제19사단이, 용산·대구·평양과 같은 도시지역을 중심으로 부대를 주둔시키고 있던 제20사단에 비해 감염율이 높지 않은 점이 눈에 띈다. 두 사단 사령부가 주둔하기 시작한 시기인 제19사단의 1916년과 제20사단의 1919년부터 1925년까지의 평균 감염율은 각각 22.9%와 26.3%로 다른 비교 대상지의 일본군 부대에 비해 높지 않았다. 1932년도 감염율을 보아도 제20사단이 월등히 높았다. 이러한 경향은 제20사단 소속 부대들이 제19사단 예하의 부대들보다 공창 등에 쉽게 접근할 수 있는 곳에 주둔한 현실과 깊은 연관이 있을 것이다.

하지만 위의 〈표 4-2〉에서 다루는 시기인 1920년대 후반기부터 조선군의 화류병을 알 수 있는 자료는 현재까지 발견되지 않고 있다. 1927년부터 1930년까지의 조선군 역사를 다룬『조선군역사』제4권과 이후 부분을 기술한 제5권에서조차 이에 관해 언급한 내용이 없을 정도다.[43]

4) 중일전쟁과 조선군의 대응

조선군은 중일전쟁이 일어났을 때도 제20사단과 비행중대 1개가 긴급 동원되었다. 제20사단은 중국의 북경 주변과 천진 일대, 태원과 산서성 일대를 침략하고 1940년 서울로 귀환하였다. 1931년의 만주침략 때도 드러났듯이 대외침략의 선봉대로서의 역할을 또다시 충실히 수행한 것이다.

중일전쟁이란 새로운 정세는 조선군 내부 운영방식에도 큰 변화를 가져왔다.[44]

---

[43] 따라서 중일전쟁, 아시아태평양전쟁 시기에 조선군의 성병대책과 통계를 알 수 있는 자료가 없어 더 이상 논의를 진행하지 않겠다.

[44] 이에 관해서는 신주백,「천황 직할의 조선군 : 식민통치의 물리적 기반」, 이재범 외,『한반도의 외국군 주둔사』, 중심, 2001, 285~288쪽 참조.

조선군은 식민지 조선에서의 사상전, 선전전에도 적극적으로 대응하였다. 즉 사령부 내에 1937년 10월 신문반(1938년 1월에 보도반으로 개편), 11월에 국방사상보급부를 각각 설치하였다. 전자가 민심을 지도하고 여론을 환기시키는 데 목적이 있었다면, 후자는 신문반과 협조하면서 군대와 군부가 관여하는 학교와 단체 등에 국방사상을 적극 보급하는 데 주된 목적이 있었다. 조선군은 중일전쟁 자체가 무력전일 뿐만 아니라 경제전이자 사상전이라는 입장이었다. 더구나 중국에서의 전선이 확대되고 있는 가운데 1938년 4월부터 육군특별지원병제도가 실시됨에 따라 내선일체를 더욱 공고히 할 필요가 있다고 판단하였다. 이에 따라 시국인식을 강화하고 국방사상을 더욱 강력하게 보급하면서도 여론을 일원화하고 군민일치를 달성할 조치의 하나로 1938년 10월 보도반을 해체하고 소장을 책임자로 한 보도부를 새로 편성하였다.

관제 총동원 기구인 국민정신총동원조선연맹(1938.7), 국민총력조선연맹(1940.10)에도 군 장교들이 간부로 취임하는 등 직접 개입하였다. 그리하여 1940년 7월부터 1942년 5월까지 국민총력조선연맹의 사무국 총장을 지낸 사람은 제20사단장으로 중일전쟁에 참전했던 가와기시 분사부로오(川岸文三郎, 1936.12~1938.12)였다. 조선연맹의 사무국 부서 가운데 보도부, 사상부, 훈련부에만이 아니라 조선군 보도부 장교는 선전부에, 조선군 경리부 장교는 농림부 실무자로 대거 참가하였다.

조선통치의 전면에 다시 등장하기 시작한 조선군은 조선총독부의 정책결정에도 일상적으로 관여하기 시작하였다. 1938년부터 조선총독부 과장급도 참여하는 군수동원협의회를 운영하기 시작한 것이 그 한 예다. 1939년 11월에 설치된 조선총독부 기획부(企劃部)에는 조선군 장성이 책임자로 왔으며, 그 아래 과장 이하 부원들도 육해군 장교로 채워졌다. 또한 조선총독부와의 상시적 연계통로도 다시 확보하였다. 즉 조선군은 1937년에 들어 '조선총독부 어용괘(朝鮮總督府 御用掛)'를 설치하고 사령부의 참

모 가운데 일부를 겸직시켰다. 조선총독부 내에 조선군 사령부에서 파견
한 참모들이 상주할 수 있는 기관을 설치한 것이다. 이에 따라 진해에 있
는 해군에서도 총동원체제에서의 후원금 배부, 보급품 분배 등에 참여하
기 위해 1937년에 참모를 파견하였는데, 1940년 경성재근무관부로 조직을
강화하였다. 요컨대 1919년 3·1운동 이후 관제를 개정함에 따라 조선총
독을 직접 보좌하던 무관부가 폐지된 이후 조선총독부와의 상설적인 연
계관계를 맺지 못하고 있던 조선군으로서는 새로운 전기를 마련할 수 있
는 발판을 갖게 된 것이다.

  이 시기 조선군 정책의 또 하나의 특징은 1938년부터 한인의 천황에 대
한 충성심을 파악하고 병역문제를 해결하기 위한 시험제도로 특별지원병
제도를 실시한 점이다. 육군특별지원병제도는 1938년 12월 400명의 특별
지원병이 모집된 이후 1943년까지 16,830명이 일본군에서 복무하였다.[45]
해군특별지원병제도 역시 1944년부터 실시되어 13,256명이 일본군에 입
대하였다. 뿐만 아니라 그동안 입대가 연기되고 있던 대학생에 대한 징병
이 1944년부터 실시되어 3,893명이 임시채용특별지원병이란 이름으로 일
본군에 끌려갔다.

  새로운 군사제도의 모색은 교육제도의 변화를 전제로 한 것이었다. 조
선군은 한인 아동이 일본정신의 교육을 철저히 받아 "'우리들은 황국 일
본의 신민이다'라는 강한 신념과 긍지"를 가질 수 있도록 조선총독부에 초
등교육과정의 개편을 요구하였다.[46] 충량한 황국신민의 기본 소양을 갖
추고 일본어를 이해할 수 있는 병력자원을 미리미리 확보하려는 의도인
것이다. 1938년 4월부터 실시된 제3차 조선교육령은 이러한 취지에 맞게

---

45) 육군특별지원병제도는 宮田節子, 「志願兵制度の展開とその意義」, 『朝鮮民衆と'皇民化'
    政策』, 未來社, 1985 참조.
46) 「密受 第1562號 朝鮮人志願兵制度ニ關スル件(1937.12.14)」, 『陸軍省密大日記』 S12-1,
    696쪽. 朝鮮軍司令部, 「朝鮮人 志願兵制度ニ關スル意見(1937.6)」의 일부다.

국민을 양성하기 위한 충실한 교육정책이었다.

5) 아시아태평양전쟁의 발발과 조선군의 대응

　일본군 전체의 편제 개편에 따라 조선군 내부에도 큰 변화가 있었다. 지금까지 일본군 사단은 2개의 여단, 각 여단에 4개의 연대체제였다. 하지만 1942년 9월부터 각 여단은 3개 연대 체제로 개편됨에 따라, 남는 연대, 즉 제20사단 소속으로 평양에 본부를 둔 보병 제77연대, 제19사단 소속으로 함흥에 본부를 둔 보병 제74연대를 중심으로 평양에 사령부를 둔 제30사단이 창설되었다. 이에 따라 각 사단의 수비관구가 재조정되었다. 제19사단은 함경북도, 제30사단은 평안남도, 평안북도, 황해도, 함경남도, 그리고 제20사단은 나머지 지역을 담당하도록 작전구역이 변경되었다. 또한 조선군은 1942년 후반 들어 위태로운 남방전선을 보강하기 위해 제20사단을 뉴기니아 방면으로, 제30사단을 1944년 5월 필리핀 민다나오섬으로, 1944년 2월에 편성된 제49사단을 6월에 버어마전선으로, 1944년 11월 제19사단을 필리핀전선으로 각각 이동시켰다. 이때부터 한반도에 있는 보병사단은 유수사단체제로 운영되었다. 한편, 진해요항부는 1941년 11월 진해경비부로 격상되었다

　조선군 소속 사단의 해외 이동에서 알 수 있듯이, 태평양전선에 많은 병력이 투입되었다. 그 숫자는 1945년으로 갈수록 늘어갔다. 실제 일본군은 1938년 처음으로 100만 명이 넘었다. 1941년 12월 하와이 진주만을 기습 공격할 당시 일본군은 200만 명이 넘었고, 1944년 상반기를 지나면 300만 명이 넘을 정도로 급속하게 병력이 팽창하고 있었다. 그것은 일본 국내의 병력자원이 고갈되고, 산업현장에서 청년남성의 노동력이 고갈되는 문제점으로 나타났다. 일본이 전자의 문제를 해결하기 위한 방편의 하나로 선택한 것이 조선과 대만에서의 징병제 실시였고, 후자의 문제를 해결하기

위해서도 조선과 대만에서 강제연행을 강력하게 추진하였다.

한인에 대한 대규모 징병은 1944년 9월부터 실시되었다. 징병은 부족한 병력자원을 확보한다는 차원도 있었지만, 같은 황국신민인데 일본인만이 전쟁에 동원된다는 일본인 사회의 불만도 해소하기 위함이기도 하였다.

원래 한인에 대한 징병제는 1942년 5월 공포되면서부터 준비를 시작하였다. 학교에서는 우수한 양질의 병력자원 확보, 특히 미래의 군사간부인 학생에 대한 군사교련을 강화하였다. 심지어 1945년도 상급학교 입학시험 때는 필기시험이 폐지된 대신에 근로동원점수와 더불어 교련점수가 큰 비중을 차지하였다.[47]

학교에 다니지 않는 만 17세부터 21세 미만의 청년은 1942년 10월에 공포된 「조선청년특별연성령」에 따라 일본어교육과 더불어 군사교육을 받았다. 학교체육도 군사화하여 수류탄던지기와 같은 종목이 생겼다. 신체의 군사화가 본격화하기 시작한 것이다.[48]

문제는 학교교육을 받지 못한 징병 적령자들이었다. 이 문제는 일본어 이해정도와 깊은 연관이 있었다. 조선총독부의 조사에 따르면 1944년 징병검사를 받은 한인 청년 222,295명 가운데 미취학자가 102,954명이었으며, 그 가운데 일본어를 이해할 수 없는 '불해(不解)'자가 41,827명이었다.[49] 국민학교 초등과 중퇴자(42,285명)나 미취학자 가운데 일본어 이해자인 '국어해(國語解)'라는 판정을 받은 사람도 군대생활을 하기에 충분할 정도라고 낙관할 수도 없었다. 그래서 학교에 재학중이지 않는 청년들은 일본어에 대한 이해의 정도와 학력 등에 따라 일본군에 입대하기 전까

---

47) 1940년대 학교 군사교육에 관해서는 신주백, 「日帝의 敎育政策과 學生의 勤勞動員 (1943~45)」, 『歷史敎育』 78, 2001 참조.

48) 자세한 것은 신주백, 「일제 말기 체육정책과 조선인에게 강제된 건강」, 『사회와 역사』 68, 2005 참조.

49) 水野直樹 編, 『戰時期 植民地統治資料』 4, 柏書房, 1998, 212~213쪽.

지 조선청년특별연성소, 청년훈련소 별과(靑年訓練所 別科), 청년훈련소
별과 합동훈련소, 군무예비훈련소라는 단계를 거치며 훈련을 받았다. 그
중에서 청년훈련소 별과 합동훈련소와 군무예비훈련소는 1944년에 설치
된 기관인데, 모두 각지의 읍·면 단위에 있던 청년훈련소 별과와 조선청
년특별연성소에서 훈련받은 한인 가운데 징병검사에서 갑종 판정을 받은
사람을 대상으로 각각 집중적인 군사교육을 실시하는 교육기관이었다.[50]

제1회 징병검사는 호적상 1923년 12월 2일부터 1924년 12월 1일 사이에
태어나 1943년 12월 1일부터 1944년 11월 30일까지 만 20세가 된 사람을
대상으로 1944년 4월부터 8월 20일까지 실시되었다. 제2회 징병검사는
1924년 12월 2일부터 1925년 12월 1일 사이에 태어난 사람을 대상으로
1945년 2월부터 5월 사이에 실시되었다. 1944년도 제1차 징병검사자 23만
여 명에서 갑종 판정을 받은 사람 가운데 5만 5천여 명이 9월부터 현역으
로 입대하였고, 1945년도 제2차 징병검사자 22만여 명에서 갑종 판정을
받은 사람 가운데 역시 5만 5천여 명이 3월부터 현역에 입대하였다.

3. 제17방면군·조선군관구(1945.2~)

1944년 10월 필리핀전선이 무너지면서 이제 남은 전장터는 일본본토
뿐이었다. 대본영은 황토, 곧 일본 본토를 방어하기 위해 1945년 1월 「제
국육해군작전계획대강」을 제정하고 '본토결전'을 결정하였다.[51]

한반도 역시 본토결전을 준비하는 대상지였으므로 새로운 작전방침에
따라 조선군 역시 다시 한 번 큰 변화를 겪었다.[52] 대본영은 1945년 2월

---

50) 자세한 내용은 신주백, 「일제 말기 조선인 군사교육 1942.12~1945」, 『韓日民族問題研究』 9,
2005 참조.
51) 防衛廳防衛研究所戰史室, 『大本營陸軍本部 〈10〉』, 1975, 9~13쪽에서 재인용.

조선군을 방위와 교육, 병참을 주된 임무로 하는 조선군관구와 작전부대인 제17방면군으로 분리하였다. 다만 통일된 지휘를 위해 두 부대의 사령관과 참모장은 겸임하도록 하였다. 대본영은 제17방면군의 작전임무도 대소작전에서 대미작전으로 바꾸었다. 소련과의 대결 임무를 관동군이 전담함에 따라 함경도와 평안도 지역에 주둔한 조선군은 관동군의 지휘부대인 제34군에 편입되었다. 한반도의 관동군은 조선군관구사령부의 병참지원을 받았다. 한반도에 주둔한 일본군의 주된 임무를 변경하고, 그에 따라 병력을 재배치한 조치는 1904년 3월 한국주차군이 편성된 이래 처음 있는 결정이었다.

본토결전을 위해 조선에서의 전쟁지도부도 재편되었다. 조선총독과 조선군관구사령관 겸 제17방면군사령관, 그리고 진해경비부사령장관은 3월 28일 서울에서 만나, 조선에서의 막판 총동원을 위해 중앙-지방(각 사관구)-지구(도의 지구사령관구) 연락위원회를 조직하고, 작전·방위·정보·운수·생산·노무 등에 집중하기로 합의하였다.

조선군관구사령부는 4월 10일 기존의 유수제19, 20, 30사단을 평양, 경성, 나남사관구로 개편하고 대구와 광주에도 사관구를 신설하였다. 조선헌병대도 1919년 3·1운동 이후 5개 본부체제로 축소되었던 조직을 각 도에 하나씩 두는 체제는 복귀하고 헌병보조원을 2,074명 늘리는 등 인원을 대폭 확대하였다. 나남사관구는 관동군 예하의 제34군의 지휘를 받는 부대이기도 하였다.

일본 대본영은 한반도에 미군이 상륙할 가능성이 높은 지점으로 제주도, 군산 앞바다를 중심으로 한 서해안 일대, 목포 등지를 중심으로 한 남해안 일대라고 보았다. 특히 제주도가 유력한 대상지 가운데 하나일 것으

52) 1945년도 조선군의 다양한 동향은 「1945년 한반도에서 일본군의 '본토결전' 준비—편제와 병사노무동원을 중심으로」, 『역사와 현실』 49, 2003 참조. 이 논문은 최근 『일제 말기 제주도의 일본군 연구』(보고사, 2008)에 대폭 보강하여 수록하였다.

로 보았다. 미군의 예상 상륙지점과 병력배치를 개괄하면 〈지도 4-9〉와
같다.

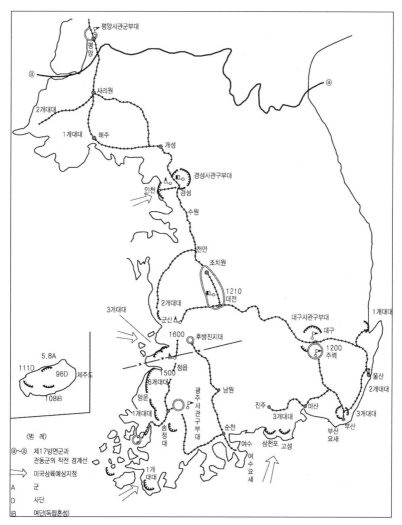

〈지도 4-9〉 1945년 미군의 예상 상륙지점과 '본토결전'을 위한 부대 배치도

비고 : 제17방면군과 관동군의 경계선은 필자가 표시한 것이다.
출전 : 「第17方面軍作戰準備史」(방위성도서관 소장).

이에 따라 대본영은 미군의 상륙지점으로 예상되는 濟州道를 해군 관할에서 제17방면군 관할로 바꾸고 본토결전에 적극 대비하였다. 우선 1945년 초 1천여 명에 불과하던 일본군 병력을 7만 5천여 명까지 증강시키고, 이를 지휘하는 제58군사령부를 신설하였다. 제주도의 일본군은 만주와 본토에서 건너온 부대가 많았고 군사시설지 공사를 대규모로 진행하였기 때문에 사실상 대본영에서 본토결전에 대비한 준비를 직접 점검하는 경우가 많았다. 또한 제17방면군은 군산 이남의 서해안 일대와 목포에서부터 부산 사이의 남해안 일대에도 많은 군사시설을 설치하고 중국에서 이동한 제120사단, 제150사단 등을 새로 배치하였다. 새로운 시설지는 징병이란 이름으로 대규모 동원하거나 인근에 사는 한인을 강제로 동원하여 건설했는데, 한반도의 서해안과 남해안 일대에는 지금도 많은 시설지가 남아 있다.53)

현역 징병대상에서 제외된 한인 청년도 1945년 3월부터 대규모로 징병되어 야전근무대, 특설근무대, 농경근무대, 특설경비대, 자활요원 등과 같은 기본적인 군사교육도 없이 총기도 지급받지 않은 채 노동력부대에 긴급 편성되었다.54) 특설경비대는 지역의 군사시설 등을 경비하는 임무를 맡았지만 노동력으로 동원되는 경우가 대부분이었으며, 야전근무대와 특설근무대는 각종 군사시설을 경비하고, 진지구축과 화물수송, 비행장도로 · 항만 등을 건설하며 대미 · 대소작전 준비가 진행되는 모든 곳에 동원된 부대였다. 편성된 근무대는 제주도, 목포와 부산을 중심으로 한 남해안 일대, 그리고 일본본토, 특히 큐슈 등지에 집중배치되었다. 또한 자활요원(自活要員)과 농경근무대(農耕勤務隊)는 일본 본토를 방어하는

53) 「本土作戰記錄」第5券 第17方面軍(1946.1.10), 12~13 · 28~30쪽 ; 부산과 거제도, 여수 일대 군사시설에 관해서는 신주백, 「1945년 한반도 남서해안에서의 '본토결전' 준비와 부산 · 여수의 일본군 시설지 현황」,『軍史』70, 2009 참조.
54) 이에 대한 기초적인 개괄은 防衛廳防衛研究所戰史室,『陸軍軍戰備』, 1979, 450 · 465 · 471 · 478-479쪽 ;『昭和20年10月28日調整 陸軍部隊調査表』, 173 · 18~182쪽 참조.

데 최대의 장애요인 가운데 하나였던 기본적인 식량문제와 특공용 비행기 연료문제를 군 스스로 해결하려는 의도에서 결성된 부대였다. 자료상으로 확인되는 경우는 1945년 4월에만도 조선군관구사령부에서 자활요원 1만 명과 농경근무요원 1만 2천5백 명을 일본본토로 동원한 사례가 있었다.[55]

조선군관구사령부는 1945년 3월경부터 대규모 병력동원이 이루어짐에 따라 동원을 안정적이고 기동력 있게 실행하기 위해 1945년 5월부터 징병사무를 군관구, 사관구, 각 도 단위에 설치된 지구사령관구(병사구)에서 직접 처리하도록 개정하였다. 당시 한반도에서 징병사무를 담당한 일본군 장교에 따르면 학도병 2만여 명, 현역병 9만여 명을 포함한 군인·군속은 40여만 명에 달하였다.[56] 그래서 1945년도 강제동원사의 특징은 총도 없이 노동력으로 징병된 대규모 병사노무동원이다. 징용으로 사람을 동원하는 방식이 1945년 4월 이후 사실상 중지된 상태에서, 두 차례의 대규모 병력동원이 8월 15일 일본이 항복하는 순간까지 있었다는 점을 고려할 때, 모집-관알선-징용이란 인력동원의 구분은 재고되어야 한다.

1945년 8월 9일 소련이 대일선전포고를 하면서 함경도지역의 관동군 방어망이 급격히 무너졌다. 8월 15일 일본천황이 무조건 항복을 하였다. 38도선 이북의 일본군은 나남·평양·중국의 연길 등 세 곳에서 소련군에 항복하면서 급속히 해체되었고, 6만 5천여 명의 일본군은 시베리아로 압송되어 강제노동에 종사하도록 강요받았다. 38도선 이북의 일본군과 달리 이남의 일본군은 미군이 진주하여 항복을 접수할 때까지 무장을 유지하였다. 38도선 이남의 일본군은 1945년 9월 9일 미군에 정식으로 항복하

---

55) 「〈朝參電 第2264號(1945.4.7)」, 『機密作戰日誌(乙綴)』; 병력동원 형식의 노동력 동원의 개황에 관해서는 앞서도 인용한 『일제 말기 제주도의 일본군 연구』(보고사, 2008)에 수록된 수정 논문에 언급되어 있다.

56) 吉田俊隈, 「朝鮮軍歷史 別冊 朝鮮人 志願兵 徵兵の梗概」, 22쪽.

고 부산에 집결하여 후쿠오카의 하카타항(博多港)으로 귀환하였다. 이들의 귀환은 1945년 10월경에 거의 마무리되었다.

마치며

이상으로 1882년부터 1945년까지 한반도에 머물렀던 일본군의 역사에 관해 편제의 변화와 역할을 중심으로 고찰하였다. 여기에서는 그 의미에 관해서만 간략히 짚어보겠다.

일본의 대한제국에 대한 지배는 군대를 동원하여 저항 세력을 제거함으로써 완성되었다. 군대가 잔인한 진압방식을 이용하며 침략지를 장악하고, 이어 이민을 통해 그곳을 제국의 지배영역으로 만드는 팽창방식은, 초기부터 현지인들의 강력한 저항에 직면할 수밖에 없었다. 침략당한 민족의 내면 깊숙한 곳에 강력한 반발심을 심어주는 영토 확장방식이었기 때문이다. 조선인과의 내면적 긴장감은 한반도에 있던 일본군의 성병 감염율을 낮추는 요인의 하나로 작용했을 것이다.

일본은 군대를 동원하여 치안을 안정화시키면서 헌병경찰제를 실시하는 것으로 조선인의 반발에 대응하였다. 중국의 북경 이북 지역에서부터 러시아의 시베리아 일대까지를 작전권역으로 삼았던 한반도의 일본군은, 3·1운동 이후 조선의 치안이 안정되어 가자 일본제국주의의 대외팽창정책에 따라 중국을 여러 차례 침략하였다. 조선의 치안을 확보하면서 대소작전을 기본임무로 하였던 한반도의 일본군은 일본제국주의의 대륙침략의 선봉대였던 것이다.

아시아태평양전쟁에서 일본제국주의의 패전이 임박할수록 한반도의 일본군은 남방전선에 더 많이 투입되었다. 일본 본토가 전장화되자 한반도에 주둔한 일본군의 기본 임무는 소련군보다 미군과의 전쟁을 담당해야 하는 것으로 바뀌었다. 그렇다고 북부조선에서의 대소작전에 관한 임무가 소멸된 것도 아니었다. 조선 민중의 전쟁 부담은 더욱 증가할 수밖에 없었다.

그런데 남북에서 밀려오는 연합군과 싸울 수 있는 가능성이 현실화되는 순간, 실제 소련군의 진입으로 한반도가 전장화되는 동시에 38도선을 경계로 일본군의 항복을 접수하는 경계선이 그어졌다. 체포된 일본군은 즉각 귀환과 시베리아 강제노동이란 극단의 운명으로 나뉘었다. 한반도의 일본군은 치명적인 전력의 손실을 입지 않았지만, 냉전의 그림자로부터 자유로울 수 없었던 것이다.

제3부

해방 후 한국의 군사주의와 성 관리

제5장 한국에서의 미군의 성 관리와 성폭력
— 군정기부터 1950년대

하야시 히로후미(林博史)

들어가며

일본의 패전과 더불어 식민지 지배체제의 해체에 따라 대일본제국이 만든 성매매제도와 군위안소 제도도 해체됐다. 그러나 그 후 남한에 진주한 미군에 의해 다시 성매매가 부활했다. 해방 이후 한국에서 오랫동안 성매매 고객의 커다란 비율을 차지했던 것은 미군 병사였고, 성매매와 관리 정책을 규정한 커다란 요인도 미군에 있었다. 또 미군 병사의 한국 여성에 대한 성범죄 역시 한결같이 심각한 문제로 지속되고 있다. 이러한 문제에 관해서는 다양한 방면에서 언급되고 있는데 미군의 원자료를 사용한 연구는 일본에서도 한국에서도 거의 이루어지지 않았다.[1]

....

[1] 미군자료를 사용한 적지 않은 귀중한 연구로 Katharine H.S, Moon, *Sex Among Allies : Military Prostitution in U.S. Korea Relations* (New York : Columbia University Press, 1997) 이 있다. 단 여기서 이용되고 있는 1960년대부터 70년대의 제8군 자료는 문씨가 관계자로부터 입수한 것이며 일반적으로 공문서관 등에 공개되어 있는 것이 아니다. 그 외 일본어로 번역되어 있는 관련문헌으로 주한미군 범죄근절을 위한 운동본부 편(徐勝・廣瀨貴子 譯), 『駐韓米軍犯罪白書』(靑木書店, 1999)와 「老斤里から梅香里まで」, 發刊委員會 編(깊은 자유일본어판번역위원회 번역), 『老斤里から梅香里まで─駐韓米軍問題解決運動史』(도서출판, 2002), 그리고 한국여성핫라인연합 편(山下英愛 번역), 『韓國女性人權運動史』(明石書店, 2004), 제5장을 들 수 있다.

본장에서는 해방 이후 한국에서 어떤 식으로 성매매 관리 정책이 형성되었는지, 미군에 의한 성범죄의 실태는 어떠했는지에 대해 주로 미군 자료에 의거하여 살펴보고자 한다. 미국립공문서관에 소장된 재한미군과 동아시아에 주둔했던 미군자료가 아직 1950년대까지밖에 공개되지 않았으므로 취급 시기도 거기까지로 한정했다. 그 후에 관해서는 약간의 전망으로 그치도록 하겠다.[2]

1. 한국의 미군기지 형성 과정

미국은 20세기 초 괌, 필리핀 등을 영유하고 있었는데, 서태평양 방면으로 크게 관심을 갖게 된 것은 일본과의 태평양전쟁이 시작되면서부터였다. 1942년 말부터 루즈벨트 대통령의 지시에 따라 통합참모본부는 전후 기지건설 계획 책정에 착수했다. 본격적으로 논의되기 시작한 것은 1945년 5월 이후이며, 1945년 10월에 JCSS70/40 '군사기지와 그 권리의 필요성에 관한 종합적 검토'로 정리되었다. 그중에서 필리핀, 마리아나, 류큐(琉球) 등이 가장 중요한 기지가 되었고 오가사와라(小笠原)와 중부 태평양의 몇몇 섬들이 제2중요기지로 기록되어 있으나 한반도는 전혀 언급되지 않았다.

---

2) 미국립공문서관의 소장자료에 관해서는 RG(Record Group) / EntryBox 번호를 기록한다. 미군의 성(性) 대책에 관해서는 다음의 졸고도 참조하기 바란다. 「アメリカ軍の性對策の歷史―1950年代まで」, 『女性・戰爭・人權』 7, 2005 ; 「基地論―日本本土・沖繩・韓國・フィリピン」, 『岩波講座アジア・太平洋戰爭第7卷支配と暴力 Ⅳ 支配の繼續と再編』, 岩波書店, 2006 ; 「東アジアの米軍基地と性賣買・性犯罪」, 『アメリカ史硏究』 29, 2006. 1950년대까지의 재한미군의 기본적인 정보에 관해서는 Spencer C. Tucker (ed.), *Encyclopedia of The Korean War*, New York : Checkmark Books, 2002를 참조했다.

〈표 5-1〉 동아시아 각국에서의 주류 미군병력 (단위 : 명)

연월일	세계 전체	한국	일본	오키나와	필리핀	베트남
1950.6.30	146만 261	510	11만 5,306	2만 1,248	1만 43	
1953.6.30	355만 5,067	32만 6,863	18만 5,839	2만 3,325	1만 5,466	
1954.6.30	327만 9,579	22만 5,590	18만 5,705	2만 4,530	2만 6,890	
1955.6.30	293만 863	7만 5,328	16만 2,075	2만 7,778	1만 819	
1956.6.30	279만 5,460	6만 8,810	14만 1,372	2만 7,157	1만 191	
1957.9.30	275만 8,069	7만 1,043	12만 1,619	2만 9,236	1만 1,297	
1958.9.30	259만 8,015	4만 6,024	6만 8,671	3만 894	2만 1,092	
1959.9.30	249만 2,449	4만 9,827	5만 2,452	3만 1,914	1만 683	
1960.9.30	249만 2,037	5만 5,864	4만 6,295	3만 7,142	1만 1,334	794
1965.9.30	272만 3,800	5만 8,636	3만 4,025	3만 129	1만 7,916	12만 9,611
1970.9.30	298만 3,868	5만 2,283	3만 7,512	4만 4,752	2만 3,440	41만 878
1973.9.30	223만 1,908	4만 1,864	2만 8,865	2만 7,375	1만 4,399	265
1976.9.30	208만 3,581	3만 9,133	4만 6,794		1만 5,483	
2001.12.31	138만 4,812	3만 7,972	3만 9,691		31	

출전 : 미국방총성의 웹사이트에서 작성.
주 : 베트남의 절정은 1968년 9월 30일 현재, 53만 7377명. 이 표 이외에 동아시아의 해상
　　병력으로 2001년 12월 31일 현재 1만 2503명이 배치 대비하고 있다. 대부분은 실제로
　　일본에 배치되어 있다.

　전쟁 시기부터 해방 이후에 걸쳐 냉전이 진행되었음에도 불구하고 미
군은 한반도에 미군기지를 두는 것에 부정적인 자세를 유지했다. 한반도
에 대한 주류(駐留)는 미국의 안전보장상 거의 쓸모가 없었고 전쟁 때 오
히려 약점이 된다. 만약 아시아대륙에서 군사작전을 취할 경우가 있다 해
도 한반도는 무시될 것이라 판단했기 때문이다(1947년 9월 통합참모본부
에서 국방장관에게 보내는 메모).3) 1950년 1월에 아치슨 국방장관이 '미
국의 극동 방위선'은 "아류샨에서 일본, 그리고 류큐제도를 거쳐 필리핀
군도에 이른다"고 연설한 것처럼, 한반도는 그 방위선에 포함되지 않았

---

3) James F. Schnabel, *History of the Joint Chiefs of Staff : The Joint Chiefs of Staff and National Policy, 1947~1949*, Washigton DC : Office of Joint History, Office of the Chairman of the Joint Chiefs of Staff, 1996, p.275.

다. 실제로 미군은 1949년 6월까지 군사고문단을 남기고 한국에서 철수했다. 미군에게 있어서 중요했던 것은 오키나와와 일본 본토였다.

1950년 6월에 한국전쟁이 시작되자 미국은 바로 미군을 한반도에 투입하고 또 국제연합안보리에서 북한을 비난하고 군사제재를 결정했다. 한국전쟁의 경과는 생략하지만 1951년 봄부터 북위 38도선을 사이에 두고 일진일퇴의 정체 상황에 빠졌고 7월부터 정전회담이 시작되었다. 전쟁 개시 후 거의 1년이 지난 1951년 5월 국가안전보장회의는 사실상 한반도의 군사적 통일을 포기하고 동시에 휴전이 된 후에는 철수한다는 방침을 확인했다(NSC48/5). 그러나 그 후 통합참모본부는 한반도에 대한 미군 주둔을 지속하는 방침으로 전환했다. 한반도 전역이 공산주의의 지배하에 들어가는 것을 우려했기 때문이다. 1953년 7월 휴전협정체결에 이어 10월 한미 상호방위조약을 체결했다. 단 이 조약은 이승만 정권이 휴전협정에 동의하는 담보로 체결된 성격이 강하며, 미군의 자동적인 참전 의무가 없어 군의 소극성이 드러나 있었다. 그 후 미국 정부 내에 한반도의 중립화 구상은 후퇴해갔고 미군의 주둔, 한국군의 강화 등 반공 최전선의 거점으로 한국을 확보·강화하는 정책이 실시되었다.[4)]

1950년대 전반 미국은 동아시아에서 오키나와의 군사지배를 계속할 뿐만 아니라 한국, 일본, 필리핀 등과 군사동맹을 체결하고 기지망을 펼쳤다. 한국이 그 최전선이었다.

한국전쟁 후 미군은 동아시아의 병력 배치에 대해 재평가를 진행했다. 일본에서 반기지 운동과 원자폭탄 금지운동이 고조되었으므로 일본 국민의 반발을 완화시키고 보수정권을 유지하기 위해 일본의 군사 부담을 경감하는 정책을 채택했다. 즉 헌법개정(특히 제9조)에 대한 압력을 삼가고 일본이 중점적으로 경제 성장에 대처하는 것을 용인하는 동시에 범죄와

4) 李鐘元, 『東アジア冷戰と韓米日關係』, 東京大學出版會, 1996, 41~53쪽 참조.

사고 등 문제를 일으킬 수 있는 위험성이 높은 지상군(육군과 해병대의 지상전투부대)을 일본에서 철수시켰다. 지상군은 오키나와와 한국에 집중되었고, 또 핵병기의 전진 배치도 일본 본토는 피하고 오키나와와 한국에서 이루어졌다. 한국에 보병 2개 사단 등 육군 주체의 미군이 주둔하고 한국전쟁 때보다는 대폭 축소된 4~5만 명 이상의 병력이 주둔, 1960년대에는 일본 본토의 미군 수를 상회하게 되었다. 또한 1958년부터 핵미사일과 핵지뢰가 배치되었다(1991년 철거). 그뿐 아니라 한국은 약 60만 명의 군을 유지하게 되고 일본 본토에 비해 훨씬 커다란 군사 부담을 강요받게 된 것이다. 이리하여 1950년대는 한국을 포함한 동아시아에 미군의 배치가 재편되고 오늘에 이른 배치 상황이 거의 완성되게 된다.

또한 한국에서 미군의 주둔 조건을 결정하는 지위협정은 1966년 체결되었다.

2. 한국전쟁 전까지의 미군과 성매매

1) 군정기

한반도를 38도선에서 남북으로 구분하고 남한 점령을 담당하게 된 미국은 오키나와에 있던 제24군단(군단장 존 R 하지 중장)을 보내기로 결정하고 1945년 9월 8일 미군의 제1진이 인천에 상륙했다. 종전 직후부터 한반도 각지에서 조선독립준비위원회가 조직되었고 조선인민공화국의 건국 선언까지 나왔지만 미군정부는 공화국을 부인하고 일본 식민지 지배의 수족이었던 대일협력자를 이용하여 군정을 시작했다. 그 후의 경위는 생략하겠지만 1948년 5월 남한에서만 총선거를 실시 8월 15일에 이승만을 대통령으로 하는 대한민국을 건국했다. 다음달 북한에서는 조선민주주의 인민공화국(수상 김일성)이 건국되었고 한반도는 남북분단 국가가 되었다. 동년 4월부터 제주도의 봉기, 10월 여순사건 등 남한은 내란이라 말해도 이상할 것이 없는 상황이 벌어지는 가운데 1949년 6월 말까지 미군이 철수하고(최대시 약 4만 5,000명), 7월부터 약 500명의 군사고문단만 남게 되었다.

이 시기의 미군은 재한미육군(USFIK: US Army Forces in Korea)로 불렸고 사령관은 하지 중장, 당초는 미태평양 육군, 1947년 1월부터는 미극동군의 지휘하에 있었다(최고사령관은 맥아더 대장).

오키나와전을 치른 후 종전에 의해 거의 준비되지 않은 남한으로 옮겨온 제24군단은 당초부터 군기가 문란했던 것 같다.

1946년 4월 29일 제24군단은 "제24군단 전체에 이르러 전반적인 군기 개선"이 필요하다고 고급부관통달을 내놓았다.[5] 나아가 5월 3일 하지 사령관명으로 '군기 악화'라는 제목의 통달을 보냈고 미군 병사에 의한 조선인에 대한 강도 증가, 만취와 그로 인해 대중에게 피해를 끼치는 파렴치한 싸움 증가, 조선인 사상자를 내는 속도위반과 부주의에 의한 교통사고 증가, 오프리미츠(off limits, 출입금지) 규칙의 침범 등에 관해 심각하게 우려하고 있다며 주의를 환기했다.

그러나 그러한 통달에도 불구하고 11월 6일에는 다시 하지 사령관이 통달을 보내 미군 병사가 조선인을 구크(Gooks)라고 부르며 놀리거나 조선여성에게 이상한 소리를 지르며 휘파람을 부는 등의 행위를 들어 미군 병사가 조선인을 해방된 민중이 아니라 점령된 민중으로 보며 행동하고 있는 것도 문제로 지적했다.

다음해 1947년 1월 17일 하지 사령관의 메시지를 각 부대에 보내 논의소재로 삼도록 지시하고 있다. 특히 미군 병사는 당초 가장 위대한 국가

5) 다음 RG554/Entry1378/Box50과 554/109/1&4에 포함되어 있는 문서에 따른다.

에서 온 영웅으로서 조선인의 존경을 받았으나 미군 병사의 지나친 행동과 우월적인 태도로 인해 조선인으로부터 반발을 불러일으키고 있다며 새삼스럽게 주의를 촉구했다. 그러나 바로 얼마 안 되어 1월 31일 밤 이등군조 외 1명이 강간죄로 수사를 받았다.

1948년 3월 1일부터 5월 21일까지 서울지구에서만 130명이 비행으로 체포되었다고 보고되어 있다(5월 29일자). 4월 1일과 7월 21일에는 하지 사령관명으로 '군기 악화'를 경고하는 통달이 내려왔다. 미군은 점령개시 직후부터 일관되게 '군기 악화'로 고심하고 있었던 것 같다.

다음으로 미군과 성매매의 관계에 관해 살펴보자. 남한에서의 성매매에 대해 미군정부는 1946년 5월 부녀자 매매금지를 명했고(법령 70호), 1947년 11월 공창제 등 금지령을 공포하고 1948년 2월에 시행되었다. 그에 반해 미군정부 내의 공중위생복지국은 1947년 5월이 되어서야 설치되었으며, 일본 본토의 공창제 금지지령보다 훨씬 늦은 것이었다. 1947년 1월에는 육군장관 패터슨이 재한 미군사령관에게 미군장병의 성병 발병률이 높은 것은 문제가 있으니 매춘을 엄격히 금지하는 육군성의 정책인 "매춘 금압책"을 실시할 것을 지시했다.[6]

그런데 미군의 성매매 대책은 기본적으로 매춘을 금압하여 장병이 매춘부와 접촉하지 못하게 하는 정책을 1910년대 이후 채용하고 있었다. 단 제2차 세계대전 당시 금압책이 차츰 이완되었다. 성병으로 인한 병력 손실이 미군의 가장 큰 골칫거리였으나, 세계대전 중부터 페니실린 치료가 시작되어 치료가 용이하게 됨과 더불어 근무를 하면서 외래환자로 치료를 받을 수 있는 상황, 즉 성병에 걸리더라도 바로 병력 손실로 이어지지 않게 되었다. 군에 치료법이 거의 확립된 것은 1950년대부터였는데, 성매매 대책(=성병대책) 상황은 바뀌었다고 할 수 있다. 다만 질병이라는 생

---

[6] RG554/1378/147.

각에는 변화가 없었고 페니실린 치료가 듣지 않는 체질도 있었으며, 또 치료가 지연되거나 잘못되면 심각한 문제를 일으키므로 성병대책은 과제로 남겨져 있었다. 1940년대 후반부터 1950년대에 걸친 시기는 이처럼 과도기에 해당하는 시기였다.[7]

미군은 장병이 성병 발병률을 매월 조사하여 군 중앙에 보고하고 그 증가에 신경을 곤두세우고 있었다. 미군은 환자의 비율을 원칙적으로 연간 1,000분의 50이하로 억제하는 방침이었고 미국 본토의 철저한 매춘금압책으로 제2차 세계대전 중에는 거의 50이하로 억누르는 데 성공했다. 태평양 방면에서는 태평양 섬들에서 전투를 했던 1945년 초까지는 성적이 양호했지만 필리핀 점령 후 성병 발병률이 상승, 나아가 일본 본토에 진주해오자 단번에 상승했다. 일본 본토는 엄격하게 매춘을 금지했던 군 중앙의 정책에 반하여 특수 위안시설 RAA를 이용하여 성병을 억제하고자 했지만 〈표 5-2〉의 수치처럼 실패했고, 군 중앙과 점령군 내부에서도 비판을 받아 RAA를 오프리미츠로 하여 이용을 정지했다. 미군 성병 대책의 움직임은 이 성병 발병률의 추이와 관련되어 있으나 여기서는 한국의 상황에 관해서만 다루기로 한다.

한국에서는 〈표 5-2〉와 같이 일본 본토와 달리 성병 발병률이 두 자릿수를 유지하고 있어서 그다지 커다란 문제가 되지 않았다. 그러나 1948년 2월의 공창제 폐지 실시가 가까워오자 문제가 되기 시작하였다. 1947년 중 재한 미육군의 성병 발병률은 연간 1,000분의 83, 성병 감염원의 추적조사에 따르면, 우연히 알게 된 pickup 39%, 호객행위(solicitor) 29%, 매춘부(prostitute) 29%, 매춘옥(brothel) 3%로 되어 있다. 이 시기 미군 내에서 주요 사령부마다 매월 정기적으로 성병대책회의(Venereal Disease Council)가 열리고 있었는데, 1948년 1월 3일 제24군단 회의에서 공창제 폐지에

7) 상세한 점은 林博史, 「アメリカ軍の性對策の歷史」를 참조.

〈표 5-2〉 미육군의 성병 발병률

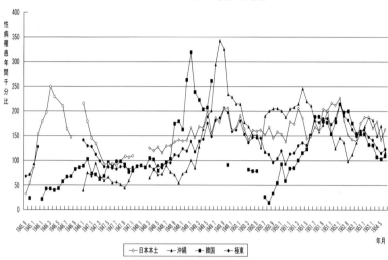

출전 : 각 주류군의 월례보고 등에 따라 작성.

관해 논의되었고 위의 숫자와 같이 공창에서 감염된 비율이 낮다는 것이 지적되고 있다.[8]

2월 14일 공창제 폐지시행 직전인 6일에 개최된 성병대책회의에서 공창은 한국 전역에서 약 2,000명, 서울 1,000명, 인천 200명, 기타 전역에 흩어져 있다고 보고되어 있다.

공창제 폐지에 따라 성병검사를 의무화할 수 없게 되고 매춘부가 산재하게 되므로 성병 발병률이 상승할 것으로 예상되었다. 단 1948년 전반기는 약간 상승했지만 크게 늘어나지 않았다. 먼저 소개한 감염원 조사에서 볼 수 있듯이 미군 병사는 일시적으로 만난 여성과 관계를 맺고 있어서 애초부터 공창 이용이 적었던 것도 하나의 원인으로 볼 수 있다.

미군정부의 공중위생복지국은 공창제 폐지 전에 모든 공창의 성병검

---

[8] RG554/Entry1378/Box147에 실린 성병대책회의 기사록에서.

사를 행하고 치료를 받게 했다. 검사 결과 1,985명의 대상자 중 73.8%가 성병에 감염되어 있었다. 공중위생복지국은 1947년 5월에 발족한 이후 접객 여성(Entertaining girls)의 성병검사를 행하고 있다. 접객 여성이란 기생, 댄서, 바 걸, 웨이트리스 등으로 14,889명을 검사한 결과 59.8%가 성병에 감염되어 있었다. 그래서 매월 정기검사를 의무화하여 이를 받지 않은 경우 자격을 박탈하는 조치를 취했다. 검사와 치료를 위해 26개 병원과 10개의 건강센터를 지정했다.

인원수로 보더라도 공창보다 이러한 접객 여성 쪽이 커다란 문제로 미군에게 인식되고 있었다.[9] 미군정부는 정기검사를 받지 않는 여성은 헌병대가 적발하여 군법회의를 거쳐 처벌하는 동시에 강제로 성병치료를 하도록 대처했다. 다만 1948년 8월 15일에 한국이 독립하자 그러한 조치는 불가능해졌다. 그 무렵부터 성병 발병률이 급증함에도 불구하고 미군은 한국에서 철수하기로 결정했기 때문에 특별한 대책을 내놓지 않은 채 끝난 것으로 보인다.

미군정기 미군 병사가 성병에 걸리는데 공창은 그다지 커다란 비중을 차지하지 않았고 접객 여성이 최대의 관심사였다. 그렇기 때문에 공창제 폐지를 실행하면서도 한편으로 접객 여성의 성병 정기검사와 치료의 방침을 실시하였다. 공창제가 폐지됨으로써 매춘 금압이라는 군 중앙의 방침은, 공적으로는 실시되었으며 한편 실질적으로는 접객 여성의 검사를 통해 장병의 성병 이환을 막는 방식을 취했다고 할 수 있다.

2) 한국 성립 후―군사고문단

1949년 6월 말까지 미군은 철수하고 7월 1일부터 대한미군사고문단

---

[9] 1948년 7월 28일자, 재한미군정부에 의해 육군성 민정국에 대한 보고, 「남한에서의 성병 관리계획」(RG554/Entry 1378/Box147).

(KMAG: Korea Military Advisory Group)이 정식으로 발족했다. 다만 군사
고문단의 활동은 이미 1945년 10월부터 실질적으로 개시되고 있었다.[10)]
조선경비대의 간부후보로 약 60명의 조선인 구군인을 선정하여 서울 영
어학교에서 교육을 시작했기 때문이다. 1946년 1월 조선경비대가 발족하
자 그에 대한 어드바이스 활동을 행하고 있었다. 한국 독립 후 경비대는
한국군이 되어 1949년 1월 시점에는 병력이 약 65,000명이 되었다. 군사고
문단의 인원은 200~300명 정도의 규모였는데 미군 철수에 대응하여 49년
4월부터 500명 정도로 증강되었다. 군사고문단 장병이 성병 발병률은
1949년부터 한국전쟁 발발까지 매월 두 자릿수 수준이었다.[11)]

1949년에 관해서는 한국보건부가 작성한 '보건통계연보' 1950년판에 다
음과 같은 데이터가 있다.[12)] 이 데이터에 따르면 1949년 말 시점에서 한
국 전역에서 성병검사를 받아야 할 접객부(Entertainer)는 56,974명으로 그
중 검진을 받은 자가 53,664명, 성병에 걸린 환자가 27,919명으로 절반이
조금 넘는다. 접객부가 많은 지역은 경기도 17,982명, 서울특별시 9,284명,
전라북도 7,903명 순으로 서울 주변에 집중되어 있음을 알 수 있다. 여성
들의 연령은 20~24세 46.3%, 25~29세 32.2%, 30세 이상이 12.7%, 13~19세
9.6%, 교육 정도를 살펴보면 무취학자 53.8%, 취학자 46.2%이다. 취학자
의 내역은 국문해독 정도 36.7%, 초등학교 졸업 정도 8.1%, 중학교 졸업
정도 1.3%, 전문학교 졸업 정도 0.2%로 되어 있으며 절반 이상이 초등교
육도 받지 못했고 초등학교도 졸업하지 않은 여성까지 포함하면 9할을
차지하고 있다.

[10)] 군사고문단의 활동경위에 관해서는 1950년 2월 20일자 군사고문단에서 육군성에 대한
활동보고에 따른다(RG407/429/863). 조선경비대 발족 경위에 관해서는 브루스카밍, 鄭
敬謨・林哲 訳, 『朝鮮戰爭の起源』 1, シアレヒム社, 1989, 236~246쪽 참조.

[11)] RG554/109/15&27.

[12)] RG331/SCAP/9432.

이러한 여성들이 일하는 접객업 형태로는 음식점 17,705개소, 여관 7,732개소, 이발소 408개소, 음식물제조업 2,091개소, 냉동업 452개소, 미용원 439개소, 공중목욕탕 306개소, 요리점 289개소, 바 225개소, 찻집 199개소, 합계 33,522개소였다. 공창제는 폐지되었으므로 매춘옥으로 등록되어 있는 곳은 없지만 음식점 등에서 성매매가 행해지고 있음을 알 수 있다.

미군 정부에 의해 도입된 접객 여성의 성병검사 시스템은 미군 철수 후에도 한국정부에 의해 지속되고 있었음을 알 수 있다.

3. 한국전쟁 당시의 미군과 성 관리

1) 미군 주도의 매춘 관리책 도입

1950년 6월에 한국전쟁이 시작되자 일본에 있던 제8군(약 83,000명)이 바로 한국에 파견되었다. 이것이 재한미 제8군(EUSAK: Eighth united States Army in Korea)으로 미군의 주력이 되었다.

한국전쟁 당시 미군에 의한 성매매 대책과 관련된 군 기관으로 가장 중요한 것은 국제연합 재한 문민원조사령부(UNCACK: United Nations Civil Assistance Command, Korea)이다. 문민원조사령부는 1951년 1월 당면한 한국시민에 대한 긴급원조를 행하기 위해 설치되었다. 1952년 8월에는 UN군의 후방지원을 담당하는 한국 후방지역사령부(KCOMZ: Korea Communications Zone)의 지휘하에 편입되었다. 1953년 7월 정전과 더불어 한국 문민원조사령부로 조직이 바뀌게 된 후 1955년 11월 해산했다. 또한 1950년 7월 국제연합군 사령부(UNC: United Nations Command)가 도쿄에 설치되어 UN군을 통괄했다. 사령관은 미극동군사령관이었던 맥아더가 겸임했다. 따라서 문민원조사령부는 UN군 지휘하의 사령부가 된다.

한국전쟁 발발 후 미군이 잇따라 투입되었지만 북한군에 밀렸고 9월에는 대구−부산 일부까지 밀렸다. 그 후 인천상륙작전으로 형세가 역전, 10~11월 중국과의 국경 부근까지 밀고 올라갔지만 중국 의용군의 참전으로 1951년 1월 서울을 다시 북한군에게 빼앗겼다. 그 후 3월 서울을 재탈환하고 38도선 부근에서 전선이 정체되었다.

제8군은 일본에 있을 때 성병 발병률이 1950년 전반은 160~220명 정도로 대단히 높았지만 한반도로 보내진 다음부터 9~10월은 20 정도로 격감했다. 그러나 11월부터 상승하기 시작했고 1951년 8월 180을 초과하기까지 매월 상승했다(1951년 평균 147.5). 특히 부산에 주둔하는 부대가 성병 발병률이 높았다. 1951년 3월 부산 주둔 부대의 질병 비율은 300을 초과 제8군 전체보다 약 2.5배로 높았다.[13]

〈표 5-2〉를 보더라도 당초 열세로 쫓기던 시기는 성병에 걸릴 여유가 없었을 것이다. 그러나 중국 국경 부근까지 되밀고 올라가 여유가 생긴 1950년 말부터 상승 조짐을 보였고 1951년 들어서자 계속 상승하여 한국전쟁 중 백수십 명에서 200의 높은 수준을 유지했다.

부산에는 북한군의 남하와 더불어 수많은 난민이 몰려들었고, 전쟁 전의 인구가 47만 명인데 대해, 1951년 5월에는 90만 명 이상으로 팽창했다.[14]

부산지구에서 미군 병사가 성병 발병률이 상승하자 1951년 1월 부산지구의 성병 관리에 대해 조사와 검토가 이루어졌다. 제2병참사령부에 성병 관리 장교가 배속되어 조사가 이루어졌다. 그곳에서 알게 된 내용을 정리하면, 한국정부에 매춘금압 규정이 없고, 부산시의 규정으로 모든 매

13) 제8군 의료활동 연보 1950년판·1951년판에서(RG338/A1 205/1556,1557). 또한 〈표 5-2〉는 재한미육군 전체의 숫자이므로 이 제8군의 숫자와는 다르다.
14) 다음 부산에서의 성병 관리 경위에 관해서는 제8군사령부 월례보고 1951년 1~5월부(RG407/429/1152,1177,1204) 및 앞서 서술한 제8군 의료활동연보 1951년판에서.

춘부와 접객 여성이 등록하도록 했다. 매춘지역으로 영도, 다운타운·부산, 미도리마치(綠町) 지구, 리틀 시카고, 하일라(Hialeah) 등이 있고, 카바레·스타일의 댄스홀에서 매춘이 이루어지고 있었다. 두 번째로 매춘부의 정기검진은 없고 치료비를 지불할 능력이 있는 매춘부만이 치료를 받고 있을 뿐이다. 페니실린 등 의약품이 부족하고 매독에는 술폰아미드를 사용하고 있는데 다른 성병에 관해서는 대처를 못하고 있었다. 최근 영도에서 매춘부 2,804명을 검진한 바 2,107명이 성병에 걸려 있었다.

〈표 5-3〉 부산에서의 성매매 관계 여성(1951년 4월 시점)

	등록	미등록	합계
웨이트리스	1154	469	1623
댄서	427	35	462
매춘부	580	950	1530
계	2161	1454	3615

출전 : 제8군 사령부 보고 1951년 5월(RG407/429/1204).

이러한 상황에 입각하여 성병 관리 장교는 군이 성병교육 강화와 예방기구를 무상으로 배포하여 철저하게 예방책을 강구할 것 등을 제언했다. 한국 당국에는 감염 여성을 발견하고 치료시키는 절차 등의 정비를 요구했다. 1951년 4월 시점에서 국가경찰의 데이터에 따르면 부산에서 매춘과 관련된 여성의 인원수는 〈표 5-3〉과 같다고 되어 있다.

국가 경찰의 관할하에 웨이트리스와 댄서는 15일에 1회, 매춘부는 주 1회 성병검사가 의무화되었다. 그러나 감염자를 치유될 때까지 격리할 수 없으므로 검사가 끝나면 바로 일터로 되돌아가 버리는 문제가 있었다.

부산시 공중위생국의 데이터에 따르면 성병검사를 받은 여성이 51년 2월 429명, 그중 감염자 325명, 76.1%, 3월 각각 2,543명, 1,366명, 53.7%로 되어 있다. 1월에 정부보험부가 성병 클리닉을 개설하고 한정적이지만 의약품 제공을 행한 성과가 나타나고 있다고 미군은 평가하고 있다.

미군이 한국정부의 관계부국에 매춘의 금압, 성병에 감염된 여성의 치료 등을 요청한 것에 대해, 한국의 국가경찰장관으로부터 "사창 및 댄스홀 걸, 기생 걸의 치료와 검사에 관해" 응답이 있었다(날짜는 알 수 없지만 1951년 4월로 추정). 그에 따르면 그녀들에 대한 정기검진은 전쟁 전은 국가경찰의 직접 관할하에 행해지고 있었지만 전쟁 발발로 할 수 없게 된 점, 국가경찰은 가급적 빨리 치료와 검사를 재개할 예정이며, "용감하게 싸우고 있는 UN군의 노력을 촉진하기 위함"이며, UN 문민원조사령부와 밀접하게 협력하여 추진할 것, 문민원조사령부에서 의약품을 국가경찰에게 제공해 줄 것, 여성들의 검사와 치료를 위해 헌병도 협력해 줄 것 등을 호소하고 있다.15)

미군은 매춘 금압이라 하면서, 실질적으로는 매춘에 관계된 여성의 정기검사와 치료를 한국 당국에 시키고자 하는 방침에 불과하였으며 한국 측도 그를 위해 미군의 협력을 요청했다.

그 후 5월 27일 UN 문민원조사령부의 부산 팀은 '성병 관리 잠정계획'을 작성했다. 성병 관리 책임은 부산시 공중위생국에 있다는 점을 지적하고, 가급적 원조사령부도 지원하기로 했다. 관리 방법으로, 첫째 성병을 예방하는 완전한 방법은 분별없는 성 교섭을 피하는 것이라 하면서도, 둘째 예방책을 교육할 것, 셋째 공중위생국은 감염된 여성의 발견, 등록, 치료, 격리하기 위한 시설을 제공할 것을 들고 있다.16)

7월 8일 원조사령부에서 제8군사령부에 대해 '한국에서의 성병 관리 계획'이라는 제목의 문서가 전송되었다. 이 계획은 먼저 부산에서 실시하고 그 후 다른 도시로 확대할 예정으로 되어 있다. 9월 24일 이 계획 내용이

---

15) 제8군사령부 월례보고 1951년 5월(RG407/429/1204).

16) RG554/A1 1301/27.

정리된 같은 제목의 문서 '한국에서의 성병 관리 계획'이 관련 부대에 하달되었다.[17]

  내용은 대략 같으므로 후자의 문서를 소개하면, 한국 각지에 진료소를 설치하고 그곳에서 매춘부는 주 2회(수요일과 토요일), 댄서와 엔터테이너(기생 걸)는 주 1회(금요일), 웨이트리스는 월 1회(첫 번째 월요일) 검사를 행한다. 그중 매독검사는 매회, 임질검사는 4주에 1회 실시한다. 근처에 적당한 검사시설이 없을 경우 군의 시설을 사용해도 좋다. 만약 여성이 감염되어 있을 경우 일하고 있는 가게의 주인이 책임지고 치료할 것을 의무화했고, 치료를 끝내면 '건강 카드'를 되돌려 받아야 일할 수 있다. 치료는 무료로 행한다. 대상이 되는 여성은 보험부의 성병담당부국이 발행하는 ID 카드를 소지해야 한다. ID 카드 뒷면에 검사 후 의사의 도장이나 사인, 검사 날짜를 기입한다. 사창은 경찰이 한데 모으고 감염되어 있으면 치료한 후 등록하고 석방한다. 사창이 영업을 계속한 경우 29일 이내의 금고에 처한다. 미군 헌병은 필요에 따라 경찰을 지원하고 문민원조사령부는 진료소에 페니실린과 주사기 등을 공급하고 보험부와 협력하여 이 성병 관리 캠페인을 감독한다.

  이 계획 중 "매춘은 한국에서 위법이며 지방행정 당국에서 매춘과 싸우도록 장려하는 모든 노력이 이루어져야 한다"는 문언이 들어 있는데, 이 항목은 당돌한 인상을 준다. 이 시기에도 미군의 성매매 대책은 기본적으로 엄격하게 매춘을 금지하면서, 가령 1952년 7월 7일 극동군사령부는 제8군에 대해 '성병 관리와 매춘금압'이라는 제목의 통첩을 하달하여 모든 사령관이 행정당국과 협력하여 매춘금압책을 취할 것, 매춘옥 혹은 매춘을 조장하는 카바레, 호텔, 클럽, 비어 홀을 특정하여 출입을 금지할 것, 매춘을 조장 내지 용인하는 듯한 행위는 금지시켜야 할 것 등을 지시하고

17) RG554/A1 1301/27.

있다. 제8군은 1952년 8월 16일자 회보에 '성병 관리와 매춘금압'이라는 제목으로 같은 취지의 지시를 지휘하 부대에 통달하고 있다.[18]

공식적으로 매춘과 관련된 시설에 출입을 금지하여 미군은 매춘을 인정하지 않는다는 형식을 취하면서도, 실제 운용에서는 미군 병사가 성병에 감염된 여성이 있는 장소를 출입금지시키는 방법을 취하고 있었다. 요컨대 행정당국에서 성병에 걸린 여성을 적발하여 치료를 받게 하는 동시에, 매춘의 가능성이 있을 듯한 여성도 강제로 성병검사를 받게 했지만 실질적으로 그것은 감염되지 않은 여성의 매춘을 묵인하는 것이었다. 예를 들어 성병예방법으로 제8군 회보에 지시되어 있는 것은, 첫째 금욕, 둘째 콘돔 사용, 셋째 성교 후 성기를 비누로 세정할 것이 있으며, 그중에서도 금욕은 명목에 불과했다.[19]

이러한 원조사령부에 의한 지도에 따라 한국정부의 대응이 이루어졌다. 1951년 8월 3일과 9월 5일의 두 번에 걸쳐 한국정부 보험부에서 지방의 관계기관에 '한국에서의 접객부 성병 관리 요강'이라는 제목의 통달이 내려졌다.[20] 이 통달은 매춘부 주 2회, 직업 댄서와 카바레, 바, 댄스 홀 등의 웨이트리스 주 1회, 그 외 접객부(기생·걸)는 2주에 1회 의무적으로 성병검사를 하고, 보험부가 작성한 증명서 서식을 사용하여 지방 당국의 지정 의사가 검사를 행하여 증명서에 사인할 것, 매춘부는 ○로 표시, 댄서와 웨이트리스는 △로 표시, 그 외 엔터테이너는 그러한 표시(印)를 사용하지 않을 것, 더욱 상세한 검사방법, 치료방법 등을 정했다. 그리고 매춘부 관리를 미군이 아니라 지방당국이 책임질 것을 명기하고 있다. 특히 서울과 대구, 부산에서 실시를 지원한다는 취지를 내세우고 있다.

[18] RG338/A1 133/739. 군중앙에서 각 파견군에 이르기까지 같은 취지의 통첩은 1940년대와 마찬가지로 1950년대를 통해 몇 번이나 나오고 있다.
[19] 제8군회보 1955년 6월 18일자(RG338/A1 132/670).
[20] RG554/A1 1300/1.

이처럼 매춘과 관련된 여성의 등록, 검사, 치료체제는 한국전쟁 중 미군의 지도하에 한국 전역에서 실시하게 된 것이다.

2) UN군·한국군을 위한 위안소

한국전쟁 때 한국군이 독자적으로 군 위안대를 설치했던 것은 제3부 제8장에 상세하게 소개되어 있다. 여기서는 한국정부가 UN군을 위해 제공한 위안소에 관해 이임하(李林夏) 씨의 연구에 의거하여 소개하고자 한다.[21]

이미 서술한 것처럼 부산지구에서 매춘부 관리 정책이 실행되기 시작했던 시기, 한국정부는 UN군을 위한 위안방법을 검토하여 1951년 5월 'UN군을 위한 위안방법의 일례'라는 방침을 결정했다. 이 결정에는 수상, 내무대신, 국방대신, 육군참모총장, 해군참모총장, 국가경찰장관 등이 관여했으며 한국정부 전체의 의사를 나타낸다고 할 수 있다. 그중 지방행정 당국(지사, 시장, 경찰)과 협력하여 UN군을 위한 위안소와 댄스 홀을 설치할 것, 한국군 병사를 위한 특별 위안단을 설치할 것이 계획되어 있다. 동년 7월 부산에서 UN군 전용 위안소가 74채, 댄스 홀 5채가 공인되었고, 다음해 1952년 7월 시점에는 위안소 78채가 공인되었다. 이러한 UN군 전용 위안소 설치에 미군도 종종 관여하고 있다. 예를 들어 1951년 9월 미군과 서울 시내 당국 간에 서울의 성매매 여성을 영등포에 모아 미군 병사 대상으로 한다는 것에 협의했다. 또 제주도청과 미군 간에도 위안소 설치가 논의되었다고 한다.

이씨에 따르면 그 목적은, 첫째 한국 여성을 미군 병사로부터 격리하고 일반 여성을 보호하기 위해, 둘째 한국정부로부터 미군 병사에 대한 감사

---

21) 이하 본항의 서술은 Lee Im Ha, "Korean War and Mobilization of Women", unpublished paper(세계여성학대회에서 보고, 2005년 6월 20일, 서울)에 따른다.

의 뜻을 표하기 위해, 셋째 병사의 사기 진작, 전투력을 유지하기 위해서
라고 정리되어 있다.

이렇게 설치된 위안소는 전국으로 전개되어 공인된 위안소 외에도 UN
군 대상의 비공인 성매매 시설이 그 몇 배에 달했다. 1953년에는 특수매
춘지구 설치에 관해서도 검토되고 있었다고 한다. 일본군 위안부 문제가
사회문제화 된 1990년대 전까지 한국에서 미군 병사를 상대로 하는 성매
매 여성을 '위안부'라 부르고 있었다. 또 그녀들은 '양공주(외국인을 위한
공주 yang gong ju)', '양갈보(외국인을 위한 매춘부 yang gal bo)', 'UN마담
(UN madam)', 'UN부인(Mrs. UN)' 등으로 불렸고, 한국전쟁 때 UN군·미군
을 위한 위안부 혹은 그들을 위한 성매매가 조직된 것이 이러한 호칭의
시작으로 볼 수 있다.

이씨는 "일본제국주의의 유물인 '위안부'는 한국전쟁 중 및 그 후 한국
사회에서 제도화된 것은 분명하다"고 결론짓고 있다. 한국전쟁 때 미군과
한국정부가 함께 한국사회에서 군대를 위한 성매매를 조직적으로 만들었
고, 공창제가 표면적으로 폐지된 것이 나중의 기지촌(미군 병사를 위한
성매매 지구)과 도시부의 매춘지구를 만들어내는 계기가 되었다.

미군 자료에는 1950년 9월 'UN군을 위한 레크레이션 하우스' 다수가 오
픈했다고 서술되어 있다. 이곳은 병사들이 밤의 여성을 선택하기 위한 구
실이 되는 싸구려 댄스홀이며 그곳에서 마음이 맞으면 여자의 친구 집으
로 갈 수 있는 장소였다.[22] 앞서 서술한 한국정부의 자료에 비하면 설치
시기가 빠르므로 같은 것을 가리키는지 어떤지 알 수 없지만, 매춘옥과
다른 성매매 형태를 취하고 있었던 것 같다.

앞서 소개한 문민원조사령부에 의한 성매매 관리책과 UN군을 위한 위
안소의 관계에 관해서는 지금까지 조사해 온 미군자료에 한하면 명백하

[22] 제8군 의료 활동 1950년 연보(RG338/A1 205/1556).

게 언급되어 있지는 않지만, 관리 대상에 위안부도 포함되었을 가능성도
있다.

3) 미군에 의한 성범죄

군 대상 성매매가 조직화되어 가고 있는 시기, 미군 병사의 한국시민에
대한 범죄도 증가하고 있었다. 1950년 7월 말 대전 남동(南東)에 있는 노
근리에서 시민 수백 명이 미군에 의해 학살된 사건이 최근 알려지게 되었
다. 여기서는 미군자료를 보면서 조직적인 학살행위보다 개개의 미군 병
사에 의한 범죄행위를 다루고자 한다.[23]

지금까지 필자가 조사한 미군자료에 따르면, 최초로 제8군이 병사의
비행에 관해 경고한 것이 1951년 3월 9일이다. 이날 제8군은 릿지웨이 군
사령관의 명을 받아 참모부장 통달을 내보냈고 한국시민에 대한 병사들
의 폭력을 다루었다. 일반인의 집에 불법으로 침입, 시민에게 협박과 난
폭한 행위 등 부끄러워해야 할 행위를 행하고 있으며, 그것이 공산주의의
선전에 이용되고 있는 것에 주의를 촉구했다. 범행자를 체포해 처벌하는
동시에 이 통달을 모든 장병 앞에서 읽도록 명령했다.[24] 이 무렵 일본에
서 휴가를 보내고 있던 장병에 의한 범죄와 비행도 빈번하게 일어나 제8
군도 그에 관해 경고했다(3월 31일자 고급부관보 통달).

....

[23] 한국전쟁 발발 후 미군 병사에 의한 범죄에 관해, 주한미군범죄근절을 위한 운동본부 편,
『주한미군범죄백서』 수록 「주한미군범죄일지」에서 1950년 12월 살인사건과 살인·강간
사건 2건이 소개되어 있을 뿐이고, 그 후는 1953년 3월 이후의 사건이 몇 가지 소개되어
있는 것으로 그친다. 따라서 여기서 소개한 사례는 거의 소개되지 않은 것으로 보인다.
또한 한국전쟁 때 미군에 의한 주민에 대한 조직적인 학살행위에 관해서는 吳連鎬, 大
畑龍次·大畑正姬 訳, 『朝鮮の虐殺』, 太田出版, 2001에 몇 가지 사례가 소개되어 있다.
북한에서 미군의 학살행위에 관해서는 藤木ゆき 編·解說, 『編集·刻板國連軍の犯罪
―民衆·女性から見た朝鮮戰爭』, 不二出版, 2000이 있다.

[24] RG338/A 133/739. 이하 주기가 없는 한 동일 Box에서.

나아가 4월 7일에 '범죄행위'라는 제목의 군사령관 통달이 있었다. 최근 6개월간 30명이 군법회의에서 유죄이고, 8명이 재판 대기이며, '사령관으로서 쇼킹한 실패'라는 경고가 있었다.

6월 24일 고급부관보통달 '범죄행위'를 하달했다. 한국시민을 상대로 한 범죄가 급증하여 시민의 지지를 잃고 임무수행에 막대한 지장이 초래될 것을 우려하여 각 부대장에게 범죄자의 처벌과 함께 예방조치를 취할 것, 각 부대의 대책을 사령부에 보고하도록 명했다.

6월 26일 극동군사령부에서 제8군에 강간, 살인, 강도, 폭행 등의 폭력범죄가 확대되고 있는 것을 우려, 특히 한국시민에 대한 범죄는 본 사령부의 중대한 관심사라고 강조한 통달이 내려졌고, 미군이 상당히 중대한 문제로 파악하고 있음을 알 수 있다.[25] 이러한 지시를 받고 제8군 지휘하의 각 부대에서 보고가 행해지고 있다. 예를 들어 제1기병사단의 보고에 의하면 〈표 5-4〉와 같은 사례를 들 수 있다.

1951년 7월 7일자 제1해병사단의 보고에 의하면 1951년 1월 이후 중대범죄는 살인 3건, 강도 3건, 강간 1건, 의도하지 않은 살인 1건, 합계 8건, 그중, 특히 잔인한 살인은 중노동 99년형, 강간은 중노동 30년형에 처한다고 되어 있다.[26]

제728헌병대대의 보고(7월 27일자)에 따르면, 동 헌병대대가 50년 11월 12일 한국에 온 이후 헌병대원의 중대범죄는 2건 있었다. 그중 1건은 한국 여성을 강간 살해한 사례로 범인은 종신형을 받았다. 또 1건은 의도적 살인으로 4년의 중노동에 처해졌다.[27] 헌병이 이처럼 중대한 범죄를 범하고 있는 것은 미군의 군기문란을 상징하고 있는 건지도 모른다.

재한미군 헌병대 범죄수사국의 보고서에 따르면,[28] 1951년 1년간 범죄

25) RG338/A 133/730.
26) RG338/A 133/739.
27) RG338/A 133/739.

〈표 5-4〉 제일기병사단의 장병에 의한 범죄(1950년 8월~1951년 5월)

범죄일자	범죄자의 계급	범죄의 종류	형벌
1950년 8월 4일	일등병	고살(故殺)	불명예제대, 중노동 3년, 급여 전액 몰수
9월 1일	군조	강간, 이상 성행위 (sodomy)	앞으로 군법회의에 처해진다
10월 29일	일등병	절도	전사했으므로 용의 각하
11월 11일	오장	살인	불명예제대, 중노동 3년, 급여 전액 몰수
12월 15일	오장	강간을 의도한 폭행	무죄(1951.2.6)
1951년 1월 18일	군조, 일등병, 이등병	살인	수사중
3월 10일	군조, 이등병	폭행	무죄(1951.4.21)
3월 15일	군조	과실치사	비행제대, 중노동 1년, 급여 전액 몰수
4월 14일	일등병	폭행	불명예제대, 중노동 3년, 급여 전액 몰수
4월 14일	일등병 2명 이등병 2명	집단강간	(전원에게) 불명예제대, 중노동 50년, 급여 전액 몰수
5월 17일	군조 2명	집단강간(1인만) 폭행	중노동 1년 반과 7년, 양자 모두 불명예제대, 급여 전액 몰수

출전 : RG338/A1 133/739. 보고 날짜 불명(1951년 6월 중으로 추정).

수사 건수는 1,894건으로 그중 입증 건수가 1,673건으로 되어 있다. 그 내역을 살펴보면 강간 99건(그중 입건 88건), 기타 성범죄 28건(25건), 살인 (모의살인과 고의살인을 포함하여) 293건(284건), 폭행 246건(239건), 강도 70건(69건), 절도 387건(357건), 마약 237건(234건) 등으로 되어 있다. 체포한 군인 수는 1,433명, 한국주민 343명으로 보고되어 있는데, 주민 체포자는 물자절도와 암거래가 많이 보였고, 흉악범죄는 대부분 미군인이 저지른 것으로 보아도 좋을 것이다. 전쟁 중 수사한 건수이며 실태는 더욱 상회했을 것으로 볼 수 있다. 물론 이 숫자에는 미군에 의한 조직적인 잔학행위는 포함되어 있지 않다.

미육군 법무총감부의 연차 레포트 1950년 전반의 각 연판을 보면,[29] 한

---

28) RG338/A 227/1691.

국의 사례로서 앞을 못 보는 한국 여성에 대한 폭행강간, 부산에서 강도
강간, 5명의 미군 병사에 의한 집단강간, 여성이 강간당하고 다른 남성이
사살된 사건을 다루고 있다. 이러한 흉악범죄는 한국뿐만 아니라 미군이
주둔하고 있는 세계 각지에서 일어나고 있었던 것도 확인할 수 있다.

이 이후의 상황에 관해서는 유감스럽지만 미군자료로는 확인이 불가
능하다. 단 이 단편적인 자료에서는 후방지역의 여성들이 UN군·미군과
한국군을 위한 '위안부'·성매매에 제공되는 동시에 적지 않은 시민이 미
군 병사에 의한 폭력에 노출되어 있음을 엿볼 수 있다. 물론 한국군과 경
찰, 우익 등의 사적인 군사조직에 의한 학살, 고문 등의 폭력도 횡행했던
것도 덧붙이지 않을 수 없다.

4. 한국전쟁 후

한국전쟁이 휴전된 후의 미군자료는 단편적인 것밖에 공개하고 있지
않아 잘 알 수 없다.

매춘옥은 계속해서 오프리미츠(off-limits, 출입금지) 조치를 취하는 방
법이 행해졌다. 또 미군 병사가 성병에 걸릴 경우 감염원을 특정하여 여
성을 적발하고 몇 건 감염 사례가 있으면 그 지역을 출입금지시켰다. 이
출입금지에 관한 자료는 1950년대 후반의 것이 몇 가지 남아 있다. 지도
에 출입금지 지구가 지정되어 있으며, 본 연구 프로젝트에서 행한 대구
현지조사 때 그런 지구는 소멸된 곳도 있었지만 몇몇 곳은 지금도 매춘지
구였다.

한국전쟁이 끝나고 미군의 주둔장소가 고정되자 그에 대응하여 성매

---

29) The Judge Advocate General of the Armed Forces, *Digest of Opinions*, Vol.1~Vol.5,
1952~1956(미의회도서관소장).

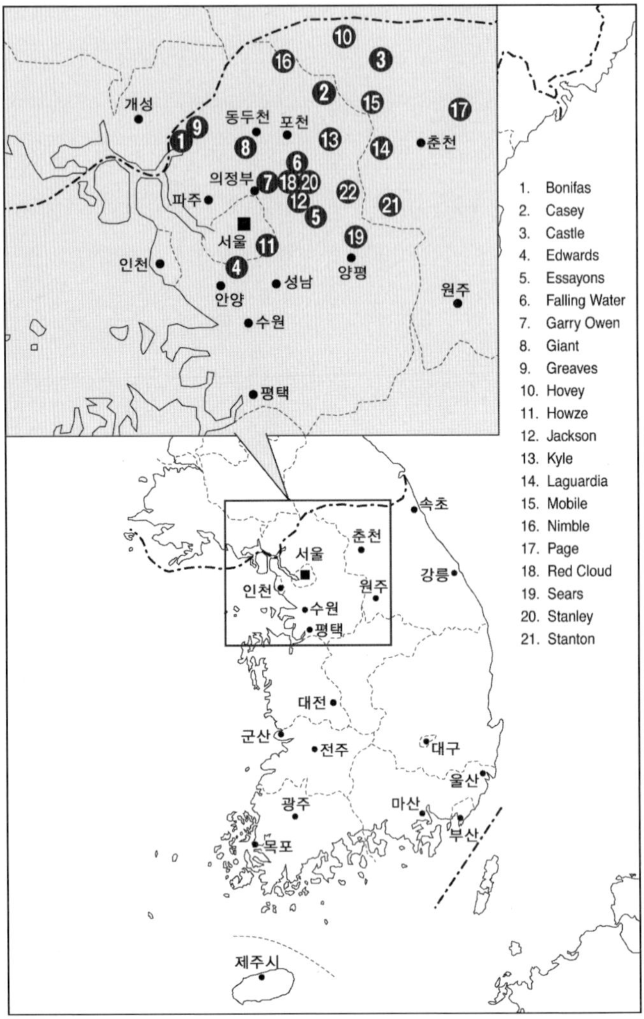

〈지도 5-1〉 주요 재한 미군기지(2000년대 초두 재편 전의 상황)

출전 : 웹사이트(Gloval Security [http://globesecurity.org/) 게재 지도를 토대로 일부 수정한
      다음 지도 작성.

주 : 2000년대 중반부터 재한 미군기지의 재편이 급속하게 진행되고 있으며, 서울과 38도선
     에 걸쳐 있는 지역에 많았던 미군기지의 대부분이 폐쇄되고 한국의 중남부로 집약되
     고 있다. 따라서 이 그림은 오늘날의 배치와 상당히 다르지만 본서가 취급하고 있는
     한국전쟁부터 20세기말까지 상황을 생각할 경우 재편 전 기지의 모습이 참고가 되므
     로 2000년대 초의 것을 나타냈다.

매 등 미군 병사를 위한 서비스가 제공되는 장소가 형성되었고, 그곳이 나중에 기지촌으로 불리게 된다. 그리고 한국정부에 의해 기지촌이 정화·정비되게 된다.30)

2002년 미국 폭스 TV에서 동두천 캠프 캐시 교외에서 헌병이 인신매매의 실태를 알면서 미군 병사의 매춘을 용인하고 있는 모습을 보도하자, 미국 본토에서 크게 문제되었던 데에서 볼 수 있듯이 미군 병사를 향한 성매매를 관리하는 이러한 방식은 그 후에도 계속되고 있다고 할 수 있다.31)

미군 병사에 의한 범죄에 관해서는 한국전쟁 후 한국 신문에도 보도되었고 이미 소개된 것도 꽤 많이 알려져 있다. 여기서는 『주한미군범죄백서』에 소개되지 않은 사건에 관해 미군자료에서 몇 가지 소개하고자 한다.32)

1959년 11월 14일 밤 10시 양춘군(YangChunKun)에서 24세의 공병부대 일등병이 69세 할머니의 얼굴을 때리고 강간한 사건으로, 할머니는 친구의 충고를 받아들여 소송했다. 수사에서 일등병도 사실을 인정했다고 보고되어 있다.

12월 7일 17시 15분 동두천의 캠프 캐시 남쪽 약 1.5킬로 지점의 송내리 (현재는 송내동)에서 걸어가고 있던 12세 소녀를 공병부대 일등병(19세)이 강제로 트럭에 태워 운전을 하면서 소녀에게 성추행을 하였고, 이에 소녀가 살려달라고 소리를 지르자 입을 막아 제압했다. 그러자 일등병은 소녀를 풀어주었다고 보고되어 있다.

8월 29일 심야에 두 명의 일등병(모두 19세)이 안정리에서 5채의 집에

30) 1960년대부터 70년대에 걸친 상황은 Katharine Moon, *Sex Among Allies : Military Prostitution in U.S. Korea Relations*가 상세하다.
31) 林博史, 「アメリカ軍の性對策の歷史」, 94쪽 참조.
32) 다음의 사례는 RG554/1258/5에서.

방화한 혐의로 수사를 받았고 그 사실이 확인되었다. 그 외 주둔지의 경비병이 침입한 자에게 총을 쏘아 사살 혹은 부상을 입힌 사례와 교통사고에 의한 사망사건 등도 수사하고 있다.

미군은 한국의 신문보도가 부정확하며 왜곡되었다고 문제를 삼으며, 중대사건의 경우 미군이 직접 나서서 신속, 정확하게 발표하는 것에 대한 논의가 이루어지고 있었다. 여기서 소개하고 있는 사례의 보고서에 한국 미디어의 반응을 예측한 기록이 있는 것으로 보아 미디어 대책을 위한 보고임을 알 수 있다.

미군에 의한 범죄 통계는 1967년 이후밖에 없다(〈표 5-5〉). 주둔군의 지위를 결정하는 한미행정협정이 체결된 것이 1966년이기 때문이다. 1967년부터 1987년까지 21년 동안의 범죄 가운데 한국 측에 제1차 재판권이 있는 사례는 합계 33,154건인데, 그중 재판권을 행사한 것은 불과 234건으로 351명에 지나지 않는다. 그중 강간이 72명, 살인이 32명 등이다.[33]

최근 상황을 살펴보면, 한국경찰이 국회에 제출한 자료에 따르면 2000년부터 2005년 8월까지 통보된 미군장병에 의한 범죄는 살인 3건, 강도 19건, 강간 5건, 절도 149건, 폭행 530건 등을 포함하여 780건(교통사고 등 경미한 범죄는 제외)에 이르지만, 한국의 수사당국이 피의자를 구속, 수사한 사례는 전혀 없다고 보고되어 있다.[34] 2001년 재한미군 지위협정이 개정되고 살인이나 강간 같은 흉악범죄의 사례에서 미군은 피의자 미군 병사의 신병인도를 요구하지 않게 되었지만 실제로 전혀 적용되지 않았다.

2004년 6월 재한미군 보고에는, 지휘하의 군인에 의한 성폭행은 2001년 81건, 2002년 65건, 2003년 86건으로 보고되어 있다.[35] 단 이 숫자의 대부분은 군대 내의 성폭행이라고 볼 수 있다. 최근 한국에서 미군에 대한 여

33) 『주한미군범죄백서』, 124~126쪽.

34) 『赤旗』, 2005년 9월 29일.

35) Stars and Stripes (Pacific Edition), June 26, 2004(동 잡지 웹사이트 http://www.estripes.com/).

〈표 5-5〉 미군 병사에 의한 범죄건수(1967~1987년)

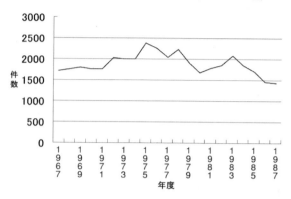

출전 : 한국외무부자료(『주한미군범죄백서』, 124~125쪽).

론의 비난이 거세지고 있으므로, 시민에 대한 성범죄는 군 수뇌부도 매우 민감하게 반응하고 있어 그만큼 군대 내의 여성이 더욱 피해를 보고 있는지도 모르겠다.

마치며

일본의 패전과 더불어 대일본제국이 구축했던 동아시아 지역의 성매매 네트워크는 붕괴했다. 그러나 한국, 일본 본토, 오키나와 등에는 진주해온 미군장병을 상대로 성매매가 부활했다. 한국의 행정당국은 적극적으로 매춘 관리를 행했다. 군대도 행정기관도 일본의 식민지 지배를 담당했던 대일협력자들이 해방 후 한국의 담당자가 되었던 점을 생각하면 성매매를 당연시했다는 것은 충분히 예상할 수 있을 것이다.

미군은 공창제 폐지를 공식화하면서도 매춘과 관련된 여성의 성병 관리책을 미군의 지도로 도입해갔다. 미군에게 있어서 장병들의 성병예방

은 최고의 골칫거리였다. 한국전쟁과 그 후 미군의 주둔 도중에도 미군
병사의 성병예방을 위해 그러한 정책이 실행되고 있었다. 1958년의 보도
에는, 한국의 매춘 여성은 전체 30만 명 남짓 되며, 그중 UN군을 대상으
로 하는 '양공주'가 59.1%를 차지한다고 되어 있으며,[36] 한국의 매춘에 있
어서 미군이 차지하는 비중이 상당히 높았다. 그 후 한국의 급속한 경제
발전으로 성매매에서 차지하는 미군의 비중이 상대적으로 낮아졌지만,
만연된 성매매는 한국 남성에게도 확산되어 갔다. 그리고 오늘날에 한국
은 다른 아시아제국과 러시아 등에서 인신매매된 여성이 보내져오는 나
라가 되어 있다. 해방 후 동아시아, 특히 일본·오키나와, 한국, 필리핀
등에서 대규모로 성매매가 다시 혹은 새롭게 시작되는 데 있어서, 그것이
미군의 정책 의도였다고는 할 수 없지만 그에 끼친 주둔 미군의 영향은
어마어마하다고 할 수 있다.

　그런데 본장의 범위에서 벗어나지만, 한반도에서의 공창제 도입에 관
해 생각함에 있어서도 러일전쟁시 일본군의 대응이 중요한 역할을 담당
했다. 1904년 8월 20일 육군대신 데라우치 마사다케(寺內正毅)가 외무대
신 고무라 쥬타로(小村壽太郎)에게 "한국주차군대 소재지에 다수의 밀매
음부가 모여드는 상황에서 이를 방임할 경우 군대에 화류병이 전파되어
병력 유지상 적지 않은 영향을 초래할 우려가 있으므로, 각 해당 군대는
단속을 내훈으로 함과 더불어, 재한국영사에게도 밀매음부에 대한 단속
법을 만들게 하여 매독 전파를 예방하라는 취지의 훈령을 내리게 하라"고
의뢰했다. 한반도에 주둔하는 일본군을 위해 영사가 매매춘을 단속하라
고 의뢰한 것이다. 이를 받아들여 외무성에서는 8월 23일 고무라 외무대
신이 원산, 부산, 마산, 목포, 군산, 인천, 경성, 진동포, 평양의 각 영사에
게 '매음부 단속에 관한 건'이라는 제목의 통첩을 보냈고, "한국주차군대

---

36) 『경향신문』, 1958년 8월 11일(한국여성 핫라인 연합 편, 『한국여성인권운동사』, 379쪽).

소재지에 다수의 밀매음부가 모여들어 이를 방임할 경우 군대에 화류병
이 전파되어 병력 유지상 적지 않은 영향을 초래할 우려가 있으므로, 각
해당 군대는 단속하는 동시에, 재한국영사에게도 밀매음부에 대한 단속
법을 만들게 하여 매독 전파를 예방하라는 취지의 훈령을 내리게 하라는
취지가 이번 육군대신에 의해 조회, 이에 귀 관할 내에서 밀매음부를 엄
중히 단속하도록 특별히 훈령을 내리게 하라"고 지시했다.[37]

이처럼 일본에 의한 조선식민지화의 초기 단계부터 일본군 장병의 성
병예방을 위해 군이 주도하여 외무성에 매춘부 단속을 실시하게 했음을
알 수 있다.

이러한 점까지 생각하면 20세기 한반도에서의 성매매 역사는, 군대와
아주 밀접한 관련을 갖고 전개되었음을 지적할 수 있다.

마지막으로 군대와 '위안소' 혹은 성매매 관리와의 관계라는 관점에서
일본군과 미군의 비교를 간단히 정리하고자 한다.

일본군 '위안부' 제도가 파견군 사령부, 나아가 육해군 중앙에 의해 조
직적으로 도입된 이유는, 장병에 의한 지역 여성의 강간예방, 장병의 성
병예방, 장병의 스트레스 해소, 군의 기밀유지라는 점이 지적되고 있다.
특히 강간예방은 군 지도부에서 강력하게 의식하고 있었던 점에서 일본
군의 두드러진 침략성이 드러나 있다고 할 수 있다.

또한 일본군의 경우,

① 군 스스로 위안소 설치 계획을 입안, 설치장소, 필요한 '위안부' 인원
수까지 계획.

② 군이 (종종 경찰과 행정기관의 협력을 얻어) 여성 모집 및 위안소
경영을 위한 업자를 선정·의뢰·자금 알선. 때로 군 스스로 여성을
모집.

---

37) 두 개의 문서는 모두 「本邦人不正業取締關係雜件」 제2권 수록(외무성외교사료관).

③ 군이 모집한 여성을 위안소까지 수송(군 수송선, 차량을 제공). 그를 위한 증명서를 경찰 혹은 군이 발행.

④ 군이 위안소 건물을 접수, 건설 혹은 업자에게 건설용 자재를 제공.

⑤ 군이 직접 위안소를 경영. 혹은 업자에게 경영을 위탁한 경우라도 군이 관리 규칙을 제정하고 그 감독하에 업자에게 경영하게 했다.

⑥ 위안소 운영을 위한 다양한 편의 제공(업자와 '위안부' 등에 대한 식량·의약품 제공 등).

등 군 위안소의 계획·준비·설치·운영에 이르기까지 군이 처음부터 끝까지 주도한 것이 일본군 '위안부' 제도이다.

그에 대해 미군의 경우, 기본적으로 엄격하게 매춘을 금지하고 매춘에 대한 군의 관여 자체를 인정하지 않는 정책을 1910년대 이후 채용했다. 미군 지도부에서 장병의 성병 예방이 최대의 관심사였지만 정책은 일본군과 전혀 반대였다. 요컨대 장병과 매춘부의 접촉 기회를 극소화시킬 것, 매춘의 용인은 반대로 성병 환자를 늘리는 결과가 된다고 의학적으로 판단, 군에 의한 매춘의 공인·용인은 미국 본토에서 사회적으로 인정되지 않았고, 그러한 점이 본국에 알려지면 군은 사회적으로 신랄한 비판을 받게 된다는 점, 군에 의한 매춘의 공인은 미국 본토 시민의 군에 대한 신뢰관계를 손상한다는 점 등이 그 이유였다.[38]

그러나 미군은 그러한 명목을 유지하면서 제2차 세계대전 당시보다 각지에서 그 정책이 느슨해졌다. 특히 성병치료법이 확립되고 성병이 직접적으로 병력 손실로 이어지지 않게 된 1950년대에 들면서, 매춘금압을 명목화하여 군이 직접 손대지 않는 형식을 취하면서도, 미국 본토에 알려지지 않는 한도 내에서, 현지 행정기관에 미군 병사 대상의 민간 매춘부를

----

38) 예를 들어 육군성고급부관통달, 「해외작전 방면에서의 매춘에 관해」, 1945년 4월 24일, 같은 내용의 것으로 육군참모총장통달, 「매춘의 엄격한 금지에 관해」, 1946년 4월 5일 (상세한 내용은 林博史, 「アメリカ軍の性對策の歴史」 참조).

관리하는 방식을 취했다. 달러의 강세를 활용하여 군이 직접 손을 대지 않아도 미군 장병을 상대로 하는 여성들이 모여들었고(좀더 정확하게 말하면 업자들이 여성들을 데려왔다고 해야 할 것이다), 그 여성들의 관리는 미군이 무엇인가 시사만 하면 나머지는 현지행정과 관련업자가 알아서 해주었다. 그 점에서 미군은 교묘하다고 할 수 있을지도 모른다. 다만 군에 의한 매춘 공인을 허용하지 않는 본토 사회와 의회의 존재는, 미군의 정책과 그 수행에 커다란 영향을 미치고 있다. 그 점에서도 일본군과의 차이는 대단히 크다. 그 후 달러 가치가 하락하고 주둔지의 경제가 발전하자, 일본 본토처럼 미군 병사에 의한 매춘이 자취를 감춘 점에서도, 미군의 관여가 일본군과 같이 직접적이지는 않았음을 보여주는 것으로 생각된다.

여성을 장병들을 위한 어떤 도구로 차별 혹은 이용한 점에서는 미일 양쪽 군이 공통되지만, 일본군 '위안부' 제도와 미군의 매춘대책은 군의 관여 방식이 아주 다르다고 할 수 있다. 그래서 피해를 입은 여성의 입장에서 보면 성폭력 피해자로서 차이는 없다는 주장도 가능할 것이다. 단지 군의 직접적인 관리하에 시민사회와 격리되어 불충분한 시민법 적용에서도 간과되어 버린 일본군 '위안부'와, 시민사회 속에서 시민 혹은 시민법의 어떤 도움을 받을 수 있는 수단이 있는 성매매에 관계된 여성의 위치가 같다고 할 수는 없다고 생각한다. 물론 후자 역시 미군의 특권 정도와 시민법이 그녀들의 인권을 얼마나 보장할 수 있는가에 따라 달라질 것이다. 나아가 식민지의 경우 시민법 역시 본국에 비해 확실히 차별당하고 있다. 따라서 식민지 지배의 실상에 따라, 특히 이 책이 제1부에서 다루고 있는 조선 북부와 같은 경우는 전시체제 내지 준전시체제가 계속되고 있었기 때문에 일본군 '위안부'가 처한 상태로 이어지는 일도 있을 수 있다.

이 점은 일본국 헌법이 군법도 군사법정도 인정하지 않은 것의 의의를 어떻게 평가할 것인가 하는 문제와도 관계하고 있다. 피해자의 시점에서는 군법도 시민법도 차이가 없다는 주장이 성립할지 모르지만, 그렇다 해도 군법을 인정하지 않고 철저히 시민법의 존재만 허용했다는 것이 갖는 의미는 크다고 생각한다.

제6장 폐창 논의에서 보이는 연속과 단절

― 식민지기부터 해방 직후까지

송연옥(宋連玉)

들어가며

한반도의 남북분단으로 수립된 대한민국(이하 한국)과 조선민주주의 인민공화국(이하 북한)은 미소냉전 구조 아래 전쟁을 치르고 지금도 여전히 휴전상태에 있다. 이후 한반도의 남한과 북한은 과중한 군사비에 허덕이고, 과중한 군사비는 사람들의 생활을 압박해왔다. 생활의 압박은 물질적인 면으로 끝나지 않고 군사독재 정권 아래 정신의 자유까지 억압당했다. 당연히 역사학연구에도 그림자를 드리웠는데 특히 현실 정치와 직접 관련된 현대사연구에 제약이 가해졌고 자료도 봉인되어 왔다. 그러나 남쪽의 한국에서 민주화가 실현된 1987년 이후 주로 민주화투쟁을 체험한 젊은 연구자에 의해 민주화와 관련된 과제로 현대사 연구에 착수하게 되었고, 그 결과 두드러진 연구의 진척을 보았다. 본장 집필에 사용한 일련의 자료[1]가 널리 일반에게 공개된 것도 바로 민주화의 성과라 할 수 있을 것이다.

1945년 이후 역사를 다룬 연구성과로 미군정기에 관한 논문[2]이 1980년

---

[1] 『韓國現代史資料叢書』, 돌베개, 1986.

[2] 宋連玉, 「朝鮮婦女総同盟―8・15直後の婦女運動」, 『朝鮮民族運動研究』 2, 青丘文庫,

대에 나오고 있는데, 그것은 역사학 전체로 보면 압도적으로 적었다. 그
러나 민주화 이후 현대사의 연구성과, 예를 들어 미군정기 여성에 의한
쌀 요구투쟁[3]과 본장에서도 고찰한 공창제 폐지정책, 한국전쟁하의 한국
군 '위안소', 전쟁이 여성의 생활에 미친 영향[4] 등 다각적인 연구가 이루
어지고 있다. 성폭력이라는 문제의식에서도 일본군 '위안부' 제도 피해자
의 고발에 촉구되어 한국군 '위안소'에서 현대의 '기지매춘'으로까지 연구
의 관심이 확대되어 학위논문도 나오게 되었다.

또한 여성사(젠더사) 연구에 각별히 관심을 기울이지 않았던 한국 역
사학회에서도 1996년 여성사 특집을 구성, 그 성과가 『역사학보』 발간
150집 기념호에 수록되었다. 거기에도 「미군정기, 여성생활의 변모와 여
성의식, 1945~1948」(이배용)이 게재되어 있다는 점에서 현대 여성사에 대
한 연구 관심이 높아지고 있음을 엿볼 수 있다.

본고에서는 이러한 연구성과에 입각하면서 식민지기와 해방 후 폐창
논의에 초점을 맞추고자 한다. 특히 해방 후의 시기, 일본군 '위안부'가 자
신의 피해를 고발하는데 왜 반세기가 넘는 오랜 시간이 걸렸는지를 이해
할 수 있는 열쇠가 된다고 생각하기 때문이다. 이 시기는 한반도의 남반
부(1948년부터 대한민국)에 제국 일본의 식민지 통치를 대신하여 미군정
이 실시된 시기인데, 공창제 폐지정책이 새로운 군사화와 더불어 성 관리

1985 ; 문경란, 「미군정기 한국여성운동에 관한 고찰」, 이화여자대학교 석사학위논문, 1989.
3) 조순경 외, 『냉전체제와 생산의 정치 미군정기의 노동정책과 노동운동』, 이화여자대학교출판부, 1995.
4) 강이수, 「미군정기 공창폐지와 여성운동」, 『미군정기 한국의 사회변동과 사회사Ⅱ』, 한림대학교출판부, 1999 ; 양동숙, 「해방 후 공창제 폐지과정 연구」, 『역사연구』 9, 2001 ; 김귀옥, 『이산가족, '반공전사'도 '빨갱이'도 아닌―이산가족 문제를 보는 새로운 시각』, 역사비평사, 2004 ; 이임하, 「한국전쟁과 여성 성의 동원」, 『역사연구』 14, 2004 ; 이임하, 『여성, 전쟁을 초월하여 일어나다』, 서해문집, 2004 ; 박유미, 「해방 이후 공창제 폐지와 그 영향」, 상명대학교 석사학위논문, 2005 ; 이나영, 「금지주의와 국가규제 성매매 제도의 착종에 관한 연구」, 『사회와 역사』 75, 2007.

정책이 어떻게 개편되고, 식민지기의 공창폐지론이 어떻게 계승되고 혹은 변화되어 갔는지를 추급해본다.

1961년 한국에서 제정된 「윤락행위 등 방지법」은 설사 강제로라도 성을 파는 여성 당사자에게 그 죄를 묻고 있었다. 이후 2004년에 「성매매특별법」이 시행되기까지 40여 년간 성을 파는 여성은 피해자로서 보호된 적이 없었다. 성매매를 사회적 구조와 격리시켜 오로지 성을 파는 여성에게 부당한 책임을 지웠던 역사적 배경을 해방 직후 성 관리 정책에서 살펴보고자 한다.

1. 식민지기의 폐창운동

해방 후 폐창 논의를 검토하기 전에 그 이전 식민지기에 공창 폐지를 둘러싸고 어떠한 운동이 전개되었고 어떤 식으로 인식되었는지에 대해 탐구해 보고자 한다.

조선에서 본격적으로 성매매가 제도화되고 대중화된 것은 식민지기이다. 이미 1900년대부터 기생과 창기가 인신매매에 반대하거나 폐업을 요구하며 업자의 학대를 고발하는 움직임을 보였지만, 폐창을 내건 조직적인 운동이 출현한 것은 3·1독립운동 후 소위 '문화정치'가 행해졌던 1920년대 이후의 일이다.

1) 공창 폐지를 내건 조직적 활동

1921년에 일본의 폐창운동가 야지마 가지코(矢島楫子), 쿠부시로 오치미(久布白落實)가 '만주'·조선으로 순회 여행했을 때 조선에 거주하는 일본인 여성과 협력하여 일본부인교풍회(일본 기독교부인 교풍회의 전신) 조선지부를 평양 · 경성(현 서울) · 인천 · 대구 · 부산에 설립한다. 2년 후인 1923년 일본에서 간토(関東)대지진을 계기로 폐창운동이 고양되었는데, 조선에서도 각지에서 기독교청년회의 활동이 활발하게 전개되고 있었다. 경성 일본인 기독교청년회의 총주사(1910~1931)를 역임한 니와 세이지로(丹羽淸次郞)[5]의 호소로 구미인 선교사, 조선기독교인이 제휴하여 공창 폐지를 목적으로 단체를 조직한다. 1923년 12월에 조선인 측에서 공창 폐지 기성회를 시작한 오긍선(吳兢善, 1879~1963)은 1905년 미국에서 의학박사 학위를 취득하고 1909년 귀국한 이후 의료 봉사, 청소년 교육사업, 선교사업을 폭넓게 전개한 인물[6]이며, 구미인 선교사로서 이 운동에 관여한 하프콕도 세브란스 의학전문학교의 교수였다.

이리하여 공창 폐지 기성회, 일본인 기독청년회, 외국인 종교사연맹의 제휴 아래, 1927년에는 공창 폐지를 청원하며 조선인 1만 명, 서구인 · 일본인 2만 명의 서명을 받아 총독부에 제출했다.[7] 총독부에게 구미 여론과 관련이 있는 선교사는 무시할 수 없는 존재였다. 이성전(李省展)[8]에 따르면, 3 · 1운동 이후 「문화정치」기에 조선 미션은 총독부의 협동 요청에 부응하여 정책 형성의 일익을 담당하게 된다. 서명을 첨부한 진정에는 선교사 측과 총독부 측의 협동관계에서 실효성이 있는 운동으로 간주되었고 있었을 것이다.

1922년에 창설한 대한여자기독교 청년회연합회(YWCA), 1924년에 창설한 조선여자기독교 절제회연합회도 공창 폐지 운동에 합류, 1920년대 중

---

5) 1865~1957, 도쿄 YMCA 초대 총주사, 1938년에는 조선기독교 연합회를 설립하고 그 위원장이 된다. 또한 조선 기독교연합회는 조선인을 세계의 기독교 조직에서 격리하여 황국신민화하기 위해 조선의 교회를 재편한 것이다.

6) 1948년에 공포된 반민족행위 처벌법 아래 친일행위를 한 인물의 명부가 발표된 가운데 오긍선이 교육 · 종교계 인물의 19인 중 한 명으로 이름이 올라와 있다.

7) 유해정, 「일제시가 공창제 폐지에 관한 연구」, 고려대학교 석사학위논문, 2002 ; 양선영, 「日本キリスト婦人矯風会と廃娼運動」, 東京外国語大学 博士学位論文, 2005.

8) 『アメリカ宣教師と朝鮮の近代』, 社会評論社, 2006.

반에는 공창 폐지를 주요한 사업으로 내걸고 총독부 청원을 위한 서명 운동과 공창 폐지 계몽활동을 전개했다. 공창 폐지와 풍기를 바로잡기 위한 사회운동 조직으로 1923년 '혁청단(革淸團)'도 결성된다.

이처럼 공창 폐지를 내건 운동은 통치권력인 총독부와 대화 채널을 갖고 있던 기독교 교회가 중심이 되었고 식민지의 틀 속에서 총독부에 진정·청원하는 방법으로 추진되고 있었다.

2) 식민지기 조선에서의 공창폐지론

공창 폐지운동을 추진한 일본인의 활동은 제국 일본의 지배 영역에서 폭넓게 전개되었는데, 그/그녀들의 동포 여성을 구제하기 위한 헌신적인 활동을 분명히 하는 연구도 많이 나오고 있다.[9]

폐창운동의 역사적 평가를 둘러싸고 여성의 최대 인권투쟁으로 높이 평가[10]되는 것부터, 운동가들의 헌신적인 활동에도 불구하고 창부를 천시하는 사회윤리를 보급하고 계급지배와 식민지 지배에 비판적인 시각이 결여된 채 제국 일본의 침략전쟁을 지지하는 결과를 낳았다고 신랄하게 비평[11]받는 자까지 있다. 하지만 일본인의 폐창운동을 역사적으로 평가하려면 운동의 담당자, 장소(일본 '내지' 또는 식민지·점령지), 시기, 조직적 배경(기독교와의 관련), 피지배민족과의 연대 유무 등을 고려해야 할 것이며, 그래야 폐창운동이 내건 이념도 실천의 차이를 명확히 할 수 있을 것이다.

---

9) 최근의 연구로는 倉橋克人, 「"滿洲"における"からゆき"救済事業」, 『キリスト教社会問題研究』 56, 同志社大学人文科学研究所, 2008이 있다.
10) 村上信彦, 『明治女性史』, 講談社, 1977.
11) 예를 들어 藤木ゆき, 『性の歷史学』, 不二出版, 1997(한국어 역, 『성의 역사학』, 삼인, 2004).

　지금까지 폐창운동 연구는 대개 일본인의 활동으로 한정하여 논해졌다. 일본의 폐창운동이 제국 일본의 식민지와 점령지 사람들에게 어떠한 영향을 미쳤고 피지배 민족의 '매춘' 여성들에게 어떠한 의의가 있었는가를 연구한 것은 좁은 견해로 보건대 거의 찾아볼 수 없다.[12] 폐창운동의 역사를 정리한 『일본 기독교 부인 교풍회 백년사』(1986)[13]에는 말미의 연표에 조선지부 설립이 기재되어 있지만, 본문에는 조선에 관한 기술도 '위안부'에 관한 기술도 보이지 않는다. 조선지부의 활동에 역사적인 의의를 인정하지 않은 것인지 혹은 이름만 있을 뿐 실질적인 활동이 없었기 때문인지는 알 수 없다.

　앞서 서술한 것처럼 조선에서의 폐창운동은 조직적으로 일본 기독교 단체의 영향 아래 전개되지만, 일본인 부인교풍회와 조선 공창폐지 기성회, 조선 YMCA는 독자적으로 활동한 것이며 세 단체의 제휴는 도모하지 않았던 것 같다.

　공창 폐지를 지향하는 조직적인 활동이 기독교회를 거점으로 전개된 것은 3·1독립운동의 여파로 조선 전역에서 사회운동이 고양되고 있던 시기이기도 했으므로, 관심을 폐창으로 돌리는 여론도 형성되어 있었다. 일본의 폐창운동에서 중심적인 역할을 한 야마무로 군페이(山室軍平)[14]와 아베 이소오(安部磯雄)의 사상은 조선의 기독교계 출판물 『신학세계(神學世界)』, 『신학지남(神學指南)』, 『기독신보(基督申報)』에도 소개되어 폐창운동의 이념 형성에 커다란 영향력을 미쳤다. 야마무로는 인도·

---

12) 예외적인 것으로 앞서 서술한 양선영의 「日本キリスト婦人矯風会と廃娼運動」은, 일본의 폐창운동과 조선의 폐창운동의 관계에 대해 논하고 있다. 또한 한국에서 나온 유해정의 「일제시가 공창제 폐지에 관한 연구」은 한국의 폐창운동을 논하면서 일본의 폐창운동도 언급하고 있다.

13) 도메스(ドメス) 출판.

14) 1895년부터 구세군에 참가. 동양에서 최초의 중장, 사령관이 된다. 평생 사회사업, 폐창운동, 순결운동에 헌신했다. 1924년 勳6等瑞宝章, 1937년 구세군에서 '창립자상'을 받았다.

도덕 · 풍기 · 위생면에서 공창제에 반대하고, 대책으로 직업교육의 실시, 성병병원의 설치, 독신여성의 기숙사 설치를 제안하고 있다. 아베 이소오는 야마무로의 주장에 더하여 현행 성병검사는 실효성이 없으므로 성병을 전염병으로 지정하고, 성병을 전염시킨 자의 형사책임을 묻도록 주장했다[15]. 그러나 이들 일본 폐창운동가의 사고방식에 대해 현장에서 신랄하게 비판하는 목소리도 나왔다. 조선에 거주하고 있던 도리하라 시게유키(鳥原重行)는 창기를 아내로 맞아들인 경험에서 공창제가 노예제와 다를 것이 없다고 했다. 1920년대 중반부터 경성에서 폐창운동에 뛰어들었고, 그 활동의 일환으로 창기의 실태를 전하는『창기 생활의 진상을 내세우며』(경성, 신생회, 1927),『나의 공창폐지론』(경성, 신생회, 1931)을 자비출판하여 자신의 폐창운동론을 전개했다.[16] 도리하라(鳥原)는 '야마무로 같은 종교가의 공창폐지론은 도덕론을 축으로 한 이상론'이라며 비판했다. 또한 1900년 일본 내무성이 제정한 「창기취체규칙」은 자유 폐업을 인정하고 있으나, 현실적으로 그 규칙은 창기를 지키기에는 유효하지 않고, 더구나 조선 내의 창기는 일본 '내지' 이상으로 착취당하고 있다고 고발한다. 창기를 업자의 부당한 착취로부터 지키고 대우개선을 꾀하기 위해 제국의회의 의원과도 교섭하여 주변에 있는 창기 구제책을 모색했다. 저작의 행간에서 불쌍한 창기를 구제하려는 집념이 묻어나지만, 그런 도리하라조차 식민지 지배에 대한 언급은 한 마디도 없고 오로지 일본인 창기가

---

15) 「공창폐지론」,『동아일보』, 1929년 3월 21일.

16) 『私の公娼廃止論』초판에는 山室軍平, 폐창운동에도 이해를 보인 중의원 의원 마츠야마 츠네지로(松山常次郎) 등이 서문을 기고하고 있는데, 1934년에 일본사회문화연구소(경성), 1941년에 신생회(경성)에서 재판되었다. 평양유곽업자의 아버지를 비판하고 폐창운동과 관련된 多田さや子(1910년 출생)는 鳥原重行과 서신도 교환하고 있다. 多田의 자전『小菊の悲願』(聖灯社, 1980)에 따르면 鳥原은 사회주의적 노동운동에서 폐창운동으로 들어갔다고 쓰고 있다. 또한 鳥原은 생활비를 염출하기 위해『朝鮮経済講話』라는 저서를 조선공정회 경영과 능률사(경성, 1930, 1941년 재판)에서 출판했다. 생몰년과 폐창운동 이외의 경력은 알 수 없으나 1960년에 일본에서『蹣跚の文明』이라는 책을 출판하고 있는 점에서 패전 후 일본에서 생활하고 있었던 것으로 볼 수 있다.

구제의 대상이며 목적이었다. 식민지기에 설령 조선에 거주하고 있다 해도 일본인과 조선인은 공간적으로나 심리적으로 분리되어 있었으므로 도리하라가 조선인 창기를 만나기는 쉽지 않았기 때문이겠지만, 유감스러운 점으로 헌신적인 폐창운동을 한 도리하라를 포함한 일본 폐창운동가들의 식민지 지배에 대한 비판의식은 둔감했다고 하지 않을 수 없다.

사회운동에 관여했던 조선인 지식인 중에는 사회구조적 시점에서 공창제를 비판하는 자도 있었다. 예를 들어 1924년 3월호『개벽』에 게재된「공창폐지운동과 사회제도」(목멱산인[17] – 정백의 필명)에 "유곽은 성을 파는 자와 성을 사는 자의 두 무산군(無産群)의 건재에 의해, 유곽 주인의 착취욕을 만족시키면서 태평성세의 관헌(官憲)의 보호 아래 연일 크게 번성하며 성황을 누린다. 최근 사회제도의 지지자인 일본의 지배계급을 보라! 몇 십 년간 연락선으로 현해탄을 건너 제국주의와 자본주의를 실어오면서 동시에 공창까지 들여오게 되고, 이전에(조선에 – 필자주) 존재하지 않았던 공창제도를 오늘에는 도시라는 도시에 훌륭히 설치하지 않았는가! 공창을 일본의 선견대(先遣隊)로 사용한 부르주아여!"라며 공창제를 유지하는 제국주의하 사회구조에 대해 신랄하게 비평가하고 있다. 따라서 공창제도의 책임은 '매춘부', '매춘객'에 있는 것이 아니라 업자와 그 현상을 보호하는 관헌, 빈부 대립의 사회제도에 물어야 한다고 논하고 있다. 또한 기독교의 폐창운동에도 "종교가여, 도덕가여, 그대들이 진정으로 공창제를 저주하는 것이라면 자본주의를 먼저 저주하라. 근본인 사회제도를 무시 내지는 긍정하면서 그 지엽인 공창폐지에 의분(義憤)을 토하는 것은 (중략) 이상하고 어리석은 짓"이라며 비판을 가하고 있다.

『동아일보』 편집자였던 김안서(金岸曙)[18]는 1927년 9월 20일자에서

---

17) 목멱산이란 서울의 남산을 가리키는데 목멱산인은 사회주의 운동가 정백(정지현)의 필명.
18) 본명 김희권(金熙權). 시인. 1913년에 경응의숙 영문과를 수학하고 1924년부터 동아일보사에서 기자생활을 하였다.

「세계에 선전된 폐창론에 대하여」라는 제목으로, 공창제도란 "근대의 소산이자 현 사회 경제제도의 소산으로 물질문명이 초래한 폐해"라고 지적하고 있다.

　이처럼 공창제를 바라보는 조선인 지식인의 시선은 공식주의적인 한계를 보이면서도 사회구조와의 관계를 지적하고 제국 일본의 조선지배와 연계하여 바라보는 가능성도 내포하고 있다.

　오긍선은 종교적 도덕론, 근대가족의 모럴로서 폐창을 내세웠고 근대적인 일부일처제 가족을 확립하기 위한 남성의 성도덕의 자각을 요구한다. 그러나 한편으로 성병 만연이 민족멸망으로 이어지는 것을 경계하는 민족주의도 엿볼 수 있다. 『조선일보』는 일본에 대해 "매음을 해외 발전책으로 하는 국민성"[19]이라 하고, 일본은 매춘부를 "식민정책의 선발견(先發遣)"[20]으로 보았다.

　공창제가 민족멸망책이라며 경계하는 여론은 당시 조선사회에 널리 존재했다. 1925년 8월 23일 『동아일보』는 부산의 많은 음식점이 여성 종업원에게 '매춘'을 시키고 있는 것을 경찰이 방치하는 것은 "조선인을 멸망시키려는 정책"이라는 주민들의 비난을 전하고 있는데, 그곳에는 조선인의 식민지 권력에 대한 강한 불신감이 주민의 목소리로 표출되고 있다. 동시에 여기서도 공창제를 제국 일본의 식민지 지배와 결부시켜서 보는 가능성을 읽어낼 수 있다.

3) 조선인에 의한 폐창운동

　1921년 발표된 「창부철폐론」은 '매춘'을 '강간 이상으로 부도덕'하다며

---

[19] 1925년 8월 23일.
[20] 1925년 8월 30일.

신랄하게 비판하고 있다.[21]

또한 "공창이 그대로 사창이 된다 해도, 그만큼 (많은) 사람을 노예적 생활에서 인간으로 해방한다는 인도적인 견지에서도 공창제는 폐지해야 한다"(『동아일보』 사설, 1926년 5월 3일)고 한 것처럼, 공창이 사창 이상으로 비참한 조건에 처해 있음을 인식하고 있었다.

이러한 인식은 조선인 창기의 폐창운동을 어떤 식으로 특징지었던 것일까.

폐창운동 초기에는 도덕론과 빈곤에 대한 공감과 동포여성에 대한 연민이 폐창운동의 이념을 형성하고 있었지만, 민족운동으로 다루게 되면서 그 담당자도 바뀌게 된다.

폐창운동이 시작된 곳은 부산과 가까운 경상남도 마산에서부터 시작되었다. 1921년 9월 마산의 일본인에게 속아 창기가 된 조선인 여성이 고향 통영에서 선교하는 영국인 선교사에게 구출을 원하는 편지를 보냈다. 그 일로 마산·부산의 영국인 선교사들이 협력하여 그 여성을 폐창시키고 자활을 위해 교회에서 재봉기술을 가르쳤다.[22] 이 사건을 계기로 '조선여자기독교절제회', '공창폐지 기성회'가 생겨난 것이다. 조선 창기의 구출에 성공한 마산의 영국인 선교사들은 그 후 폐창을 위한 연설회를 개최하는 등 활동을 계속했으며, 이것은 지역 청년회에도 영향을 미치게 된다. 1926년에 마산에서 창기의 동맹 스트라이크가 일어나자 지역 청년회가 이에 호응했고 다수의 청년회 멤버가 경찰의 조사를 받았다. 이러한 움직임은 조선 전역에 네트워크를 갖고 있던 청년회와 교회를 통해 각지로 전파, 지방에서의 폐창운동으로 연계되어 갔다. 1926년에는 함흥의 여자청년회와 영생여학교 학생의 협력으로 18세의 작부 구출에 성공했다.[23]

---

21) 『新民公論』, 1921년 7월호.
22) 「운명의 저주를 받은 애화」, 『동아일보』, 1921년 9월 23일. 또한 부산은 호주선교사가 활약한 지역인데 신문기사에는 영국선교사로 쓰여 있다.

또한 청년회와 교회와 상관없이 지역주민이 자발적으로 성매매에 반대하는 움직임도 보인다. 1925년 전라남도 완도의 여성들이 500명 이상 모여 공창 반대 시위를 하고 있다. 완도를 포함한 완도군은 섬이 많은 지대인데, 19세기 말부터 일본인이 이주하면서 동시에 유곽도 출현했다. 섬의 생활문화를 바꾸는 유곽의 출현에 위협을 느낀 여성들은 '여성운동의 한 가지 정침(頂針)'으로 높이 평가될 정도로 과감하게 투쟁했다.[24] 지역 여성들이 얼마나 유곽의 출현에, 그리고 일본의 지배에 반발하고 있었는지를 엿볼 수 있는 사건이다.

전간기(戰間期)에 해당하는 1920년대는 조선에서도 사회운동이 활발한 시기였다. 이 시기에 다양한 폐창운동이 신문 지면에 보도되었는데, 일반적으로 조선인의 폐창운동은 일본의 폐창운동처럼 광범위하게 전개되거나 민족운동의 주류를 이룬 적은 없었다.

민족운동을 담당한 조직이 행동강령에 공창제 폐지를 내걸어도 공창제 폐지를 요구하는 운동을 구체적으로 전개할 수 없었던 것처럼, 여성운동의 통일전선으로 조직된 근우회에서도 제2회 대회의 행동강령으로 「인신매매 및 공창폐지」를 내걸면서도 인신매매로 고통 받는 여성의 구체적인 모습을 접한 적이 없었다.

그럼 왜 식민지 조선에서 폐창운동이 민족운동의 일환으로 투쟁할 수 없었는가. 앞서 서술한 『개벽』처럼 '매춘' 그 자체를 '빈부 대립의 사회제도'의 산물로 인식했기 때문에, 한계가 있는 민족운동의 역량으로 '지엽적인 공창폐지'에 주력할 수 없었던 것이다.

게다가 1930년대 일본의 중국 침략이 본격화되면서 조선 내에서 총독부 정치를 비판하는 사회운동이 어려워지자, 조선인에 의한 매춘 여성의

---

23) 「불운한 여성을 구제하자고 여학생이 분기」, 『동아일보』, 1926년 6월 24일.
24) 「완도 부인의 폐창운동」, 『조선일보』, 1925년 2월 28일.

구원과 폐창운동은 볼 수 없게 된다. 국가에 의한 성 관리가 기생이나 카페의 여급으로까지 확대되자 그에 저항하는 기생이나 여급의 스트라이크 등은 보이지만,[25] 황민화가 추진되고 있는 조선의 여론은 성매매에 대한 비판의 화살은 오로지 매춘 여성에게로만 향했다.[26]

1939년에는 조선기독교 절제회 연합회는 일본의 교풍회와 합류하여 명칭을 '일본기독교 부인교풍회 조선분회'로 바꾸지만, 1920년대 조선의 지식인이 우려한 것처럼 침략전쟁을 시인한 폐창운동으로 몰려들었다. 식민지주의를 간과한 일본의 폐창운동에 대한 비판의식도 조선인이기 때문에 가능했다. 그러나 사회제도의 산물이라는 분석과 이론은 엄중한 식민지 현실에서 도달한 결론이지만, 사회제도에 귀속하는 것으로 내면화된 성차별과 밑바닥 여성에 대한 편견을 자각할 기회를 잃어버린 것도 부정할 수 없다.

공창제의 궁극적인 의도로서 민족 멸망을 읽어내거나, '매음'으로 해외 발전책을 도모하는 것이 일본의 '국민성'이라는 국가주의적 해석은 많은 조선인에게 심정적으로 지지를 받았지만, 조선인 측의 공창제 비판에서 볼 수 있는 내셔널리즘과 사회구조적 비판은 가능성을 내포한 채 복합적인 관점으로 심화되지는 못했다. 즉 공창제에 대한 사회구조론적 비판은 총독부 권력으로부터 언론의 자유를 제한당하면서도 조선인 지식인의 분노와 제국 일본에 대한 비판의식을 찾아볼 수 있다. 그러나 공창제라는 성매매의 희생자가 된 조선인 여성에게 제국주의의 폭력이 집약적으로 나타난, 즉 식민지주의의 복합적인 폭력의 집약으로 보는 것까지 비판이 발전하지 못한 채 제국주의·자본주의의 폐해라는 공식에 머물러 있으면서 식민지기의 성폭력 논의를 끝내버렸다.

25) 宋連玉,「日本の植民地支配と国家的管理売春」,『朝鮮史研究会論文集』32, 1994.
26) 金富子,「植民地期·解放直後の朝鮮における公娼認識—女性の身体をめぐるナショナリズムとジェンダー」,『継続する植民地主義』, 青弓社, 2005.

2. 미군정기의 폐창운동

1) 38도선 이남의 정치·경제 상황

제국 일본은 경제 파탄 속에서 붕괴되는데, 조선에서도 1943년 이후 이출입이 위축되자 조선총독부는 1938년부터 통화발행의 증대를 통해 전시 재원을 조달한다. 이로 인해 해방 후 조선에서 악성 인플레이션이 발생하게 된다.[27]

조선민족은 일본의 식민지 지배에서 해방된 것을 환영했다. 그렇지만 식민지 지배에서 미소분단 점령으로의 정치적 변화, 중국과 일본에서 돌아온 사람들에 의한 인구증가 등 급격한 사회적 혼란이 더해짐에 따라 심각해지는 경제위기는 민중의 일상생활을 위협했다. 1946년 남한의 공업 생산력은 1939년의 5분의 1로 감소, 물가는 해방 후 1년 사이에 22배나 폭등했다.

1947년 가을 서울은 관리를 제외하고 3%만이 정직(定職)에 있는 정도였고,[28] 실업자와 전재민(戰災民)이 40만 명이 넘는 '룬펜 도시'[29]로 변했는데, 그 혼란함에 서울시 당국도 구체적인 대책을 강구할 수 없었다.

식민지기 말기의 전시통제기에 격감했던 농산물 생산은 회복되지 않은 채 막대한 귀환자를 맞아들였다. 해방 직후부터 1948년까지 외국인 출국자는 89만 명인데 비해 해외에서 귀환한 조선인과 북부에서 남부로 이동한 자의 합계가 200만 명이 넘었다. 곡물의 공급부족, 미곡시장의 미성숙으로 정부가 곡물을 구입하여 배급하는 제도를 존속시켰지만 폐해가

----

27) 李憲昶, 『韓國経済通史』, 法政大学出版局, 2004, 433쪽. 또한 1940년 1인당 국민소득이 회복한 것은 1958년의 일이다(李憲昶, 『韓國経済通史』, 440쪽).
28) 『한성일보』, 1947년 11월 13일.
29) 『독립신보』, 1947년 11월 20일.

극심했다.[30] 일본으로 향하는 미곡 밀수가 횡행하거나[31] 암거래, 매점매석 등으로 곡물가격의 품귀가 일어나 식량이 다한 춘궁기 5월에는 여성들이 대규모로 '쌀 내놔' 시위를 반복할 정도[32]였다.

귀환 전재민의 주거 확보도 긴급한 과제였다. 전재(戰災)동포 원호회는 1946년 말 일본인이 소유하고 있던 요정이나 유곽 등 26곳을 접수하여 제공하려 했지만,[33] 전재민의 수에 맞출 만큼 확보하기도 어려웠고, 경제적 혼란 속에서 유흥업만이 번성하여 요정, 유곽 접수는 좌절되어 버린다.

그러나 미군정청은 이런 혼란에도 구체적인 대책을 세울 수가 없었다. 이러한 상황에서 좌파가 정치 세력으로 부상했다. 식민지기 후기에 우파가 친일화하고 총독부에 비판적이던 세력은 좌파로 옮겨갔는데, 그곳에 성장해온 노동자층이 가세하여 사회주의적인 변혁을 지향하는 세력이 힘을 얻게 된다.

그러나 해방 후 남한에서 미군정이 우파를 후원하는 것으로 세력관계가 역전되어 갔다. 식민지기 제국 일본에 협력했던 친일파와 그렇지 않았던 자들은 좌우 대립의 구도로 더욱 골이 깊어졌고, 여성계에도 똑같은 대립이 생겨났다. 공창제 폐지와 남녀평등법 제정 등 성차별 해소와 여성인권에도 견해 차이가 생겨나 애초부터 여성의 역량을 결집하는데 난항을 거듭했던 것이다.

2) 부총(婦總)을 중심으로 한 공창제 폐지운동

민족해방을 맞이하고 이틀 뒤인 8월 17일 건국 부녀동맹이 결성되었고,

30) 李憲昶, 『韓国経済通史』, 2004, 438쪽.
31) 『조선인민보』, 1946년 3월 21일.
32) 『조선인민보』, 1946년 5월 17일.
33) 『독립신보』, 1946년 12월 7일 ; 『한성일보』, 1946년 12월 12일.

8개조의 행동강령에는 "공사창제 및 인신매매를 철폐하라"는 조문도 들어 있었다. 그러나 식민지기 말기 제국 일본에 협력하고 해방 후 우파를 지지한 여성들은 동년 말에 건국 부녀동맹에서 탈퇴한다.[34] 건국 부녀동맹에 남은 멤버는 새로 조선부녀총동맹(이하 '부총')으로 개편, 위원장으로 건국 부녀동맹위원장이었던 유영준(劉英俊)이 선출, 유영준과 같이 식민지기에 근우회에 관여했던 여성의 대다수가 이곳에 다시 집결한다. 38도선 이남만 총맹원이 30만 명을 돌파할 정도로 많은 여성의 기대를 모아 출범한 부총은 전국 458명의 대의원을 결집한 제1회 대회(1945년 말) 때 채택된 16개 행동강령에 건국부녀동맹에서 결의된 공사창제와 인신매매 철폐를 계승했다.[35] 또한 부총의 행동강령에는 건국부녀동맹에 없었던 친일파를 제외한다는 내용이 명기되어 있다.

공창제에 관해서는 많은 조선인이 제국 일본에 의해 초래된 마이너스 유산이라는 공통인식을 갖고 있었다. 그런 까닭에 식민지 유산을 청산하고 신생 조선을 건국하기 위해서라도 공창제 철폐는 필수라고 주장했다. 여성단체도 좌우익을 불문하고 공창제 폐지를 원했는데, 특히 부총은 일찍부터 여성인권문제의 해결이라는 관점에서 공창제 폐지를 실현하기 위한 구체적인 활동에 착수했다.

부총은 1946년 3월 1일부터 3월 8일 국제부인의 날 1주일을 부인 해방 투쟁 기념주간으로 결정·식량문제·정당 등록법 반대·공사창제 폐지요

34) 건국부녀동맹을 탈퇴한 멤버는 각각 한국 애국부인회, 독립촉성 애국부인단을 조직하는데, 1946년 4월에 통합하여 한국독립 촉성부인회를 조직한다. 주요한 멤버로는 박순천(회장), 황신덕, 임영신, 송금선, 이숙종 등이 있다. 또한 임영신은 1945년 9월에 이승만 부인을 고문으로 세워 여자국민당을 결성하고 있다(宋連玉,「朝鮮婦女總同盟―8·15直後の婦女運動」, 1985). 해방 후에 우파가 된 여성들은 대략 부유층 출신으로 일본에 유학 경험이 있는 고학력자가 많고 식민지기 말기에는 친일파로서 침략전쟁에도 협력을 하고 있다. 친정이 개명적이었던 점에서 기독교를 신앙하는 자도 많다(문경란,「미군정기 한국여성운동에 관한 고찰」, 1989 참조).
35) 민주주의 민족전선 편,『조선해방연보』, 1946년 10월, 293쪽. 이하 '민주주의 민족전선'은 '민전'으로 줄이겠다.

구·학원의 반동암흑(反動暗黑) 방지 등을 투쟁 목표로 내걸었지만, 부총의 구체적인 활동내용은 말하자면 계급적인 관점에서 세운 생활옹호 투쟁이라 할 수 있다. 부총은 주로 주부, 노동자, 농민에 조직적인 기반을 두고 있었는데, 그것은 부총의 중심적인 담당자가 식민지기에 민중과 고통을 함께 했던 체험에서 나온 것이었다. 즉 그녀들은 근대교육을 받아도 총독부 권력을 비판적·부정적으로 보아 사회적으로 배제되었고 경제적으로 빈궁한 생활에 내몰렸던가 혹은 그 사상과 행동으로 인해 해외로 망명이 여의치 않았던 자36)이며, 친일파에서 우파로 전향한 여성들의 기득권이 주어진 생활환경과 대극을 이루었다. 부총이 일반 여성 대중의 눈으로 활동할 수 있었던 것은 담당자들의 개인사와도 관련이 있다.

식량문제에 관해서는 부총 내에 주부 식량대책위원회를 조직하고 서울의 주부를 모아 시 당국에 식량을 요구하는 운동을 전개했다. 1946년 7월 시민 4만 명이 수해를 입었는데 부총에서 수재민 구제를 세력적으로 전개하며 완전독립이라는 정치 슬로건을 내건 우파의 여성단체보다 여성 대중의 지지를 얻었다. 해방 1주년인 1946년 8월에 열린 서울지부 제2회 대회에서도 노동법, 남녀평등법 및 식량문제 해결을 군정청에 건의할 것에 긴급 동의하고 있다.37)

부총은 이러한 활동의 연장선상에서 계급문제로 고통 받는 여성의 인권문제로 공창제 폐지를 실현하려 했다. 앞서 서술한 것처럼 해방을 맞은 조선민족에게 제국 일본의 문화를 청산하는 것은 전민족적 과제였는데,

---

36) 예를 들어 위원장 유영준은 평양의 가난한 가정에서 태어나 고학한 끝에 정신여학교를 졸업. 3·1독립운동을 거쳐 중국 베이징에서 독립운동에 참가했는데 독립운동을 달성하기 위해 일본으로 건너가 도쿄여자의학전문학교에 진학. 조선으로 돌아온 다음 근우회, 소비조합 활동에 참가했는데 식민지 말기에는 산부인과의사로서 가난한 여성의 의료에 힘썼다(「指導者群像」, 金南植 編,『南勞黨 研究資料集』1, 고려대학교 아세아문제연구소, 1974).

37)『조선인민보』, 1946년 8월 7일.

특히 공창제는 제국 일본의 폭력성을 상징하는 것으로 간주하여 그 폐지를 강력하게 요망했다.[38]

조선 부녀총동맹은 1946년 3월 6일에 존. R.하지 중장[39]에게 공사창제 폐지와 전차금 소멸을 요구하는 내용의 「공사창제 방지결의문」을 제출했는데,[40] 2개월 후 1946년 5월 17일 미군정청은 「부녀자의 매매 또는 그 매매계약 금지」(군정법령 70호—이하 법령 70호)를 발표했다.[41] 조선에서의 공사창제는 인신매매에 지나지 않았으므로 여성단체 대표 유영준, 황신덕, 임영신 등을 위시하여 많은 사람이 법령 70호를 공창제 폐지로 인식, 발표를 환영했다. 하지만 A. L.라치 군정청장관은 "노예적 인신매매만을 금지하는 것이지 공창 폐지를 포함한 것은 아니다"고 언명했다.[42] 즉 인신매매 계약이나 그에 따른 전차금은 무효로 하지만 자유계약에 의한 매춘은 인정한다는 것이었다. 공창제의 존속은 성병예방에 유효하다는 보건후생부의 주장도 군정장관의 해석을 유지시켰다.

법령 70호로는 실효력이 없고,[43] 공창제가 폐지되지 않으면 근본적으

----

[38] 군정법령 70호 「부녀자의 매매 또는 그 매매계약의 금지」가 발표되었을 때 『독립신보』는 「통탄! 부녀해방에 봉화 일제시대의 유물, 공창제도 완전 철폐」라는 기사에 이어, 「공창제 철폐에 대해—일제의 잔혹한 야만성」이라는 제목의 사설을 싣고 있다(1946년 5월 26, 27일).

[39] 미국 제24군 사령관으로 오키나와에서 조선으로 이동.

[40] 강이수, 「미군정기 공창폐지와 여성운동」, 1999 참조.

[41] 일본에서 1946년 1월 21일에 연합국 최고사령부의 이름으로 「일본에서의 공창폐지에 관한 건」의 각서를 발포, 1월 12일 경시청은 GHQ의 각서대책으로 사전에 통달 「공창제도 폐지에 관한 건」을 내놓고 있다. 경시청은 타협안으로 전차제도(前借制度)의 폐지, 신체 기타의 자유, 착취하지 않는다는 3원칙을 내세우는 것으로 GHQ(연합군최고 사령관 총사령부)의 양해를 얻었고, 개인이 자유로이 영업하는 것은 상관하지 않는다고 했다. 조선의 군정청과 GHQ와의 관계로 보더라도 이 경시청의 대책이 법령 70호에 영향을 미쳤다고 볼 수 있을 것이다. 또한 마크 게인, 『ニッポン日記(下)』(筑摩書房, 1951, 116쪽)에 따르면, 라치 군정청장관은 도쿄의 GHQ에서 개혁요구가 나와도 '아무 것도 바꿀 의사가 없다'고 마크 게인에게 말하고 있다.

[42] 『조선인민보』, 1946년 5월 29일.

[43] 「사회시평 도심을 갉아먹는 마굴 번식하는 매춘부의 선도책 없음」, 『한성일보』, 1947년

로 해결되지 않는다고 판단한 부총은, 법령 발표 직후 라치 군정청장관에게 각계각층의 인사, 정당단체의 찬동을 얻어 공사창제 철폐요구 건의문을 제출했다. 건의문에 따르면, 부총은 공창제를 사회 경제체제의 모순의 산물로 파악하고 해결을 위해 경제개혁이 필요하다고 촉구했다. 또한 인권, 도덕적 문제로서 해결하기 위해서는 사회적인 대책이 필요하다는 점, 제국 일본 지배의 일환으로 정식(定植)되었으므로 식민지주의를 극복하기 위해서라도 폐지되어야 한다고 주장했다.[44]

실제로 법령 70호만으로 탈성매매를 실현하기는 불가능했다. 부산은 해방 후 특히 인구가 팽창하여 '마도(魔都)'로 변해버렸는데, 부산에서 창기가 된 한군자(韓君子)는 만주에서 온 귀환자였는데, 법령 70호에 대한 소감을 물었더니 유곽에서 해방되어도 살아갈 방도가 없는 실정을 호소하였다.[45] 서울 시내의 창기 대표자는 부총을 방문하여 법령 70호 발표 후에 위기를 느낀 업자가 오히려 창기에 대한 구속을 강화하고 있음을 고발했다.[46]

포주의 계략과 창기의 '무지'[47]만이 법령 70호에 실효성을 가져오지 못한 것이 아니다. 신마치 유곽의 경영자는 여관업으로 전업을 결정했는데,[48] 이미 여관은 성매매 장소로 정착해 있었으므로 탈성매매가 실현되었는지 의심스럽다. 서울 용산구의 야요이(彌生) 유곽은 108명의 창기 중 폐업한 자가 27명이었고, 조금 지나자 창기는 120명으로 증가했다.[49] 일본군 '위안부'가 된 조선인 여성 가운데 전재민(戰災民)으로 귀국했어도

3월 29일.

[44] 『조선인민보』, 1946년 5월 27일.

[45] 『부산신문』, 1946년 5월 27일.

[46] 『조선인민보』, 1946년 5월 30일.

[47] 『독립신보』, 1946년 6월 1일.

[48] 『부산신문』, 1946년 6월 1일.

[49] 『동아일보』, 1946년 6월 23일.

살아갈 방도가 없어 유곽에 흡수된 사람도 적지 않게 존재한다.[50) 탈성매매의 당사자는 말할 것도 없고 그녀들의 궁핍한 양상을 접한 사람들은 경제적·정치적인 해결의 필요성을 강조했다. 부총을 방문한 창기도 구체적인 구제책을 요구했다.[51) 부총에서도 폐업한 여성들을 구제하기 위해 센터를 만들고 숙박과 식사를 제공했지만,[52) 민간단체가 계속해서 이러한 시설을 운영해가기에는 자체적인 한계가 있었다.

부총은 공창제 폐지를 공론화해가기 위해 6월 22일 '공사창 폐지를 위한 대책 좌담회'를 개최하고,[53) 공창폐지를 요구하는 당사자의 목소리에 부응하는 자리를 마련하고자 노력한다. 8월 10일 부총을 비롯하여 여자국민당, 독립촉성 애국부인회, 애국부인동맹, 불교부인회, 천도교 부인회, 여자기독교 청년회, 청주교 여자청년회, 성병예방협회 등 14개 여성단체가 정치적 입장을 초월하여 결성한 폐업공창 구제연맹이 그것이다. 소설가 김말봉(金末峰)이 회장으로 선출되었다.[54)

미군 병사의 폭력사건은 조선에서도 빈번하게 발생하고 있었는데, 특히 세간의 노여움을 산 것은 1947년 연초 열차에 승차한 여성을 미군 병사가 집단강간한 사건이다. 부총은 바로 하지 중장에게 항의를 했고,[55) 부총의 간부 정칠성(丁七星)은 잡지 『부인』 1947년 2, 3월 합병호에서 「미군의 조선부인 만행사건」이라는 제목의 글을 기고했다.

50) 양동숙, 「해방 후 공창제 폐지과정 연구」 참조.
51) 『조선인민보』, 1946년 6월 4일.
52) 『조선인민보』, 1946년 6월 1일.
53) 민전 편, 『조선해방연보』, 180쪽.
54) 『동아일보』, 1946년 8월 11일. 김말봉(1901~1961)은 소설가. 1922년 송영고등여학교 4학년 편입. 1924~1928년, 도시샤(同志社)여학교 전문학부 영문과(야나기 무네요시가 보증인). 1929년부터 『中外日報』 기자. 1947년에 한국독립촉성부인회의 기관지적 성격을 지니고 있던 『부인신보』(1947년 5월 3일 창간)에 공창제 폐지운동을 여론화하기 위해 「화려한 지옥─카인의 시장」을 연재했다.
55) 『독립신보』, 1947년 1월 14일. 『독립신보』는 1월 10일의 사설에서 이 문제를 다루고 있다.

　이처럼 공사창의 폐지를 위해 정력적인 활동을 전개해온 부총이지만, 미군정이 본격적으로 좌파세력을 탄압하는 가운데, 1947년 11월 부총의 중심 멤버도 체포되거나 난을 피하기 위해 월북하면서 실질적인 활동이 불가능하게 된다.[56]

　당초 미군정은 중도세력의 기반을 확고히 하여 한반도의 공산화를 막고자 남한 과도정부를 발족시켰는데, 미소 냉전이 심화되자 남한을 친미·반공의 방파제로 삼기 위해 극우세력 이승만을 후원한다. 그로 인해 공창제와 관련된 정책도 이승만 정권과 가까운 우파여성들이 담당하게 된다. 그것은 성매매에 대한 시선의 결정적인 차이를 초래하는 것으로 이어지게 된다.

3) 부녀국 창설과 새로운 성 관리 정책

　공창제 폐지가 활발하게 논의되고 있을 무렵, 미군정은 여성관련 행정을 담당하는 부서를 설치했다. 1946년 9월 14일에 법령 107호 「부인국 설치」가 공포되고 보건후생부에 부인국이 설치되었다. 초대국장에 경기여자고등학교 교장이던 고황경(高凰京, 1909~2000)이 발탁되었고 명칭도 부인국에서 부녀국으로 변경했다.[57] 고황경은 김말봉과 같은 시기 교토·도시샤(同志社)에서 학업, 1928년 도시샤 대학 영문과를 졸업(1928)한 후 미국으로 건너갔고, 1937년 소녀범죄에 대한 논문으로 미국 미시간 주립대학의 박사학위를 취득한다. 식민지기 총독부의 식민지정책을 적극적으로 지지하고 협력한 그녀의 경력은 학식 이상으로 미군정의 안경에 걸맞

56) 『독립신보』, 1947년 11월 22일.
57) 임영철, 『고황경 박사의 생애와 교육』, 도서출판 삼형, 1988, 120쪽. 고황경의 언니, 봉경은 미군정 경무국의 초대 여경과장을 지냈다. 또한 고황경은 1961년에 서울 여자대학 초대 총장이 된다. 언니 봉경과 부친 고명우(세브란스 의전교수)는 조선전쟁 때 납북되었다.

는 인재였다고 할 수 있다. 부녀국을 중심으로 1946년 11월 남한 전역에 여성행정 네트워크를 조직하면서 좌파 여성운동단체를 배제해갔다.

부녀국의 활동은 여성을 대상으로 했던 계몽활동, 공창제 폐지와 대책, 여성운동단체의 통제 등 세 가지로 요약할 수 있는데 구체적으로 남은 업적은 공창제 폐지이다.[58]

부녀국의 기관지 『새살림』(1948년 8호)에 따르면, 1947년 10월 현재 남한의 공창 수는 서울시 732명, 경기도 115명, 충청북도 8명, 충청남도 54명, 전라북도 204명, 전라남도 190명, 경상북도 221명, 경상남도 600명의 합계 2,124명으로 보고되어 있다. 1940년 조선 전체의 공창 수 2,157명과 비교하면 남한만으로 조선 전체의 수에 육박하고 있으며 해방 후 공창의 수가 배로 증가한 것이 아닌가 추측할 수 있지만, 그 이상으로 사창의 수가 증대하고 있음을 신문기사 등에서 추측할 수 있다. 또한 도별 인원수가 나온 건강진단 검진자 수에서 산출하면 1947년에는 귀환자의 상륙항인 부산에서 그 비중이 커진 것도 판명된다.[59]

미군정에게 공창제 문제는 무엇보다 미군 병사의 성병 이환과 관련된 중요한 현안사항이었다. 남한의 미군은 1945년 말 72,000명으로, 일본 주둔 연합군 총수 20만 명과 비교해도 결코 적지 않은 수이다. 미군정청에서 민주주의국 미국의 이미지를 손상하지 않고 병사의 일탈을 막는 유효한 수단을 일본에서의 경험을 참고하며 모색하고 있었다. 미군 전용 시티클럽의 묵인에서, 이윽고 허가를 받은 미군 대상 카바레, 바, 카페, 일종(一種) 요리점,[60] 댄스홀 같은 유흥업은 1946년 말 시점에서 상당히 증가하고 있었다.[61] 미군 병사에게는 유곽보다 연애 비슷한 분위기를 즐길 수

58) 이배용 외, 「한국여성사 정립을 위한 여성인물 유형연구」(1945~1948), 『여성학논집』 13.
59) 「창기예기 및 작부 건강진단」, 『조선총독부 통계연보 1940년판』.
60) 일제는 매춘이 허용되는 요리점과 허용되지 않는 요리점을 1종, 2종으로 나누었다.
61) 이나영, 「한국의 성매매—공창, 위안부, 그리고 양공주 만들기」, 『여성평화 뉴스레터 11

있는 유흥업 쪽이 이용하기 쉬웠으므로, 대상이 된 것은 창기보다 여급, 댄서, 기생이었으며, 미군 병사의 성병예방을 위해서는 그녀들에게 성병검진을 해야만 했다.

해방 후에도 성병예방을 위해 공창제가 필요하다는 의견이 있었는데, 반대하는 의학자도 있었다. 식민지기 조선에서도 공창제 존폐를 두고 논의가 있었지만, 성매매업의 유행은 유곽에서 카바레, 카페, 바로 옮겨졌고, 유곽업자 스스로가 업적 만회를 위해 카페나 바로 경영방식을 바꾸게 되면서 유곽과 다른 성매매업의 경계가 애매해지게 된 것이다.[62] 미군정청도 미군 병사의 이용 상황에서도, 미군정에 대한 조선인의 불만을 비껴가는 의미에서도 유곽을 의미하는 공창제 존속에 얽매일 이유는 없었다.

남한 과도입법의원 본회의에서 1947년 8월 8일 「공창제도 폐지안」이 통과, 11월 14일 입법의원이 제정, 미군정장관이 인준하는 형식을 취하여 남한 과도정부 법률 제7호 「공창제도 등 폐지령」을 공포, 다음해 2월 14일부터 발효되었다.[63]

일본의 폐창령보다 1년 늦게 시행되었는데 제정부터 발효까지 3개월의 시간을 요구한 것은 업자와 창기의 반대로 난항을 거듭했기 때문이다.[64] 이와 전후하여 11월 25일 유흥영업정지법안도 입법의원을 통과했다.[65]

공창제를 폐지하는 것으로 미군정의 민주주의라는 명목과 조선민족의 민족적 자존심을 지켰고, 생계수단이 성 산업밖에 없는 사람들의 뒤처리는 부녀국에 위임했던 것이다.

공창제 폐지와 병행하여 성병검진도 대상을 확대해갔다. 종래의 공창

월호』. http://www.peacewomen.or.kr/newsletter/200811_menu2.html.
[62] 宋連玉, 「日本の植民地支配と国家的管理売春」, 1994 참조.
[63] 양동숙, 「해방 후 공창제 폐지과정 연구」 참조.
[64] 『한성일보』, 1947년 12월 17일 ; 『부인신보』, 1947년 12월 17일.
[65] 『부인신보』, 1947년 11월 27일.

은 성병검진이 의무화되어 있었지만, 군정청의 지시로 1946년 3월 서울 4대 권번의 기생도 검진을 실시하는 것을 시작으로,[66] 그 후에도 건강진단을 계속하고 있었다. 검진이 끝난 기생에게 건강증명서를 발급하고 검진 대상을 카페의 여급,[67] 댄서로 확대해 갔으며,[68] 끝에 가서는 결국 야간통행금지 시간[69] 외에 여성을 구속 대동하기도 했다.[70] 서울의 기생 800명이 검진에 응하지 않았는데 그래도 검진을 강행하는 당국에 대해 기생들은 파업 등으로 대항했다.[71]

밀매춘 단속과 성병환자 수용을 위해 1947년 7월 1일 여자경찰서(초대 경찰과장은 고봉경)가 창설된다.[72] 또 부녀국은 다가올 공창 폐지일에 대비하여 유곽이 존재하고 있던 서울·부산·대구·대전·마산·청주·광주·인천에서 공창폐지대책위원회를 조직,[73] 공창폐지령이 제정되면 부녀국이 업자와 창기의 반발을 회유하기 위해 가시자시키(貸座敷) 조합에서 강연회를 가졌다.[74]

『부인신보』는 독립촉진 애국부인회의 기관지이다. 게다가 애국부인회는 식민지기에 제국 일본에 협력하고 해방 후 미군정을 지지한 우파 여성이 중심이었는데, 그 여성들조차 남북 분할 점령 아래 조선경제는 반신불

66) 이나영, 「한국의 성매매─공창, 위안부, 그리고 양공주 만들기」 참조.
67) 『한성일보』, 1947년 3월 15일.
68) 『독립신보』, 1947년 11월 4일.
69) 야간 통행금지령은 미군정 포고 제1호로 1945년 9월 7일부터 서울, 인천에 공포되어 밤 10시부터 다음날 새벽 4시까지 민간인의 야간통행이 금지되었다. 1954년 4월부터 전국으로 확대했는데 1961년부터 금지시간대가 0시부터 4시로 변경되었다. 폐지된 것은 1982년 1월 6일부터이다.
70) 『부인신보』, 1947년 11월 11일.
71) 『부인신보』, 1947년 9월 11, 20일 ; 『독립신보』, 1947년 9월 23일 ; 『한성일보』, 1947년 9월 24일.
72) 『한성일보』, 1947년 2월 19일 ; 『독립신보』, 1947년 2월 19일.
73) 『새살림』 8, 1948.
74) 『독립신보』, 1947년 12월 2일 ; 『부인신보』, 1947년 12월 3일.

수에 빠져 전화(戰禍)로 인해 황폐한 국가보다 더 나쁜 상황에 처해 있다고 비판할 정도로 해방 공간은 혼미했다.[75] 지도층에 있는 여성들은 창기들이 공창제에서 해방되어도 갈 곳이 없음을 잘 알면서도 공창제 폐지를 여권신장으로 평가하며 환영했다.[76]

그러나 법령제정 후로도 성 산업에 종사하는 여성의 수 증가 및 유곽 수가 100개 이상으로 늘어난 것이 보도되고 있다.[77] 1947년 6월 한 달의 유흥세가 5천만 원[78]까지 오를 정도로 파행적인 경제에서 차지하는 유흥업의 비중은 컸던 것이다.[79]

마치며 ― 해방 후 폐창 논의, 시선의 단절

민족해방을 맞이하여 많은 사람들은 신생 조선의 건설과 탈식민지주의를 원했는데 특히 공창제 폐지는 탈식민지주의의 상징이며 전제로 인식되었다.

공창제를 포함하여 성매매업에 흡수된 여성 중에는 해방 후 귀국한 일본군 '위안부'를 포함한 전재민이 많이 있었다. 해방 직후 상해에 거주하고 있던 조선인 유지(有志)는 '재상해한국부녀공제회'를 조직하여 일본군 '위안부'의 생활원조와 귀국을 도와주고 있었다.[80] 그러나 1947년 3월 28일자 『한성일보』, 「사회시론―도심을 갉아먹는 마굴」에서 "그녀들은 해방

---

75) 『부인신보』, 1947년 10월 23일.
76) 『부인신보』, 1947년 11월 7일.
77) 「증가하는 유곽」, 『독립신보』, 1947년 4월 19일.
78) 덧붙여서 1947년도 말의 세입이 86억 5,800만 원이다(조선은행조사부, 『조선경제연보』, 1948).
79) 『독립신보』, 1947년 8월 8일.
80) 「在中부녀동포구제」, 『조선인민보』, 1946년 5월 21일.

전에 위안부라는 미명 아래 중국 전선에서 일제에 혹사당했는데, 귀국하여 돌아온 다음부터는 생활 방도가 없어 다시 이 길을 걷게 되었다"는 식으로 귀국이 개인을 구제하지 못했다는 것을 증언하고 있다. 또 여기에는 역사를 연속해서 보는 시선과, 전쟁과 분단으로 희생당한 여성에 대한 공감과 이해가 존재한다.

공창제 폐지를 위해 최초로 구체적인 활동을 전개한 부총 역시 같은 시선으로 그녀들을 피해자로 인식했다. 부총 멤버는 식민지기에 이미 조선인 사이에 존재했던 폐장 논의, 즉 공사창제를 사회구조와 분리하지 않는 시점을 계승, 나아가 당사자의 인권회복이라는 새로운 시점을 획득했다. 따라서 부총은 공창뿐만 아니라 사창의 해방을 요구하고 폐업한 여성의 생활지원을 위한 센터 만들기, 미군 병사의 성폭력 사건 고발 등의 활동을 노동자·주부의 생존권과 같은 레벨에서 전개했다.

당초 미군정은 중도세력의 기반을 군히려 했지만 미소 냉전이 격화되자 극우세력을 지지하기 시작했고 좌파세력에 탄압을 가했다. 1947년 후반 부총 멤버는 체포되거나 난을 피하기 위해 북한으로 도주하여 실질적인 활동은 불가능해진다.

부총이 후퇴하자 공창운동의 담당은 우파 여성들에게 위임되었는데 부녀국이 중추가 되었다. 앞서 서술한 것처럼 우파의 지도적인 지위에 있던 여성들은 대부분 고학력자로 식민지기에 여성 리더로서 식민지 정책에 협력했던 경력을 지녔다. 또 유복하고 개명적(開明的)인 가정 출신으로 기독교 신자도 많다. 서양을 동경했던 시기를 거쳐 일본의 전쟁 말기에는 구미를 적대시하고, 해방 후에는 미군정하에 여성 리더로 기용되는 등 복잡하게 얽힌 정신사를 살아왔다.

친일파 여성과 매춘부, 상상을 초월하는 계급적인 격차로 친일파가 된 지식인 여성이 매춘부가 된 여성을 이해하기 어려울 뿐만 아니라 근대의 현모양처 사상을 적극적으로 수용해온 그녀들은 빈곤 때문에 매춘을 하는 존재는 갱생의 대상이지 사회의 피해자가 아니었다. 여성 리더들이 친일파였기 때문에 친일파를 규탄하는 좌파세력에 대하여 강하게 반발했을 것이다. 반대로 친일파를 중용한 미군정에 대하여는 적극 지지하는 쪽으로 기울었다.

미군정은 무엇보다도 먼저 민주주의를 표방하기 위해, 그리고 미군정의 실책에 불만을 품은 조선인의 민족적 자존심을 달래기 위해 공창제 폐지령을 발포하는데, 일본에서 그러했던 것처럼 미군 병사의 안전을 위해 성 관리를 필요로 했다. 명목과 속마음의 괴리로 생기는 문제를 해결하기 위해 창설된 것이 부녀국이며 여자경찰이었다. 공창제 폐지 이외에 여성에 대한 계몽활동, 여성운동단체의 통제를 사업계획으로 내걸었던 행정조직은 부녀라는 근대적인 현모양처를 의미하는 언어가 사용되고, 밀매춘 단속과 성병환자 수용을 위한 조직은 여자라는 생물을 의미하는 언어가 사용되었는데, 이러한 용어의 사용법에도 행정조직의 매춘부관을 엿볼 수 있다.

그러나 미군정을 지지하는 정치적 입장에 있는 여성 리더에게 공창제 폐지를 부총처럼 사회구조와 연결하여 언급하는 것은 자신이 결부되어 있는 과거로 화살을 돌리게 될지도 모른다. 남겨진 매춘문제의 해결방법은 매춘을 하지 않는다는 성도덕의 확립을 지향하면서 성도덕을 위협하는 매춘부를 갱생교육하는 일이다. 그래도 여전히 계속 매춘을 하는 존재는 가해자로 간주하는 식으로, 희생자에게서 모순을 구하는 식이었다. 여성 리더는 공창제 폐지를 위해 창기의 각성이 필요하다고 설명,[81] '정조는 위대한 문화력', '연애는 순혈(純血)이 요구된다', '우리나라 여성의 정조는 세계적인 긍지' 등과 같은 정치적인 주장을 강조했다.[82] 부녀국 초

---

[81] 『부인신보』, 1947년 6월 14일. 독립촉성애국부인회 부산지부에서는 녹정의 창기 200명을 모아 각성을 촉구했다.

[82] 양동숙, 「해방 후 공창제 폐지과정 연구」 참조.

대국장이 된 고황경은 공창제를 썩은 고기에 비유하며 "여성이 남성의 노리개가 되는 것은 여성 전체의 수치이며 먼저 그녀들을 구제해야 한다"고 호소했다.

공창제 폐지령이 나왔을 무렵 '순국소녀' 유관순의 기념비가 건립된다.[83] 민족주의와 정조관념을 끌어안으며 유례없는 조선 여성의 정조관념이 만들어진다. 공창제 폐지라는 명목을 견고하게 유지하면서 관리 매춘을 추진해가는 길, 즉 금지주의와 규제주의가 결합한 위선적인 성매매 정책[84]이 선택되었고, 전자의 명목은 미군정이라는 남성 지배자가 표방하고, 후자는 피지배자 측의 여성 리더, 즉 한국의 여성이 담당한다는 이중구조가 형성된 지점에서 한국의 특징을 찾아볼 수 있다.

이리 하여 해방 공간에 출현한 연속된 역사관은 단절되고, 전재민(戰災民)으로 귀국한 후에도 성매매업의 희생이 된 일본군 '위안부'의 존재가 사람들의 눈에서 사라져갔다. 매춘부를 낳은 사회구조를 묻지 않는(물을 수 없는) 매춘 논의가 주류를 이루면서, 오직 매춘을 하는 여성 주체의 윤리성에서 책임을 묻는 규범이 확립되어 갔다. 식민지기에는 이민족 지배하의 비인권적 제도를 비판할 수 있었지만, 해방 후 성매매 규제주의는 자민족에 의한 국민국가 형성과 함께 재편된 것이다. 새로운 성 관리 방식은 그 자체가 분단국가의 모순을 집약한 제도이며, 추진 모체인 여성들은 자신의 개인사에서도 그 모순을 내면화한 인물이었으므로, 성매매 논의는 오직 매춘부 당사자의 '윤리관의 결여'에서 책임을 묻는 정신주의적인 방향으로 향해갈 수밖에 없었다.

이리하여 전재민으로 피해를 입은 일본군 '위안부'에 대한 시선은 귀국 후에도 성매매와 관련된 그녀들의 자기책임을 묻는 것으로 변질, 나아가

83) 『독립신보』, 1947년 11월 28일.
84) 이나영, 「금지주의와 국가규제 성매매 제도의 착종에 관한 연구」 참조.

1950년부터 시작한 한국전쟁에서 한국정부가 한국군 위안부 제도를 창설하자 일본군 '위안부'에 대해 언급하는 것 자체가 금기시 된다.

공창제를 축으로 한 성매매를 사회 구조적으로 보는 시점은 식민지기부터 해방공간에 걸쳐 계승되어 가는 것처럼 보였지만, 분단, 전쟁이라는 정치에 방해받으며 왜곡되어 간다. 대항 언론이 배제 당하자 사회구조와 분리된 자기책임론과 성차별에 의거한 정조 모럴이 한국이라는 국가의 모순을 은폐하는 만능 툴로 바뀌고 그와 병행하여 미혼여성의 '처녀성'을 강력하게 요구하게 된 것이다.

제7장 한국전쟁기 한국군의 '위안부' 제도의 실체와 문제점*

김귀옥(金貴玉)

들어가며

2007년 2월 28일 수요일 낮 12시, 서울의 일본대사관 앞에서는 제750차 일본군 성노예 할머니들과 함께하는 '수요시위'가 열렸다. 그날 나도 재직 중인 학교의 학생들과 함께 '수요시위'에 참가했다. 학생들은 일본군 위안부 문제에 대한 책임을 방기하고 있는 일본정부를 비판하며 자신들의 부족했던 역사인식을 반성했다. 20살 청년들이 그와 같은 역사적인 현장에 있어봤다는 사실만으로도 얼마나 가슴이 벅찼을지 상상할 수 있었다. 1945년 8·15해방 이전에 비슷한 나이였거나 자신보다 어렸을 여성들이 나라를 잃고 노예적 삶을 살게 되었을 때를 상상하며, 비분강개했을 것이다. 그런데 이날 학생은 민족주의 기상 속에서 일본에 대한 비판의식만 높인 것이 아니라, 스스로를 반성하며 인권과 평화의 관점에서 신세대로서 나름대로의 역사의식을 드러내었다는 점에서 진일보한 것으로 볼 수 있었다.

---

* 이 논문이 훗날 정리되어 金貴玉, 「朝鮮戰爭と女性─軍慰安婦と軍慰安所を中心に」, 徐勝 編, 『東アジアの冷戰と國家ナロリズム:米日中心の地域秩序の廢絕をめざして』(御茶の水書房, 2004)와 김귀옥, 「분단, 한국전쟁과 여성: 1950년대 한국 여성의 삶」, 정진성 외 저, 『한국현대여성사』(한울, 2004) 등에 실려 나왔다.

2000년대 들어 한국 사회에는 과거사 정리와 함께, 화해나 관용을 주장하는 목소리가 높아졌다. 화해란 갈등을 푼다는 얘기이므로 화해를 하려면 갈등이 되는 문제가 무엇인지 알아야 제대로 풀릴 수 있다. 갈등의 원인을 도외시한 채, 화해를 하자는 것은 결국 문제 해결을 어렵게 만들 수 있다. 또한 문제를 해결하지 못하게 되면, 그 문제가 반복적으로 나타나는 경향마저 있다. 잘못된 어떤 역사의 반복을 끊기 위해서는 진정한 화해나 관용이 가능하도록 하기 위해서는 현실을 직시하고 진실을 규명하는 일이 반드시 선행되어야 한다. 돌아보면 한국 정부나 사회 역시 일본군 성노예 문제에 대해 오랫동안 침묵해왔다. 이러한 한국 사회의 분위기 속에서 이중 삼중의 고통을 받았을 그들의 삶은 방치되었고, 그것이 그들에게 더 큰 상처가 되었을 것이다. 1991년 8월 김학순 씨의 증언이 있기까지 일본군 성노예 문제는 공공연한 사실이었지만 야사(野史)로 취급되곤 했다. 역사를 바꾼 그날의 증언이 있고 난 후, 일본군 성노예 문제는 한국만이 아니라, 북한, 일본, 중국 등을 포함한 세계적인 문제로 관심을 받고 있다. 2000년 12월에는 동경에서 일본왕 모의전범재판을 개최하는 쾌거를 이루기도 하였다.

그런데 일본군 성노예 문제는 1945년 8월 15일 이전의 일제식민주의에서 끝나는 문제가 아니었다. 나는 1996년 분단과 전쟁의 희생자들에 관한 현지조사 과정에서 한국전쟁 당시 대한민국 육군에 의한 군'위안부'가 있었음을 알게 되었다. 이러한 사실을 세상에 공개하기까지 7년의 시간이 걸렸다. 2002년 이러한 사실을 담은 논문을 발표하자, 일본과 한국의 방송과 신문 등은 낯선 새로운 사실을 보도했으나,[1] 곧바로 이 사실은 역사

---

[1] 2002년 2월 23일, 『오마이스뉴스』가 김귀옥의 논문과 인터뷰를 중심으로 가장 먼저 보도하였으나 한국 측에서는 별로 반응이 없었다. 일본 『朝日新聞』에서 2월 24일 보도한 직후, 한국 MBC 9시 뉴스에 短信으로 보도되었고, 『연합뉴스』, 『한겨레신문』, 『국민일보』 등에서 보도한 바 있다.

의 뒤안길로 치워졌다. 곧이어 한국의 국방부 소속 자료실에 비치되었던 한국군 위안부 관련 자료에 대한 열람은 금지되었고, 대다수의 언론들도 약속이나 한 듯 침묵하였다. "일본군 위안부 문제도 아닌데⋯⋯"라고 말을 흐렸다.

한국의 학계나 여성계에서는 일본군 위안소가 '공창'2)과 연속성에 있다고 보는 주장에 대해 신랄하게 비판해왔는데, 한국군 위안부 문제에 대해서는 '공창'이라 단정 짓고 재론의 여지가 없다고 치부하였다. 또한 일부 한국의 진보적인 남성들조차도 민족주의의 깃발을 들고, 나의 연구성과물이 한국을 망신시킨다고 간주하며 일본 극우들의 자기변명을 위한 공격적 호재가 될 수 있음을 경고했다.

나 역시 이러한 사실의 발견에 환호하지 않았다. 처음으로 1996년 한국군 위안부의 존재를 알게 된 이후 더 구체적인 사실에 접근하게 되면서는, 도저히 그 불쾌함을 감출 수 없었다. 왜 그토록 경멸해 마지않던 일제에 의한 군위안소가 한국군에 의해 한국 땅에 만들어졌는가를 해명하지 않고는 견디기 어렵다고 생각했다. 일본군이 군위안소를 만들었듯이 한국군이 그것을 만든 것은 남성의 참을 수 없는 생물학적 본능이 보편적이라는 증거인가? 인도차이나전쟁 당시 프랑스군의 '이동식 창녀촌'이나 베트남전쟁 당시 미군 전용의 베트남 여성 고용의 유곽처럼 모든 전쟁에는 필요악처럼 존재하는 것인가? '한국군 위안소 설치' 사건은 이러한 보편성의 단면에 불과한 것인가?

그렇다면 한국전쟁 당시 한국군이 만든 위안소의 실체와 성격은 무엇이고, 누가 만들었고, 어떤 일을 하였으며 군위안소의 위안부는 누구인가? 또한 한국군 위안부 문제에 대해 침묵하도록 만든 원인은 무엇인가 등등 한국군의 위안부 문제를 둘러싼 제반 의문들을 제기함으로써 사실

2) 공창론적 관점에서 일본군 위안부에 대해 접근한 학자 중 한 명으로는 일본의 야마시타 영애(山下英愛)가 있다.

로의 접근을 시도하고자 한다.

　이것에 대한 대답은 대한민국 육군본부가 1956년에 발간한『후방전사 (後方戰史)』외에는 결정적인 문서를 아직 찾아내지 못했다. 역사의 진실을 추구하는 데에는 다양한 길이 있다. 나의 연구방법론은 민중의 기억에 목소리를 불어넣어 억압된 진실을 기록하는 구술사방법론이다.[3] 비록 군위안부였던 여성은 침묵해왔지만, 군위안부의 경험을 가졌던 많은 남성들의 증언을 확보할 수 있었다. 심지어 한국의 대표적인 지성인으로 손꼽히는 리영희조차 한국전쟁 당시의 군위안부와의 만남을 별다른 감회 없이 전쟁 중 일화를 소개하듯 기록하였고 증언하였다.[4] 전쟁을 경험한 많은 군인의 기록에도 남아 있고, 일본군 성노예 문제가 세계적 문제로 거론되어도 한국인은 자신의 경험에 대해 침묵을 지키고 있다.

　이제 본장에서는 군위안부와 성을 통한 국가폭력 문제를 먼저 짚어보고, 국가폭력의 하나로서 한국전쟁 당시 군위안소가 어떻게 운영되었는가를 살펴보겠다. 또한 군위안부 문제를 둘러싸고 풀어야 할 여러 가지 문제점들을 그와 관련된 기록과 증언들에 입각하여 규명하고자 한다.

1. 국가폭력과 한국군의 군위안소

　전쟁을 보는 관점은 상당히 다양하다. 대개 많은 근대의 전쟁들이 민족과 국가의 이름으로 민족과 국가 간의 이해관계에 따라 적(敵)과 아(我)가 구분된 채, 군대에 의해 치러진다.[5] 존 메릴(John Merrill)[6]의 지적대로

　3) 김귀옥,「韓國 口述史 硏究現況, 爭點과 課題」, 韓國社會史學會 編,『社會と歷史』71, 2006.
　4) 李泳禧,『歷程－나의 청년시대－』, 창작과비평사, 1988, 198~199쪽. 이 문제에 대하여 리영희 선생은 2004년 9월 21일, 보다 더 생생하게 나에게 증언해 준 바 있다.

한국전쟁은 1950년 6월 25일에 발발한 것이 아니라, 이미 1945년 8월 15일 일제로부터 해방된 이래로 한반도 분단이 기정사실이 되면서 남과 북이 정치 갈등이 치열하게 일어나면서 기정사실로 된 것이다.

한국전쟁은 남북, 미국, 중국 군대들 간의 전투로 국한된 것이 아니라, 전쟁은 광범위한 대량학살, 불법적인 처형으로 이어졌다.

> 우리가 추정컨대 2백만 명 이상의 북한 민간인과 약 50만 명의 북한 병사들이 죽었을 것이다. 그리고 약 1백만 명의 중공군이 죽었다. 약 1백만 명의 남한 민간인들이 죽었고 전투와 관련되어서는 약 47,000명이 죽었다.[7]

남한에 있어서 노근리사건이나 '거창양민학살사건', 대전형무소 수감자 처형사건 등 수많은 사례에서도 볼 수 있듯이, 한국전쟁에서 죽임을 당한 상당수의 민간인들은 미군이나 국군, 경찰, 우익청년 등, 국가조직에 의해 불법적으로 학살당하였다. 설령 민간인들에 의한 대량학살이라 하더라도 그것은 국가권력의 비호 아래 이루어지는 것[8]이므로 학살의 주체가 군대나 경찰, 민간인 누구이더라도, 이러한 학살은 '국가폭력'이라고 말할 수 있다.

그러나 학살사건만이 국가폭력은 아니다. 전시에 자행되는 성폭력 역시 국가폭력의 한 범주[9]로 보아야 한다. 나는 한국전쟁 전후한 시기 국가

---

[5] 군대는 '죽이는' 행위가 합법화되어 있는 집단이고 교전권을 부여받았다. 그러나 적시일지라도 교전권을 상실한 포로를 죽이는 것은 1864년 '제네바조약'이 출범한 이래로 위법이다. 小田 實, 이규태 옮김, 『전쟁인가 평화인가: '9월 11일' 이후의 세계를 생각한다(戰爭か, 平和か: '9月11日'以後の世界を考える)』, 녹색평론사, 2004. 하물며 민간인을 죽이는 행위는 '학살'일 뿐 어떠한 명분으로도 정당화될 수 없다.

[6] John Merril, *Korea: the peninsular origins of the war,* Newark: University of Delaware Press, 1989.

[7] Cumings & Holliday, 車聖秀·梁東柱 옮김, 『한국전쟁의 전개과정』, 태암, 1989, 202~203쪽.

[8] 金東椿, 『전쟁과 사회』, 돌베개, 2000, 205쪽.

[9] Radhika Coomoroswamy, 「인권위원회의 결의안 1994/45에 따른 여성에 대한 폭력, 그

폭력으로서 여성에게 가해진 각종의 성폭력을 네 가지로 유형화하였다.[10]
즉 성폭력의 유형은 첫째 직접적 강간을 통한 폭력, 둘째 성기나 여체 학
대 및 유아 살인을 통한 모성에 대한 폭력, 셋째 군인의 납치를 통한 강제
결혼이나 성노예화, 넷째 구금과정의 성고문 등으로 나눌 수 있다.

　국가폭력으로서의 성폭력 유형 가운데 가장 만연했던 것이 강간이었
으나 군인의 납치 또는 강제를 통한 강제결혼이나 성노예 유형도 적잖이
발견되었다.

　성노예화는 개별적인 유형과 집단적인 유형으로 나눠볼 수 있다. 소수
나 개별 여성들이 군인들에 의해 군부대로 납치되어 낮에는 '하녀(下女)'
로 일을 하고, 밤에는 위안을 강요당했다. 이러한 유형은 군위안부도 한국
전쟁 당시 상당히 광범위하게 발견되고 한국전쟁에 참전하여 위관급으로
속초에서 군생활을 했던 미국인 폴 팬처(Paul Fancher)가 소속된 미군 부대
에서도 발견된다. 또한 한국군에 의해 '특수위안대(特殊慰安隊)'가 조직
되어 군위안부들은 군인들을 위안하도록 강요받았다.

　이제는 본격적으로 한국군에 의해 설립된 군위안소인 '특수위안대'에
대해 살펴보도록 한다.

2. 한국전쟁 당시 한국군 위안대의 실체를 밝힌다

　1996년 이후 증언을 통하여 간헐적으로 언급되었던 한국군 위안부의
실체가 드러난 것은 육군본부가 1956년에 편찬한 『후방전사(인사편)』에
의해서이다. 지금까지의 자료와 증언, 회고록 등에 따르면 군위안소는 일

　　원인과 결과에 관한 특별보고관이 제출한 예비보고서」, 한국정신대문제대책협의회, 1996.
[10]　金貴玉,「朝鮮戰爭と女性: 戰時國家にょる性暴力の類型と爭點」, 中野敏男 外 編,『沖
　　縄の占領と日本の復興』, 靑弓社, 2006.

정한 장소에 군인들이 찾아가거나, 위안대가 군부대로 출장 나가는 두 가지 운영방식을 갖고 있었다. 우선 그 책의 '제3장 1절 3항 특수위안활동 사항'의 기록을 통해 군위안소의 실체에 접근해보기로 한다.

설립 당시 육군은 군위안소를 '특수위안대'라고 불렀다. 그 자료에 따라 특수위안대의 내용을 살펴보면 다음과 같다.[11]

1) 설치 목적

표면화한 이유만을 가지고 간단히 국가시책에 역행하는 모순된 활동이라고 단안하면 별문제이겠지만 실질적으로 사기앙양은 물론 전쟁사실에 따르는 피할 수 없는 폐단을 미연에 방지할 수 있을 뿐 아니라 장기간 대가 없는 전투로 인하여 후방 래왕이 없으니만치 이성에 대한 동경에서 야기되는 생리작용으로 인한 성격의 변화 등으로 우울증 및 기타 지장을 초래함을 예방하기 위하여 본 특수위안대를 설치하게 되었다.

군 기록에 따르면 한국군 위안대 설치의 표면적 목적은 첫째, 군인들의 사기앙양, 둘째, 전쟁에 의해 피할 수 없는 폐단에 대한 예방적 조치, 셋째 성욕 억제에 따른 욕구불만이나 성격 변화에 대한 예방이라고 정리하였다. 이는 설치 목적은 일본군이 위안소를 설치했던 주된 이유, 즉 "절제할 수 없는 성욕"[12]과 성범죄 예방 이유와도 별반 차이가 없다.

다만 설치 목적에서 "표면화한 이유만을 가지고 간단히 국가시책에 역행하는 모순된 활동"이라는 언급을 한 것은 근대적 인권의식의 작용 때문이라기보다는, 1947년 11월 14일 군정청법률 제7호로 공사창제 폐지[13]를 발표했던 문제와 연관된다고 볼 수 있다.

---

11) 陸軍本部, 『後方戰史(人事篇)』, 육군본부, 1956, 148~150쪽.
12) 안연선, 『성노예와 병사 만들기』, 삼인, 2004 [2003].
13) 이배용, 『우리나라 여성들은 어떻게 살았을까』, 청년사, 1999.

2) 설치 운영시기

위안대의 설치시기는 불명확하지만 1952년 전, 1951년 여름경 전선이 현재의 휴전선 부근으로 고착된 이후로 추정되며 1954년 3월경에 폐쇄되었다. 즉 "휴전에 따라 이러한 시설의 설치목적이 해소됨에 이르러 공창 폐지의 조류에 순명하여 단기(檀紀) 4287(西紀 1954)년 3월 이를 일제히 폐쇄하였다." 육군본부는 만 4년 가까이 이 군위안대를 운영했다.

3) 위안대 설치 장소

① 서울지구
　　제1소대 서울특별시 중구 忠武路 4가 148번지
　　제2소대 서울특별시 중구 草洞 105번지
　　제3소대 서울특별시 성동구 神堂洞 236번지
② 강릉지구
　　제1소대 강릉군 成德面 老巖里
③ 기타-춘천, 원주, 속초 등지

실제 서울시 중구 충무로의 위안소가 소재했던 지역을 방문했다. 지역 주민의 증언에 따르면 그 건물은 군부대 계통의 건물로 전한다. 일제시대에 건립[14]되어 해방 이후 한국군부대 건물로 접수가 되어, 전시 군위안소를 거쳐 군 사택으로 사용되었다가 1988년 서울올림픽이 개최되기 직전 재개발됨으로써, 건물이 사라졌다고 한다.

속초의 군위안소는 휴전 이후 사창으로 변모하였고, 그 일대에 집창지

---

[14] 그 건물이 건립 당시 어떤 용도였는지를 밝힐 수 있는 자료나 증언을 발견하지는 못했다.

(集娼地)가 형성된 것으로 보인다. 속초 군정보기관 출신의 증언에 따르면 1980, 90년대 초반까지도 그 사창은 일종의 군위안부 역할을 하도록 강요받았다고 한다. 그 외 다른 건물들은 어떻게 되었는지 아직 조사하지 못했다.

4) 위안대 규모

이 책에 따르면, 위안대는 소대형식으로 편재되었다. 군위안부는 "서울 지구 제1소대에 19명, 강릉 제2소대에 31명, 제8소대에 8명, 강릉 제1소대에 21명으로 계 79명"으로 운영되었다고 한다.[15]

일부 부대의 요청에 의하여 출동위안을 행하며, 소재지 내에서도 출입하는 장병에 한하여 위안행위를 받을 수 있었다.

예비역 장군, 채명신의 증언[16]에 따르면, "당시 우리 육군은 사기 진작을 위해 60여 명을 1개 중대로 하는 위안부대를 서너 개 운용하고 있었다"[17]고 하였으니, 60명 1개 중대가 3, 4개가 있었다면 대략 군위안부의 수는 180~240명 전후였다고 할 수 있다.

5) 특수위안대 실적 통계표

1952년 한 해 동안 부대별 특수위안대에 종사한 위안부수와 피위안 군인의 수는 〈표 7-1〉과 같다. 다른 해의 실적도 1952년과 비슷하다고 기록되어 있다. 다만 이 실적은 상기 서울 3곳과 강릉 1곳의 위안대에 출입한

---

[15] 특수위안대 실적 이용표를 보면 서울 제2소대 27명, 서울 3소대 13명, 강릉 1소대 30명으로 밝히고 있어서 위안부의 수가 120명가량 될 것으로 보이지만 春川, 束草, 原州, 抱川 등 포함되지 않은 위안부들이 있어서, 확실한 통계는 밝혀지지 않았다.

[16] 채명신, 『사선을 넘고넘어』, 매일경제신문사, 1994, 267쪽.

[17] 채명신, 『사선을 넘고넘어』, 267쪽.

군인들만의 통계인지, 위안대가 전선 부대에 이동하여 이용된 군인들의
통계까지 포함하는지는 불명확하다.

<표 7-1> 1952년 특수 위안대 실적 통계표

부대별	위안부수	월별 피위안자 수 1인당 하루 평균[4]													1인당 하루 평균[4]
		1	2	3	4	5	6	7	8	9	10	11	12	계	
서울제1	19	3,500	4,110	3,360	2,760	2,900	3,780	3,780	4,000	4,350	3,850	4,100	3,650	44,240	6.4
서울제2	27	4,580	4,900	5,600	4,400	6,800	5,680	6,000	7,280	4,850	2,160	4,950	4,150	61,350	6.2
서울제3	13	2,180	1,920	2,280	1,700	2,180	2,400	2,170	2,800	1,680	1,850	1,990	2,140	25,310	5.3
강릉제1	30	6,000	6,500	7,800	8,000	5,950	4,760	7,970	8,000	4,880	3,900	4,200	5,700	73,660	6.7
계	89	16,260	17,480[1]	19,010[2]	16,860	17,830	16,620	19,920	22,080	15,760	11,760	15,240	15,640	204,560[3]	6.15

출전 : 육군본부, 『후방전사(인사편)』, p.150.
비고 : 틀린 계산으로 실제는 다음과 같다.
　　　[1] 17,430　[2] 19,040　[3] 204,440　[4] 1인당 하루 평균은 필자의 계산임.

위의 실적표에 따르면 한 위안부가 하루에 6회 이상의 강요된 위안을
하였음을 알 수 있다. 그러나 출동위안의 경우 하루에 20~30회의 위안을
강요당하기도 한 것으로 보인다.

또한 채명신의 회고록에 따르면 전선에서 위안부대 출입은 '티켓제'로
운용토록 하였다. 그런데 아무에게나 티켓이 주어지는 건 아니다. 전쟁터
에서 용감하게 싸워 공을 세운 순서대로 나눠준다. 물론 훈장을 받았다면
당연히 우선권이 있어 부러움의 대상이 된다. 공훈의 정도에 따라 티켓의
숫자는 달라진다고 한다.

따라서 일본군 성노예들의 강요된 위안 횟수와 별로 차이가 없었다.

6) 위생검사

위안부는 주 2회, 군무관의 협조 아래 군의관의 엄격한 검진을 받아야
했으며 성병에 대하여는 철저한 대책을 강구하였다고 한다.

다시 말해 공창제나 일본군 위안부 제도에서 성병을 다루는 것과 같은
방식[18]으로 국가는 여성의 몸을 관리하고 통제함으로써 군인의 몸을 보
호하는 신체의 정치학을 활용하였다.

이상으로 한국군 군위안소에 관한 기록과 일부 증언을 토대로 하여 실
체에 접근을 시도하였다.

3. 풀어야 할 문제

군 위안소 관련 자료는 별로 없었지만 한국군이 발간한 자료에 명백한
증거가 있어 이를 바탕으로 구술을 통해 얻은 증언이 사실임을 입증할 수
있었다. 그러나 아직 이러한 사실은 장님이 코끼리 다리 만지는 것에 불
과하여 정확하게 실체를 규명하지는 못하였다.

이제부터 증언과 군인들의 회고록 등을 통하여 군위안소와 위안부 문
제를 제기하고자 한다.

첫째, 일본군 위안소와 한국군 위안소는 어떤 관계이며 한국군 위안
소의 성격을 어떻게 볼 것인가? 위안소를 누가 만들었는지에 관해서는
뒤에서 살펴보고 우선 그 관계를 파악하기 위해 한국군의 성격과 연관
지어 살펴볼 필요가 있겠다. 다음 김희오의 회고록에서 그 단서를 찾아

---

18) 야마시다 영애(山下英愛), 「한국근대 공창제도 실시에 관한 연구」, 이화여자대학교 석사
학위논문, 1992, 59쪽.

보고자 한다.

> 연대1과에서 중대별 제5종 보급품(군 보급품은 1~4종밖에 없었음)수령지시
> 가 있어 가 보았더니 우리중대에도 주간 8시간 제한으로 6명의 위안부가 배정
> 되어 왔다. 이는 과거 일본군대 종군경험이 있는 일부 연대 간부들이 부하 사
> 기앙양을 위한 발상으로 일부러 거금의 후생비를 들여 서울에서 조변하여 온
> 것이다.[19]

당시 위관 장교였던 김희오는 낯설었던 '제5종 보급품'[20]으로 통용되었
던 군위안부의 경험에 직면하여, 군위안부를 이용하도록 지시를 내렸던
연대장이 '관동군' 출신자였으므로 군위안부 운용 발상을 할 수 있었다고
기억했다.

김희오의 추론은 상당히 설득력이 있다고 보여진다. 왜냐면 특수위안
대로 알려진 군위안소를 기획·설립한 책임자는 군 고위 장교로 추정할
수 있는데, 해방 이후 창설된 대한민국 육군 간부의 상당수는 "일본제국
주의의 대리전쟁인"[21]으로서, 일본군 계통과 만주군 계통 등으로 구성되
었기 때문이다. 일본군 출신은 대개 해방 직후 대한민국 국군 고위계급을
차지했다. 그중 한 명인 김석원은 일제시대 만주지역에서 항일무장투쟁
을 했던 최현과 교전한 바 있다.[22] 만주군 출신은 해방 당시 대부분 위관
급이었다. 대표적인 사람들로는 미군정 군방사령부 고문으로 발탁되었던
원용덕, 정일권, 백선엽, 김배길, 박정희, 김창룡 등이 있다. 또한 만군소
속 한국인 특설대인 철석부대 또는 간도특설대가 1938년 세워졌다. 간도
특설대는 조선인 청년들로 구성된 대게릴라전 특수부대로서 조선인부대

---

19) 김희오, 『인간의 향기: 자유민주/대공투쟁과 함께한 인생역정』, 원민, 2000, 70~80쪽.
20) '제5종보급품'에 대한 기억은 차규헌의 『전투』(병학사, 1985)에서도 일치하고 있다.
21) 한용원, 『창군』, 박영사, 1984, 30쪽.
22) 차규헌, 『전투』, 병학사, 1985, 84쪽.

로 하여금 김일성 등이 이끄는 조선인 항일유격대를 토벌하는 것을 목표
로 설치된 부대였다. 박정희조차도 1944년 7월 만주군 보병 제8단에 소위
로 배치되어 팔로군과 조선독립군을 토벌하는 데 앞장섰던 것으로 알려
져 있다.[23]

해방 후 미군정 아래 초기 한국군의 설립에서 형식적으로는 일제 군대
제도가 미국식으로 개편되어 갔다.[24] 그러나 미군정과 이승만 정부하에
서 전체적으로 친일파가 정치권력을 잡으면서 군부에도 친일파들이 득세
하게 되었다. 그리하여 미국제도에 영향을 받은 한국군은 일제 군대 문화
와 제도들을 사실상 답습하였다.[25] 가장 일차적 이유는 일제 군 출신 간
부들로 채워져 일제의 군대 문화는 그들의 의식에 깊숙이 내면화되어 있
었기 때문일 것이다. 이러한 조건과 분위기 속에서 일본군 성노예 제도를
당연시 여겨왔던 그들로서는 그것을 모방한 것은 하나도 이상할 것이 없
었을지도 모른다.

한국에 있어서 식민주의는 1945년 8월 15일로 끝난 것이 아니라, 인적
으로나 물적으로 계속되었다. 오히려 미국과의 불평등한 관계 속에서 더
복잡하고도 내밀하게 식민주의는 강화되어 왔다. 따라서 계속되는 식민
주의의 표현으로서 한국군 위안소는 존재했던 것으로서 한국군 위안소제
도는 일본군 위안소제도의 연장이라고 볼 수 있다.

둘째, 그렇다면 보다 구체적으로 한국 군위안소를 설치하고 운영한 것
은 누구인가? 군위안소 설립 계획을 세운 것은 아래의 책에서 언급하고
있듯이, 정병감실의 전신인 휼병감실[26]과 관련이 있던 것으로 보인다.

23) 김형욱·박사월, 『혁명과 우상Ⅲ, 김형욱 회고록』, 아침, 1985.
24) 백종천 외, 『한국의 군대와 사회』, 나남출판, 1994, 56쪽.
25) 백종천, 『한국의 군대와 사회』, 57쪽.
26) 휼병감실의 전신은 후생감실로서 1949년 7월 5일에 발족하여, 1954년 7월 6일에 精兵監室로 개칭되었다. 陸軍本部, 『後方戰史(人事篇)』, 320~321쪽.

정병감실은 단기4282(서기1949)년 7월 5일 육본일반명령 제26호에 의거하여
후생감실이라는 명칭아래 창설되어 서울특별시 용산구 한강로에 설치하게 된
바 초대감에는 육군중령 박경원(현 육군대령)이 보직되었는데 당시의 기구는
행정 원호 체육 후생 등 4과로 편성되어 주로 공비 토벌부대에 대한 위문과
위문품 수집업무 군체육행사 및 향상에 관한 업무 그리고 군후생사업과 매점
및 군인호텔 관리에 관한 업무 등을 장악하고 정병업무의 만전(……)[27]

위의 서술 중 '공비 토벌부대에 대한 위문'에 대한 구체적인 언급은 없
으나, 이 부분이 군위안부 문제를 추론할 수 있는 것이고 또한 육군전장
병의 '사기앙양을 위한 특별위안활동'[28]이나 '사기앙양을 위한 유흥'[29]도
같은 맥락이라고 볼 수 있다.

이러한 한국군 위안소 설치의 직접적인 책임은 육군본부 휼병감실과
뗄 수 없다. 그렇다면 휼병감실의 전신인 1949년 후생감실을 세운 박경원
(1923~현재, 전라남도 영광군 출신)은 어떤 인물인가를 살펴볼 필요가 있
다. 그는 박정희 정권하에서 4대에 걸쳐 내무장관을 포함하여 5번의 장관
직을 역임했던 자로서, 일제 시대 학도병으로 참전하여 해방 직전 소위로
제대하였고 해방 후 군사영어학교를 거쳐 중장으로 예편한 한국현대사의
지배세력의 한 사람이다. 박경원은 목포상업학교를 다니는 과정에서 충
실하게 황민화교육을 받았고, 졸업 후 학도병으로 태평양전쟁에 참전하
여, 큐수(九州) 8061부대 고사포중대의 소대장을 역임했다.[30] 박경원의
구술생애사에 자세한 기록은 없지만, 일본군 참전 과정에서 위안소와 군
성노예 경험을 자연스럽게 받아들인 것으로 추정할 수 있다. 그러한 결과
한국군에 위안소를 설립하는 구상을 했던 것으로 여겨진다.

27) 陸軍本部, 『後方戰史(人事篇)』, 320쪽.
28) 陸軍本部, 『後方戰史(人事篇)』, 147쪽.
29) 陸軍本部, 『後方戰史(人事篇)』, 320쪽.
30) 한국정신문화연구원 한민족문화연구소 편, 『내가 겪은 해방과 분단』, 선인, 2001, 223쪽.

그러나 한국전쟁 당시 군 위계서열상 휼병감실(1952년 이후 정병감실)보다 상위의 육군본부가 설립 자체를 승인하였음은 당연하다고 볼 수 있다. 또한 1950년 7월 대한민국 정부는 군작전지휘권을 유엔군(사실상 미군)에 양도함으로써 군위안소에 대한 최종 승인은 미군 측에서 했을 것으로 추론할 수 있으나, 결정적인 문서 자료는 아직 찾지 못하였다. 다만 최근 구술사 조사에 참여한 '훈정'[31]에 따르면, 미군 전용 군위안부들이 전방에까지 방문하여 활동하는 것을 목격하였다. 아직은 더 조사해 봐야 할 문제이다.

잠정적으로 볼 때 한국군위안소 설립에는 당시 군작전지휘권을 가진 유엔군도 간접적이지만 최종적 책임을 피할 수는 없을 것으로 보여지고, 직접적인 책임은 대한민국 육군본부와 휼병감실에 있다고 할 수 있다.

셋째, 좁은 의미의 군위안소와 군위안부의 성격을 어떻게 볼 것인가? 『후방전사』가 말하고 있듯 군위안소는 국가조직에 의해 설립·관리되고 있는 '공창'제에 기초하였고, 군위안부는 군대 조직 속에서 기존에 없었던 '제5종 보급품'으로 별칭되기도 했다. 일반 공창제가 수반하는 성병검진에 대해서도 군부대가 직접 여성에게 실시했다.

다시 말해 당시 국가기구로서의 육군본부는 군위안소를 '공창'으로 그 성격을 명명하였다. 공창제와 '군위안부'의 자발성을 동일시하기는 어렵지만, 흔히 공창제는 위안부의 자원성을 가정하는 경향이 있다. 가까운 예로, 태평양전쟁기 일본인 위안부 가운데 일부 일왕에 대한 충성심과 애국심이 있었던 여성이 자발적으로 참여했을 수도 있다.[32] 그렇다면 한국전쟁기 한국여성 가운데 국가에 대한 충성심과 애국심의 발로로서 군위안부에 참여했다고 말할 수 있을까?

31) 김귀옥, 「훈정·영옥 부부 구술」, 녹취문, 『한국에서의 전쟁 경험과 생활세계 연구 자료집』, 한성대학교 전쟁과평화연구소, 149~150쪽, 미간행.
32) 안연선, 『성노예와 병사 만들기』, 69쪽.

『후방전사』에서는 위안부가 군위안소에 오게 된 과정이나 동기에 대해서는 전혀 언급하지 않았다. 공개모집을 했다는 기록도 찾아볼 수 없다. 김희오의 회고록에 따르면 여성들은 대개 남루한 차림에 어린 나이였다고 하니, 전쟁 전의 사창으로 일했던 여성이라고 보기 힘들다.

실제 군위안부로서 일하게 된 여성들의 사례를 통하여 '자발적 동기'가 거의 없었지 않나 추정하게 된다. 한 명은 10대 후반의 미혼여성으로 1951년 봄까지 함경남도 영흥군 고향에 살고 있었다. 어느 날 한국군 정보기관원, 소위 북파공작원들에 의해 납치되어 하룻밤 새 한국군의 군위안부로 전락하였다. 그녀는 이러한 사실을 증언하기를 거절한 반면, 납치했던 북파공작원 두 명에 의해 이 사실이 증언되었다.

모든 군위안부들이 이러했다고 추정하기는 곤란하지만, 또 다른 위안부가 될 뻔했던 여성의 증언에서도 소위 '빨갱이'라는 혐의를 받고 있는 상황에 무력을 갖춘 군인들에게 군위안부가 되기를 거절한다는 것은 죽음을 의미할지도 모른다는 공포감과 직접적인 강간의 결과로 위안부가 되지 않을 수 없던 상황을 발견할 수 있다. 설상가상 전쟁에 의한 빈곤과 가족에 의해 보호받고 부양되기 어려운 객관적인 조건으로 인해 여성들이 군위안부가 될 수 있는 가능성이 열려 있었을 수는 있다. 그럼에도 한국전쟁 당시 대부분의 한국여성들, 특히 미혼여성들의 전통적 가부장제 순결의식을 고려한다면 자발적으로 군위안대에 지원했다고 판단하기는 거의 불가능하다.

따라서 국가의 입장에서는 '공창'이었을지 몰라도, 여성들의 입장에서 한국군 위안부제도는 철저하게 군에 의한 성노예제도이며, 여성 자신은 성노예였다. 결국 몇몇의 남성들에 의해 증언된 납치된 군위안부가 그랬듯, 대부분의 여성들도 1954년 3월 군위안대가 폐쇄될 무렵, 일본군이 군위안부들을 그랬듯이 버려졌다고 볼 수밖에 없다.

넷째, 한국군 위안부 문제가 침묵되는 이유는 무엇인가? 몇 가지 요인이 복합적으로 작용하고 있는 것으로 보이는데, 우선은 가부장 이데올로기, 민족주의 이데올로기, 반공이데올로기 등이 동시적인 작동하고 있기 때문으로 보인다.

일본군 위안부 문제와 비교하자면, 아직도 훨씬 많은 여성들이 일본군 성노예 사실을 감추고 있거나, 신고를 했더라도 비밀을 유지하고 있다. 그럼에도 불구하고 '일본군'에 의한 범죄행위로 인식함으로써 성노예 개념을 수용하게 되었다. 그러나 한국군 위안부 문제에 있어서는 '애국'이라는 의식도 없었던 것 같다. 한국전쟁 당시 군위안부를 경험했던 군인들은 "한국군 위안부는 '일본인'이 아니라 '한국인'의 군위안부였으니 그래도 나은 것 아니냐"는 변명을 하고 있다. 그들의 변명에서 민족주의 이데올로기와 가부장 이데올로기가 동시에 작동하고 있음을 발견하게 된다.

또한 현대 한국의 반공이데올로기의 지배적 분위기에서 한국군의 비리를 밝히는 것 자체가 레드콤플렉스를 자극할 수 있는 분위기였다. 또한 많은 여성들이 빨갱이라는 혐의로 인해 군위안부를 강요받았던 일차적 상황 역시 반공이데올로기와 한국군 위안부 문제를 떼고 사고할 수 없게 만든다.

납치되어 한국군 위안부를 경험해야 했던 여성에게 이제는 진실규명이 가능한 시대가 왔다고 아무리 설득해도 그녀는 나에게 더는 연락하지 말라는 말만 하고 입을 꽉 다물고 말았다. 그녀의 이같은 선택은 진실규명에 의해 겪게 될 자신의 고통 때문만이 아니라, 가난한 자식에게 군위안부의 자식이라는 멍에마저 물리고 싶지 않기 때문으로 판단된다.

마지막으로 다소 어려운 문제이자 냉전 시대라면 입을 여는 일까지 저어되는 문제를 생각해 보고자 한다. 이러한 주제로 북한 인민군과 정책을 살펴보는 시도이다. 한스 피터 뒤르의 주장[33]에 따르면 인간의 음란과 폭

---

33) Peter Duerr, 최상안 옮김, 『음란과 폭력: 성을 통해 본 인간 본능과 충동의 역사』, 한길사, 2003 [1992].

력은 초역사적, 초사회적이어서 북한 인민군 역시 전시 성폭력 문제로부
터 자유롭지 못하다. 군에 의한 여성 성폭력 사건이 간헐적으로 발생하였
고 그 처리 문제 때문에 부심하였던 흔적이 보인다. 그러나 한국군과 달
리 입장은 분명했던 것 같다. 민심을 얻기 위해서는 민중으로부터 호감을
얻어야 한다는 입장이 중국군이나 인민군의 철저한 대민정책이었다.
1947년 중국인민해방군 총사령부가 공포한 그들의 전통적인 행동 지침을
'3대기율·8항주의(三大紀律·八項注意)'이라 하며 8항주의에는 "부녀자
를 희롱하지 말 것" 등의 규칙이 있었고,[34] 북한 인민군도 이러한 규칙을
준수하였고, 성폭력 사건이 발생하게 될 경우에는 즉결 처분도 불사하였
던 것으로 보여진다. 그 규칙은 빨치산의 경우에도 적용되었던 것으로 보
인다.[35] 또한 인민군 종군 간호사였던 류춘도나 역사 인민군 간호사로 끌
려갔던 여성 이씨(1950년 당시 의과대생)에 따르면 간호사들은 인민군과
혼숙하였으나 누구도 털끝 하나 건드리는 법이 없었다고 증언하였다.[36]
뿐만 아니라 인민군이 북한 여성에 대해 성폭력을 가하는 일도 거의 없었
다고 증언하였다.[37]

그런 분위기에서 북한 인민군에 군위안부제도가 있었다는 증언이나
자료는 어디에서도 발견되지 않는 것은 어쩌면 당연하다고 하겠다. 성문
제를 둘러싼 인권 의식 형성 여부[38]에 기인한 것이라기보다는, 한편으로

---

34) 孫佑杰, 조기정·김경국 옮김, 『압록강은 말한다 - 한국전쟁에 대한 새로운 이야기』, 살림,
  1997, 74쪽.
35) 정충제, 『實錄 鄭順德』 上, 대제학, 1989, 153~154쪽.
36) 金貴玉, 「朝鮮戰爭と女性 - 軍慰安婦と軍慰安所を中心に」, 徐勝 編, 『東アジアの冷
  戰と國家ナロリズム : 米日中心の地域秩序の廢絕をめざして』, 御茶の水書房, 2004,
  355~356쪽.
37) 김귀옥, 『월남민의 생활경험과 정체성』, 서울대학교 출판부, 1999, 253쪽.
38) 북한은 사회주의 건설과정에서 나름대로 양성평등제도를 만들어 내었지만, 여전히 여성
  폄하적인 가부장적 문화를 사회 전반에 가지고 있고, 1990년대 경제난이 악화되면서 이
  러한 문화가 더욱 강화되고 있다.

는 민중으로부터 정당성을 인정받기 위해서는 민중을 해치지 않는다는 인식을 보여줘야 했고, 또 한편으로는 물적 토대가 취약했던 군대가 기강을 살리기 위해서는 엄한 법을 보여줘야 했던 현실적인 이유가 작동했던 결과라고 추론된다. 아무튼 이런 점에서 관동군과 일본군 출신이 주도적으로 만들었던 한국군대와는 뚜렷한 차이를 보였다고 할 수 있다.

마치며

한국군 위안소가 설치되었고, 군위안부가 존재했던 것은 엄연한 사실이다. 그러나 1991년 김학순 씨가 "나는 일본군 위안부"였다고 고백하였듯이 고백할 한국군 위안부가 또 나타날지에 대해서는 의문이다. 주변의 증언에 의해 한국군 위안부로 알려진 두 명의 여성도 그러한 사실을 증언하기를 모두 거절하였고, 울음과 침묵으로 대답하였다.[39] 한국군 위안부 문제에 접근해 가는 과정에서 이 문제가 일본군 위안부 문제와 별개의 것이라기보다는 계속되는 식민주의가 표출되는 과정에서 나타났다는 점으로 볼 때 이 문제는 식민주의적 연속선상에 놓여 있음을 발견할 수 있다.

한편 국가권력이나 가부장 이데올로기에 의해 일본군 위안부 문제나 한국군 위안부 문제 모두 침묵을 강요받았던 점은 동일하지만, 두 문제를 차이 나게 하는 것은 민족주의 작동 양식의 차이이다. 다시 말해 일제에 의한 군위안부 문제는 우여곡절 속에서 가해자 일제의 존재 이유로 인하여 한국인이 문제를 제기한다는 것은 당연하다는 공감을 받을 수 있었다. 반면 한국군 위안부 문제에 있어서는 일본군 위안부 문제와 달리 문제제기를 할 수 없다는 정서가 상당히 강한 것으로 보인다. 그러나 2000년대

---

39) 金貴玉, 「朝鮮戰爭と女性－軍慰安婦と軍慰安所を中心に」, 355쪽.

들어 한국에는 민주의식의 성숙과 함께 과거사 정리 운동이 어느 때보다도 급진적으로 진행되고 있다. 국가폭력으로서의 한국군 위안부 문제도 과거사 정리운동의 선상에서 진실이 규명되지 않으면 안 될 중요한 문제이다.

인류의 문명사, 특히 근대 자본주의 역사를 돌아보면 전쟁과 성폭력이 반복되고 있다. 그런데 국가폭력으로서의 성폭력이 발생하는 동기에는 남성성의 '절제할 수 없는 성욕'이라기보다는 다른 더 심각한 문제가 작용하고 있다. 전시 성폭력을 통하여 직접적인 가해자나 국가권력은 타자에게 수치감과 굴욕감을 각인시켜 굴복시키고, 복종하도록 할 수 있다. 나아가 순결이데올로기에 기반을 둔 '더럽혀진 몸', 즉 신체의 정치학을 통하여, 국가와의 적대적 관계와 단절시키고 피해자가 국가이데올로기, 반공이데올로기를 수용하도록 만들어 국가에 충성하도록 만드는 결과를 낳았다.[40]

지난 한국의 국가권력은 수십 년 동안 한국전쟁 시기 한국군 위안부, 즉 한국군 성노예의 문제를 덮어두려고 했고, 지금도 반성의 기미를 보이지 않는다. 그러나 한국 학교의 교과서가 가르치고 있듯 진실은 승리하도록 되어 있다. 한국 민중이 독재와 수십 년 동안 피와 땀을 흘리며 싸우고 온갖 희생을 치른 끝에 간신히 획득하고 있는 민주주의의 가치를 스스로 저버려서는 안 될 것이다.

[40] 金貴玉, 「朝鮮戰爭と女性: 戰時國家にょる性暴力の類型と爭點」, 78쪽.

제8장 한국에서의 성매매 정책의 개관

야마시타 영애(山下英愛)

들어가며

본장에서는 1950년대부터 1990년대까지 약 반세기에 걸친 한국의 성매매 정책에 관해 개관한다.

한국에서는 1947년 공창제도가 폐지되었는데 한국전쟁을 계기로 성매매는 증가의 외길을 걸었다. 정부는 1961년 「윤락행위 등 방지법」(이하 「윤방법」)을 제정하고 그 후 약 40년간에 걸쳐 성매매 정책의 근거로 삼았다. 이 「윤방법」은 성을 파는 행위를 '윤락행위', 성을 사는 행위를 '윤락행위의 상대'가 되는 것으로 규정하고 금지했다. 즉 성을 파는 압도적 다수인 여성에게만 '윤락'이라는 도덕적 레테르를 붙이고 여성에게 성을 팔게 하여 이익을 거둬들이는 포주·업자의 위법행위와 그 공범관계가 될 수 있는 "성을 사는 측"의 행위에 관해서는 사실상 불문에 붙였다.

당국은 「윤방법」으로 성매매를 금지하면서 한편으로 특정 구역을 설치하고 그곳에서의 성매매를 용인했다. 주둔하는 미군 병사에게는 "국가보안"을 위해 성병이 없는 "청결한" 매춘 여성을 제공하고 외국인 관광객의 매춘을 목적으로 하는 기생관광에는 "외화획득"의 이름 아래 편의를 도모했다. 또한 가족이나 사회의 가부장적인 남존여비의 질서와 군대문화 아래에서 남성들은 매춘을 "남성다움"의 일환으로 교육받았고 성산업

의 수요자로서 재생산되었다. 이러한 이중정책과 성매매를 둘러싼 사회
문화적인 토양 속에서 매춘 여성에 대한 사회적인 멸시와 인권침해는 방
치되고, 착취적으로 여성비하적인 성매매업이 확대 재생산되어 왔다고
할 수 있을 것이다.

90년대 이후 민주화의 진전과 인권의식의 고양, 여성운동의 활성화 등
을 배경으로 하고, 2000년 이후 소위 진보적인 여성계가 중심이 되어「윤
방법」을 대신하는 법률 제정운동을 전개하여 2004년 새로운 성매매관련
법이 제정되었다. 이 법률도「윤방법」과 마찬가지로 성매매에 관해서는
금지주의의 입장을 취하고 있지만, 매춘 여성을 처벌의 대상으로 하기보
다 성적 착취의 피해자이며 보호의 대상으로 간주하고 있다. 제정 직후에
발생한 매춘 여성들의 법 시행 반대운동에도 불구하고, 이 법은「윤방법」
과는 질적으로 다르다 할 수 있을 것이다.

한국의 성매매에 관한 조사·연구는 1960년대부터 서서히 행해지게 되
었다.「윤방법」제정 후 60, 70년대는 매춘 여성을 분석 대상으로 한 조사
유형이 많고 그 대부분이 '윤락여성'을 사회문제의 씨앗으로 다루고 있다.
또한 70년대에는 매춘 여성들을 성병 만연의 요인으로 간주하고 성병 관
리의 관점에서 접근하는 연구조사가 늘어났다. 이 시대 연구의 대부분은
실태조사의 수법으로 설문조사와 면접을 병용하고 있다.[1] 80년대도 비슷
한 시점에서의 연구가 계속되었는데 이른바 민주화운동과 새로운 여성운
동의 출현에 의해 성매매 문제에 대한 접근이 다양화되어 간다. 80년대
후반에는 남성의 입장을 이용하여 한국사회의 성매매업 전체를 망라하는
형태의 비교적 상세한 현장 르포가 등장하고 있다.[2] 그에 대해 현장으로
의 접근 자체가 쉽지 않은 여성연구자는 일정한 성매매 현장을 참여 관찰

----

1) 최재석,「한국 접대부의 연구—서울시의 접대부를 중심으로」, 숙명여자대학교, 『아세아
   여성연구』 22, 1982.
2) 윤일웅, 『매춘』, 동광출판사, 1987.

하는 방법으로 조사연구를 행했다.[3]

90년대가 되면서 국내외의 요망으로 1983년에 설립된 한국여성개발원이 성매매에 관한 실태파악과 법제도의 개혁에 착수, 90년대의 「윤방법」 개정을 위한 조사연구를 행했다. 또한 80년대까지의 연구가 대략 집창지역(적선(赤線)지역)의 매춘 여성들을 대상으로 했던 데 비해 90년대에는 사회구조적인 접근을 보이게 된다. 여성학적 관점에 의한 다양한 측면에서의 연구가 행해지게 된 것도 80년대 말부터 90년대이다.[4] 이러한 연구에 의해 시점의 변화도 일어나고 '윤락'에서 '매매춘'으로, 나아가 '성매매'로 표현이 바뀌어갔다. 성매매에 관한 최근의 연구는 다양한 연구영역에서 행해지게 되었고 내용도 깊어지고 있다. 해방 후 성매매 정책에 관한 연구는 그 중요성에 대한 연구가 이루어지지 않았지만 60년대에 초점을 맞춘 실증적인 연구가 행해져[5] 향후 발전이 기대된다.

또한 여기서는 간단히 다루고 그쳤지만, 2000년 이후 성매매 관련법 제정운동 속에서 여성부의 지원을 얻어 전국적으로 행해진 각 지방 여성단체가 중심이 된 성매매 실증조사(참고문헌 참조할 것)는 전문성과 분석 등의 측면에서 과제가 남아 있으나, 여성인권의 사각지대로 여성활동가들(남성도)이 직접 찾아가 조사하고, 소통의 계기가 되는 작은 구멍을 뚫을 수 있었다는 점에서 의미가 있다.

---

3) 강영수, 「한국사회의 매매춘에 관한 연구─용산역 주변의 매춘 여성을 중심으로 한 한 사례연구」, 이화여자대학교 석사학위논문, 1989.

4) 조형·장필화, 「국회 속기록에 나타난 여성정책 시각 : A. 매매춘에 대하여」, 이화여자대학교 한국여성연구소, 『여성학논집』 7, 1990 ; 장필화·조형, 「한국의 성문화─남성 성문화를 중심으로」, 이화여자대학교 한국여성연구소 『여성학논집』 8, 1991 ; 원미혜, 「한국사회의 매춘 여성에 대한 통제와 착취에 관한 연구」, 이화여자대학교 석사학위논문, 1997.

5) 박선숙, 「여성의 성성(Sexuality)을 중심으로 본 매매춘 정책에 관한 연구」, 이화여자대학교 석사학위논문, 1990 ; 김희식, 「1960년대 성매매에 대한 정부정책」, 성균관대학교 석사학위논문, 2006.

본장에서는 지금까지 한국에서의 연구와 신문·잡지 등의 2차 자료에 더하여, 현지조사에서 얻은 자료와 정보 등을 토대로 20세기 후반 한국에서의 성매매 정책을 쫓아가 보고자 한 것이다. 기본적으로 식민지 시대의 공창제도와 다를 바 없는 구조가 유지·재생산되어온 과정을 고찰하고 그 대략적인 흐름을 제시하고자 한다.

1. 1950년대의 성매매정책

1) 전쟁에 의한 매춘 여성의 증가

해방 후 미군정하의 한국에서는 남녀평등과 인권옹호라는 슬로건 아래 공창제도가 폐지되었다(공창제도 등 폐지법 1947년 11월 14일 제정). 그러나 한편으로 미군 병사를 상대로 하는 매춘 여성들은 급증했다. 이 여성들은 "UN(국제연합) 마담", "UN 위안부" 등으로 불리며 한국전쟁(1950년 6월~1953년 7월)을 계기로 지속적으로 증가해왔다.[6]

또한 고급요정과 음식점에서 일하는 접대부도 늘어났다. 전쟁 중 임시수도였던 부산에는 UN군과 관공리(官公吏)가 출입하는 요정이 있었고,[7] 접대부가 3만 명 이상이었다고 일컬어진다.[8] 국회에서는 전쟁 중에 요정에서 접대부의 시중을 받으며 노는 것은 외국에 체면도 서지 않고 병사의

---

6) 1952년에는 임시수도 부산의 경상남도를 중심으로 미군 병사와 동거하는 여성이 1,911명, 1953년 5월 30일 현재 UN군 상대 매춘 여성의 수는 25,479명에 달한다(정요섭, 「한국여성과 사회문제」, 숙명여자대학교, 『아세아여성연구』 5, 1966). 또한 1953년 7월 27일자 『조선일보』는 "이것도 전투의 선물, 서울만 해도 매춘부 2만 명"으로 보고하고 있다.

7) 「매일 밤 유흥비 5백만엔, 요정 출입하는 대부분이 관공리로 이루어진 것」, 『조선일보』, 1951년 7월 30일.

8) 제11회 국회임시회의 속기록, 「전시국민생활개선법안 제1독회」 19(1951.7.7), 14쪽.

사기에도 영향을 미치게 될지도 모른다는 우려의 목소리도 높았다.9) 이러한 전시중의 유흥에 대한 비판 속에서 오후 5시 이후 주류판매 금지와 접객 전문 접대부의 고용을 금지하는 「전시생활개선법」이 공포(1951년 11월)되었다. 국회에서는 이 법안을 둘러싸고 접대부 고용을 금지하면 결국은 UN군 상대 위안부가 되던가 사창이 될 것이 분명하다며 반대하는 의원도 있었다.10) 하지만 이 법의 부칙에는 "외국인 접대에 관하여 필요할 때에는 당분간 특례를 들 수가 있다"고 하며, UN군 병사 상대 접대부에 관해서는 예외로 하여11) 군인용 성매매는 보장해준 것이나 다를 바가 없었다.

그런데 매춘 여성에 대한 호칭에 관해 살펴보자. 당시의 신문이나 잡지, 당국의 관련문서 등에는 다양한 표현이 사용되고 있었다. 매춘 여성 전체를 가리키는 언어로는 사창, 윤락녀, 창녀, 매춘부, 접대부, 웃음을 파는 여자(賣笑婦), 은군자(隱君子) 등이다. 외국인 상대 매춘 여성에 관해서는 위안부, UN(또는 국제연합군) 위안부, 양마담, 양부인, 양공주12) 등으로 불렸다. 이임하(李林夏)는 위안부라는 호칭에 관해 식민지 시대 일본군에서 유래한 용어가 1950년대에는 외국인이나 국내인을 불문하고 군인 상대 매춘 여성을 가리키는 용어로 사용되었다고 지적하고 있다.13) 한국전쟁 때 한국군의 위안소 여성을 '위안대'라고 불렀던 것도 그 맥락이다.

'위안부'라는 용어는 1945년부터 1970년대까지 빈번하게 사용되었고 1980년대에도 조금이지만 신문에서 볼 수 있다. 단 한국전쟁 기간 중 한국군의 '위안대'를 제외하면 주로 외국군 상대 기지촌 여성을 가리켰다.14)

---

9) 제11회 국회임시회의 속기록, 「전시국민생활개선법안 제1독회」 19(1951.7.7), 10쪽.
10) 제11회 국회임시회의 속기록, 「전시국민생활개선법안 제1독회」 21(1951.7.9), 2~3쪽.
11) 제11회 국회임시회의 속기록, 「전시국민생활개선법안 제1독회」 19(1951.7.7), 9쪽.
12) "공주"란 조선어로 공주님.
13) 이임하, 『여성, 전쟁을 넘어 일어서다』, 서해문집, 2004, 135쪽.
14) 게다가 60~70년대에 걸쳐 신문지상에 '위안부'가 등장한 것은 대부분이 미군 병사에 의한 상해, 살해 등의 폭력사건을 보도한 기사에서이다.

덧붙여서 90년대로 들어오면 오로지 식민지 시대 일본군에 의한 성노예를 가리키는 언어로 사용되고 있다.[15]

　사창이라는 표현은 주로 당국의 단속에 관해 보도할 때 사용되었고, 윤락녀와 창녀, 매춘부는 실태 등에 관해 보도할 때 사용되었다. "도덕적으로 타락한 여자"라는 차별적인 시선을 내포한 윤락녀라는 표현은 50년대부터 보인다. 그리고 이 용어는 1961년 법제정 때도 사용되었다.

2) 격리와 통제

　휴전 후 50년대 후반은 전시보다도 많은 매춘 여성들이 거리에 넘쳐흘렀다. 전쟁 등으로 남편을 잃은 여성은 약 20만 명에 이른다고 하며[16] 고아도 많이 생겨났다. 이러한 여성의 빈곤화는 매춘을 한층 증가시키는 요인이 되었다. 그런 가운데 당국의 매춘대책은 매춘 여성을 단속의 대상으로 하면서 미군 상대 여성과 일반 매춘 여성을 각각 특정 구역에 격리, 통제하는 방향으로 진행되어 갔다.

　먼저 일반 매춘 여성에 대해서는 매춘 여성들이 모여있는 지역을 경찰이 이따금 단속하여 여성들을 귀향시키거나 시설을 만들어 직업훈련을 시켜 전직시키려 했다. 직업훈련은 1949년 이후 조금씩 행하게 되었지만 실제적인 효과는 미미했다.[17] 또한 신문에 따르면 경찰이 이따금 서울에

---

15) 90년대 초기에 여성운동이 이 문제를 제기했을 때는 '위안부' 대신 '정신대'라는 용어를 사용했다. 이에 따라 근로정신대와 '위안부'를 혼동하는 사태도 일어났다. 여성운동이 당초 '위안부'를 '정신대'로 인식하고 있었던 것에는 이 문제를 기억하고 제기한 여성들의 계층적 특징(특히 '위안부'와 동세대인 경우 고등교육을 받은 엘리트층이었다)과 근로정신대에 동원된 여성에 관해서조차 "더러운 여자"로 취급하는 사회적 편견, 근로정신대와 위안부에 대한 실태조사와 진상규명의 부재 등 몇 가지 요소가 혼재해 있었다고 생각한다.

16) 보건사회부의 집계에 따르면 전쟁으로 101,845명의 기혼여성이 남편을 잃었고 기타 이유로 남편이 죽은 여성을 포함하면 203,852명에 달했다고 한다. 유건호, 「접객업 여성」, 『여원』, 1957년 2월호, 63쪽.

서 일제 단속을 행하는 모습을 엿볼 수 있다.[18] 그렇지만 경찰과 포주가 유착하고 있어서[19] 이러한 단속은 실효성이 없었다.[20]

경찰은 1958년 소위 매춘 여성이 마을에서 배회하면 어린이 교육에 좋지 않다고 하여 도시를 중심으로 특정 유흥지역을 정하고 그곳에 이들을 격리시키는 정책을 추진했다. 이러한 정책은 다시 공창

「시내에서 교외로 특수위안대를 이동」
(『조선일보』, 1954년 2월 23일)

제도를 부활시키자는 논의를 제기시켜,[21] 실제로도 공창제도에 준하는 집창지역을 설정하는 방침으로 진행되었다.[22]

한편 미군 상대 매춘 여성에 대한 관리통제는 미군 측의 요청도 있어서 좀 더 조기에 진행된 것 같다.

---

[17] 당국은 1949년에 부녀사업관을 전국 6곳에 설치하고 1953년에는 보험사회부 부녀국의 직영기관으로 서울 자매원, 부산 자매원을, 다음해에는 국립 자매원을 설치했다. 이곳에 탈매춘을 원하는 자와 매춘을 할 우려가 있는 자 등을 수용하고 이발, 미용, 양재, 타자 등의 직업훈련을 행했다. 그렇지만 1956년에 서울과 부산의 시설에서 기술을 익혀 출소한 사람은 서른 몇 명에 불과했다(「윤락여성교도」, 『조선일보』, 1956년 9월 3일).

[18] 예를 들면 「매춘부 이제 단속」, 『조선일보』, 1957년 6월 3일 ; 「매춘거리 단속」, 1958년 1월 25일 ; 「창부, 일제 단속」, 1959년 11월 19일 ; 「고급창부도 단속, 어제저녁 남대문서가 사창가 급습」, 1959년 12월 5일 등.

[19] 제30회 국회보건사회위원회 속기록 제1호(1958.11.20), 閔寬植 위원의 발언, 19쪽.

[20] 서울에서는 종로3가, 묵정동, 양동 등의 사창가가 유명했는데 단속이 있으면 일시적으로 여성들이 줄어들었지만 그것은 단순히 다른 곳으로 흩어진 것에 불과했다(「윤락지대①」, 『조선일보』, 1959년 6월 10일).

[21] 서울시의회에서는 「사창해방 대책에 관한 건의안」이 제출되었고(이임하, 『여성, 전쟁을 넘어 일어서다』, 246), 국회에서는 매춘 여성들의 職業補導라는 실효성이 없는 것에 예산을 사용하기보다 오히려 공창제도를 부활시켜 사창을 철저하게 단속하는 쪽이 성병 방지를 위해서는 좋다는 의견도 나왔다(제33회 국회결산예산위원회 속기록 제7호 (1959.12.9), 58쪽).

[22] 「윤락녀 구제할 길 요원―당국에서는 격리방안에만 무게를 두다」, 『조선일보』, 1958년 2월 2일.

미군기지 주변에 기지촌이 본격적으로 형성된 것은 「한미상호방위조약」(1953년 10월 체결)에 의해 미군의 한국 주둔이 고정화된 이후이다. 그 대부분은 북한과의 군사경계선에서 가까운 경기도와 서울에 집중되었다. 서울 이외의 지역은 본래 인적이 드문 농촌지대였는데 순식간에 미군 병사들의 휴식과 유흥을 위한 신흥도시로 발전했다.[23] 기지촌에는 매춘 여성과 그녀들을 데리고 있는 업자, 그 외 군인과 매춘 여성들을 상대로 장사를 하는 사람들이 모여들어 정착했다.

당국은 민간인 상대 매춘 여성이나 성매매 거리는 악의 소굴로 여겨 단속의 대상으로 삼았지만 미군 상대의 매춘에 대해서는 어쩔 수 없는 것으로 간주하며 정비하는 자세를 보였다. 내무부는 1957년 전반 무렵 UN군 상대 매춘 여성들을 집단 수용할 계획을 세웠다. 신문은 "주택지대에 침입해 있는 사창들을 UN군부대 근방의 특정 구역에 집단 수용하는 방침이라 하고, 먼저 서울 주변부터 대처해 갈 예정이다"[24]라고 보도하고 있다.

UN군사령부도 이 무렵부터 병사를 위해 위생적으로 보건상 지장을 초래하지 않는 오락기관을 설치할 것을 한국 당국에 요구하고 있었다. 미군 병사 상대 매춘 여성들의 성병 관리를 요구해온 것이다.[25] 성병대책위원회는 1957년 제4차 회의에서 성매매 여성을 UN군과 국군의 주둔지 및 서울, 부산, 대구 등의 일정 지역에 집결시켜야 한다는 의견을 제기하고, 이 안건을 미8군 측과 협의하기로 했다.[26] 위원회에 출석한 미경제 조정관실 측의 관계자는 이 문제를 한국정부가 결정하도록 제안하고 그 결정에 따라 미8군은 서울에 접객업소 10곳, 인천에 댄스홀 12곳, 부산에 댄스홀

---

23) 캐서린 H.S. 문 저, 이정주 역, 『동맹 속의 섹스』, 삼인, 2002, 54쪽.
24) 「집단수용을 계획, 외국인 상대 접대부」, 『조선일보』, 1957년 8월 1일.
25) 「윤락녀 구제할 길 요원—당국에서는 격리방안에만 무게를 두다」, 『조선일보』, 1958년 2월 2일.
26) 이임하, 『여성, 전쟁을 넘어 일어서다』, 232쪽.

2곳 등을 지정했다고 한다.[27]

한국정부 관계자는 UN군 상대의 매춘, 즉 외국 군인의 매춘은 "당연한 것"으로 인식하고 있었던 것 같다. 예를 들어 1960년 1월에 기지촌에서 일어난 매춘 여성의 체발(剃髮)사건[28]이 국회에서 논의되었을 때 정(鄭) 내무위원은 다음과 서술하고 있다.

(중략) 그러나 이 외국 군인들을 상대로 하는 매춘부라는 것은 피할 수 없다. 외국군대가 우리나라에 와 있는데 그 사람들에게 독신인 채로 살라고 강요하기 어려운 일이 아닌가? (여성들을) 어떻게 선도하여 외국군대에 대해서는 나쁜 질병을 전염시키는 일이 없도록 하고 또한 그들을 접대하는데, (중략) 인간다운 대우를 받을 수 있도록 그 교양을 높이는 노력을 해야 한다. (중략) 들은 바로는 미군인들은 조금 지위가 높은 사람도 매음을 하기 위해 일본으로 간다. (중략) 일본에는 외국인을 상대로 매음행위를 하는 여자들에게 보호정책을 실시하고 있다. (중략) 미국군인들이 일본에 가는 것을 방지할 수 있다면 그보다 더 좋을 것이 없다. (중략) 국내인을 상대로 하는 매춘부와 미군만을 상대로 하는 매춘부를 구별하고 외국인을 상대로 하는 사람들에 대해서는 그 풍속과 (중략) 언어와 행동 등도 특별히 가르쳐 교양을 익히게 하고, (중략) 질을 향상시키는 노력을 할 수 없을까.[29]

즉 외국 군인의 매춘은 당연하고 일본에서처럼 한국에서도 그들을 상대로 하는 여성의 교양을 높여야 한다는 주장이다. 뒤에 서술했듯이 나중의 기지촌 정화운동과 외국인(주로 일본인) 관광객을 상대로 매춘하는 여성들에게 외화를 버는 '애국자'로서 한국을 소개하는 '민간외교관'으로서

27) 이임하, 『여성, 전쟁을 넘어 일어서다』, 233쪽.
28) 미군 병사가 매춘 여성을 기지 내로 끌고 가 갑자기 머리카락을 자른 사건이다. 그 여성에게서 성병이 옮았다고 하여 그러한 행동을 했다고 주장했다.
29) 제33회 국회 내무위원회 속기록 제12호(1960.1.19) 「1, 동두천 미군부대 한국여인 삭발 사건에 관한 건」, 9~11쪽.

의 역할을 강조했는데, 그와 같은 인식은 50년대부터 이미 있었다. 덧붙여서 당시 내무부 치안국에서 파악하고 있던 미군 상대 여성의 수(1959년)는 1만 명 정도였다.[30]

3) 성병대책

매춘 여성에 대한 성병검진은 공창제도 폐지 후에도 지속적으로 행해지고 있었던 것 같다.[31] 정부는 성병관련 행정기구로 보건사회부에 중앙성병원, 방역국 산하 111곳의 성병진료소를 전국에 설치했다. 또한 외곽단체로서 성병대책위원회와 대한성병협회가 있었다. 그렇지만 그 당시 성병은 일종의 "사치병"이라는 사회적 인식이 강해 50년대는 국가예산도 적었다.[32]

이러한 가운데 매춘 여성의 성병검진을 정부에 요청한 것은 UN군이었다. 한국전쟁 중이던 1951년 UN군 당국이 병사의 성병에 의한 전력 저하를 우려하여 서울 시내 3곳에 성병치료소를 설치할 것을 한국정부에 요청했다. 이 요청을 받아들여 보건부 만성병(慢性病) 과장이 피난처에서 서울로 돌아와 "일선지구 및 서울 위안부 등 부녀자의 성병 만연대책과 치료 등에 관한 감독지시"를 했다.[33]

신문에 따르면 당시 서울 및 경기도의 매춘 여성들은 5만여 명에 달하며 성병율은 6.3%로 올라갔다.[34] 또한 동년 7월에는 서울에 설치된 3곳의

30) 제33회 국회 내무위원회 속기기록 제12호(1960.1.19) 「1, 동두천 미군부대 한국여인 삭발 사건에 관한 건」, 9쪽.
31) 차윤근, 「한국의 성병관리②」, 『조선일보』, 1958년 3월 7일.
32) 차윤근, 「한국의 성병관리②」에서는 "백여 만 명의 성병환자에 대한 예산은 단지 연간 3천만 엔에 불과, 한탄스럽다"고 적고 있다.
33) 「성병 만연에 대비하여 보건부 여경이 시료」, 『조선일보』, 1951년 9월 14일.
34) 「경기일원의 매소부(賣笑婦) 무려 5만여 추산」, 『조선일보』, 1951년 9월 14일.

성병치료소 중 영등포에는 'UN군 상대 위안부'들의 성병환자가 지속적으로 증가, 매일 150명 이상의 환자가 찾아왔다고 보도하였다.[35]

성매매 여성에 대한 성병검진정 책은 보건사회부와 경찰을 중심으로 휴전협정이 체결된 뒤에도 지속되었다. 1957년 보건사회부 산하의 성병진료소 89곳의 분포도에 따

당시 성병진료소의 간판
(대구 집창지역 관리사무소 소장)

르면, 전체의 절반에 가까운 43곳이 미군기지가 집중되어 있는 서울·부산·대구·파주·양주·평택 등 6개 지역에 위치해 있다.[36]

한편 외국군 병사 상대가 아닌 일반 사창에 대한 성병검진은 합법적인 근거가 없다는 점에서 1956년 1월에 일단 폐지되었다. 이에 관해 보건당국은 성병예방 행정에 지장을 초래한다고 하여 검진제도의 부활을 관련 당국에 요구하지만 정기적으로 성병을 검진하는 것 자체가 공창제도를 인정하는 것과 같다고 해서 거부되었다.[37] 국립중앙 성병원장 차윤근(車潤根)은 매춘여성을 집창화하여 정기검진을 실시한다고 해서 성병 발병률이 낮아지는 것은 아니며, 집창지역에 대한 단속으로 매춘 여성의 절대수를 줄이는 쪽이 성병예방에 유효하다는 의견을 서술하고 있다.[38]

그렇지만 뒤에서 서술한 것처럼 한국에 주둔한 미군을 상대로 하는 매춘 여성에 대한 관리통제가 계속되는 가운데, 일반 매춘 여성들도 특정 구역으로 격리하는 움직임이 본격화되어 매춘 여성에 대한 성병검사는

---

35) 「매일 150명, 영등포의 성병치료」, 『조선일보』, 1951년 11월 23일.

36) 이임하, 『여성, 전쟁을 넘어 일어서다』, 241쪽.

37) 차윤근, 「성병예방과 여성」(상) 『조선일보』, 1958년 10월 23일.

38) 차윤근, 「한국의 성병 관리②」.

그 후에도 계속되었다.

2. 윤락행위 등 방지법의 제정과 특정 구역(1960년대)

1) 「윤락행위 등 방지법」의 제정 경위

1950년대 말은 3기째의 이승만 대통령과 여당 자유당에 대한 대항세력으로 민주당과 진보당이 힘을 갖기 시작한 시기이며 국회에서도 '사창문제'는 정치적인 역학관계 속에서 활발하게 논의된 시기였다.[39]

논의의 특징을 보면 사창문제에 관해서는 강력한 단속을 요구하는 발언이 많고, 고급요정에 관해서는 사회풍기상의 문제가 있다고 비판하면서도, 미군 상대 매춘에 관해서는 변함없이 미군 주둔이라는 정치적 상황을 고려하여 정책적으로 장려하는 듯한 발언이 두드러졌다.[40] 단 입법부에서는 사창문제의 해결을 단속 강화보다도 매춘 여성의 생존방법의 모색이라는 측면에서 찾아보고자 하는 논의가 보인다.[41]

보건사회부 부녀국장 박인순(朴寅順)은 신문 인터뷰[42]에서 다음과 같이 서술하고 있다.

사창문제에 관해서는, 전쟁으로 남편을 잃은 미망인과 부모를 잃은 딸들, 그리고 외국군의 주둔으로 생겨난 창부들은, 전쟁의 소산이다. 향후의 사창은

---

[39] 성매매 문제에 관한 국회의원의 발언을 분석한 장필화·조형의 연구(1990)에 따르면, 상임위원회의 경우 성매매 문제에 관한 발언은 제4대 국회(1950년대 말부터 60년대 초)의 논의가 기타 기간에 비해 가장 많았다고 한다.
[40] 조형·장필화, 「국회 속기록에 나타난 여성정책 시각 : A. 매매춘에 대하여」, 106쪽.
[41] 조형·장필화, 「국회 속기록에 나타난 여성정책 시각 : A. 매매춘에 대하여」, 91쪽.
[42] 「단속보다는 미연에 방지」, 『조선일보』, 1960년 1월 8일.

어찌 되었든 간에 현재의 사창은 전쟁의 유산이므로 그녀들을 도와주지 않으면 안 된다. 그녀들을 위해 여성단체, 종교단체를 망라한 구호대책위원회를 만들어 그녀들의 후생과 직업보도를 추진중이다. 창부들은 서울 시내만도 7만, 전국적으로 약 15만 명에 이른다. 그녀들을 위한 자매원과 갱생원이라는 직업보도와 전직을 목적으로 하는 후생기관을 대폭 늘리기 위한 계획을, 작년에는 계획하고 교섭하는 것으로 그쳤지만 금년은 실현시켜야 한다. 물론 단속도 필요하지만 무엇보다도 미연에 방지가 더욱 중요하다.

　정부당국과 사회 일각에서는 성매매 문제에 대처하기 위한 입법이 필요하다는 인식도 있었다. 예를 들어 1959년 12월 '인권옹호주간'에 보건사회부 부녀국의 후원으로 열린 '여성옹호좌담회'에서는 '윤락여성 및 기아 방지에 관한 문제'를 의제로 채택하고, 이 문제에 대처하기 위해서는 '국가적인 대책이 필요'하며 "국가는 입법을 통해 처벌과 직업전환 및 보호조치를 취해야 하고, 예방을 위해 문화 및 교육의 은혜를 전국적으로 보급시키지 않으면 안 된다"는 의견을 서술하고 있다.[43]

　1960년은 3월의 부정선거에 항의하는 4 · 19혁명이 일어나 이승만 대통령을 하야시켰다. 7월의 국회의원선거에서는 민주당이 승리하고 윤보선을 새로운 대통령으로 하는 제2공화국이 발족했다. 그러나 다음해 1961년 5월에는 육군장교들에 의한 군사정변이 일어나는 등 정치적인 혼란기였다. 그러한 가운데 사회제도의 개혁을 통해 민주주의를 정착시키려는 시도도 보였고 성매매를 둘러싼 입법화 움직임도 이 시기에 급진전했다.

　1960년 12월의 신문은 "정부가 공창금지령을 폐기할 것을 고려하고 그 대신에 매춘금지법이라는 좀더 엄격한 법률의 입안을 추진 중"이며, "국무원 사무처 법제 당국자들은 동 법안의 초안을 거의 완성시켰지만, 이 법령을 제정하고 후에 전국의 몇 만 명에 이르는 매춘부에 대한 보호지도

----

[43] 「윤락방지에 입법운동—여성의 각성과 분발을 촉구」, 『조선일보』, 1959년 12월 10일.

방책이 서지 않아 고심하고 있다"[44]고 전하고 있다. 또한 군사정변 직전인 1961년 5월에는 법제실의 심의도 이미 끝나 있었던 것을 다음 기사에서 엿볼 수 있다.

> 사창을 없애기 위해 보건사회부는 내무부와 법무부의 힘을 빌려 「윤락행위방지법」을 만들어 3억 원의 예산으로 내년부터 운용할 방침을 세웠다.(중략) 그 수만 해도 20만 명이 넘는 상황이다. 보사부는 이들에 대해 실효성이 없었던 「공창제도폐지령」을 없애고 대신 선도와 보호를 중심으로 포주와 매춘부와의 채권(債權) 무효, 행위자와 피행위자 및 매개자에게 최고 징역 5년까지의 벌칙을 삽입한 전문 22조의 「윤락행위방지법」을 만들어 법제실의 심의를 끝냈다.[45]

서울시는 법 시행 전인 6월, 3개월간에 걸친 사창단속을 실시했다.[46] 그 사후 대책으로 1. 시청 부녀과와 각 구 보건소 및 시립부녀사업관에 상담소를 설치하고 윤락여성들의 갱생 상담에 대응한다, 2. 귀향자에게는 무임승차의 편의를 도모한다, 3. 의지할 사람이 없는 자는 집단 수용하고 자립갱생을 선도한다는 것이었다. 이 방침에 따라 6월 하순 주자동에 시립부녀보호소를 설치하고 서울역 앞과 양동의 사창 161명을 수용했다. 수감자 가운데는 귀향한 자와 외출한 채 돌아오지 않는 자 등도 있어 1개월 후에는 83명으로 줄었다. 이 여성들에게 성병치료를 받게 하면서 문자 등을 가르쳤다. 그리고 법률이 공포된 11월에는 그 수용소를 회현동으로 옮겨 규모를 확대하고 양재 등의 기술교육을 실시할 계획이었다.[47]

1961년 11월 군사정권 아래에서 공포·시행된 「윤락행위 등 방지법」은

---

44) 「공창폐지령 폐기─정부가 매춘금지법 만들 것 같다」, 『조선일보』, 1960년 12월 10일.
45) 「직업알선에 중점, 윤락행위방지법안, 20만 사창 선도에 새로운 법안」, 『조선일보』, 1961년 5월 4일.
46) 「윤락여성의 단속 및 선도책을 보고」, 『조선일보』, 1961년 6월 11일.
47) 「윤락녀, 갱생의 집=시립부녀보호소」, 『조선일보』, 1961년 7월 25일.

일반적으로 군사정권이 스스로의 "도덕성"을 드러내기 위해 제정했다고 일컬어지고 있지만, 법안 및 그 방침은 군사정변 이전에 이미 준비되어 있었다. 단 군사정변 후 군정이 "도덕성"을 의식하고 있었던 것도 사실이며, 국가재건 최고회의 의장이었던 박정희는 회의 중에 공무원들의 요정 출입을 엄격하게 단속하라고 지시하고 있다.[48]

2) 「윤락행위 등 방지법」의 특징

법률 제771호로 제정된 「윤방법」은 전체 21조로 이루어져 있다. 제1조(목적)에 "이 법은 윤락행위를 방지하고 국민의 풍기 정화와 인권 존중에 기여하는 것을 목적으로 한다"고 하고, 제4조(윤락행위의 금지)에서 "어떤 사람이라도 윤락행위를 하거나 그 상대가 되어서는 아니 된다"며 쌍벌주의를 취했다. 그러나 '윤락행위'의 주체는 여성, 남성은 '그 상대'로 규정하고 윤락자(타락한 인간)는 여성만을 가리켰다. 이외 보호지도소의 설치(제7조), 직업보도시설의 설치와 직업교육의 실시(제8조), '보호요청 여자'에 대한 채권의 무효(제11조) 등을 규정했다.

그런데 이 법은 1956년 일본에서 제정된 「매춘방지법」(1958년 4월에 전면 시행)과 흡사한 부분이 있고, 입안과정에서 일본의 법률을 참고로 했다고 생각된다. 예를 들어 제2조(용어의 정의)는 매춘방지법의 제2조(정의)와, 제3조(적용상의 신중)는 매춘방지법의 제4조(적용의 주의)와, 제4조(윤락행위의 금지)는 제3조(매춘의 금지), 또 제7조(보호지도소)는 제34조(부인상담소)와 거의 같다. 제7조에 정의되어 있는 '보호요청 여자'라는 용어도 같다. 한국의 것은 전체 40조로 구성되어 있는 일본의 법률보다도 내용이 엉성하며 상세한 내용은 '각령에 따라 정한다'고 되어 있다.[49]

---

48) 국가재건 최고회의 연석회의 회의록 제4호(1962.9.4), 9쪽.

다음으로 성매매 문제에 대한 당시의 국제적인 상황과의 관계에 관해 간단하게 다루고자 한다. 주지한 바와 같이 국제연합총회는 1950년에 「인신매매 및 매춘에 의해 이익을 얻는 행위의 금지에 관한 조약」을 채택했다. 여기서는 소위 매춘옥의 묵인과 매춘 여성의 등록제 폐지를 규정하고 있다. 1957년 도쿄에서 열린 UN 아시아 범죄방지회의에 한국에서도 몇 명이 참가하여 성매매에 관한 이와 같은 국제적인 상황을 파악하고 있었다.

한국대표의 한 사람으로 이 회의의 매춘방지분과위원회에 출석하여 부의장을 역임한 권순영(權純永, 법원행정처 법정국장)은 이 회의에서 토의된 내용을 상세하고 소개하고 있다.[50] 그는 특히 이번 회의에서 "매춘을 단속규칙으로 묵인하는 제도의 폐지 '문제가 가결된 점' 매춘 그 자체와 매춘의 상대방은 처벌 대상이 되지 않는다"고 결의된 점을 소개하면서, 한국에서는 포주와 중개자를 엄벌에 처하고 매춘 여성을 갱생시키는 보호처분을 행하는 새로운 법률을 만들 필요가 있으며, 개인의 자유의사에 의한 매춘은 처벌해서는 안 된다고 서술하고 있다.

그러나 「윤방법」의 입안 및 제정에서 이러한 의견이 받아들여진 것으로 볼 수 없다. 논의가 되었는지 여부는 지금 알 수 없다.[51] 또 「윤방법」 제정 후 1962년 4월에 정부는 상기 국제조약을 비준(동년 5월에 적용)했는데, 그 점이 특정 구역을 지정하는 정책으로 이어졌는지 어떤지의 여부

----

49) 일본법과의 상세한 비교와 성매매 정책의 역사적인 유사점 및 차이점에 관해서는 향후의 연구과제이다.

50) 권순영, 「아세아의 매춘경향—UN 아세아 범죄방지회의, 매춘방지분과를 다녀와서—」, 『여원』, 1958.

51) 정창운(鄭暢雲)에 따르면 "그러나 우리나라에서는, ……이러한 윤리적 근거에만 의존할 수 없고, 또 국제회의 결의를 액면 그대로 받아들일 수도 없는 실정이므로 1961년 11월 9일 윤락행위 등 방지법을 공포하여 매춘행위자와 그 상대를 처벌의 대상으로 하고(제4조, 14조), 또한 매춘의 유인(제5조) 매개(제6조) 행위 등도 처벌하기로 하고(제14조, 15조), 사회 도덕적 풍습에 따라 건전한 우리나라의 성 질서 유지를 기약하기로 했다"고 서술하고 있다(정창운, 「매춘대책」, 『법조』 14, 1965).

에 관해서도 향후 연구할 필요가 있을 것이다.

3) 특정 구역의 설치와 선도 대책

「윤방법」 시행 후 서울시는 즉각 윤락여성선도위원회를 발족시켰다. 위원회는 매스컴, 종교계, 교육계 등의 각계각층의 유지 12명으로 구성하여, 성매매 여성에 대한 선도대책에 관한 연구와 조사 등을 행했다.[52] 위원회는 1962년 3월에 서울 시내의 387명의 성매매 여성을 대상으로 조사를 행하고 4월에 그 결과를 발표했다. 그중에서 건의하고 있는 미연방지책은 ① 빈곤가정에 대한 교육과 가족계획의 지원, ② 저임금 근로소녀의 절대적인 보호, ③ 도시집중 경향에 대한 사회정책의 확립 등이다.[53]

당국이 행한 선도대책은 1962년 전국에 부녀상담소를 26곳 설치하고 부녀상담원 33명을 배치한 것, 직업보도소를 전국 16곳에 설치한 것이다. 또한 동년 6월에는 〈표 8-1〉과 같이 전국의 104곳을 특정 구역(적선지역)으로 지정하고 집창화를 꾀했다.[54] 특정 구역의 설치 목적은 다음과 같다. 첫째, 매춘지대와 일반 주택가를 분리하고 그들의 행위가 국민풍속과 교육상에 미치는 악영향을 최소한으로 억제한다. 둘째, 성매매 여성들을 특정 지역 내에 수용하는 것으로 집단화를 꾀하여 자치적인 운영을 행하게 하고 포주들의 착취에서 보호한다. 셋째, 안정된 생활의 보장과 수입증가를 기약하고 자립 갱생의 경제적 토대를 정비한다. 넷째, 성병 관리의 확립, 다섯째, 정확한 실태파악 및 원인분석으로 선도업무를 과학화하는 것[55]이다.

52) 「윤락여성선도위, 서울에서 새로 발족」, 『조선일보』, 1962년 2월 7일.
53) 「살기 위한 최후의 수단, 빈곤과 무지의 타파 시급」, 『조선일보』, 1962년 4월 18일.
54) 보건사회부, 『부녀행정 40년사』, 1987, 112쪽.
55) 김희식, 「1960년대 성매매에 대한 정부정책」, 20~21쪽에서 재인용(출전: 보건사회부, 「보

〈표 8-1〉 전국의 특정 지역(1962년 6월 현재)

	특정 지역 설치 수	윤락여성 수	포주 용의자	펨푸(pimp) 용의자	선도위원 수
서울	9	2,073	107	72	18
경기	61	10,661	1,355	56	119
강원	8	217	18	25	100
충북	1	66			6
충남	4	567	99	12	55
경북	5	770	127	74	47
경남	8	1,671	22	119	272
전북	5	786	52	62	55
전남	3	392	56	58	30
제주					
계	104	17,203	1,836	478	702

출전 : 보건사회부, 『부녀행정 40년사』, 1987, 112쪽.

특정 구역은 경기와 서울이 다수를 차지하는데 뒤에 서술한 것처럼 그 대부분이 미군기지 주변의 기지촌이었다.

서울에서의 특정 구역 지정은, 처음 미군 병사 상대 매춘 여성들이 모여 있는 용산지역에서 시작된 것 같다. 신문에 의하면 1962년 6월 27일 서울시의 용산경찰서가 주도하며 용산지역에서 미군 병사를 상대로 하는 '위안부'들 8백여 명(미군 병사와 동거하는 2백여 명의 여성은 제외)을 모아 '윤락여성자치회'를 조직하게 했다.[56] 이 회는 ① 회원제로 하며 관내에 더 이상 위안부가 늘어나지 않게 한다, ② 되도록 다른 직업으로 전환하도록 장려한다, ③ 유기적인 연계를 유지하고 상호 이익을 늘리는 것을 목적으로 하고 있다. 당일 발족식에는 국민운동본부 서울시 지부의 부녀사업 담당자가 「윤방법」에 대해 설명하고 용산구청, 용산경찰서 대표 등이 인사를 했다.

호를 요하는 여성의 복지 향상을 위한 연구」, 1976).

[56] 「미군위안부들이 자치회 조직, 하루라도 빨리 직업전환을, 슬픈 몸 위로 한때 눈물의 바다」, 『조선일보』, 1962년 6월 27일.

한 자리에 모인 용산지역
의 "위안부"들
(『조선일보』, 1962년 6월
27일)

　서울시가 특정 구역을 구체적으로 정하고 대대적으로 행동에 나선 것
은 7월이었다. 신문에 보도된 경찰집계에 따르면, 당시 서울에는 "미군 위
안부" 7백여 명을 포함하여 2,389명의 매춘 여성이 있었는데, 8월 10일까
지 이들을 모두 특정 구역에 수용하기로 했다. 그래서 ① 각 동별로 자치
회를 조직하여 포주로부터 도망, 새로운 동료의 증가를 방지하고, ② 정
화위원회의 협력을 얻어 단기간의 직업보도를 받고, ③ 집단검진을 받아
생활의 정화를 기약하고, ④ 직업을 알선하여 '밝은 세상'으로 나오도록
당국이 적극적으로 도와준다는 것이었다.[57]

　또한 수용한 전국의 성매매 여성 가운데 결혼 희망자를 모아 충청남도
의 서산 개척단의 단원[58]들과 맞선을 보게 하여 합동 결혼시키려는 시도
도 행해졌다.[59] 그 수는 1963년 125쌍, 1964년 225쌍, 1965년에는 390쌍이

---

57) 「윤락여성 갱생의 발판, 특정 구역 10곳 설정」, 『조선일보』, 1962년 7월 11일.

58) 남성들은 '전과자, 깡패, 거지' 등이었다고 한다.

59) 1961년에 정부의 원조로 만들어진 개척마을. 당초는 전과자 등 "과거"를 지닌 남성들을
집단적으로 모아 임야를 개관하여 주택을 짓고 농지를 개간하여 정착시키려 했다. 남성
들만으로는 균형을 취할 수 없다고 생각했을 무렵, 선도대책위원회의 알선으로 수용소
에 있던 전 성매매 여성들과 결혼시키게 되었다고 한다(좌담 「여인의 진실」, 『여상(女像)』,
1964년 월 미상. 223쪽). 이 사업은 1978년까지 계속되었다(김희식, 「1960년대 성매매에

며, 390쌍 중 이듬해까지 결혼생활이 지속된 경우는 절반 이하인 163쌍 뿐이었다.[60]

특정 구역의 지정과 매춘 여성을 특정 구역으로 옮긴다는 계획은 당초 잘 이루어지지 않았다. 특정 구역으로 지정된 지역은 그것에 반대하는 일부 주민이 '창녀 정화반'을 만들어 여성들 내쫓기를 도모하여, 주민과 매춘 여성, 포주 등의 사이에 충돌이 일어나기도 했다.[61] 또 특정 구역 이외의 사창가에 대한 단속도 종종 행해졌지만,[62] 성매매 여성들의 보호시설이 충실하지 않았으므로 대부분이 다른 곳으로 흩어졌을 뿐이었다.

국회에서도 특정 구역 밖으로 확산되는 성매매 여성이 문제가 되었는데, 보건사회부는 기존의 단속방침(성매매를 특정 구역 내로 한정하며 그 이외의 곳은 단속한다)을 반복할 뿐이었다.[63] 또한 특정 구역의 정화와 사창행위의 근절을 요청하는 청원이 국회에 제출되기도 했다.[64]

60년대 후반이 되면서 더욱 성매매 여성이 증가했다. 특정 구역을 설치하여 성매매 여성의 선도를 위한 발판으로 삼겠다는 명목과 완전히 다르게, 실상은 공창제도와 다를 바가 없었다. 당국은 결국 1968년에 특정 구역을 폐지하는 방침을 내세우고 동년 4월부터 전국 11도시의 특정 구역을 1곳씩 폐지하기로 했다. 30대가 50%였던 성매매 여성들의 연령층이 점차 낮아지고 12~20세가 전체의 40%를 차지하게 된 것도 특정 구역 폐지의 이유가 되었다.[65]

대한 정부정책」, 45쪽).

60) 「윤락여성의 선도를 위한 좌담회」, 『여성』, 1967년 4월, 34쪽.

61) 「윤락여성, 특정 구역 설정의 여파」, 『조선일보』, 1962년 7월 17일.

62) 「"윤락가" 오명 씻게 된 창신동 430번지 일대」, 『조선일보』, 1967년 8월 22일.

63) 국회회의록, 6대 49회 6차 보험사회위원회(1964.2.5).

64) 김희식, 「1960년대 성매매에 대한 정부정책」, 29쪽.

65) 「적선지역─4월부터 철폐, 보사부 방침, 윤락녀 매년 증가……실효 얻을 수 없어」, 『조선일보』, 1968년 1월 19일.

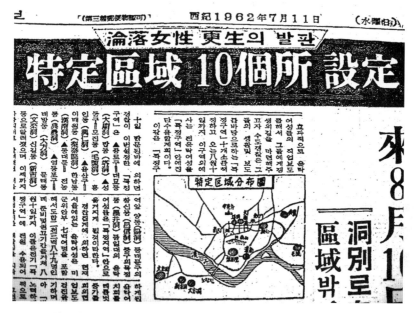

신문에 발표된 서울의 특정 구역 분포도(『조선일보』, 1962년 7월 11일)

　최초의 폐지 대상이 된 곳은 서울 중심가에 접해 있는 종로3가 지구였다. 1966년에 서울시 기본계획이 발표되고 도심부의 재개발을 추진했던 것과 관계가 있는 것 같다.[66] 서울시는 이곳에서 성매매를 영위하고 있던 여성들과 포주를 퇴출시키고 나아가 무허가 건물과 노점을 철거했다. 그리고 보도블록을 깔고 하수도와 맨홀을 정비하고 가로등도 설치하여 '밝은 주택가'로 만들려 했다.[67] 이 단속으로 시 당국은 853명의 성매매 여성

---

[66] 「적선지역 철폐하는 것으로―윤락여성 신고 카드제, 모든 채무를 무효화…계몽도」, 『조선일보』, 1968년 9월 22일.

[67] "시 당국의 방침은 먼저 지금까지 없었던 '윤락여성 신고 카드제'를 23일부터 실시하고 포주와 성매매 여성을 관할구청에 등록하여 적선지역 이외의 민가에 침투한 포주와 성매매 여성은 인근 주민에게 신고하게 했다. 또한 윤락여성이 포주와 집주인에게 짊어지고 있는 빚은 전액 무효로 하기로 결정, 윤락여성들에게 '빚을 갚지 않아도 좋다'고 계몽하는 한편, 문제가 생길 경우 경찰이 개입하여 채권자에게 윤락행위방지법을 적용하여 형

가운데 152명을 시립부녀보호소에 수용하고 462명을 설득하여 귀향시키고 122명에게는 연고자를 찾아주고 채무를 없애주었다고 한다.[68]

서울시는 종로3가의 특정 구역 철거가 성공한 것에 자신을 얻어 다음 해에는 2,700명의 성매매 여성을 수용할 수 있는 대규모 시설의 건설을 계획하고 본격적으로 특정 구역을 깨끗이 치워버린다는 방침을 세웠다. 그러나 한편으로 종로3가 사례를 조사한 서울시정 연구소는 특정 구역 폐지에 반대하는 건의서를 당국에 제출하고 있다.[69] 그에 따르면 ① 철폐된 종로3가의 경우 윤락여성들은 사라졌지만 부녀보호소에 수용된 240명 이외의 1,000여 명은 다른 곳으로 옮겨 윤락행위를 계속하고 있다,[70] ② 옮긴 곳이 특정 지역이 아니므로 보건 관리 등이 불가능해졌고 성병 등 후유증이 두렵다, ③ 도시의 청년들이 욕구불만을 해소할 장소가 사라지자 폭력 등의 범죄가 늘어났다. ④ 윤락여성이 사라지자 다시 시골에서 모여든다는 것이 반대의 이유였다. 또한 외국인 상대와 한국인 상대 성매매 여성을 함께 수용하는 것은 생활습관이 다르므로 문제가 있으며, 적어도 시내 2곳에 윤락지대를 인정하고 적극적으로 육성하는 것 이외에 윤락지역의 확대를 방지할 길이 없다고 주장하고 있다.

이처럼 당국은 당초 특정 구역을 지정하고 "선도"하려 했지만 실패하고, 철폐방침으로 전환했다. 그러나 이것도 생각처럼 되지 않아 좌절했다. 특정 구역은 약간의 증감을 반복하면서 그 후에도 계속 남아 있었다. 뒤에 서술한 것처럼 특정 구역의 잔존 고정화는 성매매 여성들에게 빚을

사책임을 묻기로 했다"고 한다(「적선지역 철폐하는 것으로」, 『조선일보』, 1968년 9월 2일).
68) 「윤락가 정화에 항구대책이 요망된다」, 『조선일보』, 1968년 10월 12일.
69) 「윤락지대 철폐하면 역효과, 지역 지정하고 양성화를」, 『조선일보』, 1968년 12월 25일. 또한 그로부터 반년 후 종로3가는 다시 성매매 거리로 부활했다(「'종3'에 홍등의 춘풍」, 『조선일보』, 1969년 4월 13일).
70) 이때 흩어졌던 일부가 하월곡동 88번지, 속칭 미아리 텍사스촌을 형성했다(「하월곡동에 새로운 홍등가」, 『조선일보』, 1969년 6월 22일).

지게 하여 신체를 구속하고 일하게 하는 식민지 시대에 도입된 채무노예
형의 공창제도를 유지시켰다. 게다가 70년대, 80년대에 성 산업이 다양화
하고 확대하는 가운데 특정 구역이 성 산업에서 차지하는 비율은 상대적
으로 적으면서도 한국사회의 성 산업 구조의 중심적인 역할을 다했다. 여
성들은 성매매에 발을 들여놓으면 거액의 빚을 지게 되고 성 산업 내의
다양한 형태 아래에서 장소를 전전하게 되었다. 그리고 점차로 조건이 나
쁜 특정 구역으로 특히 조건이 나쁘다는 미군 기지촌으로 팔려가거나 흘
러 들어갔던 것이다.

4) 경기도의 특정 구역

60년대 초기에 설치된 특정 구역의 절반 이상은 경기도에 있었다. 그것
은 북한과의 군사경계선에서 가까워 미군과 한국군 부대가 많이 주둔하
고 있었기 때문이다.

경기도 부녀계장 황무순(黃戊順)은 여성단체(한국여성단체협의회)의
대회(1966년)에서 경기도의 특색을 "윤락여성이 다수 집결되어 있는 곳"
이라 말하고 있다.[71) 그 보고에는 경기도 기지촌 여성들의 상황과 당국의
자세 등이 상세하게 서술되어 있으므로 조금 길지만 여기에 요약했다.

포주와 펨푸 행위로 이들 윤락여성들을 상품으로서 이용하고, 영업행위를
하고 있는 것입니다. 특히 이들 포주는 사교적, 조직적, 착취적이어서 일단 포
주들의 마수에 걸려만 들면 도저히 그 소굴을 벗어나지 못하도록 악랄한 수법
으로 포주들의 조직망 속에서 포섭되고 있을 뿐만 아니라, 표주들의 착취수단
으로 인하여 월평균 최하 만 오천 원 이상의 수입이 있으면서도 이들은 익일부
채가 증가되이 급기야는 모든 것을 체념하고 자포자기한 가운데서 인간 이하

71) 황무순, 「윤락여성선도사업」, 『여성』 1966년 10월호, 25쪽.

의 처우를 받으며 하루살이 인생으로 자처하는 생을 영위하고 있는 것입니다.
그러면 이러한 악의 요인이 되고 있는 포주 펨푸의 단속이 강력히 추진되어야
하겠는데 현행 윤락행위등방지법은 그의 적용 가치가 적어서 사실상 이율배반
적인 운영으로 비합리성을 가져오게 하고 있는 것입니다. 행위 자체가 범법임
에도 불구하고 성병검진을 주 2회씩 실시하여 성병 관리를 철저히 하고 있으
며 그의 단속책으로 검진증을 발급하고 있는 현실인바 마치 검진증 자체를 윤
락행위허가증이라 곡해하는 등 그 무지에서 오는 북작위 행위는 성병 관리에
크나큰 암적 요소를 가져다주는 것입니다.

<표 8-2> 경기도 내 특정 지역 현황

	윤락여성 수			특정 지역 부옥 수	특정 지역 수	자치회 수
	1965.1	1966.1	1966.8			
인천시	1,980	1,655	1,790	2,991	13	13
수원시	62	66	57	65	1	1
의정부시	932	1,004	1,037	1,734	3	17
양주군	1,993	2,298	2,180	2,305	10	16
여주군	50	47	50	74	1	1
평택군	1,613	1,461	1,523	2,055	3	3
화성군	32	31	26	75	1	1
시흥군	107	118	113	119	2	2
부천군	204	217	185	211	2	2
파주군	4,374	4,540	4,360	5,016	38	36
고양군	80	64	62	61	1	1
광주군	91	84	77	98	1	1
연천군	95	86	132	119	4	4
포천군	1,132	1,421	1,304	1,974	6	6
가평군	33	32	32	31	1	1
양평군	—	—	9	—	—	—
이천군	—	—	—	—	—	—
용인군	—	—	—	—	—	—
안성군	30	42	37	21	1	1
김포군	38	36	49	66	1	1
강화군	25	27	27	24	1	1
옹진군	10	8	9	10	—	1
합계	12,881	13,237	13,059	17,049	90	109

출전 : 황무순, 「윤락여성선도사업」, 『여성』 1966년 10월호, 26쪽.

급격하게 증가한 경기도 윤락여성의 수는 UN군의 주둔지역 관내의 경제를 좌우할 정도이며, 일단 특정 지역 내에 UN군 출입금지령이 공포되자 그 관내의 주민들 대부분이 구호를 요청하게 될 정도로 바로 영향이 미쳤다.

윤락여성은 지속적으로 증가하고 있다. 영남지방 일대의 영세농과 어촌의 부녀자, 도시를 동경하며 끝없이 상경하는 소녀들이 펨푸와 불량, 사설 직업소개소의 알선으로 윤락의 길로 전락한다. 그 연령은 14~17세로 점차 저연령화되고 있다.

한편 국가적인 견지에서 직시할 때 이들 윤락여성들은 선량한 대중의 부녀층을 비호하는 방파제 역할을 하며 결국은 여자 외교사절이다. 그녀들을 통해 (외국인에게) 한국의 국가관, 여성관을 소개하고 있기 때문이다. 교육을 통해 그녀들의 자질을 높이는 것이야말로 외교 역할을 완수하는 것이다.

경기도에는 91개 특정 지역 내에 109의 자치회(자생조직)가 있고 그곳을 통해 1주일 이상에 걸쳐 교양교육을 실시하고 있다. 이 교육은 도내에서 일제히 실시하고 수료증을 교부하여 늘 휴대하게 한다. 또 도립, 군립, 사립 등 네 개의 직업보도소를 통해 연간 250명에게 기술교육을 실시하여 사회에 내보내고 있다. 현재까지 670여 명이 갱생의 길을 걷고 있다. 경기도에는 각 시군에 16명의 부녀상담원, 23명의 아동복리지도원, 191명의 읍, 면 부녀지도원이 있다.

이들 여성들이 벌어들이는 외화만 해도 연간 1200만 달러로 국가경제에 유용하며, 국가는 무시할 수 없는 그녀들의 권익보호와 갱생선도책의 항구적인 검토를 행해야 한다.(이하 생략)

여기서도 지적되고 있듯이 당시부터 「윤방법」과 실제 정책이 상반되어 있음을 현장 담당자는 인식하고 있었다. 그리고 매춘 여성들을 '악랄한 수법'에 의한 착취에서 지켜주기보다 '국가적 견지'에서 '선량한 부녀자의 방파제'로서 '외교사절'로서 그녀들의 자질을 높일 필요가 있다고 주장하고 있다. 마찬가지로 서울 경찰서의 보안계장도 "불가결한 악을 완전히 없앨 필요는 없다. 집단적으로 보아 사회풍속을 해치지 않는 범위에서 대책을 세워야 한다"[72]고 서술하고 있다.

경기도 지역의 특정 구역 중 기지촌 이외의 전형이라 할 수 있는 곳이

인천 숭의동에 있는 집창지구(별
명 옐로우하우스)이다. 이곳은 경
기도 남서부의 인천항에 위치해
있으며, 규모는 그다지 크지 않지
만 부산의 완월동과 나란히 식민
지 시대부터 유명한 성매매 지역
이다. 인천에는 본래 일본인의 유
곽(1902년 설치)이 있었다. 해방 후

인천 옐로우하우스의 한 귀퉁이(1995년)

에도 사창가로 남았다. 「윤방법」 제정 후 1962년에 역시 집창화 정책의
대상지역이 되었다. 현역군인(육군대령) 유승원(柳承源) 시장 밑에서 도
시정화사업의 일환으로 사창가의 포주와 매춘 여성, 그 주변에 산재해 있
는 매춘 여성들을 새로 설치한 특정 구역으로 강제 이주시켰다. 옐로우하
우스라는 명칭은 인천시 등의 관계기관회의에서 '이 구역의 특색을 살리
기 위해' 건물 외벽을 노란색 페인트로 칠하게 된 것에서 그 이름이 붙여
졌다고 한다.73)

3. 군사정권하의 성매매 정책(1970, 80년대)

1) 기지촌 정화운동74)

1950년부터 60년대에 걸쳐 한국정부는 주한미군을 북한과 대치하는데

---

72) 한국여성단체협의회에서 행한 「윤락여성의 선도를 위한 좌담회」(『여성』 1967년 4월)에
   서의 발언.
73) 숭의 파출소 작성, 「숭의동 특정 지역현황(유래 및 역사)」(2003.5.2 입수).
74) 기지촌정화운동에 관해서는 캐서린 문의 연구(2002)에 의거했다.

불가결한 "의지의 그물" 같은 존재로 여기게 되었다. 또한 안보뿐만 아니라 그들이 한국에서 뿌리고 있는 달러는 당시 관광사업의 중심이기도 했다. 한국은 미국의 군사원조를 받기 위해 1965년에 한국군의 첨예부대를 베트남 전쟁에 투입했다. 또 미군 병사의 "위안"을 위해 기지촌에서의 성매매에 허용적인 태도를 취해왔다. 그러므로 기지촌에서는 미군 병사들의 폭력사태나 지역주민 간의 마찰이 끊이지 않았지만, 살인사건에 이르지 않는 한 특별히 문제가 되지 않았다고 한다.

미군의 주둔에 의해 형성된 기지촌은 미군의 증감에 따라 경제적, 사회적으로 커다란 영향을 받지 않을 수 없었다. 1969년 7월 괌 독트린(닉슨 독트린)에 의거하여 1971년 전반기까지 2만여 명의 미군이 한국에서 철수하자[75] 클럽 경영자와 포주, 성매매 여성들도 부대가 집중되어 있는 다른 지역으로 옮겨갔다.

1960년대 중반부터 기지촌 클럽에서 일했던 김연자(金蓮子)의 자서전에 당시 기지촌의 모습이 잘 묘사되어 있다.[76] 당시 미군 병사들은 백인과 흑인 사이에 다툼이 끊이지 않았고 클럽이나 여성들도 백인과 흑인 중 어느 쪽의 전용이 되었다. 흑인들은 백인 전용 클럽 주변에서 자주 시위를 했고 그런 날에는 영업할 수 없었다고 한다. 김연자가 동두천에서 송탄으로 옮긴 직후인 1971년 5월에는 미군 부대에 배포된 전단지[77]를 계기로 이 지역의 기지촌에서 일하는 대부분의 성매매 여성과 지역주민이 부대 앞에 모여 시위를 했다. 이것은 평상시 기지촌에서 미군 병사끼리 인종 간 갈등에 휘말려 영업을 방해 받아왔던 성매매 여성과 지역주민들

---

75) 미군은 43,000명 정도가 남았다.

76) 김연자, 『아메리카 타운 왕언니 죽기 오분 전까지 악을 쓰다』, 삼인, 2005, 121~131쪽.

77) 전단지에는 "주스 10달러, 롱타임 10달러, 숏타임 5달러, 가방 5달러!"(한국의 물가와 매춘 가격이 비싸고 호소한 것)라고 쓰여 있었다(김연자, 『아메리카 타운 왕언니 죽기 오분 전까지 악을 쓰다』, 127쪽).

의 화가 폭발했던 것이다. 게다가 2개월 후 7월에도 50명의 흑인병사가 5개 클럽에 동시에 밀려와 폭력을 행사하는 사건이 일어났다. 이것은 흑인을 차별한 한국인 클럽에 대한 항의행동이었다. 이 폭동 때 1,000명이 넘는 한국인이 흑인과의 난투에 가담하여 250명의 한미 군경과 경찰이 출동하여 진압했다.

이러한 가운데 미군 측은 한국정부에 대해 기지촌의 환경개선을 강력하게 요구했다. 한미합동위원회는 1971년 9월에 군민(軍民) 관계에 관한 특별소위원회를 설치하고 한국 내의 기지촌을 조사하여 권고안을 작성했다. 동년 12월 미군 측의 요청에 의거하여 박정희 대통령은 기지촌 정화위원회를 설치하고 대통령부에서 제1회 회의를 여는 동시에 정부 관계부서, 지방정부에 대해 정화정책을 입안하도록 명령했다. 이리하여 한미 합동으로 대처한 정화운동은 기지촌의 일반적인 개선과 인종 간의 갈등에 대한 대처, 성병대책을 중심으로 하는 매춘 여성의 통제를 과제로 했다.

특히 한국정부는 성매매와 성병을 관리하는 임무를 중시했다. 미국 측은 정화운동 초기에 인종문제의 해결을 강조해왔는데, 당시 한국 측 기록에 따르면 정화운동 초기부터 매매춘과 성병문제에 초점을 맞추고 있음을 알고 있었다고 한다.[78] 예를 들어 기지촌 정화위원회에 보낸 외무부의 제1회 정화제안서 「기지촌 정화를 위한 외무부 시행계획」은 수많은 정화항목 중 성병 관리(성병 원인의 제거, 감염 여성에 대한 효과적인 치료, 성병교육에 관한 미군 당국과의 협력)를 최초로 게재했다. 기지촌 정화위원회의 또 하나의 보고서인 「외국군 기지주변 정화 종합대책」 역시 "문제 리스트"의 제1항에 성병을 실었다.[79]

이전부터 특정 구역의 여성들은 당국에 등록하여 주 2회 성병검사를

78) 캐서린 H.S. 문 저, 이정주 역,『동맹 속의 섹스』, 147쪽.
79) 캐서린 H.S. 문 저, 이정주 역,『동맹 속의 섹스』, 147쪽.

의무화하고 있었지만 그것이 철저하게 행해지지는 않았다.[80] 그러므로 한국보건사회부는 1972년 연말에 '성병유행의 원인을 찾아낸다'는 목적으로 모든 기지 주변에서 강력한 '대량 검거'와 '대량 치료' 조치를 취했다. 그것은 경찰, 보건소, 부녀복지국 직원들로 관리 팀을 구성하여 기지촌 여성들을 한 번에 검거한다는 것이다. 관리 팀은 이러한 여성에 대해 성병검사를 행하고 예방 목적으로 페니실린을 주사했다.[81]

또한 미군 병사는 성병에 걸리면 접촉한 여성을 닥치는 대로 지명했고 지명당한 여성은 모두 성병환자를 수용하는 시설에 보내졌다. 미군 병사들은 사령부의 충고를 무시하고 등록되어 있지 않은 여성들(길거리 창녀나 부업으로 성을 파는 여자들)을 사서 성병에 걸리면 적당히 등록된 클럽의 여성을 신고했다. 여성들은 늘 "미군 병사들의 건강을 위해" 거칠게 관리 · 통제된 것이다.

성매매 여성들에 대한 교양강좌는 이미 60년대부터 시작되었는데 정화운동 중에 좀 더 철저하게 이루어졌다. 김연자는 송탄으로 옮겨오면서부터 교양강좌가 있었다고 회상하고 있다. 강좌 때는 군수, 보안과장, 군청의 복지과장, 성매매 여성들의 자치회 회장 등이 앞에 앉고, 지역의 유력자와 지방공무원이 마이크를 잡았다. 그리고 "여러분은 애국자입니다. 용기와 긍지를

교양강좌의 모습. 1963년 대구 달성의 특정 구역(대구 집창지역 관리사무소 소장)

---

[80] 김연자에 따르면 1976년 당시 군산 아메리카 타운은 전성기를 맞고 있었는데 그곳에도 등록되어 있는 여성은 실태보다 훨씬 적었다고 한다. 1종 업소의 클럽 여성들은 등록해야 했으므로 식당처럼 등록이 필요 없는 가게에서 일하며 성매매를 했다고 한다(김연자, 『아메리카 타운 왕언니 죽기 오분 전까지 악을 쓰다』, 173쪽).

[81] 캐서린 H.S. 문 저, 이정주 역, 『동맹 속의 섹스』, 149쪽.

갖고 달러 획득에 기여한다는 것을 잊어서는 안 됩니다"라고 말하며 성병 검사를 받도록 촉구했다. 또한 영어회화 강습도 행했다고 한다.[82]

정화운동은 인종차별과 인종 간 갈등을 감소시켰고 기지촌의 위생과 도로 상태, 조명 등의 환경 개선으로 이어졌다고 한다.[83] 그러나 여성의 측에서 보면 그녀들에 대한 당국의 통제가 더욱 엄격해졌음을 의미했다.[84]

80년대 기지촌 성매매를 둘러싼 상황은 약간 늘거나 줄어들기도 했지만 70년대 구조를 그대로 유지했다. 성매매 산업이 다양화되는 가운데, 기지촌에서 일하는 성매매 여성은 한국사회 전체에서 성매매 여성이 차지하는 비율에 비해 상대적으로 적어졌다. 그러나 외국군 병사를 상대로 하는 기지촌 성매매 여성과 한국인을 상대로 하는 성매매 여성을 구별해온(기지촌 여성에 대해서는 더욱 편견을 갖고) 관민의 인식은 한결같이 바뀐 적이 없었다. 오히려 성매매의 형태가 다양화되는 가운데 더욱 사람들의 관심에서 멀어져 보기 어려워졌다고 말할 수 있을 것이다.

차별당하고 격리되어 관리와 단속의 대상이 되어 온 기지촌 여성들은 그동안 다양한 폭력에 노출되었다. 살해당한 여성들도 많다.[85] 그럼에도 불구하고 뒤에 서술한 것처럼 그녀들의 피해에 사회적인 관심을 갖기까지 90년대를 기다리지 않으면 안 되었다.

82) 김연자, 『아메리카 타운 왕언니 죽기 오분 전까지 악을 쓰다』, 123~125쪽.
83) 캐서린 H.S. 문 저, 이정주 역, 『동맹 속의 섹스』, 129쪽.
84) 전직 매춘 여성은 1960년대를 "가장 자유로웠다"고 회상했다고 한다(캐서린 H.S. 문 저, 이정주 역, 『동맹 속의 섹스』, 85쪽).
85) 신문에 보도된 "미군 위안부" 살인사건 기사는 많이 있다. 「위안부 소사(燒死)」(1959.5.21), 「또 미군 폭행사건, 파주에서 위안부를 구타하여 낙태시켰다」(1962.2.25), 「자동차에서 때려 위안부 살해한 미군 병사 구속」(1962.5.18), 「위안부를 차고 밀어 중태, 미군, 화대를 요구했다고 2층에서」(1962.7.16), 「미군이 위안부에게 화대 대신 나이프로 찌르다」(1964.5.17), 「위안부가 피사체로 사격장 호(濠) 안」(1964.10.28) 외 다수.

2) 기생관광 정책

1950년대부터 60년대 중반까지 외화 획득을 위한 성매매 · 관광사업의 주요 고객은 주한미군이었지만 70~80년대는 좀 더 많은 외국인이 대상이 되었다. 특히 70년대에 급증한 일본에서의 남성관광객("재일"도 포함된 다)은 그 중심을 차지했다. 그들은 일본의 경제성장을 배경으로 강해진 엔화의 힘으로 한국으로 매춘 목적의 기생관광에 나섰다.

기생관광이란 호텔이나 요정에서 조선의 민족의상인 치마저고리를 입은 여성들을 곁에서 시중들게 하며 식사를 하고 연회가 끝나면 그 여성들을 데리고 호텔에 가서 성적 서비스까지 받는다는 것이다. 조선 왕조시대부터 기생은 존재했지만 식민지 시대에 대중화되고, 더욱이 해방 후 요정 문화가 고위관리나 부유층 남성들 사이에 확대되어 있었다.[86] 한국전쟁 기간조차 요정에서의 성적 서비스가 뒤따르는 유흥이 행해졌다는 것은 이미 서술한 바이다. 이러한 남성들의 회식문화가 외국인 관광객용으로 각색된 것이 기생관광이었다. 이러한 기생관광의 밑거름은 60년대 초기부터 마련되었다.

군사정변으로 실권을 장악한 박정희는 「윤방법」 등을 제정하는 한편, 1961년 8월 관광사업진흥법을 제정 · 공포했다. 다음해 4월에는 국영 관광기구를 설치하기 위한 국제관광공사법을 제정하고 국제관광공사를 설립, 나아가 1963년에는 관광사업진흥법에 의거하여 특수법인 대한관광협회중앙회(현, 한국관광협회)를 설립했다. 또 동년 법개정에서는 주한미군에게 판매하는 주류의 면세와 관광지 지정제도 등을 받아들였다.[87]

---

[86] 1967년 4월에는 한국여성단체 협의회 산하의 여러 단체가 「정치지도자들에 대한 건의문」을 발표하고 10항목을 요구했다. 그중 「요정정치」의 폐해를 지적하는 동시에 "외교관과 외국인을 위한 기생 파티를 철폐하라"는 항목이 있다(윤일웅, 『매춘』, 169~171쪽).

[87] 박선숙, 「여성의 성성(Sexuality)을 중심으로 본 매매춘 정책에 관한 연구」, 53쪽.

1965년 3월에는 태평양지구 관광협회(PATA)의 연차총회를 서울에서 개최하고 한국이 한국전쟁에서 부흥했음을 어필하는 동시에, 외국인 관광객 유치에 본격적으로 몰두했다. 그를 위해 국무총리를 위원장으로 하는 관광정책심의위원회도 설치했다. 때마침 동년 한일협정이 체결되어 일본인 관광객이 한국을 방문하기 시작했다.[88] 당초 외국인 입국자는 미국인이 가장 많았으나 그다음이 일본인, 재일동포 순이었다.[89]

1966년에는 전국에서 실시되고 있던 심야통행금지조치[90]를 외국인에게는 적용하지 않고 편의를 꾀하려는 움직임도 나타났다. 그 시도로 제주도의 관광지역에 있는 요정, 카바레, 바, 찻집 등 접객업소의 영업시간 제한을 해제했다.[91] 또한 정부는 1968년을 '관광의 해'로 정하고 외국인 관광객 유치책을 더욱 추진했다. 외국인용 카지노 도입 등도 이 시기에 이루어졌다.[92] 외국인이 숙박하는 관광호텔에 여성의 성적 서비스를 판매하는 "터키탕" 등 신종 성산업이 나타난 것도 이 무렵이다.[93]

70년대로 들어서면 일본의 관광객이 미국인 관광객을 능가하게 된다. 일본인 관광객의 8할은 남성들이었다. 당국은 1972년 5월 외국인과 재일동포가 동반하는 여성들에 관해서도 '관광보호대책'으로 통행금지 단속 대상에서 제외하기로 했다. 다음해 1973년에는 관광사업진흥법을 다시 개

---

[88] 해방 후 일본인 관광객이 처음 한국을 방문한 것은 1965년 5월이다(「해방 후 최초 일인 관광단 내한」, 『조선일보』, 1965년 5월 2일).

[89] 「점차 증가하는 관광객과 시정해야 하는 문제점」, 『조선일보』, 1965년 11월 20일 사설.

[90] 심야 0시부터 새벽 4시까지 통행을 금지하는 조치로 심야 영업도 금지되었다. 1945년 9월부터 1982년 1월 5일까지 지속되었다.

[91] 「제주 등 관광지역 접객업 통금해제」, 『조선일보』, 1966년 6월 8일.

[92] 1963년에 서울 교외에 오픈한 워커힐 호텔에는 당초 국제관광공사가 카지노를 설치할 계획이었다. 그렇지만 미8군 당국이 "만약 카지노가 설치되면 미군의 워커힐 이용을 금지한다"고 충고했기 때문에 계획을 취소했다. 당시는 호텔 이용객의 대다수가 미군관계자였다. 그러나 점차 이용객 전체가 차지하던 미군관계자의 비율은 줄어들었다(「"적자 워커힐"에 동양 최대 카지노」, 『조선일보』, 1968년 3월 16일).

[93] 「터무니없는 팁 강요……늘 언쟁」, 『조선일보』, 1970년 4월 22일.

정하여 관광협회 요정과에 등록한 "관광기생"에게 접객원 증명서를 발행하고 증명서 소지자에게는 호텔 출입과 야간의 통행을 자유로이 한다는 조치를 취했다.

접객원 증명서를 취득하기 위해서는 본인의 신상조사서를 당국에 제출하고 교양강좌를 수강하는 것이 의무화되었다. 교양강좌에는 저명인이나 교수가 강사가 되어 여성들이 버는 외화가 한국의 경제발전에 얼마나 공헌하는지를 설명하고 접객 매너 등에 관해 가르쳤다. 1973년도 통계에 따르면 관광협회 요정과가 발행한 증명서 발행 수는 2,400부이며 요정 측이 직접 발행한 것과 기타를 합치면 증명서를 지닌 접객원은 4만 명에 달했다고 한다.[94]

국회에서도 기생관광이 화제에 올랐다. 특히 "관광의 중심인 여성들의 화대를 좀 더 인상하는 것이 여성의 지위 향상으로 연결된다[95]"고 말하는 자와, "돈을 들이지 않고 외화를 버는 길은 이것밖에 없다"고 하면서도 기생관광 장려책이 "우리 민족의 주체성을 해치고 자존감을 손상한다는 점에서 우려하고 있다"고 말하는 자도 있었는데, 대략 외화 획득을 위한 관광사업에는 관대한 자세를 취했다.[96]

덧붙여서 전자의 발언에 대한 보건사회부 장관의 답변은 "일본의 관광객이 많이 찾아오는 것은 한국 여성의 매력 때문이란 말을 많이 듣고 있습니다. 그러나 한국의 아름다운 여성들을 한국의, 말하자면 '어트랙션 (attractive)'으로 유치하고 있는 것은 교통부입니다. …… 보사부로서는 매음을 방지하는 것이 일이므로 관광객이 매우 난잡한 행위를 하여 한국 여성이 마치 매음이 특징이라는 인상을 심어주지 않도록 철저히 단속하고

---

94) 한국교회여성연합회, 『기생관광─전국4개 지역실태조사 보고서』, 1989, 21쪽(49쪽은 일본어 번역판임).
95) 제88회 국회보건사회위원회 속기록 제2호(1973.10.11), 13~14쪽, 한건주 위원의 발언.
96) 조형·장필화, 「국회 속기록에 나타난 여성정책 시각 : A. 매매춘에 대하여」, 45쪽.

있습니다"97)라는 것이었다.

일본인 관광객이 현격하게 늘어난 1972년 이후, 매춘 투어를 묵과할 수 없는 상황에 이르자 그에 대한 비판의 목소리가 한일 양국 여성들에게서 들끓기 시작했다. 1973년 7월에 열린 제1회 한일교회협의회 석상에서 한국의 여성 기독교도들이 일본인 남성의 기생관광에 대해 문제 제기한 것이 계기가 되었고, 일본의 여성 기독교도들도 실태조사에 착수했다.98) 11월에는 서울에서 한일교회협의회가 열려 이 문제가 다시 논의되었다. 그 직후에는 한국교회 여성연합회가 정부에 대한 건의문과 성명서를 발표, 다음달 19일에는 이화여자대학의 학생 십여 명이 김포공항에서 기생관광에 반대하는 시위를 했다.99) 또한 일본에서도 '기생관광에 반대하는 여자들의 모임'이 결성되었고 매춘 남성을 내보내는 측의 문제에 대처하기 시작했다.

반대운동이 일어나자 정부의 관계당국은 외국인 관광객 상대 한국인 여성의 매춘을 엄격하게 단속한다고 발표했다.100) 또한 관광업자들도 기생관광의 알선을 자숙, '기생 파티', '관광 기생', '관광 요정' 등의 명칭을 일체 사용하지 않는 것 등에 합의했다.101) 그러나 그 후에도 기생 파티는 계속되었고 성매매에 의해 외화를 획득하는 정책은 80년대에도 커다란 변화는 없었다.102)

기지촌에서의 미군 병사와 외국인 관광객 상대 성매매가 거의 공공연하게 행해지는 가운데, 일반 한국인 남성을 대상으로 하는 성 산업도 차

---

97) 제88회 국회보건사회위원회 속기록 제2호(1973.10.11), 15쪽, 이경호(李坰鎬) 장관의 발언.
98) 매매춘문제에 대처하는 모임편(원본 제목 『売買春問題ととりくむ会』), 8쪽.
99) 「김포공항에서 이대생 시위」, 『조선일보』, 1973년 12월 20일.
100) 「불합리 관광행정 개선」, 『조선일보』, 1973년 12월 30일.
101) 「기생 파티 알선 등을 삼갈 것」, 『조선일보』, 1973년 12월 30일.
102) 예를 들어 제주도에서는 80년대 말에 4채의 대규모 관광요정이 영업하고 있었다(한국교회여성연합회 편, 『여성과 관광문화—제주지역 중심으로—』, 1989, 23쪽).

츰 증대해갔다. 소위 적선지역인 특정 구역에는 70년대부터 점포가 대규모화된다. 예를 들어 식민지 시대부터 미도리마치(綠町) 유곽으로 유명했던 부산 완월동의 집창가에 70년대 중반부터 5, 6층 건물의 창관(娼館)이 들어서게 되었다.103) 또한 인천의 옐로우하우스와 대구의 자갈마당 등 옛날부터 집창가로 번영해왔던 특정 구역 역시 대형화되어 갔다. 물론 어떤 지역이나 한국인만 고객으로 하는 것이 아니라 항구에 기항하는 외국인 선원이나 외국인 관광객도 이용했다.104)

3) 사회정화운동과 성산업의 다양화

1979년 10월 박정희 대통령이 암살된 후 1980년 5월 광주사태를 무력으로 진압하고 정권을 차지한 전두환을 중심으로 하는 신군부는 6월에 국가보위 비상대책위원회를 발족시켰다. 그와 거의 동시에 사회 부조리를 없앤다는 명목으로 사회 각 분야에서 사회정화운동을 전개했다. 사회정화운동은 말 그대로 사회를 깨끗하게 한다는 의미이지만 실제로는 더러운 부분을 외면하고 감추고 정비하는 것에 지나지 않았다.105)

사회정화운동의 영향은 집창지역에도 밀어닥쳤다. 예를 들어 서울시는 사회정화운동의 일환으로 '윤락가'를 "정화"하기로 하고 "윤락여성을 건전한 사회인으로 복귀시키기 위한" 단기대책과 주택밀집지역, 도심, 번화가, 학교 주변의 윤락가를 정비하는 등의 장기대책을 세웠다.

---

103) 윤일웅, 『매춘』, 94쪽.
104) 인천 옐로우하우스의 경우 특별구역으로 강제이주가 행해졌던 초기에는 한국전쟁에 참전한 군인들과 인천항에 기항하는 국내외 선원들이 주요 고객이었다. 그리고 70년대에는 일본인 관광객이 대거 몰려와 80년대까지 활황을 이루었다(숭의 파출소 작성, 「숭의동 특정 지역 현황(유래 및 역사)」). 또한 신학기에는 서울에서 남자대학생들이 단체로 찾아왔다고 한다(윤일웅, 『매춘』, 74쪽).
105) 막달레나의 집 엮음, 『용감한 여성들, 늑대를 타고 달리는』, 삼인, 2002, 258쪽.

그러나 이러한 정책은 형식적이라 아무 것도 현실을 바꿀 수는 없었다. 서울 특정 구역의 하나인 용산의 집창지역에는 1981년 5월경 사회정화위원회가 결성되었는데, 위원들은 모두 성매매점의 경영자이거나 매춘 여성을 착취하여 부를 축적한 지역 유력자들로 구성되어 있었다. 그들은 '사회정화위원'이라 쓴 완장을 차고 순회하며 "질서를 지키라"는 명목으로 여성들이 거리까지 나와 호객행위 등을 하지 못하도록 규제하기도 했다. 결국 그들이 당국으로부터 불이익을 입지 않기 위한 것이 목적이었다.106)

또한 당시 군부는 '사회악을 깨끗이 없앤다'는 명목으로 군대 내에 삼청교육대를 만들고 소위 불량하거나 깡패 등으로 보이는 사람을 체포해 보내고는 교육이라 칭하며 가혹한 훈련을 시켰다. 한국사회의 남성 중심적 가부장제 사회를 유지하기 위한 '필요악'으로 '윤락녀'로 불리며 멸시의 존재였던 매춘 여성들도 운이 나쁘면 이곳에 방치되어 힘든 경험을 해야 했다.

성매매를 주로 하는 특정 구역 이외에도 성매매를 겸한 다양한 가게(산업형 성매매)가 이전부터 있었는데, 80년대에는 그것이 더욱 다양한 형태로 확대되었다. '향락산업'이라는 용어가 등장한 것도 1970년대이다. 소위 남성에게 향락적인 서비스를 제공한다는 의미인데, 특히 극장식 식당, 바, 비어홀, 룸살롱, 요정, 카바레, 나이트클럽, 디스코, 사우나, 터키탕, 안마시술소, 이발소 등이 포함된다. 여성들은 그곳에서 호스티스, 마사지 걸, 미용사로 일하며 성매매와 유사행위를 행했다. 성매매 관련업의 증가를 반영하듯이 1983년 국회는 전염병예방법 개정안을 결의하고 그때까지 기지촌과 유흥업소의 접객부, 카바레의 댄서에게만 의무화하고 있던 성병검진을 다방 종업원, 사우나, 안마시술소의 종업원에게도 확대하기로 했다.107) 기업 등은 외국 바이어에 대한 접대로 룸살롱이나 성적접

---

106) 막달레나의 집 엮음, 『용감한 여성들, 늑대를 타고 달리는』, 259~260쪽.

대를 이용하는 것을 당연한 것으로 여기고 대기업에는 전속 콜걸도 있었다고 한다.[108] 70년대에는 일본의 성산업 등에 여성을 보내는 루트도 생겼고 80년대 말 일본에서 접대부 등으로 일한 한국여성은 1만 명이 넘었다고 한다.[109]

1980년대는 서비스산업에서 일하는 인구가 약 40%까지 증대하고 그중 여성의 비율은 60%(1983년)에 달했다. 80년대 중반부터는 접객 서비스업이 한층 늘어났다. 통계에 따르면 특히 여성을 고용하고 고객과 성매매를 할 가능성이 높은 유흥음식점, 다방 등이 급증하고 있다.[110]

서울 YMCA의 발표에 따르면 향락산업은 1988년 현재 매출액이 GNP의 5%를 초과하는 4조 원으로 40만 채, 100만 명이 넘는 여성 접대부가 있다고 지적하고 있다.[111] 한국교회여성연합회는 접대부의 수를 120만에서 150만 명 정도, 15세부터 30세의 여성 인구의 약 12.4~15.5%를 차지한다고 추계했다.[112]

80년대 중반에는 이처럼 "산업형 성매매"가 팽창하는 가운데 여성을 성산업에 공급하기 위한 인신매매도 횡행했다. 성매매 업소에 팔려가는 인신매매는 옛날부터 있었지만 80년대에는 대낮에 사람들로 혼잡한 거리에서 길을 걸어가던 젊은 여성을 납치하는 일부터 직업소개소가 공공연하게 지방의 티켓다방에 미성년자를 팔아넘기는 일까지 있었다.[113]

---

107) 「성병검진 대상확대」, 『조선일보』, 1983년 11월 29일.

108) 윤일웅, 『매춘』, 28쪽.

109) 「일용노동자, 접대부도 1만여 명」, 『조선일보』, 1989년 1월 15일.

110) 『보건사회통계연보』(각 연도별)에 따르면 유흥음식점이 1978년 2,683점포에서 1989년에는 18,249점포(약 8배). 다방은 1978년 10,999점포에서 1989년 39,942점포(약 4배)로 늘어났다.

111) 『한겨레신문』, 1989년 3월 17일.

112) 서울 YMCA 시민자구운동본부, 「향락문화의 실태와 대책」, 1989년 3월, 7~10쪽.

113) 「인신매매가 횡행하는 땅」, 『조선일보』, 1985년 7월 12일 ; 동 「소녀부터 주부까지 "대낮에 납치"의 공포」, 1988년 12월 10일 ; 동 「관허(官許) 인신매매」, 1990년 5월 10일 등.

인신매매가 사회문제로 부상하자 정부는 1989년 현행 1년에서 7년의 징역형 처벌규정이 있는 부녀자 약취유인과 매매행위, 인신 구속을 수반한 직업 소개행위 등에 대해 법정 최고형의 형량을 무기징역으로 높이는 내용의 특정범죄가중처벌법을 개정했다. 또한 형법과 직업안정법으로 분산되어 있는 부녀자의 인신매매 관련조항을 특정범죄가중처벌법으로 일원화했다. 게다가 퇴폐행위 특별단속을 실시하는 등의 대책을 강구했다.[114]

1980년대 후반은 군사정권에 반대하는 민주화운동이 고양, 민주화선언(1987년 6월)을 이끌어내는 등 사회변혁의 기운으로 가득 차 있었다. 1987년 2월에는 민주화운동과 여성운동을 함께 투쟁해왔던 여성들이 한국여성단체연합(이하, 여연)을 결성하여 여성운동도 활기를 띠기 시작했던 무렵이다. 서울 올림픽(1988년 9월) 개최 전인 4월에는 한국교회여성연합회가 주최하는 「국제 세미나, 여성과 관광문화」가 제주도에서 열렸고 기생관광 문제와 일본군 '위안부' 문제 등이 제기되었다. 여연계의 제주 여민회는 1989년 제주지역의 기생관광과 향락산업을 추방하는 운동을 비롯하여 윤락행위 등 방지법의 개정운동도 행했다.[115]

인신매매범에게 법정최고형인 사형을 내리도록 특별법 제정을 요구하는 캠페인을 벌이는 시민단체도 나타났다. 1989년 10월에는 YWCA가 '인신매매 근절을 위한 세미나'를 열어 인신매매금지법을 제정하고, 인신매매 사건을 특별하게 취급하는 부서를 설치해야 한다고 제안했다. 이외 구인광고에 대한 법적 규제 강화, 치안 안정을 도모하기 위한 경찰병력을 투입하는 것 등을 제안하며 정부의 강력한 단속을 요청했다.[116]

---

114) 『동아일보』, 1989년 1월 21일.
115) 한국여성단체연합, 『민주여성』 7, 1989.
116) 『한겨레신문』, 1989년 10월 27일.

4. 민주화 이후의 성매매 정책

1) 윤락행위 등 방지법의 개정

성산업의 팽창과 인신매매의 횡행에 따른 치안 악화를 우려한 여성단체와 시민단체가 그 대책을 정부에 요구하기 시작한 가운데, 정부 당국은 '윤락행위 등 방지법'의 재평가에 겨우 대처하기 시작했다. 1989년 초 보건사회부는 한국여성개발원에 윤락행위 등 방지법 개정을 위한 연구를 의뢰했다. 개발원은 외국의 성매매관련법을 참고로 하거나 여성학연구자들의 자문을 얻어 공청회를 거쳐 동년 7월에 「매매음 방지법안」이라는 개정안을 만들어 보건사회부에 제출했다.[117] 이것은 현장의 매춘 여성을 비롯하여 각계에서 의견을 듣고 작성한 것이었는데 정부관련부서의 반대로 햇빛을 보지 못했다.

결국 1994년에 보건사회부가 단독으로 개정안을 준비하여 다음해 1월에 개정되었다. 개정법의 특징은 성매매 행위자 쌍방과 알선자에 대한 벌칙을 각각 강화한 것이다. 또한 매춘 여성에 대해서는 자신의 희망에 따라 보호시설의 입·퇴소를 결정할 수 있게 했다. 그러나 개정법은 성매매 문제의 본질에 대한 인식과 시점에 문제가 있다고 여성운동자들로부터 비판받았다.[118] 특히 90년대 여성의 인권이라는 시점에서 성폭력 문제, 남편에 의한 아내의 구타문제 등으로 법제정 운동을 전개, 80년대에 비하면 성매매 문제에도 현격하게 관심을 갖게 된 여연계의 여성계는 이 개정법을 신랄하게 비판하며 재차 개정을 요구했다.

---

[117] 법안의 상세한 내용은 한국여성개발원, 「윤락행위 등 방지법의 개정 방향과 내용」(1989. 6.30)을 참조.

[118] 민경자, 「한국매춘여성운동사—"성 사고 팔기"의 정치사, 1970~98」, 한국여성의전화연합 엮음, 『한국여성인권운동사』, 한울, 1999, 275~277쪽(342쪽은 일본어판).

여성계가 지적한 개정법의 한계는 다음과 같다. 첫째, '윤락행위'라는
용어를 사용하고 있다. 둘째, 법의 목적과 금지행위, 선도보호자 등의 측
면에서 성의 이중 기준을 답습하고 있다. 즉 성매매 행위를 '성을 파는 행
위'로 한정하고 남성고객은 그 '상대'로 간주하여 성매매의 주체에서 제외
하고 있다. 매춘 여성만이 '윤락행위자'이자 '보호를 요하는 자'이며 처벌
의 대상으로 되어 있다. 셋째, 여전히 범죄 유형과 처벌 규정이 지나치게
단순하여 성매매와 관련된 범죄를 바르게 처벌할 수 없다. 넷째, 매춘 여
성을 선도하는 것에 관한 실질적인 내용이 포함되어 있지 않다. 다섯째,
보호시설에 대한 법적 근거를 정비하고 보호시설 운영자의 의무를 강화,
매춘 여성들의 인권보장을 시도한 점은 평가할 수 있지만, 어떤 식으로
인권을 보장하고 그것을 위반한 경우 어떤 식으로 처벌하는가에 대한 정
확한 규정이 없다.[119]

법 개정 직후 일제 단속을 강화했으므로 고객이 줄어들어 폐업하는 성
매매 점포도 있었지만 몇 개월 뒤에는 형식적으로 단속하게 되면서 고객
의 발길도 다시 되돌아왔다. 기본적으로 60년대 이후의 단속 유형이 지속
되었다고 할 수 있을 것이다.

2) 성매매 여성의 처우

개정법이 시행된 지 반년 후인 1995년 8월에 매춘 여성과 가출소녀를
수용하는 경기도 여자기술학원에서 방화사건이 일어나 수용되어 있던 40
명이 사망, 12명이 부상을 입는 참담한 사건이 일어났다. 이 사건으로 매
춘 여성들의 직업보도시설이 실은 "교육"이라는 이름뿐인 강제수용시설
이며, 특히 비인간적인 대우와 인권유린이 일상적으로 행해지고 있었음

이 밝혀졌다. 그렇지만 많은 희생자를 낸 사건이었음에도 불구하고 사회의 반응은 그다지 크지 않았다.[120]

기지촌에서는 성매매 여성들에 대한 미군 병사의 폭력과 살인이 종종 일어나고 있었는데 그것들이 사회적 관심밖에 놓여 있었던 것은 이미 서술했다. 1990년대 들어 겨우 기지촌 여성에게 사회적인 관심을 기울이게 되는데, 그 계기는 1992년에 일어난 윤금이(尹今伊) 사건이다.[121] 이 사건은 해방 후 한국사회에서의 사회운동 세력이 미군범죄를 문제화·정치화한 최초의 사건이었는데, 기지촌 여성의 인권문제, 매춘 여성의 문제로서가 아니라 민족문제, 미군범죄의 문제로 일반화되는 경향이 강했다. 윤금이 사건을 계기로 주한미군 범죄근절 운동본부가 결성(1993년)되어 착실하게 활동을 지속해왔지만 기지촌 여성들의 인권문제는 최근에 이르기까지 등한시되어 왔다.

1990년대 후반이 되면 기지촌 성매매 여성의 대다수는 외국인 여성, 특히 필리핀과 러시아에서 찾아온 여성들이었다. 이러한 경향은 1980년대 후반부터 미군기지 주변에서 보이기 시작했는데 90년대는 더욱 많은 외국인 여성들이 국내외의 브로커들에 의해 보내졌다. 또 기지촌뿐만 아니라 서울과 지방도시의 성매매 관련업소에서도 이들을 볼 수 있게 되었다. 한국 교회여성연합회의 조사에 따르면 미군기지 주변에는 필리핀·러시아·기타 국가의 여성 비율이 7대 2대 1, 서울과 부산 등의 한국인 상대 유흥가에는 러시아인 여성이 압도적으로 많았다. 엔터테이너 비자로 입국하여 성매매를 하고 있는 외국인 여성은 4,726명이지만 관광비자로 입국하여 불법체류하고 있는 여성들은 그보다 훨씬 많다고 한다.[122]

---

120) 사건 다음날, 교회여성연합과 한소리회가 '경기도 여자기술학원 사건 대책협의회'를 설치했다. 또한 이 사건을 계기로 대학에서 성매매 문제에 파고드는 서클이 결성되기도 했다. 그렇지만 여연 등 여성운동의 주요한 단체가 본격적으로 대처하지는 않았다.

121) 상세한 것은 정희진, 「죽어야 사는여성들의 인권—한국 기지촌여성운동사, 1986~98」, 한국여성의전화연합 엮음, 『한국여성인권운동사』, 한울, 1999, 300~358쪽 참조.

엔터테이너 비자는 개인이 신청하기 어렵지만 에이전시를 통하면 쉬워진다. 그것은 이런 종류의 비자를 발급하고 관리하는 한국특수관광협회가 외국인 여성들의 접수에 주도적인 역할을 하고 있기 때문이다. 1999년에는 이 협회의 회장이며 현직 도의원이 보내오는 업자의 의뢰로 비자발급을 위한 서류를 위조하여 거액의 소개료를 받고 해외에서 1,000명 이상의 외국인 여성을 입국시킨 것이 밝혀지기도 했다.[123]

3) 미성년자 대책

90년대 후반 또 하나의 특징은 미성년 소녀들이 성산업으로 유입되는 현상에 사회적인 관심을 갖게 된 것이다. 그 직접적인 계기는 학교 주변의 폭력과 성매매 문화 등의 "유해환경"에서 어린이들을 지키기 위해 검찰과 경찰의 주도로 시작한 '어린이를 안심하고 학교 보내기 운동'(1997년 9월)이었다. 이 운동의 일환으로 학교 주변의 환경을 점검하고 '학교폭력 신고전화'를 운영하는 과정에서 미성년자들이 성산업에 관여하고 있는 실태가 부각되었다고 한다.

90년대에 더욱 두드러지게 나타난 신종 성매매[124]와 IMF에 의한 서민 생활의 빈곤화, 이혼의 증가, 인터넷 등 정보 통신기기의 발달, 성 의식의 변화 등 다양한 요인이 소녀들로 하여금 성산업으로 유입되는 것을 자극했다고 할 수 있다. 뿐만 아니라 특정 지역의 집창가에도 10대가 적지 않다. 2000년 1월 여성으로서 처음 경찰서장에 취임한 김강자(金康子)는 관

---

122) 한국교회여성연합회, 외국인여성노동자상담소 편, 『성산업에 유입된 외국인 여성에 관한 제2차 현장 실태조사 보고서: 기지촌에 유입된 필리핀 여성을 중심으로』, 14쪽.

123) 「외국여성 1천여 명, 예능인 위장 입국 주선, 1억대 수취한 도의원에게 영장」, 『국민일보』, 1999년 8월 23일.

124) 90년대 나타난 신종 성매매로 "원조교제"(최근은 "청소년 성매매"라 칭하고 있다), 폰팅(텔레폰과 헌팅의 합성어), 이벤트 매춘, 보도방(전화파견 매춘), 대화방 등이 있다.

할구역 내 특정 지역(서울 성북구 소재)인 "미아리 텍사스"의 여성들이 주로 미성년자라며 '미성년 매매춘과의 전쟁'을 선언했을 정도이다.

소녀들이 성매매로 유입되는 경로는 '가출→방황→(가정복귀→재가출→) 일자리 찾기→실패→성매매 산업으로'와, 'PC나 휴대통신, 친구로부터 소개→원조교제→가출→(원조교제→방황→) 다른 성매매 산업으로'의 유형이 많으며,[125] 어느 경우나 가출을 수반한다. 가출의 원인으로 지적된 것은 가정문제와 수험 중심의 학교교육, 극단적인 소비문화의 영향 등이다. 가정에서는 양친의 불화와 이혼, IMF기의 실업으로 인해 초래된 경제적 빈곤을 비롯해 부친과 친척에 의한 성폭력과 남자 형제와의 차별 대우, 가사의 강요 등 남성 중심 문화에 의한 영향도 확실하게 비쳐지고 있다. 가출한 소녀들을 제일 "환영"했던 곳은 나이가 어릴수록 상품가치를 인정하는 성산업이다. 소녀들은 '티켓다방'이나 '단란주점'에서 일하면서 차츰 전차금의 지옥으로 내몰리게 되고 업자에 의해 잇따라 전매되는 인신매매의 구조 속으로 빠져들었다.

위의 검찰 주도의 운동에 더하여 정부는 1997년에 「청소년보호법」을 시행하고 문화체육부 산하에 청소년보호위원회를 설치했다. 나아가 청소년 성문화대책위원회를 발족시켜 10대의 성매매 근절운동에 매달렸다. 또한 'IMF 시대, 향락산업에서 딸과 자식을 지키기 위한 연속 토론회'를 매월 개최하고 풍속점(風俗店)에서의 10대 고용행위를 적발하여 당국에 신고하는 "아버지 감시단"을 결성하는 등 관민 일체가 되어 '범국민적 청소년 보호운동'이 일어났다.

이러한 운동은 종래의 법으로는 청소년의 성매매 문제에 대응할 수 없다는 것을 사람들에게 알리고 새로운 법 제정의 움직임을 촉구했다. 1999년 11월 여야당은 서로 전후하여 청소년의 성보호에 관한 법안을 제출하고

---

125) 신미식, 「성매매 청소년 문제의 실태와 해결방법에 관한 연구」, 한국청소년개발원, 2000.

그것을 토대로 국회정무위원회가
통일법안을 작성했다. 이 법안은
법제사법위원회와 국회 본회의를
초특급으로 통과하여 다음해 2월
「청소년의 성보호에 관한 법률」
(청소년보호법)로 공포, 시행(2000.
7.1)되었다.

특정 구역 부근에 세운 간판(2004년)

　이 법률은 청소년을 대상으로
하는 성매매 범죄행위 등의 처벌, 대상 청소년의 선도·보호, 청소년 보
호를 위한 비밀누출금지 및 수사 절차상의 배려, 청소년 성범죄예방책을
위한 국가 등의 의무를 명기하고 있다. 또한 청소년에 대한 강간과 매춘,
포르노를 제작·유포하는 등 청소년 성 보호법에 위반한 범죄자의 성명
과 주소, 직업 등의 개인정보와 범죄 내용을 공개하기로 했다.126)

　"딸과 아들을 지킨다"는 부모들의 마음을 자극하여 "건전한 가족" "화목
한 가정만들기"라는 자칫하면 옛날의 가족 이데올로기나 도덕 강화로 연
결될 측면을 지닌 관 주도의 청소년보호운동에 대해 다시 대처하기 시작
했다.127) 1990년대 성매매 문제를 둘러싼 주류 여성운동의 대처는 교회여
성연합회와 한소리회, 몇 곳의 현장 센터로 한정되어 있었지만, 여성의
인권의식의 고양에 따라 성매매 문제에 대처할 수 있는 밑바탕이 만들어
졌다고 할 수 있다.

---

126) 정부청사의 게시판과 청소년 보호위원회의 홈페이지에 일정기간 게시한다.
127) 예를 들어 관·민·산·학 협동으로 1999년 12월에 개설된 서울 시립청소년 직업체험
　　센터 '하자 센터'의 활동도 그중 하나. 젊은이의 대안문화를 모색하고 그 점을 통해 한
　　국사회의 문제를 찾고 변혁의 주체를 길러가려는 시도이다.

5. 성매매 관련법의 제정과 그 의미 — 2000년 이후

마지막으로 2000년대 이후의 성매매 정책에 대해 간단히 다루고자 한다.

90년대 중반에 「윤방법」의 개정이 행해진 후에도 법과 실태 사이에는 여전히 커다란 격차가 있었다. 한편 1990년대는 여성운동의 약진의 시대이며 성폭력과 가정 내 폭력을 방지하기 위한 법제화 운동이 활발하게 전개된 시기였다.

한국의 여성운동이 본격적으로 성매매 문제에 관심을 기울이고 대처하기 시작한 것은 2000년 군산에서 일어난 성매매업소의 화재사건[128]이 계기가 되었다. 이 가게에서 일하고 있던 매춘 여성들은 포주에게 거액의 전차금을 짊어지고 방 바깥에서 자물쇠를 잠궈 감금당하는 성노에 상태에 놓여 있었다. 여성 인권운동을 추진해온 여성활동가들은 이처럼 열악한 실태에 직면하고 겨우 매춘 여성들의 문제를 인권의 시점에서 접근해 갔다. 그리고 2001년에 신설된 여성부의 후원과 그동안 전국으로 확산된 여성단체의 조직력을 활용하여 지역 성매매의 실태조사에 착수, 성매매 관련법 제정운동을 행했다.

이리하여 2004년 3월 22일, 한국에서 「성매매 알선 등 범죄 처벌에 관한 법률」과 「성매매 방지 및 피해자 보호 등에 관한 법률」이 제정되었고 동년 9월 22일에 시행되었다.[129]

새로 제정된 이들 성매매 관련법은 윤락행위 등 방지법 아래 이율배반적인 정책을 지속해온 정부의 기본 자세에 적지 않은 변화를 가져왔다. 또한 지금까지 여성운동가들이 쉽게 접근할 수 없었던 성매매 지역(특정

---

[128] 사건의 개요에 관해서는 배금자 「대명동 손해배상 청구재판 판결에서 본 성매매에 대한 국가책임 및 과제」(한국여성단체연합 주최, 「긴급토론회—한국정부의 성매매 방지 대책, 어디까지 왔는가」, 2002.7.16)를 참조.

[129] 상세한 점은 졸고 「한국에서의 성매매 관련법 제정의 경위—여성운동의 착수를 중심으로—」(『여성·전쟁·인권』 9, 2008)를 참조.

구역)에 출입이 가능해졌고, 실태조사와 매춘 여성들과 소통할 기회를 늘려갔다.

　그러나 많은 과제도 남았다. 법 시행 직후에 일어난 성매매 지역 여성들에 의한 대규모 반대 시위는 법 제정운동을 진행해온 여성활동가들이 예기치 못했던 사태였다. 소위 성 노동자(섹스 워커)로서의 자기 주장과 생존권 요구는 성매매 문제에 대처하기 시작한 여성운동에서의 커다란 도전이라 할 수 있다.[130] 법 제정을 서두르며 운동을 가속화한 나머지 실태 파악과 논의가 충분히 이루어지지 않은 점, 현장에서 일하는 여성들의 소리를 충분히 반영하지 않았던 점 등을 법 제정운동의 문제로 지적할 수 있을 것이다.

　한편 기지촌 여성들은 90년대 후반부터 필리핀이나 러시아 등의 외국인 여성들이 차지하게 되었고, 그 이전부터 일해 오던 한국인 여성들은 고령화되어 부득이하게 기지촌에서 궁핍하게 생활하고 있다.[131] 이러한 문제에 대해 향후 한국정부가 어떤 식으로 대처해갈 것인지, 또한 여성운동이 어떤 식으로 스스로의 과제로 삼아갈 것인가를 묻고 있는 바이다.

마치며

　이상 1950년대부터 현재에 이르기까지 성매매 정책에 대해 개관했다. 그래서 밝혀진 점을 정리하면 다음과 같다.

　먼저, 한국전쟁 중부터 전후에 걸쳐 매춘 여성이 급증하지만, 당국은

---

130) 정희진, 「성 판매 여성, 페미니스트, 여성주의방법 메모」, 『여/성이론』 12, 2005.

131) 기지촌 여성 지원단체 새움터와 전 기지촌 매춘 여성들이 '기지촌 문제의 해결을 위한 대안모색 토론회'(2008.11.27)를 열고, 한국정부에 대해 과거, 기지촌 여성들에게 일어난 사건을 인정하고 책임을 질 것, 기지촌 문제에 대해 사죄와 보상하기 위해 특별법을 만들 것, 미군 범죄에 대해 조사하고 범죄자를 처벌할 것 등을 요구했다.

이러한 여성을 집창화하여 성병검사를 행하는 한편, 시내에 산재한 "사창"들은 범죄자로 단속했다. 1950년대는 미군 상대 매춘 여성이 내국인 상대의 매춘 여성보다 많았고 군인 상대 매춘 여성 대책이 중심이었다.

「윤방법」의 제정은 50년대 성매매 정책을 더욱 고정화시켰다. 즉 법에 의해 성매매 자체는 불법행위로 규정하면서도 남성들, 특히 군인에게 있어서 매춘은 어쩔 수 없는 것이라는 생각 아래, 옛날 유곽과 기지촌을 중심으로 전국 104곳에 특정 구역을 설치하고 그곳에서의 성매매를 용인했다. 당초 특정 구역을 설정한 목적은 매춘 여성들을 선도하는 것에 있었지만, 실제로 성매매에 종사하는 여성들에게 다른 생활수단을 제공하기란 쉽지 않았고 오히려 성매매 지역으로 유입한 여성들의 증가를 초래했다. 포주와 점주는 여성들에게 불합리한 빚을 지우고 노예매춘을 강요했다. 매춘 여성을 착취하는 구조는 특정지구에 한한 것이 아니라 새로운 형태의 성산업 속에도 침투했는데, 「윤방법」은 그들을 단속하는 법적 장치로는 거의 기능하지 않았다. 또한 매춘 여성들은 "범죄자"로 규정되었으므로 포주와 점주 그리고 고객의 학대와 착취에서 벗어날 수도 없었다.

80년대까지의 현저한 특징은 국가보안과 경제발전을 위해 적극적으로 성매매를 이용한 것이다. 그를 위해 기지촌에서 성매매에 종사하는 여성들과 기생관광객을 상대로 하는 여성들의 성병검사를 의무화하여 사실상 매춘허가증을 발행하여 관리했다. 그들 여성들은 자영업으로 일하고 있었던 것이 아니라 포주와 점주들, 성매매 관련업자로부터 빚을 짊어지고 게다가 사회적인 멸시를 받아야 했다. 그 외 일반 남성을 상대로 하는 성산업도 특정 구역에서의 단순 성매매 이외의 다양한 성매매 관련업을 만들어냈고 여성들을 착취했다.

그 배경에 남성중심적 가부장제 질서가 뿌리를 내린 가족과 사회, 그리고 남성의 제2교육기관이라 할 수 있는 군대가 있다. 이러한 토양 속에서 매춘을 '남성다움'의 요소로 가르쳐온 남성들이 재생산되었다.

20세기 후반 한국사회에서의 성매매 정책을 개관하고 밝힌 것은, 전쟁과 군대(미군, 한국군), 나아가 장기간에 걸친 군사정권하에서 깊이 침투한 군사문화가 해방 후 한국사회의 성매매를 크게 규정지어 왔다는 것이다. 주한미군 및 한국군 병사를 위한 실질적인 성매매의 용인은 국가보안이라는 관점에서 여성을 성적 도구로 간주하는 것을 정당화하는 논리와 결부되었다. 식민지 시대의 공창제도는 법적으로 폐지되었음에도 불구하고 남성의 매춘을 당연시하고, 여성을 '정숙한 여자'와 '더러운 여자'로 양분하는 구조가 유지 재생산되어 온 것이다.

90년대 이후 민주화가 진전되고 여성의 인권운동이 급성장했으며, 2000년대 들어 「윤방법」을 대신하여 새로운 법률이 제정되었다. 법적으로는 성매매 자체를 지금까지와 마찬가지로 범죄로 여기고 있으므로 매춘 여성들의 생존권을 위협하는 문제가 있지만, 성매매 시장에서의 여성의 인권유린을 이전보다 엄격하게 감시하는 법적 기반이 생겼다는 점에서 전진했다.

그러나 말할 것도 없이 성매매 여성에 대한 착취를 없애는 것은, 법률의 제정으로만 가능한 것이 아니라 사람들의 인권의식과 그 국가의 문화, 사회경제적·군사적 상황과 밀접하게 관련되어 있다. 지금 한국은 북한과 휴전상태에 있으며 소멸되어 가고 있지만 약 29,000명(2007년 말 현재)의 주한미군이 존재하고 있고, 남자 개병(皆兵)의 징병제가 유지되고 있다. 또한 「성매매관련법」 제정을 위해 여성 NGO가 전국적으로 행한 성매매 실태조사에 따르면, 일반 상업지역에 존재하는 성매매 관렵업은 실로 다양화되어 변함없이 증가하고 있다. 경제적으로 풍요로워짐에 따라 한국인 남성들은 일본인 남성과 마찬가지로 해외로 매춘을 하러 나가고 있고, 경제 격차가 벌어진 가운데 빈곤화된 여성들은 국내외의 성매매 관련업에 지속적으로 공급되고 있다. 나아가 도상국의 여성들이 상품으로 '수입'되는 등 글로벌화 시대 성적 상품으로서의 여성 이동도 간과할 수 없다.

　이러한 가운데 향후 어떠한 성매매 정책을 확립해 갈 것인지는 대단히 중요한 과제이다. 성매매 관련법의 운용에 관해서는 단속의 대상을 중간 착취자와 구매자로 바꾸고, 지금까지 무시되기 십상이었던 매춘 당사자들의 목소리에 귀를 기울일 필요가 있을 것이다. 또한 한 나라만의 일이 아니라 여성의 성적 착취를 방지하기 위한 글로벌적인 시점과 대처가 요구되고 있다.

자료편

창기단속규칙

(1900년 10월 2일 내무성령 제44호)

제1조 18세 미만인 자는 창기가 될 수 없다.

제2조 창기명부에 등록되지 않은 자는 창기로 일을 할 수 없다.

창기명부는 창기 소재지 관할 경찰서에 비치하는 것으로 한다.

창기명부에 등록되어 있는 자는 단속상 경찰관서의 감독을 받는 것으로 한다.

제3조 창기명부의 등록은 창기가 되려는 자 스스로 경찰관서에 출두하여 다음 사항을 구비하여 서면으로 신청해야 한다.

(1) 창기가 되려는 이유

(2) 생년월일

(3) 동일 호적 내에 있는 최근 존족친(尊族親)이 없을 때는 호주의 승낙을 얻을 것 승낙을 해줄 자가 없을 때는 그 사실

(4) 미성년자의 경우 전호 외에 친아버지, 친아버지가 없을 때는 친어머니, 친부모가 없을 때는 친할아버지, 친할아버지가 없을 때는 친할머니의 승낙을 얻을 것

(5) 창기로 일을 할 장소

(6) 창기명부 등록 후의 주거

(7) 현재의 생업, 혹은 타인에 의거하여 생계를 영위하는 자는 그 사실

(8) 창기가 된 사실 유무 및 창기가 된 자는 그 가업의 개시 폐지 연월일, 장소, 창기가 되었을 때의 주거 및 가업 폐지 이유

(9) 전 각호 외에 청부현령(廳府縣令)에 규정된 이유

전항의 신청에는 호적리(戶籍吏)가 만든 호적등본, 전항 제3호 제4호의 승낙서, 시구촌장이 만든 승낙서, 인감증명서를 첨부할 것.

창기명부 등록 신청자는 등록 전 청부현령(廳府縣令)의 규정에 따라 건

강진단을 받는 것으로 한다.

제4조 창기 일이 금지된 자는 창기명부에서 삭제되는 것으로 한다.

전항 외에 삭제는 창기에 의해 이를 신청하는 것으로 하며, 단 미성년자는 전조 1항 제3호, 제4호에 게기된 자가 이를 신청할 수 있다.

제5조 창기명부 삭제 신청은 서면 또는 구두로 해야 하고 전항의 신청은 스스로 경찰관서에 출두하여 행하지 않으면 수리되지 않는 것으로 하고, 단 신청서를 우편 또는 타인에게 위탁하여 이를 제출하는 경우에 경찰관서가 신청자 자신이 출두할 수 없는 마땅한 사유가 있다고 인정될 때는 이에 한한다.

경찰관서에서 창기명부 삭제 신청이 수리되었을 때는 바로 명부를 삭제하는 것으로 한다.

제6조 창기명부 삭제 신청에 관해서는 어떠한 사람도 방해할 수 없다.

제7조 창기는 청부현령에서 지정한 지역 외에 거주할 수 없으며, 창기는 법령의 규정 혹은 관청의 명령에 의해 또는 경찰관서에 출두하기 위해 외출하는 경우 외에는 경찰관서의 허가를 받지 않고는 외출할 수 없다. 단 청부현령의 규정에 따라 일정 지역에서 외출을 허가하는 경우는 이에 한하지 아니한다.

제8조 창기 일은 관청이 허가한 가시자시키(貸座敷) 내가 아니면 이를 행할 수 없다.

제9조 창기는 청부현령의 규정에 따라 건강검진을 받아야 한다.

제10조 경찰관서가 지정한 의사 또는 병원에서 질병에 걸려 일을 할 수 없는 자, 또는 전염성 질환이 있는 자로 진단한 창기는 치료상 건강검진을 받지 않으면 일을 할 수 없다.

제11조 경찰관서는 창기명부의 등록을 거부할 수 있다.

청부현장관은 창기의 영업을 정지 또는 금지할 수 있다.

제12조 누구라도 창기의 통신, 면접, 문서 열람, 물건의 소지 구매 기타 자유를 방해할 수 없다.

제13조 다음 사항에 해당하는 자는 3월 이하 징역 또는 1백엔 이하의 벌금
에 처한다.

　(1) 허위 사항을 구비하여 창기명부 등록을 신청하려 한 자

　(2) 제6조 제12항에 위배되는 자

　(3) 제10조에 의거하여 영업을 할 수 없는 자 또는 영업정지 중 창기에게
　　억지로 일을 하게 한 자

　(4) 본인의 의지에 위반하여 창기명부의 등록 또는 삭제 신청을 하려 한
　　자

제13조의 2 다음 사항에 해당하는 자는 구류 또는 과료에 처한다.

　(1) 허위 사항을 구비하여 창기명부 등록을 신청하려 한 자

　(2) 제7조 제10조에 위배되는 자

　(3) 제8조에 위배되는 자 또는 관청의 허가를 얻은 가시자시키 이외에서
　　영업을 하려 한 자

　(4) 제11조의 정지명령에 위배되는 자

제14조 본령 이외 필요한 사항은 청부현령으로 이를 정한다.

제15조 본령 시행할 때 창기인 자는 신청을 기다려 창기명부에 등록시키
는 것으로 한다.

가시자시키(貸座敷)로 안내하는 것을 업으로 하는 찻집 영업 단속 규칙

(1916년 5월 경시청령)

제1조 가시자시키로 안내하는 것을 업으로 하는 찻집의 영업자는 경시청 에서 지정한 가시자시키 영업 지정지에 한하는 것으로 한다.

단 가시자시키 영업 지정지 외에서 현재 영업 허가를 얻은 자 및 상속인 은 이에 한하지 않는다.

제2조 가시자시키로 안내하는 것을 업으로 하는 찻집을 영업하려는 자는 다음 사항을 구비하여 관할 경찰서를 거쳐 경찰청에 신청하여 허가를 받고, 제3호, 제4호의 사항을 변경 또는 영업용 가옥을 개축하려 할 때도 마찬가지이다.

(1) 본적, 주소, 성명, 생년월일

(2) 누명(樓名) 또는 가호

(3) 영업장소

(4) 가옥의 보관도(2백분의 1 또는 1백분의 1), 동일 평면도, 동일 내면도, 동일 외면도 구조 및 재료를 상세히 기록한 사양서

(5) 사면의 평면약도

(6) 등화의 종류 및 장치의 평면 및 사양서

영업용 가옥을 수선 혹은 등화에 관한 개설 증설 변경을 하려 할 때는 전항의 규정에 준하여 관할 경찰관서에 신청 허가를 받아야 한다.

제2조의2 가시자시키 영업 지정지 내에서 가시자시키로 안내하는 것을 업 으로 하는 찻집의 구조는 다음 각 호에 의거하며, 단 그 건평 30평 미만 인 것은 제1호 내지 제4호에 의하여야 한다.

(1) 가옥은 너비 2칸 이상의 통로에 접하는 것으로 한다.

(2) 가옥의 정면 폭은 4칸 이상일 것

(3) 비상구의 폭은 5척 이상 높이 5척 7촌 이상일 것

(4) 비상구의 문은 바깥으로 여는 문 또는 미닫이로 하고 문단속은 내부에서 이를 설치하는 것으로 한다.

(5) 가옥의 층계는 3층 이하로 할 것

(6) 층계를 설치하는 자는 각 층계에서 평수 7평 미만의 것은 폭 안길이 3척 이상의 계단 1개 7평 이상 15평 미만의 것은 폭 안길이 4척 이상의 계단 1개 15평 이상 30평 미만의 것은 폭 안길이 4척 이상의 계단 2개를 설치하고 또한 10평을 늘릴 때마다 증설할 것

(7) 3층의 층계에는 쉽사리 옥외로 나갈 수 있는 장치를 할 것

토지의 상황 혹은 구조의 종류에 의거하여 전항의 제한에 따라 특히 그 구조를 지정하는 것으로 한다.

제3조 가시자시키 영업 지정지 외에서 가시자시키로 안내하는 것을 업으로 하는 찻집은 3층 이상의 건물 기타 사람의 이목을 끄는 것 같은 구조 및 장치를 해서는 안 된다.

제2조의 1 제1항 제3호, 4호, 6호의 규정은 전항의 영업자에게 이를 준용한다.

제4조 등화에 관해서는 다음의 제한에 따라야 한다.

(1) 등화는 전기등 또는 와사등을 사용할 것, 단 양등(洋燈)과 금속제의 호롱불 및 적당한 기름연기를 막을 수 있는 것은 군부(郡部)에 한하여 특별히 이를 허가하는 것으로 한다.

(2) 와사등에는 적당한 장소에 차단기를 갖추는 것으로 한다.

가시자시키(貸座敷) 창기 단속 규칙

(조선총독부 경무총감부령 제4호)

1916년 3월 31일
조선총독부 경무총감   立花小一郎

제1조 가시자시키 영업을 행하려는 자는 다음 각 호를 구비하여 경찰서장
    (경찰서의 사무를 취급하는 헌병분대 헌병분견소의 장을 포함하여 이하
    동일)에게 신청하여 허가를 얻는 것으로 한다.
    一 본적, 주소, 성명, 생년월일
    二 옥호가 있을 때는 옥호
    三 영업소의 위치
    전항의 신청에는 영업용 건물의 배치, 계단, 요리장, 욕실, 화장실, 오수
    배제 설비 등의 위치를 나타낸 평면도를 첨부할 것
    영업 허가를 신청하는 자 영업용 건물의 신축, 증축, 개축 또는 대수선을
    한 후 영업용로 쓰일 경우의 신청에 공사 내역 및 낙성기한을 기재하고
    그 구조 사양서를 첨부할 것
제2조 전조의 규정은 가시자시키 영업자 영업소를 신설 또는 위치 변경을
    하려는 경우에 이를 준용한다.
    가시자시키 영업자 영업용 건물의 증축, 개조 또는 대수선을 하려 할 때
    는 신청에 공사의 내역 및 낙성기한을 기재하고 전조 제2항에 규정한 평
    면도 및 구조 사양서를 첨부하여 경찰서장에게 신청하여 허가를 얻을
    것
제3조 가시자시키 영업은 경무부장이 지정한 지역 내가 아니라면 이를 행
    할 수 없다.
제4조 영업용 건물의 구조는 다음 각 호에 의거한다.

一 객실, 환기, 채광 및 보온 장치를 위해 외부와 접한 부분은 문단속을 하고 비바람 막는 덧문 또는 창을 설치하고 그 칸막이에는 벽, 널문을 이용할 것

二 계단은 그 너비 안길이 4척 이상 노면 8촌 이상 발을 들어올려 6촌 6분 이하로 하여 난간을 설치할 것

三 2층 이상의 층계가 있는 객실로서 1층에 그 평수 15평 이상이 있을 때는 각 층계 계단을 각 2개 이상 설치할 것

四 객실을 3층 이상의 층계로 설치할 때는 건물의 출입구는 너비 3칸 이상의 도로 또는 20평 이상의 공지에 접하고 그 건물에는 적당한 장소에 너비 5척 이상의 비상구를 설치할 것

五 비상구는 바깥으로 여는 문 또는 미닫이로 하고 그 문단속은 내부에 설치할 것

六 화장실은 요리장에서 상당한 거리를 유지하며 그 냄새가 객실에 미치지 않는 위치에 설치하고 분뇨장 및 그 부속 장치는 오염액이 새지 않도록 축조할 것

七 창녀들이 집앞에 서서 손님을 기다리는 일은 도로에서 들여다볼 수 없는 구조로 할 것

제5조 신축, 증축, 개축 또는 크게 수선을 하려는 건물은 경찰서장의 검사를 받고 그 인가를 얻지 않으면 영업용으로 이를 사용할 수 없다.

제6조 가시자시키 영업자 또는 그 동거의 호주 혹은 가족은 고용인 알선업을 할 수 없다. 가시자시키 영업자 또는 그 동거 호주 혹은 가족은 동일 가옥 내에서 요리점, 음식점 혹은 놀이장 영업을 할 수 없다.

제7조 가시자시키 영업자는 다음 각 호를 준수해야 한다.

一 객실 입구에는 번호 또는 부호를 표시할 것

二 등화로 석유를 사용할 때는 금속제 등롱을 이용할 것

三 객실, 요리장, 세면소, 욕실, 세척소 및 화장실 등의 청결을 유지할 것

四 방취제를 갖추어 화장실 기타 냄새가 발산하는 장소에 수시로 뿌릴
　것

五 고객용 침구는 신체에 접촉하는 부분을 청결한 흰 천으로 깔아 둘 것

六 고객에게 제공하는 음식기는 청결한 것을 사용할 것

七 고객이 요구하지 않은 음식물을 제공하고 또는 부당한 요금을 청구
　하지 않을 것

八 고객의 요구가 없는 경우에 예기(기생을 포함, 이하 동일), 창기를 시
　중들게 하지 않을 것

九 통행인에 대해 유흥을 권유하지 않을 것

十 학생임을 알고 이를 유흥하게 하지 않을 것

十一 고객에게 면회를 요청하는 자가 있을 때 고의로 이를 숨기거나 주
　　인에게 전하지 않을 것

十二 고객의 승낙없이 함부로 타인을 객실에 들어오게 하지 않을 것

十三 전염병 질환이 있는 자를 손님 시중들게 하거나 음식물, 음식기 혹
　　은 침구를 취급하게 하지 않을 것

十四 창기의 의사에 반하여 계약을 변경 또는 포주인 가시자시키 영업
　　자의 변환을 강요하지 않을 것

十五 질병 중 또는 제18조의 기간 내 취업시키고 기타 창기를 학대하지
　　않을 것

十六 창기로서 함부로 비용을 쓰게 하지 않을 것

十七 함부로 창기의 계약, 폐업, 통신, 면접을 방해하고 또는 타인에게
　　방해하도록 하지 않을 것

十八 창기가 질병에 걸렸을 때는 신속하게 의사 또는 의사의 치료를 받
　　게 할 것

제8조 경찰서장은 필요하다고 인정될 때는 가시자시키 영업자에 대해 다
　음 사항을 명할 수 있다.

　一 방화벽을 설치하고 굴뚝 또는 기타 화기와 가까운 장소에 방화설비

를 갖출 것

二 소화기 또는 소화제를 갖추고 적절한 곳에 배치하여 늘 유효하게 이
　를 유지할 것

三 3층 이상의 층계가 있는 객실에서 쉽게 밖으로 나갈 수 있도록 피난
　장치를 설치할 것

四 비상구에는 '비상구'라는 문자를 써서 표찰을 걸어두고 야간에는 등
　을 밝혀둘 것

五 객실에서 비상구로 통하는 요소에는 비상구의 방향을 지시하는 표시
　를 할 것

六 세척소를 설치하고 필요한 기구 및 약품을 갖출 것

제9조　가시자시키 영업자는 부록 양식에 따라 유객 명부를 만들고 사용
　전 경찰서장의 검인을 받고 유객이 있을 때마다 기재하며 전항의 장부
　는 사용을 완료한 후 2년간 이를 보관해야 한다.

제10조　가시자시키 영업자는 창기마다 대차계산부 2권을 만들고 그 1권을
　창기에게 교부하고 매월 3일까지 매월분의 대차에 관한 계산을 상세히
　기록하고 창기와 더불어 날인해야 한다.

제11조　가시자시키 영업자는 다음 각 호의 하나에 해당할 경우에는 10일
　이내에 경찰서장에게 신고해야 하고 단 제4호의 사항은 상속방식에 따
　라 신고해야 한다.

一 본적, 주소, 성명 또는 옥호를 변경할 때

二 영업을 개시할 때

三 폐업 또는 10일 이상 휴업할 때

四 영업자가 사망한 때

五 상속에 따라 영업을 계승할 때

제12조　가시자시키 영업자 고용인을 고용하고 또는 해고할 때는 10일 이
　내에 경찰서장에게 신고하고 고용인이 아닌 동거자를 영업상 사용할 때
　도 역시 같다.

제13조 다음 각 호의 하나에 해당하는 경우에 가시자시키 영업자는 신속히 경찰관 또는 헌병에게 신고해야 한다.
　一 신분에 맞지 않게 낭비를 하는 자가 있을 때
　二 거동이 수상하다고 인정되는 자가 있을 때
　三 고객의 변사상(變死傷)이 있을 때
　四 고객의 소지 금품의 도난 또는 분실이 있을 때
　五 창기가 사망하고 혹은 변상(變傷) 또는 도망했을 때
제14조 가시자시키 영업자의 소지품을 유흥비 지불할 때까지 맡기고 그 보상으로 수령하려 할 때는 미리 경찰관 또는 헌병에게 신고해야 한다.
제15조 경찰서장이 필요하다고 인정할 때는 가시자시키 영업자에 대해 본인 또는 그 호주, 가족 혹은 고용인의 건강진단서 제출을 명할 수 있다.
제16조 창기가 일을 하려는 자는 본적, 주소, 성명, 기명, 생년월일 및 일할 장소를 기재하고 단 가시자시키 영업자가 서명한 원서에 다음 서면을 첨부하고 스스로 출두하여 경찰서장에게 출원하여 허가를 받아야 한다.
　一 부친의 승낙서, 부친을 모를 때, 사망했을 때, 집을 떠났을 때 혹은 친권을 행사할 만한 사람이 없을 때는 집에 있는 모친의 승낙서, 모친도 사망했을 때, 집을 떠났을 때, 혹은 친권을 행사할 사람이 없을 때는 미성년자일 때는 후견인, 성년자일 때는 호주 혹은 부양 의무자의 승낙서 또는 승낙을 할 만한 자가 없음을 소명한 서면
　二 전 호에 언급한 승낙서의 인감증명서
　三 호적등본 또는 민적등본
　四 창기 일 및 전차금에 관한 계약서 사본
　五 경력 및 창기를 하는 사유를 기재한 서면
　六 경찰서장이 지정한 의사 또는 의생의 건강진단서
전항 제1호의 승낙에 대해서는 계부, 계모 또는 적모(嫡母)는 후견인으로 간주한다.

제1항 제4호의 계약 개정을 위할 때는 가시자시키 영업자의 서명을 받아 경찰서장에게 신고해야 한다.

제17조 다음 각 호의 하나에 해당하는 자에 대해 창기 일을 허가하지 않는다.

一 17세 미만인 자

二 전염병 질환이 있는 자

三 전조 제1항 제1호에 언급된 자의 승낙이 없을 때 혹은 승낙을 할 자가 없을 때를 소명하게 할 것

四 창기 일 또는 전차금에 관한 계약이 부당하다고 인정될 때 남편이 있는 아녀자는 창기 일을 할 수 없다.

제18조 임신 6개월 후, 분만 후 2개월에 이르는 기간은 창기 일을 할 수 없다.

제19조 가시자시키 내가 아니면 창기 일을 할 수 없다. 창기는 다른 영업을 할 수 없고 단 가시자시키 내에서 예기를 하는 것으로 제한한다.

제20조 창기는 경찰서장의 허가를 받아야 할 경우를 제외하고 제3조에 따라 지정한 지역 외로 나갈 수 없고 단 신고를 위해 관할경찰서에 왕복할 경우는 그로 제한한다.

제21조 창기는 가시자시키 밖에 머물고 또는 숙박할 수 없다. 단 부모의 간호, 전지, 용양, 기타 부득이 한 사유에 따라 경찰서장의 허가를 받은 경우로 제한한다.

제22조 창기는 다음 각 호를 준수해야 한다.

一 취업 중 허가증 및 건강진단서를 휴대할 것

二 통행인에 대해 유흥을 권유하지 않을 것

三 객석에서 춤을 추고 음곡을 연주하지 않을 것

제23조 창기는 정기 또는 임시로 건강진단을 받아야 한다.

건강진단 의사, 건강진단 시행 장소 및 정기건강진단 시행 기일은 경찰서장이 지정한다.

제24조 다음 각 호의 하나에 해당하는 경우에 창기는 임시로 건강진단을
　　　받고, 단 이전 진단 시부터 다음 정기건강진단 시행 기일에 이르는 사이
　　　에 제1호 또는 제2호에 해당할 경우는 그에 한한다.
　　　一 창기허가 후 처음 일을 나갈 때
　　　二 휴업 후 다시 일을 할 때
　　　三 질병에 걸렸다고 자각할 때 또는 가시자시키 영업자로부터 주의를
　　　　　받았을 때
　　　四 경찰서장의 명령이 있을 때
제25조 전조 제1호의 경우에 건강진단을 받아야 할 때는 경찰서장으로부
　　　터 건강진단서 교부를 받고 정기 또는 임시 건강진단일 때는 여기에 인
　　　증을 받을 것.
제26조 창기가 질병에 걸려 건강진단소에 출두해야 할 때는 의사의 진단
　　　서를 첨부하여 경찰서장에게 신고하고 그 경우에 경찰서장이 필요하다
　　　고 인정될 때는 가시자시키에 관해 건강진단을 행해야 한다.
　　　제21조 단서의 경우에는 경찰서장은 건강진단을 행할 수 없다.
제27조 건강진단에 따라 창기 일을 하지 못하거나 또는 전염성 질환이 있
　　　다고 인정될 때는 치유하기 위해 건강진단을 받지 않으면 일을 할 수 없
　　　다.
　　　건강진단에 따라 전염성 질환이 있다고 인정되는 창기는 경찰서장의 지
　　　시에 따라 치료를 받아야 한다.
제28조 창기는 본적, 주소, 씨명 또는 성명이 바뀌었을 때는 10일 내에 허
　　　가증 및 건강진단서를 첨부하여 경찰서장에게 신고해야 한다.
　　　허가증 혹은 건강진단서를 망실, 훼손하고 또는 건강진단서 사용을 종
　　　료했을 때는 그 사유를 구비하여 경찰서장에게 다시 교부 또는 서한을
　　　청구할 것.
　　　창기는 전조의 경우 또는 임신 분만에 의해 휴업할 때는 바로 건강진단
　　　서를 경찰서장에게 제출할 것.

제29조 창기허가 후 처음 일할 때는 미리 경찰서장에게 신고해야 한다.
　　제27조에 규정한 사유 또는 임신 분만에 따라 휴업한 후 창기가 다시 일
　　을 할 때는 경찰서장에게 신고하고 건강진단서를 환부(還付)받을 것.

제30조 경찰관 또는 헌병은 필요하다고 인정될 때는 가시자시키에 현장검
　　사하고 또는 영업용 장부를 검사할 수 있다.

제31조 경찰서장은 가시자시키 영업자 또는 창기에 대해 공중위생, 풍속
　　단속, 기타 공익상 필요한 명령을 할 수 있다.

제32조 가시자시키 영업의 허가를 받은 후 3개월 이상 개업하지 않고 또
　　는 개업 후 휴업이 3개월 이상에 이르렀을 때는 경찰서장은 그 허가를
　　취소할 수 있다.

　　제1조 제3항에 규정한 경우에 공사에 손을 댄 기한까지 공사를 해야 할
　　때, 낙성기한을 경과하고도 준공하지 않을 때, 영업용 건물의 건축구조
　　사양서와 다르고 영업용에 적합하지 않은 것으로 인정될 때 또는 공사
　　준공 후 3개월 내에 영업을 개시하지 않았을 때 역시 전항과 동일하다.

　　전2항의 규정은 가시자시키의 신설 또는 위치 변경을 허가해야 할 경우
　　이를 준용한다.

제33조 경찰서장은 가시자시키 영업자 또는 창기가 다음 각 호의 하나에
　　해당한다고 인정될 때는 그 영업을 정지하고 또는 그 허가를 취소할 수
　　있다.

　　一 작위에 의한 허가임이 발견되었을 때

　　二 제5조, 제6조, 제18조, 제19조, 제21조, 제27조의 규정에 위반될 때

　　三 제8조 또는 제31조의 명령을 위반했을 때

　　四 제17조 제2호 또는 제4호에 해당한다고 인정될 때

　　五 가시자시키 영업자로서 타인에게 명의를 빌려준 사실이 있다고 인정
　　　 될 때

제34조 가시자시키 영업자 조합을 설치하려 할 때는 규약을 만들어 경찰
　　서장의 허가를 받아야 하고 그 규약을 변경할 때도 역시 마찬가지이다.

전항의 경우에 조합 구역이 2개 이상의 경찰서 관할구역에 걸쳐 있을 때
는 경무부자의 허가를 받아야 한다.

제35조 조합의 직원을 선임할 때 또는 그 변경을 할 때는 조합을 대표하
는 직원은 10일 내에 전조 제2항의 경우에 따라 경무부장, 기타의 경우
에는 경찰서장에게 신고해야 한다.

제36조 조합의 설치를 인가해야 할 경무부장 또는 경찰서장은 조합에 대
해 조합규약 혹은 직원의 변경, 조합의 해산, 기타 단속상 필요하다는
명령을 할 수 있다.

제37조 경찰서장은 건물의 구조에 따라 제4조의 규정에 관계없이 제1조
혹은 제2조의 허가 또는 제5조의 허가를 할 수 있다.

제38조 다음 각 호의 하나에 해당하는 자는 구류 또는 과료에 처한다.

　一 허가를 받지 않고 가시자시키 영업을 했을 때 또는 영업소를 신설하
고 혹은 그 위치를 변경했을 때

　二 제5조 내지 제7조, 제9조 내지 제14조, 제16조 제2항, 제18조 내지 제
22조, 제23조 제1항, 제24조, 제25조, 제26조 제1항 또는 제27조 내지
제29조를 위반했을 때

　三 제8조, 제15조, 제31조의 명령 또는 영업정지 명령을 위반했을 때

　四 제30조의 규정에 따라 현장검사 또는 검사를 거부했을 때

제39조 가시자시키 영업자는 그 대리인, 호주, 가족, 동거자 혹은 고용인
으로서 그 영업에 관해 본령 또는 본령의 규정에 따른 명령을 위반했을
때는 자기가 지휘하지 않았다고 해서 처벌을 면할 수 없다.

부칙

제40조 본령은 1916년 5월 1일부터 이를 시행한다.

제41조 본령 시행전 허가를 받고 현재 가시자시키 영업 또는 창기 일을
하는 자는 그 명칭 여하를 불문하고 본령에 따라 가시자시키 영업 또는
창기 허가를 받아야 할 자로 간주한다. 전항에 규정한 가시자시키 영업

자 또는 창기 일을 하려는 자는 경무부장이 이를 지정한다. 본령 시행 전이므로 영업소의 신설 혹은 위치 변경 또는 영업용 건물의 증축, 개축 혹은 대수선 허가는 본령에 따라 행하면 허가로 간주한다.

경찰서장은 제1항의 가시자시키 영업자에 대해 당분간 본령 시행 후 제4조의 규정을 적용할 수 있다.

제42조 경무부장은 조선인 창기 일을 목적으로 하는 가시자시키 영업자에 한하여 당분간 제3조의 규정을 적용할 수 있다.

전항의 경우에 제1조의 출원을 행하려 할 때는 원서는 영업소 부근의 평면도를 첨부할 것.

제1항에 규정한 가시자시키 영업자는 창기로서 외부에서 들여다 볼 수 있는 장소에서 분장을 하게 하고 또는 점두에서 좌열 혹은 배회하게 해서는 안 된다.

제43조 제20조의 규정은 전조의 가시자시키에서 일을 하는 창기에게 이를 적용하고 전항에 규정한 창기는 외부에서 들여다볼 수 있는 장소에서 분장을 하고 또는 점두에서 좌열 혹은 배회할 수 없다.

제44조 제41조의 가시자시키 영업자는 본령 시행일로부터 1월 이내에 제12조에 준하여 신고를 해야 한다. 단 이미 신고를 한 고용인 또는 동거자에 대해서는 이에 한하지 않는다.

제45조 제42조 제3항, 제43조 제1항 또는 전조에 위반한 자는 구류 또는 과료에 처한다.

(부록 양식)

도착 월일 시	출발 월일 시	인상 또는 의복의 특징	초빙한 창기의 기명	유흥비	주소	직업	성명 연령

기재 예

1. 외국인은 주소 외 기타 난에 국적을 기재할 것

2. 유흥 하루 낮밤 이상인 자는 하루 낮밤마다 유흥비를 당해 난에 기재할
   것

부녀자 매매 또는 그 매매계약의 금지

(1946년 5월 17일 군정법령 70호)

제1조 부녀자 매매 또는 그 매매계약의 금지 목적의 여하를 불문하고 부
녀자의 매매 또는 그 매매계약을 여기서 전적으로 금지한다.

이와 같은 모든 매매, 매매계약 또는 협정은 현재 과거, 향후에 상관없이
사회정책에 전적으로 위반할 뿐 아니라, 무효하며 아무런 법적인 효력
이 없음을 여기서 선언한다.

제2조 부녀자 매매에 관해 생긴 차금(借金)의 수집

부녀자의 매매 또는 매매계약에 관해 생기는 어떠한 차금(借金)도 전적
으로 사회정책에 위반하며 무효이고, 방법의 여하와 상관없이 이것을
강요하거나 수집할 수 없음을 이곳에서 선언한다. 따라서 이러한 차금
은 수집을 위한 어떠한 소송과 어떠한 종류의 절차에서 이것을 제기하
거나 주장할 수 없다. 이러한 차금의 수집을 위한 기도, 또는 금전 지불
이나 그 인수와 대가라도 이러한 차금을 위한 것이라면 어떤 사람이라
도 본령에 위반한다는 것을 이곳에서 선언한다.

제3조 매매 당사자는 전부 동일죄

부녀자의 매매 또는 그 매매계약을 행하는 자, 또는 동일 종류의 계약과
협정을 한 자는 그에 관해 생기는 차금의 지불 혹은 수집한 자, 또는 본
령을 위반한 자는 당사자, 대리인, 공모자를 불문하고 전부 동일죄로 취
급하고 주범으로 처벌한다.

제4조 처벌

본령은 규정을 위반한 자는 군정재판소가 결정한 바에 따라 처벌한다.

제5조 시행기일

본령은 공포일시 10일 후에 효력을 발생한다.

공창제도 등 폐지령
(1947년 11월 14일 남한 과도정부 법률 제7호)

제1조 본령은 일제 이후 악습을 배제하고 인도를 천명하기 위해 남녀평등
  의 민주주의적 견지에서 공창제를 폐지하고, 일체의 매춘행위를 금지하
  는 것을 목적으로 한다.
제2조 1916년 3월 경무총감부령 제4호 「가시자시키 창기 단속규칙(貸座敷
  娼妓取締規則)」은 이를 폐지한다. 종래 동령에 따라 취득한 유곽(가시자
  시키) 영업, 창기 일 허가 및 유곽 영업자 조합설치의 인가는 여기서 그
  효력을 상실한다.
제3조 다음 각 호의 하나에 해당하는 자는 2년 이하의 징역, 5만 엔 이하
  의 벌금 또는 양자를 병과(竝科)한다.
  가. 본령에 따라 폐지된 제도의 업무를 계속하거나 경영하는 자
  나. 매춘의 행위를 하거나 그 매개, 장소 제공을 한 자
  다. 전호, 전단의 상대를 한 자
  라. 타인에게 성병을 전염시킨 자

부칙
제4조 본령은 공포일로부터 3개월 후에 효력이 발생한다. 단 유곽영업 및
  창기 일의 신규 허가는 본령 교부일로부터 폐지한다.

윤락행위 등 방지법

(1961년 11월 9일 법률 제771호)

제1조 (목적) 이 법률은 윤락행위를 방지하고 국민풍기정화와 인권의 존중에 기여하는 것을 목적으로 한다.

제2조 (용어의 정의) 이 법률에서 윤락행위란 불특정인으로부터 금품 기타 재산상의 이익을 받는다는 약속을 하거나 영리 목적으로 성행위를 하는 것을 말한다.

제3조 (적용상의 신중) 이 법률을 적용·해석할 경우에는, 국민의 권리가 부당하게 침해당하는 일이 없도록 신중을 기해야 한다.

제4조 (윤락금지의 행위) 어떤 사람도 윤락행위를 하거나 그 상대가 되어서는 아니 된다.

제5조 (유인행위의 금지) 어떤 사람도 타인에게 윤락행위의 상대가 될 것을 유인하거나 권유하는 행위를 할 수 없다.

제6조 (매개행위 등의 금지) 어떤 사람도 윤락행위를 유인 또는 강요하거나 그 장소를 제공할 수 없다.

제7조 (보호지도소)

① 국가는 상습적으로 윤락행위를 하는 자와 환경 또는 성행으로 보아 윤락행위를 할 현저한 우려가 있는 여자(이하 "요보호여자(要保護女子)"라 한다)를 선도보호하기 위해 보건사회부장관이 지정하는 주요 도시, 기타 필요한 곳에 보호지도소를 설치한다.

② 보호지도소는 다음 각 호의 업무를 행한다.

一 보호를 요하는 여자의 신상, 기타 문제에 관해 상담에 응할 것

二 보호를 요하는 여자의 성격, 가정 또는 그 환경 등에 관해 원인을 탐구하고 필요한 지도를 행할 것

三 요보호(要保護) 조사의 동태와 분포상황 등을 늘 조사, 파악할 것

四 보호를 요하는 여자의 실정에 따라 필요하다고 인정될 때는 임시
　로 수용 보호를 행할 것

五 보호를 요하는 여자에게 선량한 직업 알선을 행할 것

六 보호를 요하는 여자의 실정에 따라 그녀들의 가정, 기타 연고자에
　게 귀가 조치를 행할 것

七 기타 선도보호 사업의 목적 달성을 위해 필요하다고 인정되는 것

③ 보호지도소에서 행하는 업무를 늘 그녀들의 정신계몽에 주안을 두고,
상담에 응하거나 조사·선도·보호 등을 행할 때는 온정과 이해를
갖고 접하고, 그녀들이 친밀감과 신뢰감을 갖도록 유의해야 한다.

④ 보호지도소의 설치와 그 조직, 기타 필요한 사항을 각령으로 정한다.

제8조 (직업보도시설)

① 국가는 보호를 요하는 여자에 대해 자립갱생의 정신능력을 함양하기
위해 필요한 곳에 직업보도시설을 설치하고 직업교육을 실시한다.

② 직업보도시설의 설치와 그 조직 및 시설기준, 기타 필요한 사항은 각
명(閣命)으로 정한다.

제9조 (지방자치단체 등의 시설)　지방자치단체는 보건사회부장관의 승인
을, 공익법인은 보건사회부장관의 허가를 받아 제2조의 규정에 따른 보
호지도소와 직업보도시설을 설치할 수 있다.

제10조 (보호비용의 부담)

① 각 법의 규정에 따른 보호를 요하는 여자의 선도보호에 관한 비용은
국고의 부담으로 한다.

② 전항의 규정에 따라 지방자치단체 또는 공익법인이 설치한 보호지도
소와 직업보도시설의 설치 및 그 운영에 요하는 비용은 각 령이 정하
는 바에 따라 국가가 그 전부 또는 일부를 보조할 수 있다.

제11조 (불법원인의 채권 무효)　영업의 목적으로 제5조 또는 제6조의 행위
를 행한 자, 또는 이에 협력한 자가 영업상 관계가 있는 보호를 요하는
여자에게 갖는 채권은 그 계약조건 대차의 형식 여하를 불문하고 이를

무효로 한다.

제12조 (비밀의 보장) 본법 기타 법령의 규정에 따라 필요한 경우를 제외하고, 어떤 사람도 어느 여자가 윤락행위를 한 사실이 있다고 하는 것을 누설할 수 없다.

제13조 (초범자에 대한 조치) 초범의 윤락행위에 대해서는, 먼저 보호지도소 등에서 적절한 선도 조치를 취하도록 한다. 단, 뉘우치고 개선하지 않는 자는 처벌한다.

제14조 (벌칙) 제4조 및 제5조의 규정을 위반한 자는 3만 원 이하의 벌금, 구류 또는 과료(科料)에 처한다.

제15조 (상동) 제6조의 규정을 위반한 자는 1년 이하의 징역 또는 10만 원 이하의 벌금에 처한다.

제16조 (상동)

① 윤락행위자 또는 그 상대로부터 보호를 받는 것을 목적으로 영업하고, 제6조의 행위를 행한 자는 3년 이하의 징역 또는 50만 원 이하의 벌금에 처한다.

② 전항의 형은 이를 병과할 수 있다.

제17조 (상동)

① 타인에게 폭력, 위협, 사기의 방법을 사용하거나 또는 타인을 곤경에 빠트려서 업무, 고용, 기타의 관계에 따라 자기의 보호 또는 감독을 받는 관계를 이용하여 전조 제1항의 죄를 범한 자는 5년 이하의 징역 또는 1백만 원 이하의 벌금에 처한다.

② 전항의 형은 이를 병과할 수 있다.

제18조 (상동) 제4조의 규정에 위반한 행위에 따라 타인에게 성병을 전염시킨 자에 대해서는, 제14조의 규정에 따른 형의 2분의 1까지 가중할 수 있다.

제19조 (상동) 제12조의 규정을 위반한 자는 5만 원 이하의 벌금, 구류 또는 과료에 처한다.

제20조 (상동) 이 법률의 시행과 관련된 공무원으로 직권을 남용하고, 인
    권을 손상시킨 자는 3년 이하의 벌금에 처한다.
제21조 (시행령) 이 법률은 시행령에 관해 필요한 사항은 각령으로 정한
    다.

부칙
1. 이 법률은 공포한 날로부터 시행한다.
2. 과도정부 법률 제7호 공창제도폐지령은 이를 폐지한다.

*출전 : 「윤락행위방지법의 개정방향과 내용」(1989년 6월 30일, 한국여성개발원) 23~
    50쪽의 「현행법」

근현대 한반도의 군대와 성폭력 관계 연표(1876~2004년)

1876년　　조일수호조규조인—부산(1876년)·원산(1880년)·인천(1883년) 개항

1881년
1월　　원산 일본인 거류지「娼妓類似營業取締」포달
10월　　부산「貸座敷並二藝娼妓營業規則」(達제34호)
11월　　부산「貸座敷娼妓營業規則」,「藝娼妓營業規則」,「梅毒病院規則」
12월　　원산 일본인 거류지「貸座敷娼妓營業規則」「藝娼妓取締規則」「梅毒檢査規則」「梅毒病院規則」

1882년
7월　　임오군란
8월　　「가시자시키(貸座敷) 및 예창기(藝娼妓)에 관한 포달」
8월 30일　　제물포조약 체결. 이를 근거로 일본군으로서는 처음 한성(지금의 서울)에 공관수비대가 주둔
1883년　　「청국·조선국 재류 일본인 단속규칙」제정(1885년에 밀매춘 단속이 부가)
1884년　　일본공사관「매음단속규칙」
1887년
4월　　부산, 매독병원 폐지, 공립병원에 매독검사소를 설치. 일본공사관「매음벌칙령」
1892년　　인천,「예기영업단속규칙」이 발포되고 예기가 공식 허가된다.
1894년
2월　　임오농민전쟁
8월　　청일전쟁 발발(~1895년 4월 청일강화조약조인)

1895년	한성의 일본 요리옥에 예기를 두는 것이 공식 허가된다.
	「청국 및 조선국 재류국신민단속법」 제정
1897년	
10월	목포·진남포를 개항
1899년	군산을 개항
	진남포 영사관령 「예기 및 작부영업단속규칙」
1900년	일본에서는 「창기단속규칙」(내무성령 제44호) 제정
10월	부산 「예기영업단속규칙」(영사관시달 제23호)
	이에 따라 「특별요리점」이라 칭하는 유곽 출현
1901년	인천 「예기영업단속규칙」(영사관령 제4호)
1902년	목포 「요리점단속규칙」(영사관령 제2호)
11월	관립의학교 교장 지석영, 매춘부의 매독검사를 주장
12월	인천에 시키시마(敷島)유곽, 구매원(=성병전문병원) 설치
1903년	원산 「요리점 음식점 단속규칙」(영사관령 제5호), 「예기단속
	규칙」(동 제6호)
1904년	
2월 6일	청일전쟁 발발(~1905년 9월 러일강화조약 조인)
2월 23일	일본, 「한일의정서」 조인(일본군의 조선주둔을 합법화)
8월 22일	제1차 한일협약 조인
10월	경성 「요리점단속규칙」(영사관령 제3호) 「예기단속규칙」(제
	4호) 「제2종요리점 포주예기건강진단 시행규칙」 제정. 한성
	에 신마치 유곽 설치
1905년	
3월	「거류민단법」 공포, 이후 각지에서 거류민단 설립
10월	일본 제13사단(사령부 : 함흥)과 제15사단(사령부 : 평양)을
	주차
11월	제2차 한일협약(한국보호조약) 조인. 이후 항일의병 투쟁이

고양

평양 「예기단속규칙」(영사관달 제2호)

1906년

2월   일본이 한국통감부를 설치하고 이사청 설치

6월   성진 「요리점 및 음식점 영업단속규칙」(이사청령 제5호),
「예기영업단속규칙」(동 제6호)

한성 신마치유곽 내에 구매원 설립

8월   한성 상화실(賞花室) 대표 등, 사립 매독검사원 설립 청원서
를 경찰당국에 제출

1907년

7월   제3차 한일협약(정미7조약). 한국 황제 고종을 퇴위시키고
(20일), 한국군을 해산시킨다(8월 1일). 항일의병운동이 전역
으로 확대, 일본군의 진압(=한국병합전쟁)

8월   군산 「요리점 음식점 영업단속규칙」(이사청령 제6호), 「예기
영업단속규칙」(동 제7호)

사립 매독검사원 설립 인가(한성)

1908년

3월   원산, 예기작부의 함흥무군대 숙영 구역 내 통행 제한(이사
청 고시 제4호)

4월   경성 「요리점 및 음식점 단속규칙」(이사청령 제4호)

9월   평양, 을종요리점 영업지역 지정(이사청령 제4호) 경시청령
제5호 「기생단속령」, 제6호 「창기단속령」

10월   한국주차군사령부, 용산에 신군사기지 이전
통감부령 제44호 「경찰범처벌령」
경찰청훈령 제4호 「기생 및 창기단속령 시행 심득」
대구 「요리옥 단속규칙」(이사청령 제9호), 「예기단속규칙」
(동령 제2호)

12월	원산, 함흥 예기작부 통행구역 제한 폐지(이사청령 제3호), 「예기 및 작부영업 단속규칙」(동령 제4호)
	진남포「요리옥 음식점 영업단속 규칙」(이사청령 제3호), 「예기 및 작부영업 단속규칙」(동령 제4호)

1909년

1월	「요리점 음식점 단속규칙」(이사청령 제2호), 「예기단속규칙」(동 제3호)
3월	청진「요리점 단속규칙」(이사청령 제2호), 「예기 및 작부 단속규칙」(동 제4호), '예기 및 작부 단속규칙'을 라남 일본인 전지역 내에 시행하는 건」(동 제9호)
	청진「라남의 특별요리점 영업구역 지정」(이상청 고시 제6호)
4월	서울「창기조합조직명령」
	경성「예기 단속규칙」개정(이사청령 제1호), 「요정영업 단속규칙」(동 제2호)
5월	경성「화류병 예방규칙」(이상청령 제3호)
8월	경성「요정영업 단속규칙'을 용산에 적용하는 건」(이상청령 제8호)
	원산「요리옥 음식점 단속규칙」(이사청령 제2호), 을종 요리점 영업구역 지정(동 제3호), 「예기 및 작부 단속규칙」(동 제4호)
	「한성창기조합 규약」에 의거하여 한성 내의 조선인 창기 모임 총회를 연다
	성진「요리점 및 음식점 영업단속규칙」(이사청령 제2호), 「예기 및 작부 단속 규칙」(동 제3호)

1910년

1월	신의주「요리점 및 음식점 영업 단속규칙」(이사청령 제3호), 「예기 및 작부 단속규칙」(동 제4호)

4월	목포「요리점 단속규칙」(이사청령 제1호),「예기 및 작부 단속규칙」(동 제2호)
8월 22일	한국병합조약을 강요(공포 29일)하고, 조선총독부 설치[10월, 초대 총독 데라우치 마사타케(寺內正毅) 임명]
	이에 따라 한국주차군은 조선주차군으로 개칭
8월	총독부 경무총감부령 제6호「요정영업 단속규칙」(1911년 6월 30일까지 폐지)
11월	전라남도, 요리점 단속규칙 시행구역 추가(경무부령 제1호), 을종 요리점 영업지역 지정(동 제4호)
	경성(현 서울) 용산의 모모야마 유곽에 구매원 설립

1911년

4월	사할린「가시자시키 및 창기 단속규칙」(청령 제16호)
	함경북도「요리점, 음식점 단속규칙」(경무부령 제6호),「예기 작부 단속규칙」(동 제7호)
7월	경무총부부「제2종 예기건강진단 시행 준수사항」(훈령 갑년 제35호)

1912년

2월	평안북도「특종요리옥 단속규칙」(경무부령 제3호),「예기단속규칙」(제4호), 특종 요리옥 영업지역 지정(제5호)
3월	총무부령 제40호「경찰범 처벌규칙」(4월 1일 시행)
6월	평안북도「예기 및 작부 단속규칙」(경무부령 제9호), 창기영업 구역(동 제10호),「요리옥 음식점 영업 단속규칙」(동 제11호)
8월	경상남도「요리옥 및 음식점 영업 단소규칙」(경무부령 제1호)
	황해도「예기작부 단속규칙」(경무부령 제1호)
	강원도「요리점 및 음식점 영업 단속규칙」(경무부령 제4호),「예기 및 작부 단속규칙」(동 제5호)
9월	충청북도「요리점, 음식점 단속규칙」(경무부령 제2호)

1913년

1월	경상북도 「요리점, 음식점 단속규칙」(경무부령 제2호)
3월	경상북도 「주선영업 단속규칙」(경무부령 제3호)
8월	평안남도, 진남포의 창가업 영업지역(경무부령 제7호)
	경무총감부령 제3호, 경성 영사관령 제5호 「제2종 요리점 포주예기 건강진단 시행규칙」의 제4조 개정

1914년

7월	제1차 세계대전 발발

1916년

2월	위발(衛發) 제79호(위생과장으로부터 각 도 경무부장에게) 밀매음 범법자 또는 그 전과자인 밀매음 상습자에 대한 건강 진단에 관한 건
3월	경무총감부령 제3호 「예기작부 예기 포줏집 영업 단속규칙」(5월 1일 시행)
	경무총감부령 제4호 「가시자시키 창기 단속규칙」(5월 1일 시행)=식민지 공창제도의 확립
4월	제19사단의 창설 · 배치(사령부 : 용산, ~1919년 2월 편제 완료)=상주사단의 신설
	경무총감부 내훈 갑 제13호 「가시자시키 창기 단속 규칙 취급 준수사항」
	경무총감부 훈령 갑 제14호 「창기건강진단 시행 절차」
	위발 제170호(위생과장으로부터 각도 경무부장에게) 창기 건강진단 내규에 관한 건
5월	경기도, 가시자시키 영업의 지역지정(경무부 고시 제1호), 가시자시키 영업자 및 창기 영업 지정(동 제2호)
	경상북도, 가시자시키 영업지역 지정(경무부 고시 제7호) 가시자시키 영업지역 지정(동 제8호), 조선인 창기의 영업, 가

시자시키 영업지역 지정(동 제9호)

전라북도, 가시자시키 영업지역 지정(경무부 고시 제5호), 조선인 창기의 영업을 목적으로 하는 가시자시키 영업지역 지정(동 제6호)

함경남도, 가시자시키 영업지역 지정(경무부 고시 제3호)

6월	전라남도, 가시자시키 영업지역 지정(경무부 고시 제18호)
9월	함경북도, 가시자시키 영업지역 지정(경무부 고시 제4호)
12월	함경남도, 가시자시키 영업지역 지정(경무부 고시 제5호)

1917년

7월	평안남도, 가시자시키 영업지역 지정(경무부 고시 제4호)
	충청남도, 가시자시키 영업지역 지정(경무부 고시 제3호)
8월	경상남도, 가시자시키 영업지역 지정(경무부 고시 제4호)
	함경남도, 가시자시키 영업지역 지정(경무부 고시 제4호)
	경기도, 가시자시키 영업지역 변경(경무부 고시 제1호)

1918년

5월	황해도, 가시자시키 영업지역 지정(경무부 고시 제4호)
6월	조선주차군 사령부를 조선군 사령부로 개칭, 용산에 둠

1919년

3월 1월	3·1독립운동 발발. 일본군에 의한 진압, 주민 학살
4월 1일	제20사단의 창설·배치(사령부 : 용산. 1921년 4월 편제 완료) 제19사단 사령부는 라남으로 이전

1920년

10월	훈춘(중국)의 일본영사관이 중국인 마적에게 공격당했다(훈춘사건)고 하여, 일본군(제19사단 등)이 동남지방의 조선인을 학살
12월	산미증식계획을 수립
1921년	일본부인교풍회(일본 기독교 부인교풍회의 전신)·조선지부

가 평양·경성·인천·대구·부산에 설립

9월	함경북도 가시자시키 영업지역 확장(고시 제42호)
1922년	대한여자기독교 청년회 연합회(YMCA) 창설
1923년	혁청단이 조직되고 공창폐지와 풍기를 바르게 하기 위한 사회운동에 대처
7월	함경북도 「가사지시키 창기 단속규칙 취급 절차」(훈령 제14호), 「예기 작부 예기 포줏집 영업 단속규칙 취급 절차」(동 제15호), 「요리옥 음식점 영업 단속규칙 취급 절차」(훈령 제21호)
1924년	조선여자기독교 절제회 연합회, 공창폐지 기성회가 설립
11월	충청북도 「요리옥 음식점 영업 단소규칙 취급 절차」(훈령 을 제23호)
1925년	
5월	평안남도 「요리옥 음식점 영업단속 규칙 취급 절차」(훈령 제25호)
9월	평안북도 「예기작부 예기 포줏집 영업 단속 규칙 취급 절차」(훈령 제30호)
11월	평안남도 「예기작부 예기 포줏집 영업 규칙 단속 취급 절차」(훈령 제43호), 「가시자시키 창기 단속규칙 취급 절차」(제44호)
1927년	
2월	평안북도 「요리옥 음식점 영업 단속규칙 취급 절차」(훈령 제6호)
	「화류병 박멸법」 공포(8월 1일 시행)
11월	전라북도 「가시자시키 창기 단속규칙 취급 절차」(훈령 제15호), 「예기 작부 예기 포줏집 영업 단속규칙 취급 절차」(동 제16호)
1928년	주방(周防) 경기도 위생과장 고안에 의한 화류병 예방약을 경기 신마치 가시자시키 조합에서 사용하게 하다

1929년

9월   경찰부장, 카페 영업자 단속에 관한 지시

1931년

9월 18일   류타오후(柳條湖) 사건, 만주사변 발발

11월   황해도 「예기작부 예기 포줏집 영업 단속규칙 취급 절차」(훈령 제46호)

1932년

1월   제1차 상해사변 발생―상해에 파견된 일본 육해군이 군 위안소를 설치(자료상 최초)

3월 1일   '만주국' 건국 선언

1933년

4월   중국 동북('만주'에 군 위안소 설치, 조선인, 일본인 '위안부'의 존재가 자료로 확인)

1934년

12월   총독부령 제114호 「가시자시키 창기 단속규칙」 개정(1935년 1월 1일 시행)

1936년

8월   라남 요새 사령부 설치

1937년

7월 7일   노구교(盧溝橋) 사건, 중일 전면전쟁 발발

8월   함경북도령 제15호, 건강진단 또는 검진을 위해 요하는 비용의 부담 범위 및 읍면 지정 개정

12월 13일   일본군, 중국·남경 점령, 남경대학살 발발
             이 무렵부터 군 위안소가 대량으로 설치되었고, 조선인 여성 등의 연행이 본격화된다

1938년

2월   「육군특별지원병령」 공포(조선에서의 지원병제도 시작)

1939년	조선기독교 절제회 연합회는 일본의 교풍회와 합류하여 「일본기독교 부인교풍회 조선분회」라 개칭
1940년	
3월	조선총독부령 제62호 「조선유흥음식세령 시행규칙」
1941년	
7월	일본 육군, 중국 동북에서 소련 침공을 위한 관동군 특종 연습에 맞추어 조선인 '위안부' 징집
10월	라진 (특별) 근거지대가 신설(1942년 5월 라진 방면 특별근거지대로 개편)
12월 8일	아시아태평양전쟁 발발
1942년	
5월	각의에서 조선인의 징병제 시행이 결정(9일 공표)
9월	평양에 사령부를 둔 제30사단이 창설. 1942년 후반 이후 남방전선 보강을 위해 조선군 소속 사단의 해외 이동 시작. 제20사단은 뉴기니 방면으로, 1944년 5월에 제30사단은 필리핀·민다나오 섬으로, 1944년 2월에 편성한 제49사단을 6월에 미얀마 전선으로, 1944년 11월에 제19사단을 필리핀 전선으로 각각 이동. 이에 따라 한반도의 보병사단은 유수(留守)사단 체제로 운영
10월	「조선청년 측별연성령」 공포(11월 3일 시행)
1943년	
3월	「병역법중개정(兵役法中)改正」 공포(8월 1일 시행) 조선인의 징병제 시행
1945년	
8월 15일	일본 패전·조선 해방
8월 17일	건국 부녀동맹결성(행동강령에 「공사창제 및 인신매매의 철폐」를 내걸다)

9월 8일   미군의 제1진이 인천에 상륙—미군정 시작. 재한미육군(USFIK: US Army Forces in Korea)으로 불렸고, 사령관은 하지 중장, 당초는 미태평양 육군, 1947년 1월부터는 미극동군 지휘하(모두 최고사령관은 맥아더 대장)

12월 22일 조선부녀총동맹「부녀운동의 당면 임무」에「공사창제 및 인신매매의 철폐」포함

1946년

1월   조선남부에 조선경비대가 발족(나중에 한국군)

5월 17일 재조선 미국육군사령부 군정청법령 제70호「부녀자의 매매 또는 그 매매계약 금지」공포, 10일 후 시행)

7월 31일 「유곽 존속 절대 반대 대강연회」개최

8월 10일 14개 여성단체에서「폐업공창구제연맹」을 결성

9월 14일 재조선 미국육군 사령부 군정청법령 제107호「부녀국설치령」공포, 보건후생부에 부인국(나중에 부녀국)이 설치. 초대국장은 고봉경(高鳳京)

1947년

7월 1일   밀매춘 단속과 성병환자 수용을 위한 여자경찰서 창설. 초대 경찰과장은 고봉경

11월 14일 남조선 과도정부 법률 제7호「공창제도 등 폐지령」(1948년 2월 14일 시행)

11월 22일 부녀국을 중심으로 관민 여성이 모여 공창폐지대책위원회를 결성

11월 25일 「유흥영업정지법안」도 입법의원을 통과

1948년

2월 12일 법률 제9호 공포(제7호의 개정)

3월 19일 남조선 과도정부 행정명령 제16호「공창제도 등 폐지령」공포

8월 15일 대한민국 수립(이승만 대통령)

9월 9일	조선민주주의인민공화국 수립(김일성 수상)
1949년	부녀복지시설을 전국 6곳으로 확대
7월 1일	주한미군이 철퇴하고 대한미군사고문단(KMAG: Korea Military Advisory Grup)이 정식으로 발족
1950년	
6월 25일	한국전쟁 발발. 즉각 일본에 있던 미군 제8군(약 8만 3천 명)이 한국으로 파견되고, 재한미 제8군(EUSAK: Eighth United States Army in Korea)로서 미군의 주력이 된다
1951년	
1월	한국전쟁기의 미군에 의한 성매매 대책과 관련된 군기밀로서, 국제연합 재한문민원조사령부(UNCACK: United Nations Civil Assistance Command, Korea) 설치(1955년 11월에 해산)
3월	주한미군 제8군은 참모부장 통달을 내보내, 미군 병사에 의한 한국 시민의 비행에 대해 최초 경고
5월	한국정부 「국제연합군에의 위안방법의 일례」라는 방침을 결정, 국제연합군을 대상으로 하는 특별위안단이 계획
여름경	한국군, 위안대(위안소)를 설치(1954년 3월경 폐쇄)
11월	「전시생활개선법」 공포
1953년	
7월 27일	한국전쟁 휴전협정
10월 1일	「한미상호방위조약」 체결
1960년	4월혁명에 의해 이승만 대통령 하야
1961년	5월에 군사 쿠데타, 국가재건 최고회의 의장으로 박정희 취임
8월	「관광사업진흥법」 제정·공포 ─1963년에 동법에 의거하여 특수법인 '대한관광협회중앙회'(현 한국관광협회)를 설립
11월 9일	「윤락행위 등 방지법」 공포

1962년

4월   국제관광공사법을 제정하고, 국제관광공사를 설립

6월   전국 104개소를 '특별 구역'(적선지대)으로 지정

1963년   대통령선거를 거쳐 한국 대통령으로 박정희 취임

1965년

3월   태평양지구 관광협회(PATA)의 연차총회를 서울에서 개최,
           외국인 관광객의 유치에 본격적으로 착수

6월 22일   한일기본조약 조인—일본과의 국교를 정상화. 이후 일본인
           관광객의 방한 증가

1967년   대한기독교 장로회, 감리교 등의 여성들이 교회여성연합회
           (이하, 교녀련) 설립

4월   전국 11도시의 '특정 구역'(적선지대)을 1개소씩 폐지

1971년   박정희 대통령 3선

9월   한미합동위원회, 민군관계에 관한 특별소위원회를 설치하고,
           한국 내의 기지촌을 조사, 권고안을 작성

12월   박정희 대통령 '기지촌 정화위원회'를 설립하고 정부관련부
           서·지방정부에 대해 정화정책을 입안하도록 명령→한미
           합동으로 기지촌 정화운동 시작

1972년

5월   외국인과 재일한국인이 동반하는 여성은 '관광보호대책'으로
           서 통행금지 단속 대상에서 제외

10월 17일   비상경계령 (10월 유신)—'유신체제' 시작

1973년   관광사업진흥법을 다시 개정하고, 관광협회 요정과에 등록
           한 '관광기생'에게는 접객원 증명서를 발행하고, 증명서 소지
           자에게는 호텔 출입과 야간 통행을 자유로이 했다

7월   기생관광에 관해 제1회 한일교회협의회의 석상에서 한국 여
           성 기독교인의 문제제기에 따라 일본의 여성 기독교인들이

	실태 조사
11월	서울에서 한일교회협의회가 개최, 이 문제가 다시 논의되었다. 그 직후에는 한국교회 여성연합회가 정부에 대한 건의문과 성명서 발표
12월 19일	이화여자대학생 10여 명 김포공항에서 기생관광에 반대하는 시위 개최. 그 후 일본에서도 '기생관광에 반대하는 여자들의 모임'이 결성되었고, 매춘남성 문제에 대처하기 시작
1979년	박정희 대통령 피살(10월)
1980년	광주민주항쟁(5월)
1981년	전두환 대통령 취임(3월)
1984년	서울 용산에 매춘 여성을 위한 센터, 막달리나의 집 개설
1985년	여성 제단체, 기생관광 반대운동
1986년	교녀련 세미나 '매춘문제와 여성운동'. 교녀련(86.12~88.1) 제주도 기생관광 실태조사
	매춘 여성을 위한 각 센터의 연합회, 한소리회 설치(3월), 의정부시에 기지촌 여성들의 센터, 두레반 개설
6월	부천서 성고문사건. 여성운동의 지원을 받아 7월에 담당 형사를 고소
1987년	
2월	성고문사건 등 여성운동 · 민주화운동을 투쟁했던 여성단체가 '한국여성단체연합' 결성
6월	한국 전역에서 민주화 요구 고조. 6 · 29민주화선언
1988년	노태우 대통령 취임(2월)
4월	교녀련, 국제 세미나 '여성과 관광문화' 개최(10개국 130명 참가), '정신대'(=위안부) 조사보고, 윤락행위 등 방지법의 전면 개정 요구(윤락행위 방지법 개정 연구회 설치)
9월	서울 올림픽 개최

1989년
7월   서울 YMCA, 인신매매신고 전화개설
1990년
5월   노태우 대통령 방일 때 '정신대' 문제로 한국의 여성단체 성명
10월   여성단체, 한국 및 일본정부에 대해 '위안부' 문제에 관한 공
               개 서한 송부
11월   한국정신대문제대책협의회 결성
1991년
8월   한국에서 김학순이 '위안부'라는 것을 실명으로 밝힘
12월   김학순 등 전 '위안부' 방일하여 일본정부에 보상을 요구하며
               제소(아시아태평양전쟁 한국인희생자 보상청구사건)
1992년
8월   북한에서 본격적인 조사 개시, '〈종군위안부〉·태평양전쟁
               피해자 보상대책위원회'(후에 '북한 일본군 〈위안부〉·강제
               연행 피해자 보상대책위원회로 개칭' 결성. 219명의 '위안부'
               피해자 확인, 그중 45명이 증언
10월 28일 미군 병사에 의한 동두천 기지촌 여성 윤금이 피살사건
1993년   김영삼 대통령 취임 문민정부(2월)
               한국정부 「일본군 위안부 피해자 생활안정지원법」 제정
1995년
1월   윤락행위 등 방지법 개정(1996년 시행), 엄벌화
8월   경기도 여자기술학원(매춘 여성, 가출소녀의 수용시설) 방화
               사건 40명 사망, 12명 부상
1996년   여성운동단체, 성매매 문제에 관한 토론회가 잇따라 개최.
               이화여자대학 여성학과 학생들 '매매춘을 염려하는 회'('매매
               춘 문제해결을 위한 연구회'), 동두천시에서 기지촌 여성운동
               조직 새움터 설립

1997년   교녀련 '가출소녀와 매춘 여성에게 열린 전화' 개설
1998년   김대중 대통령 취임(2월)
           한소리회, '매매춘 근절을 위한 한소리회'로 개칭(2004년 현
           재 30단체 소속), 국가의 청소년보호정책의 일환으로 10대
           여성의 성매매에 대한 반대운동
1999년
  8월   북한 함경북도 방진에서 해군 '위안소' 건물 발견
2000년
  2월   「청소년의 성보호에 관한 법률」(청소년 성보호법) 공포, 시
           행(7월 1일)
  9월 19일 군산시 대명동 성매매업소에서 화재사건, 매춘 여성 5명 사
           망. '노예매춘'의 실태가 드러남
  10월 26일 군산 대명동 화재사건에 대해 한국여성단체와 대책위가 주
           최하여 기자회견 및 진상구명을 요구하는 집회(서울에서).
           대명동 화재사건의 유족들 13명, 국가 등을 상대로 21억 2천
           여만 원의 손해배상을 요구하는 재판을 서울지방재판소에
           제기. 13개 시민사회단체가 연맹하여 군산사건 관련 공무원
           과 경찰청장, 관련 경찰관 14명을 고발
2001년
  1월   한국정부 여성부 설치(2005년에 여성가족부, 2008년에 다시
           여성부로 개편)
           각지의 여성단체가 여성부 지원을 받아 성매매의 실태조사
           를 시작
  2월   부산시 완월동 성매매점에서 화재. 매춘 여성 4명 사망
  4월   한국여성단체연합 '성과 인권위원회' 산하에 '성매매방지법
           제정을 위한 전문가회의' 설치, 법안 작성
  11월   한국여성단체연합이 중심이 되어 전문가 회의를 통해 성매

매 방지법안을 작성, 이를 정기국회에 입법청원

2002년

1월 29일   군산시 개복동의 성매매 지역(유흥음식점)에서 다시 화재사
          건이 발생하여 14명(그중 남성 1명) 사망

9월 11일   조배숙을 대표로 하는 의원 86명이 「처벌법」과 「보호법」 발
          의. 법제사법위원회에서 두 번안 심의(11월)

10월 16일   한국의 미군기지촌에 있는 클럽으로 11명의 필리핀 여성들
          이 점주로부터 성매매를 강요당했다 하여 손해배상청구소송
          을 제기(→ 다음해 5월 30일, 재판소는 점주의 책임을 인정한
          강제조정결정을 내렸다)

12월   「일본군 위안부 피해자 생활안정지원법」을 「일제하, 일본군
          위안부 피해자에 대한 생활안정 지원 및 기념사업 등에 관한
          법률」로 전면 개정

2003년   노무현 대통령 취임(2월)

6월   국무총리 산하에 민·관 합동 '성매매방지기획단' 설치

7월 1일   성매매 알선 등 행위의 처벌 및 방지에 관한 법률제정에 관
          한 공청회(법제사법위원회)

2004년

3월 2일   「성매매 알선 등 범죄의 처벌에 관한 법률」 및 「성매매 방
          지 및 피해자 보호 등에 관한 법률」 수정안 가결됨. 여성부,
          성매매 방지 종합대책 확정(3월)

9월 23일   동법 시행. 서울 "미아리 텍사스"에서 성 노동자 등 500여 명,
          생계보장 및 유예기관을 요청하며 시위. 이후 전국 각지에서
          성노동자의 시위 계속

11월   성매매방지대책추진점검단 구성(여성부), 성매매 집결지 모
          델 사업추진
          성매매 방지 전문상담원 양성교육시설(여성부 11~12월)

*출전 : 山下英愛, 「朝鮮における公娼制度關連年表」(鈴木裕子, 山下英愛, 外村大
　　　　編,『日本軍 '慰安婦' 關係資料集成』, 明石書店, 2006) 및 본서 수록 각 논문
　　　　에 의해 작성했다.
*주 : 1945년 8월 15일 이후는 조선남부 및 대한민국(한국으로 줄임), 조선북부 및
　　　조선민주주의인민공화국(북한으로 줄임)으로 하고, 전자를 중심으로 작성했
　　　다.

(작성 : 김부자)

이 책은 도요타재단의 2002년도 연구조성비를 받아 동년 가을부터 2006년 봄까지 4년 반 동안에 행해진 공동연구 프로젝트 「20세기 한반도에서의 군대와 성폭력」의 성과를 정리한 것이다. 이 프로젝트는 재일조선인, 일본인, 한국인 7명(김영, 안자코 유카, 김부자, 송연옥, 신주백, 하야시 히로후미, 야마시타 영애)이 수행했으며, 이 책의 간행에 즈음하여 다시 김귀영 씨에게 원고를 의뢰하여 정영단 씨에게 번역을 부탁했다.

본 연구는 한반도라는 한 지역에서의 군대와 성매매 · 성폭력의 관계를 1세기를 통틀어 재평가하고 분석하고자 한 것이며, 조사는 한국뿐만 아니라 북한에서도 동시에 실시하는 것을 목표로 삼았다. 그것은 2000년 12월 8~12일에 도쿄의 쿠단카이칸(九段會館)에서 개최된 「일본군 성노예 제도를 재판하는 2000년 여성국제전범법정」(이하 법정)에서, 남북이 하나의 검사단으로 공동기소장을 작성하고, 일본군에 의한 같은 식민지기 조선의 '위안부' 피해를 함께 기소한다는 경험을, 그 후 연구에도 활용하고 싶다고 생각했기 때문이다.

남북공동기소장을 가능하게 한 배경에는, 2000년 6월 13~15일에 김대중 대통령(당시)이 평양을 방문하여 실현한 제1회 남북수뇌회담 이후 크게 열린 남북융화의 흐름이 있는데, 그때까지 반세기 이상에 걸친 분단으로 인해 남북이 따로따로 조사연구를 행해왔던 상황은 여러 가지 폐해와 한계를 초래하고 있었다.

조선인 '위안부' 피해자 중에는 일본군에 의해 현지에 버려져 그 땅에서 살 수밖에 없었던 경우가 적지 않지만, 조선의 분단 역시 피해자들의 귀향을 방해해왔다. 조선남부의 부산에서 사할린으로 연행되어 해방 후는 조선북부의 라남에서 생애를 마친 고 김도용 씨와 평양출신으로 중국의 동녕(東寧)으로 연행되어 현재 서울 교외 '나눔의 집'에서 살고 있는 김옥순 씨처럼, 분단으로 인해 귀향과 가족과의 재회가 가로막힌 피해자가 있으며 그것이 아직 조사를 어렵게 하는 요인의 하나로 되어 있었다.

또한 북한 측의 조사는 일본, 한국, 미국에서 행할 수조차 없으므로 관련자료를 볼 수도 없어 연구가 지연되기 십상이었다. 연구의 지연은 '위안부' 연구 전체의 불균형을 낳았고, 식민지 조선에서의 전체상 파악을 방해, 진상구명을 지연시켰다. 그뿐인가, 피해자가 아무리 많은 증언을 행해도 그것을 뒷받침할 만한 기본적인 조사작업을 충분히 행할 수 없고, 그 결과 북한의 피해자 증언은 특히 신빙성이 결여되어 일본의 '위안소' 제도를 부정하는 자들의 심한 공격에 노출되어 왔다.

우리들은 남북을 같은 시야에 넣는 것으로 이러한 연구의 불균형과 공백을 메워, 피해자의 존엄회복에 조금이나마 기여할 수 있기를 원한다.

그러나 북한의 조사는 당초부터 어려움을 수반했다. 그것은 본 프로젝트가 도요타 재단 연구조성심사의 최종단계를 통과했던 그날에 시작되었다. 2002년 9월 그 날은 마침 고이즈미 준이치로 수상(당시)이 북한을 방문하여 김정일 총서기와 수뇌회담을 행하고 '평양선언'을 발표하는 동시에, 충격적인 '피랍사건'이 보도된 날이었다. 이후 일본이 '납치소동'으로 시끄러워지면서 북일 관계는 최근 최악의 상황에 빠졌으며, 북한과 관련된 조사·연구의 대다수가 어쩔 수 없이 방북을 단념했고, 본 프로젝트 방북조사 실시도 위태로워졌다.

1년 후 겨우 입국이 허가되었고 2003년 9월에 함경북도의 청진, 라남, 방진 조사를 행할 수 있었는데, 반일감정이 매우 높았던 이 시기에 일본에서의 방문자가 지방도시에 들어가는 일은 쉽지 않았고, 2008년 세 번째 조사에서는 일본인 멤버의 방북이 허가되지 않았다. 현지 사람들의 반일 감정이 격렬하다는 것이 그 이유였지만, 실제로 일본에서 온 사람에 대한 경계와 의심의 시선으로 매번 긴장해야 했다. 단 식민지 지배와 일본군의 성폭력을 시작으로 하는 범죄성을 명확히 한다는 목적에 대한 강한 공감으로, 현지 인민위원회의 적극적인 협력을 얻을 수 있었고, 당초 예상하고 있던 이상의 성과를 얻었다.

이러한 배경하에 실시된 함경북도의 조사는 러일전쟁 당시의 1905년에 군대와 함께 '유곽'이 시작된 점을 명확히 한 회령을 비롯하여 한반도에 들여오게 된 일본의 공창제도가 군대와 밀접한 관계가 있었다는 논의를 뒷받침하는 구체적인 사례를, 다소나마 입체적으로 부각시킬 수 있었고, 또 전쟁터·점령지가 아닌 한반도 내에도 '위안소'가 있었음을 입증할 수 있었지 않았나 생각된다.

군대와 성폭력의 관계를 한반도의 1세기를 통해 살펴본 가장 중요한 의미는, 그 밑바탕에 흐르는 군사주의와 식민주의 및 가부장적 여성차별 사상 자체를 드러내 보이게 하려 했던 것이었다.

이 책에서는 식민지기 조선의 공창제도와 '위안부' 제도는, 해방 후 한국전쟁과 분단·냉전이라는 긴장 상태 속에서 한국에서는 미군과 한국군 '위안부'와 '기지촌'이라는 형태로 다시 태어나, 군대에 의한 성매매·성폭력이 재생산되어 왔다는 문제를 하나의 연관성 속에서 재평가한 것으로, 성폭력을 낳은 것은 식민지주의의 폐해를 잉태한 군사화된 사회가 여성차별 사상을 조장하는 구조에 있음을 두드러져 보이게 하려 했다.

이러한 문제의식 아래 2003년에 3월부터 2006년 2월까지 한국을 7번 방문, 동두천, 평택을 비롯한 미군기지 주변의 '기지촌'을 방문, 서울, 인천, 군산, 대구, 부산, 제주도 등에서는 일본군 기지의 흔적과 식민지기의 유곽가와 현재의 성매매 지구가 겹치는 지구를 조사했다.

　미군의 한국에서의 성매매 관리 정책과 성범죄의 연구에서는, 미국을 두 차례 방문하여 갓 공개된 막대한 양의 자료조사에 임했다. 그리고 이 책 제5장에서는 처음 발굴·수집한 관련 원자료를 토대로 미군이 명목상으로는 공창제 폐지를 제창해도 한국에서 '기지촌' 등의 새로운 성매매 문화를 낳은 실태와 배경을 명확히 했다.

　식민지기 유곽가와 현재의 성매매 지구와 겹치는 하나의 사례로, 당시 '미도리마치(綠町)'로 불렸던 부산의 완월동이 있다. 우리들은 완월동으로 향하는 택시기사로부터 부산에 온 일본인 남성관광객 중에는 완월동이 미도리마치였다는 것을 알고 있으며, 그래서 일부러 가는 것이라는 이야기를 들었다. 식민지가 '남기고 간 피해'인 전(前) '미도리마치 유곽'에 일본인 남성이 현해탄을 건너 매춘을 하러 온다고 한다. 더구나 한국인 남성에 의해 그것이 일상의 풍경처럼 말해지고 있다. 이러한 현실을 가는 곳마다 몇 번이나 목격했다.

　한국에서의 조사에서는 한국정신대문제대책협의회를 비롯하여 각지의 여성 핫라인과 센터 등에서 활동을 하는 여성들의 협력을 받았다. 피해여성을 지원하고 성매매·성폭력과 현장에서 싸우는 여성들과의 만남은, 또한 지금도 계속되는 성매매·성폭력의 현상 앞에서 무엇 때문에, 누구를 위해 이루어져야 하는 조사·연구여야 하는가 하는 물음에 몇 번이고 부딪혔다. '위안부' 피해자를 포함한 성폭력·성매매 피해여성의 고통에 가까이 다가가 그녀들의 시선에 서서 보는 것을 잊어버린다면, 연구의 방향성을 오인할지도 모른다. 나는 그녀들의 목소리를 진지하게 인식하고 싶다고 생각한다.

　이 책 제7장에서 한국군이 많은 구 일본군 출신자에 의해 만들어졌고, 한국군「위안소」도 구 일본군 출신자에 의해 발안된 점을 명확히 한 것처럼, 한국군은 구 일본군의 경험을 계승한 군대였다. 이것은 군대에 한하지 않고 정부와 경찰을 비롯한 사회의 주요한 부분이 친일파가 차지해왔다고 한국 전체적으로도 말할 수 있다. 민주화 정권이 탄생한 후 이러한 식민지의 흔적을 불식하고 다양한 폐해를 극복하기 위해 막대한 노력을 기울였지만, 그것은 쉽게 이루어지 않을 정도로 한국사회에 깊이 뿌리내려 있다.

한국의 여성학연구자 권인숙은 2005년에 간행한 저서의 제목을 『대한민국은 군대다』로 했다(일본어 제목은 『韓國の軍事文化とジエンダー』, 山下英愛 譯, 御茶の水書房, 2006). 그래서 일본의 식민지 지배·강대국에 의한 분단·한국전쟁이라는 한국의 역사체험이 강국 지향과 반공사상을 낳아 군사문화를 만든 것이며, '북한의 위협에서 평화를 지키기 위해서'라는 이유가 사람들에게 군사주의를 쉽게 받아들여지게 했고, 군사문화를 정착시켰다고 분석하고 있다. 나아가 군사문화는 남성우위·여성멸시라는 남성중심주의 문화와도 관련되어 있다고 지적하고 있다.

이 지적은 식민지·분단·한국전쟁이라는 공통의 역사를 짊어진 북한도 기본적으로 적합할 것이다. 특히 항일무장투쟁을 '혁명전통'이라 자리매김한 북한정부는 '선군정치(先軍政治)'을 행하고 '강성대국'을 지향하는 군사국가이다. '고난의 행군'과 '○○전투'와 같은 군사적 슬로건이 가는 곳마다 걸려 있고, 경제건설도 일상의 생활도 군대식일 것이 요구된다. 특히 소련이 붕괴된 후로는 군사적·경제적인 커다란 후원을 잃어버리고, 미·일·한 군사적 위협에 노출되어 있고, 게다가 경제적 곤궁으로 인한 불안감과 더불어 전쟁발발에 대한 위기의식이 고양되어 왔다. 현지에 가면 일본은 물론 한국에서도 느끼지 못하는 '준전시체제'의 긴장감을 피부로 느낄 수 있을 것이다.

한편 일본은 어떠할까. 본 프로젝트의 멤버인 『대한민국은 군대다』의 번역자인 야마시타 영애가 이 책의 '역자 후기'에서 서술하고 있듯이, 일본은 "전후, 전쟁 책임도 애매한 채로 평화헌법과 민주주의가 도입되었지만, 근대 일본사회에 형성된 군사문화는 그렇게 간단하게 없어지지는 않았다"고 하며, "오히려 보기 어려워진" 것이다. 작년 말에 폭로된 「핵밀약」이 보여주듯이 일본은 미국의 핵우산 아래 있으며, 오키나와를 비롯한 각지에 주일 미군기지를 두고, 자위대는 '북한위협'을 이유로 미·한 모두 군사연습을 방복해 왔다. 그리고 자위대를 군대로 하지 않았다고 하지만, 20세기 말 「주변사태법」, 「유사법제3법안」 등을 잇달아 성립시키고, 자위대의 군사행동을 가능하게 하는 법정비도 행했다.

또한 전후 일관되게 식민지 지배책임을 애매한 말로 어물어물 넘겨왔으므로 일본군 '위안부' 제도에 관해서도 부정하는 발언이 끊이지 않으며, 진상규명과 해결을 위한 대처를 정부 차원에서 한 번도 행해오지 않았다. 이렇게 일본은 전쟁 전의 군사주의와 식민지주의를 극복하지 못하고 오늘에 이르는 사회인 것이다.

우리들의 조사·연구는 이처럼 일본 국내는 물론이고 북한과 미국에도 미쳤는데, 이것은 20세기—즉 식민지 전야부터 분단 상황이 계속되어 오늘날까지 한반도에서 군대에 의한 성폭력이라는 문제에 있어서, 이 4개국이 바로 당사자임을 나타내는 동시에, 군사주의, 식민지주의, 여성차별 사상의 극복 역시 한반도뿐만 아니라 일본과 미국을 포함하여 주변국이 더불어, 동시에 극복의 길을 모색해야 한다는 것을 새삼스럽게 지적하게 되었을 것이다.

한국병합 100년에 즈음하여 '위안부' 문제와 군사주의와 성폭력의 구조적 극복을 위한 다시 한 걸음을 내디뎌야 한다는 생각을 강하게 하고 있다. 그를 위한 연구와 활동으로 이 책이 작지만 하나의 계기가 되면 다행이겠다.

이 책은 남북한과 일본, 미국의 많은 사람들의 협력으로 결실을 맺었다. 증언, 조사, 자료 발굴에 협력해 주신 모든 분들에게 마음 깊이 감사 드리고 싶다.

또한 무엇보다 두 번의 기간 연장을 허가해주고 복잡한 한반도 정세 속에서 곤란한 조사와 연구를 가능하게 해준 도요타 재단에 사의를 표하고 싶다. 또 담당자 혼다 시로(本多史郎) 씨는 많은 조언과 지원뿐만 아니라 조성 기간 종료 후에도 출판을 위해 힘써주셨다. 마음으로부터 감사 드린다.

본 연구의 성과가 간행되기에 이른 것은 현대사료 출판 赤川博昭 씨 덕택이다. 우리들의 연구 목적과 취지를 담아 복잡한 요구에 부응하며 이러한 형태로 만들어주셨다. 깊이 감사드린다.

2010년 3월

공동연구 대표 김영

▌ 찾아보기 ▌

집필자 소개

■ **송연옥**
- 青山學院 대학교원
- 저서로 『脱帝國のフェミニズム』(有志舍), 논저로 「朝鮮・軍事占領下の性管理政策」(『季刊戰爭責任研究』 67호, 2010年 春號), 「朝鮮戰爭時期の在日朝鮮人女性の鬪い」(『アジア現代女性史』 2009年 第5號) 등

■ **김영**
- 르포라이터. 재일 조선여성사
- 공저로 『海を渡った朝鮮人海女』(新宿書房), 『朝鮮學校ってどんあとこ?』(社會評論社) 등

■ **안자코 유카**
- 立命館 대학교원
- 논저로 「朝鮮總督府の『總動員體制』(1937~1945) 形成政策」(고려대학박사논문), 공편으로 『現代韓國民主主義の新展開』(御茶の水書房) 등

■ **김부자**
- 도쿄외국어대학교원. 젠더론・젠더사, 조선교육사
- 저서로 『植民地期朝鮮の教育とジェンダ-』(世織書房), 공저로 『歷史と責任』(青弓社) 등

■ **신주백**
- 연세대학교 HK연구교수. 한국근현대사, 동아시아 5개국 역사교육사, 한국학술사
- 저서로 『1920~1930년대 중국지역의 민족운동』(선인), 공저로 『식민주의의 기억과 역사화해』(선인), 『한중일이 함께 쓴 동아시아 근현대사』 1・2(휴머니스트), 논문으로 「한국에서의 현대역사학의 제도화에 관한 역사적 고찰―3분과 제도를 중심으로」(『東方學誌』 149) 등

■ **하야시 히로후미**
- 關東學院 대학교원. 전쟁・군대론, 현대사
- 저서로 『戰犯裁判の研究』(勉誠出版), 『沖繩戰 強制された「集團自決」』(吉川弘文館), 『戰後平和主義問い直す』(かもがわ出版), 『BC級戰犯裁判』(岩波書店) 등

■ **김귀옥**
- 한성대학교 교수. 사회학
- 저서로 『동아시아의 전쟁과 사회』(편저, 한울), 『朝鮮半島の分斷と離散家族』(明石書店), 『월남민의 생활경험과 아이덴티티―아래로부터의 월남민 연구』(서울대학출판부) 등

■ **야마시타 영애**
- 여성학 전공
- 저서로 『ナショナリズムの狹間から―「慰安婦」問題へのもう一つの視座』(明石書店), 역서로 『韓國女性人權運動史』(明石書店) 등

■ **번역 : 박해순**
- 번역가. 한국정신대문제대책협의회 교육위원. 전쟁과인권센터 연구위원
- 번역서로 『일본군 위안부 문제 : 일본 여대생들은 어떻게 공부하고 느꼈는가』(동문선 현대신서)